文化法治系列丛书

文化法治基本理论研究

熊文钊 杨 凡 等著

中国社会科学出版社

图书在版编目（CIP）数据

文化法治基本理论研究 / 熊文钊等著. —北京：中国社会科学出版社，2021.12
ISBN 978 - 7 - 5203 - 9420 - 8

Ⅰ.①文… Ⅱ.①熊… Ⅲ.①文化事业—社会主义法治—研究—中国 Ⅳ.①D922.164

中国版本图书馆 CIP 数据核字（2021）第 264845 号

出 版 人	赵剑英	
责任编辑	许 琳	
责任校对	姜雅雯	
责任印制	郝美娜	

出　　版	中国社会科学出版社	
社　　址	北京鼓楼西大街甲 158 号	
邮　　编	100720	
网　　址	http://www.csspw.cn	
发 行 部	010 - 84083685	
门 市 部	010 - 84029450	
经　　销	新华书店及其他书店	
印刷装订	北京君升印刷有限公司	
版　　次	2021 年 12 月第 1 版	
印　　次	2021 年 12 月第 1 次印刷	
开　　本	710×1000　1/16	
印　　张	24.75	
字　　数	357 千字	
定　　价	128.00 元	

凡购买中国社会科学出版社图书，如有质量问题请与本社营销中心联系调换
电话：010 - 84083683
版权所有　侵权必究

《文化法治系列丛书》编辑委员会

主　任　孙佑海　（天津大学法学院院长、天津大学国家制度与国家治理研究院院长）

总主编　熊文钊　（中国立法学研究会副会长、天津大学国家制度与国家治理研究院副院长）

编　委（按姓氏笔画排列）

马怀德　（中国行政法学研究会会长、中国政法大学校长）

王云霞　（中国人民大学法学院教授、文化遗产法研究所所长）

石东坡　（浙江工业大学文化与法制研究中心主任、浙江工业大学教授）

冯玉军　（中国立法学研究会副会长兼秘书长、中国人民大学法学院教授）

朱　兵　（全国人大教科文卫委员会文化室原主任、中南大学特聘教授）

朱维究　（国务院参事、中国政法大学教授）

刘松山　（中国立法学研究会副会长、华东政法大学教授）

祁述裕　（中共中央党校（国家行政学院）教授、文史部创新工程首席专家）

杨　欢　（天津大学法学院党委书记、研究员）

李丹林　（中国传媒大学教授、媒体法规政策研究中心主任）

李洪雷　（中国社会科学院法学研究所副所长、研究员）

肖金明　（山东省法学会副会长、山东大学教授）

张恒山　（中共中央党校政法部原主任、天津大学卓越教授）

陆小华　（天津大学新媒体与传播学院院长、讲席教授、新华社新闻研究所原所长）

陈欣新　（中国社会科学院台港澳法研究中心主任、法学研究所研究员）

青　锋　原国务院法制办公室政府法制协调司司长，中国法学会行政法学研究会副会长、顾问）

卓泽渊（中国法学会副会长、中共中央党校（国家行政学院）教授）

金元浦（著名文化学者、中国人民大学文学院教授）

周刚志（中南大学法学院教授、中南大学中国文化法研究中心执行主任）

胡建淼（中国行为法学研究会副会长、中共中央党校（国家行政学院）一级教授）

姜明安（北京大学法学院教授、北京大学宪法与行政法研究中心名誉主任）

莫于川（中国行政法学研究会副会长、中国人民大学法学院教授）

莫纪宏（中国社会科学院国际法研究所所长、研究员）

贾旭东（中国传媒大学文化产业管理学院学术委员会主任、教授）

谢　晖（中国法理学研究会副会长、广州大学教授）

解志勇（中国政法大学教授、比较法学研究院院长、《比较法学》主编）

文化法治系列丛书

新时代文化法治体系建设的意义、挑战与使命（代序言）

党的十九大报告指出，"经过长期努力，中国特色社会主义进入了新时代，这是我国发展新的历史方位"。"这个新时代，是承前启后、继往开来、在新的历史条件下继续夺取中国特色社会主义伟大胜利的时代，是决胜全面建成小康社会、进而全面建设社会主义现代化强国的时代，是全国各族人民团结奋斗、不断创造美好生活、逐步实现全体人民共同富裕的时代，是全体中华儿女戮力同心、奋力实现中华民族伟大复兴中国梦的时代，是我国日益走近世界舞台中央、不断为人类作出更大贡献的时代。"党的十九届五中全会提出了"十四五"时期文化社会发展主要目标："社会文明程度得到新提高，社会主义核心价值观深入人心，人民思想道德素质、科学文化素质和身心健康素质明显提高，公共文化服务体系和文化产业体系更加健全，人民精神文化生活日益丰富，中华文化影响力进一步提升，中华民族凝聚力进一步增强。"这一发展目标为文化和法律工作者如何从文化法治建设的视野回应新时代变化，如何参与到中国特色社会主义伟大新征程的建设进程当中提供了明确的指引和方向。

一　新时代文化法治体系建设的意义

"文化是一个国家、一个民族的灵魂。文化兴国运兴，文化强民族强。没有高度的文化自信，没有文化的繁荣兴盛，就没有中华民族伟大复兴。"党的十九大报告提出，"要坚持中国特色社会主义文化发展道路，激发全民族文化创新创造活力，建设社会主义文化强国"。新中国历史上，文化发展与繁荣作为党和国家的一项战略部署，从未被提高到如此重要的历史高度上来。毫无疑问，社会主义文化建设的新理念，及时回应了时代关切，符合中国社会发展的内在要求，在新时代背景下凸显出非常重要的意义。

首先，"明确坚持和发展中国特色社会主义，总任务是实现社会主义现代化和中华民族伟大复兴"。以此为党和国家总的奋斗方向，社会主义文化建设构成了社会主义现代化建设的重要内容。全球化背景下国家综合国力的提升，要求现代国家在政治、经济、文化、科技等各方面实现均衡发展。面对新一轮国际新秩序的建立，将文化发展提高到显著地位具有非常重要的战略意义。我国当前和今后的总体发展战略，既要在政治、经济、军事等硬实力方面实现现代化；还要在全面复兴中华文化的基础上，奋力实现文化的现代化。

其次，我国的社会主要矛盾发生了显著变化。党的十九大报告指出，"中国特色社会主义进入新时代，我国社会主要矛盾已经转化为人民日益增长的美好生活需要和不平衡不充分的发展之间的矛盾"。我国过去稳定解决了十几亿人的温饱问题，总体上实现了小康。但是伴随人民物质生活的提高，文化和精神需求的满足没有同步跟上来。文化法治体系建设的重要意义在于更好满足人民在文化方面日益增长的需要，更好推动人的全面发展和社会的全面进步。

再者，明确中国特色社会主义事业总体布局需要强调坚定道路自信、理论自信、制度自信和文化自信。与党的十八大报告精神有所发展的是，党的十九大报告在"三个自信"之后将"文化自信"提高到同等地位，表明了执政党在文化强国建设方面的决心。习近平总书记指出，"文化自信，是更基础、更广泛、更深厚的自信"。中华民族在历史上积淀了深厚的文化底蕴，这是中国最为重要的历史财富。坚持文化自信，需要全面复兴中华优秀传统文化，通过推进文化改革与创新，将历史文化的权利落实到法律的制度保障上。

最后，全面推进依法治国总目标是建设中国特色社会主义法治体系、建设社会主义法治国家。文化法治既是文化自身发展的内在要求，也是依法治国目标理应涵盖的重要维度。中国特色社会主义法治体系要求法的治理具有普遍性，其一方面需要促进公民的文化基本权利得到尊重和保障，另一方面也要对文化活动进行法律价值的引领和甄别，从而促进文化领域实现法治化。中国特色社会主义法治体系的构建和形成必然涵括文化法治的内容，反过来文化法治体系建设必然是构建中国特色社会主义法治体系的有机组成部分。

二　新时代文化法治体系建设的挑战

党的十九大报告指出，我国社会主要矛盾已经转化。然而，从文化法治体系建设方面来看，与党的十九大报告关于新时代中国特色社会主义思想和基本方略之间存在一定的距离。由于我国社会主要矛盾的变化并没有改变我国仍然处于社会主义初级阶段的基本国情，因此，我国文化法治体系的建设任务依然艰巨。总结起来，新时代文化法治体系建设的挑战主要体现在以下方面。

首先，从文化法治的表现形式来看，过去的很多文化规范主要依靠政策调整，这种状况已经无法适应于我国国家治理方式转变的需要。例如，我国的文化法治体系建设在文化立法方面依然相对薄弱。目前我国只出台了《公共文化服务保障法》《文物保护法》《著作权法》《非物质文化遗产法》等几部法律，仍然有一些重要的文化法律法规尚未出台。就文化法律体系方面而言，我国在新闻出版、知识产权、广播影视等领域已有40多件行政法规，同时还有大量的部门规章和地方立法，但还远没有形成完善的法律法规体系。

其次，从文化法治研究的理论深度来看，文化法治的基本范畴、基本概念以及原则、价值等基础理论研究，学界尚未有相关的论述，更远未达成相关共识。文化法治体系构建已经突破传统知识的结构而成为新的知识增长点。为此，更加需要学科交叉的方法自觉和法学体系构建的理论自觉。对于文化法治的基础理论研究，需要及时回应社会实践当中面临的具体问题。诸如文化法治中的文化究竟指向传统文化还是现代新文化，什么是区分不同文化的价值标准，如何展开文化关系的法律调整等问题，现有研究的理论回应显然有些"力有不逮"。

最后，从文化体制改革的面向来看，我国文化领域公共治理主要集中在著作权法、非物质文化遗产法律保护等文化事业领域。但是，随着社会主义市场经济不断深化，文化产业必将成为未来我国文化体制改革的重要领域，比如出版法、新闻法、电影法的颁布将更加有利于社会主义文化大发展、大繁荣。就此而言，日本、韩国等发达国家在文化体制改革中的经验对我国具有启示意义。新时代背景下，如何拓宽文化治理的领域和视野，从而形成包括文化事业与文化产业在内的中国特色社会主义文化制度，在推动社会主义文化繁荣兴盛方面提出了要求。

三　新时代文化法治体系建设的使命

党的十九大报告从宏观的战略部署上对新时代中国特色社会主义伟大征程提出了新的要求，同时也为我国文化法治体系建设提供了新的遵循。

首先，文化法治体系建设需要坚持走马克思主义中国化的道路。我国社会主要矛盾转化的背景下，文化法治体系建设要把握社会主义先进文化方向，用发展着的马克思主义理论来指导文化法治体系建设。既要借鉴外来，吸收发达国家在文化法治建设方面的先进成果；还要不忘自我，牢牢掌握马克思主义意识形态工作领导权。

其次，文化法治体系建设需要加强社会主义精神文明建设。以培育和践行社会主义核心价值观作为提升社会精神文明行为和构建中国特色社会主义文化法治体系的价值指引。把社会主义核心价值观融入文化法治领域，使其自觉转化为人们的情感认同和行为习惯。

再者，文化法治体系建设需要推动文化事业和文化产业发展。深化文化体制改革，完善文化管理体制。完善公共文化服务体系，深入实施文化惠民工程，丰富群众性文化活动。加强文物保护利用和文化遗产保护传承。健全现代文化产业体系和市场体系，创新生产经营机制，完善文化经济政策，培育新型文化业态。

具体而言，文化法治体系建设面临以下任务。

第一，完善文化立法。我国文化事业和文化产业的发展已经具有数部基本法律作为规范依据，但与完善的文化立法要求还存在一定距离。目前我国文化法治体系的建设需要朝向有利于构建中国特色社会主义法治体系的方向，通过全国人大立法，填补我国公民文化权利和文化组织机构建设中的立法空白。只有立法适时跟进了，文化法治体系建设才能做到有法可依。

第二，加强文化执法建设。文化市场作为改革开放后一个新兴市场，正在吸引着巨额的金融资本和众多的智力资源，尤其在信息化高度发达的今天，文化市场呈现出供需两旺的繁荣景象，文化市场的规模不断壮大，这对于促进文化商品生产和文化娱乐服务的进步，满足人民群众日益增长的文化生活需要，推动经济发展和社会进步等，都产生了巨大的作用。但是，受制于市场经济的局限性和市场主体自发性的影响，文化市场存在着一些不容忽视的问题，诸如经营活动中违法、违规现象层出不穷。另外，文化市场监管中多头执法、行政部门职责分工混乱的现状依然突出。因此，加强文化执法建设是保障文化市场繁荣发展的重要手段。

第三，建成公民文化权利的司法保障体制。文化权利属于公民宪法基本权利的范畴，保障公民文化权利是文化立法的根本目的。文化权利作为一种基本权利，是与政治权利、经济权利相平等的公民权利。实现公民文化权利，保障人民群众的文化权益，是社会文明与进步的标志之一，文化权利司法保障法律体系是全面调整文化权利保障领域社会关系，专门保护公民、法人或其他组织文化权利的法规范体系。当前我国文化权利司法保障立法滞后、制度建设不健全。立足国情，推进文化权利司法保障法体系建设已成为回应我国公民文化权利诉求，推动文化建设及国家治理体系和治理能力现代化的必由之路。

第四，养成全民守法的良好氛围。文化法治离不开建立、培养和发展全社会的文化法治观念，离不开文化法制的宣传与普及。制度未动，理念先行。社会主义法治理念对我国各方面事业发展的积极促进作用已然为实践所证明，这一成功经验自然也应当应用于文化体制改革的推进和实施过程。因此，何谓文化法治理念、如何培养文化法治理念、着重培养什么样的文化法治理念、如何让科学的文化法治理念真正作用于文化体制改革实践等问题，均成为文化法治体系建设所要面对和回应的重要议题。文化法治观念的建立、培养和发展不仅在于相关职能部门的努力，更在于全社会尤其是公民守法意识的自觉养成。

四 新时代文化法治体系的建构

(一) 文化法治的理论基础和文化法治体系建设的基本理论

文化法治的理论基础问题主要回答人类文化—精神领域为何需要法律调整？法律作为一项重要的制度事实，勾连着人的物质世界与精神世界，它通过权利义务机制发挥作用，实现对这两重世界的正当化调控。社会关系的本质是精神主体间的交往合作，本质上是文化—精神关系。人既然是一种文化—精神性存在，那么法律是否有必要将之结构于其中？对它调整与否的不同路径的选择对人类是否会产生、以及会产生怎样不同的影响？如果我们认为法律对这一领域有调整的必要，那么法律应如何对之加以调整？一是文化—精神权利与放任（保障）性调整；二是文化—精神义务与导向性调整；三是文化—精神伤害与制裁性调整；四是文化—精神贡献与奖励性调整。如果人类文化—精神领域能够对人类文化—精神领域进行法律调整，那么法律处理类型都有哪些？一是物质生产生活关系的文化升华与法律处理；二是纯粹文化生产生活关系的法律处理；三是纯粹精神活动的法律处理；四是法律自身作为人类文化的制度化呈现。对这一系列问题的回答，将全面揭示法律与文化—精神领域的关联所在。

文化法治体系建设的基本理论主要围绕如何建构社会主义文化法治体系展开，如何在文化法治领域贯彻科学立法、严格执法、公正司法、全民守法的法治方针。包括：文化法治的基本内涵、文化法治基本理念和指导思想、文化法治的基本原则、文化法治的纵横结构、文化法治关系的基本要素、文化法治建设的必要性、文化法治建设的历史进程、文化法治建设的现实基础、文化法治建设的功能定位、文化事业法治的基本制度、文化产业法治的基本制度、文化执法体制机制、文化司法基本制度、全民文化普法和文化法治观念等文化法治体系建构基本理论问题。

(二) 文化法治体系的建构纲要

1. 文化法治体系的基础问题：

第一，文化法治的基本范畴，即制度文化与文化制度、文化政策与文化法制、文化权利与文化权利保障、文化自由与文化监管，以及文化法制研究与文化法学学科建设。

第二，文化法治的基本概念与特征。

第三，文化法治的历史沿革与域外考察。

第四，文化法治的基本原则。

第五，文化法治的指导思想与核心价值。

第六，文化法治的基本现状与问题。

第七，基本文化权利及其保障。

第八，文化法的表现形式及范畴体系，表现为纵向立法形式与横向范畴体系。

第九，文化法治的战略重点和方向，探讨我国建设社会主义文化法治建设的战略重点和方向，包括立法体系的完备、执法体制的完备、完善执法程序、提高执法监督的水平。

第十，国际视野下的文化法治。

2. 文化法治体系的基本内容：

第一，文化立法，包括文化事业领域的立法，如文物保护法、非物质文化遗产保护法、图书馆法、博物馆法、文化馆法、公共文化服务保障法等。文化产业领域的立法，如电影产业促进法、文化创意产业促进法、演出法、出版法等。

第二，文化执法，主要内容应当包括：文化法治实施机制，即文化法治实施的现状、文化法治实施的主体、文化法治实施的过程；文化管理体制改革，即文化执法机构的现状、文化执法机构的职权交叉与界限问题、大部门视野下文化综合执法机构、文化工作领导体制与工作机制、重大文化事务的决策制度、文化行政事务的信息公开制度、文化执法的程序制度；重点文化法律法规实施制度的完善，即文化市场监管制度、文化市场从业人员的资格管理制度、重大工程项目文化影响评估机制、文化资源开发法制、文物保护法制、非物质文化遗产保护制度、少数民族文化遗产保护制度、涉及文化方面群体性事件应急机制；文化法治实施的监督制度，即文化法治实施的权力机关监督、文化法治实施的行政监督、文化法治实施的社会监督等。

第三，文化司法，主要包括知识产权司法保护、文化执法的司法监督、典型案例指导等。

第四，文化法治观念的提升与全民守法，如文化法治知识的普及与传播、文化法治观念、文化法治精神、文化法学学科建设与学术研究等。

五　新时代《文化法治系列丛书》的编辑出版

为了促进新时期文化法治建设，繁荣文化法治学术研究，中国社会科学出版社已将编辑出版《文化法治系列丛书》列入十四五出版规划。

（一）组建《文化法治系列丛书》编辑委员会，聘请资深文化学者和文化法治理论与实务专家参与到《文化法治系列丛书》编辑委员会：

编辑委员会主任：孙佑海

总主编：熊文钊

编委（按照姓氏笔画排序）：马怀德、王云霞、石东坡、冯玉军、朱兵、朱维究、刘松山、祁述裕、李丹林、李洪雷、杨欢、肖金明、张恒山、陆小华、陈欣新、卓泽渊、金元浦、周刚志、胡建淼、姜明安、莫于川、莫纪宏、贾旭东、谢晖、解志勇等。

（二）自2021年起，拟陆续推出：《文化法治体系的建构》《文化法治基本理论》《中国传媒法治——以媒介融合为视角》，以及《物质文化遗产（文物）法治研究》《非物质文化遗产法治研究》《公共文化服务保障法制研究》《图书馆、博物馆、文化馆法治研究》《文化演出产业法治研究》《出版产业法治研究》《电影产业化研究》《传媒产业法治研究》《游戏产业法治研究》《娱乐产业法治研究》《域外文化产业法制研究》等文化法治系列丛书。

六　推进新时代文化法学学科建设

根植于新时代文化法治建设的沃土，服务于新时代文化法治的发展实践，运用理论概括、学术梳理和理性解析，催生了文化法治从实践探索到理论升华的文化法学理论体系的形成。文化法学承载着文化法治实践活动的价值神思、文化法规范的专门诠释、文化法治学科体系建立的使命和任务。因此，希望通过"文化法治系列丛书"的编辑出版，推进新时代文化法学学科的兴起和文化法学学科的繁荣和发展。

综上，在习近平新时代中国特色社会主义思想和习近平法治思想指引下，筑牢文化自觉，坚持文化自信，贯彻全面依法治国方略，坚持中国特色社会主义文化发展道路，激发全民族文化创新活力，建设社会主义文化强国。文化法治作为文化强国的应有之义；是贯彻实施宪法，坚持、巩固和发展我国国家制度和国家治理体系文化自信的必然选择；是推进文化领域治理体系和治理能力现代化的重要保证。让我们为文化法治体系建设和文化法学学科发展一起共同努力！

熊文钊

2021 年 5 月

目 录

导 论 …………………………………………………………………… 1
  第一节　文化法治基本理论研究的指导思想 ………………………… 1
  第二节　文化法治基本理论研究的意义和价值 ……………………… 13
  第三节　文化法治基本理论研究的基本思路与基本内容 ……… 19

第一章　文化法治的基本内涵 ……………………………………… 29
  第一节　文化的基本内涵 ……………………………………………… 29
  第二节　"法文化"语境下"文化"的内涵 ……………………… 38
  第三节　宪法语境下的文化意涵 …………………………………… 44
  第四节　历史审视下的文明中国 …………………………………… 51

第二章　文化法治基本理念 ………………………………………… 59
  第一节　光大多元一体的文明气质 ………………………………… 59
  第二节　恢宏包容尊重的和合精神 ………………………………… 72
  第三节　守持严谨规范的法治伦理 ………………………………… 79

第三章　文化法治的基本原则 ……………………………………… 84
  第一节　党的领导原则 ………………………………………………… 84

1

第二节　人民主体性原则 …… 86
第三节　文化先进性原则 …… 88
第四节　文化权利保障原则 …… 96
第五节　文化平等共享原则 …… 99

第四章　文化法治关系中的主体与客体 …… 106
第一节　文化法治关系中的主体 …… 106
第二节　文化法治关系中的客体 …… 111

第五章　文化法治关系中的核心要件 …… 116
第一节　文化权利的基本义理 …… 116
第二节　文化权利的体系构造 …… 136
第三节　文化权利的国家义务 …… 143

第六章　文化法治的基本组成与问题 …… 147
第一节　文化立法及其问题 …… 147
第二节　文化执法及其问题 …… 178
第三节　文化司法及其问题 …… 195
第四节　文化法治观念培育 …… 203

第七章　文化法治的基本制度构建（一） …… 211
第一节　电影产业法制建设 …… 211
第二节　文化演艺市场法制建设 …… 221
第三节　新闻传播法制建设 …… 226
第四节　互联网络法制建设 …… 236

第八章　文化法治的基本制度构建（二） …… 241
第一节　图书馆的法律制度建设 …… 241
第二节　博物馆的法律制度建设 …… 254

第三节　文化馆（站）的法律制度建设 …………………… 265
　　第四节　公共文化服务保障的法律制度建设 ………………… 270
　　第五节　非物质文化遗产保护的法律制度建设 ……………… 292

第九章　文化法治体系的建构 …………………………………… 317
　　第一节　文化法治体系建构意义 ……………………………… 317
　　第二节　文化法治体系重点难点 ……………………………… 320
　　第三节　文化法治体系建构纲要 ……………………………… 323

第十章　新时代文化法治的发展趋势 …………………………… 333
　　第一节　文化法治发展理念的科学化 ………………………… 333
　　第二节　文化法治发展重点的明晰化 ………………………… 347
　　第三节　文化法治发展路径的规范化 ………………………… 355
　　第四节　文化法治发展视野的国际化 ………………………… 360

参考文献 ………………………………………………………… 365

后　　记 ………………………………………………………… 375

导 论

第一节 文化法治基本理论研究的指导思想

一 习近平新时代中国特色社会主义文化论述的出发原点

"党的十八大以来，习近平总书记围绕社会主义文化建设，提出了一系列新思想、新观念、新论断、新要求，形成了习近平新时代中国特色社会主义文化思想。这一思想立意高远，内涵丰富，体现出坚定的文化立场、强烈的文化问题意识、浓厚的文化情怀、宽阔的文化视野，对于指导我国社会主义文化建设攀登新的时代高峰具有重大而深远的意义。"[1] 诚如学者所言，"习近平总书记是改革开放以来讲文化频率最高、篇幅最长的党和国家领导人。"[2] 而任何一种理论，乃至任何一种学说、主张都会有一个基本的逻辑出发点。按照马克思辩证唯物主义和历史唯物主义认识论的经典论断，客观决定主观，认识源自实践。习近平新时代中国特色社会主义文化思想的理论出发点便根源于中国社会的客观现实需要，根源于中国人民的客观现实诉求。古往

---

[1] 颜旭:《论习近平新时代中国特色社会主义文化思想》,《中国井冈山干部学院学报》2018年第3期。

[2] 杨凤城:《习近平社会主义文化建设思想的时代创新》,《陕西师范大学学报》（哲学社会科学版）2018年第4期。

今来，有关文化的思想理论层出不穷，其中不乏精彩绝伦，乃至精深博大者，但或为所谓纯粹的理性建构而失之于实，或为所谓精致的精英主义情志而失之于诚。真正直面当下人心需要，并有勇气一肩挑起普罗大众生命需要的文化主张却并不多见。习近平新时代中国特色社会主义文化论述正是这为数不多的其中之一者。

2013 年 8 月 19 日，习近平总书记在全国宣传思想工作会议上发表重要讲话，提出"树立以人民为中心的工作导向"。而坚持人民性，就是要把实现好、维护好、发展好最广大人民根本利益作为出发点和落脚点，坚持以民为本、以人为本。2014 年 10 月 15 日，习近平总书记在文艺工作座谈会上的讲话中指出，人民既是历史的创造者，也是历史的见证者；既是历史的"剧中人"，也是历史的"剧作者"；文艺要反映好人民心声，就要坚持为人民服务、为社会主义服务这个根本方向；只有牢固树立马克思主义文艺观，真正做到了以人民为中心，文艺才能发挥最大正能量；以人民为中心，就是要把满足人民精神文化需要作为文艺和文艺工作的出发点和落脚点，把人民作为文艺审美的鉴赏家和批评者，把为人民服务作为文艺工作者的天职。因此"要坚持以人民为中心的创作导向"；而"社会主义文艺，从本质上讲，就是人民的文艺。"

2015 年 9 月 11 日，中共中央政治局召开会议，并审议通过了《关于繁荣发展社会主义文艺的意见》，习近平总书记强调指出："坚持社会主义先进文化前进方向，全面贯彻'二为'方向和'双百'方针，紧紧依靠广大文艺工作者，坚持以人民为中心，以社会主义核心价值观为引领，深入实践、深入生活、深入群众，推出更多无愧于民族、无愧于时代的文艺精品"。2016 年 2 月 19 日，党的新闻舆论工作座谈会再次提出"坚持以人民为中心的工作导向"。2016 年 4 月 19 日的网络安全和信息化工作座谈会强调"贯彻以人民为中心的发展思想"，提出"要本着对社会负责、对人民负责的态度，依法加强网络空间治理，加强网络内容建设，做强网上正面宣传，培育积极健康、向上向善的网络文化，用社会主义核心价值观和人类优秀文明成果滋养人心、滋养社会，做到正能量充沛、主旋律高昂，为广大网民特别是青少年营造一个风清气正的网络空间。"

2016年5月17日的哲学社会科学工作座谈会再次强调"坚持以人民为中心的研究导向"。进而指出我国哲学社会科学要有所作为，就必须坚持以人民为中心的研究导向。脱离人民，哲学社会科学就不会有生命力。我国广大哲学社会科学工作者要坚持人民是历史创造者的观点，树立为人民做学问的理想，尊重人民主体地位，聚焦人民实践创造，自觉把个人学术追求同国家和民族发展紧紧联系在一起，努力多出经得起实践、人民、历史检验的研究成果。

2016年7月1日的中国共产党成立95周年大会，更是重申"人民立场是中国共产党的根本政治立场"。坚持不忘初心、继续前进，就是要坚信党的根基在人民、党的力量在人民，坚持一切为了人民、一切依靠人民，充分发挥广大人民群众的积极性、主动性、创造性，不断把为人民造福事业推向前进。全党同志要把人民放在心中最高位置，坚持全心全意为人民服务的根本宗旨，实现好、维护好、发展好最广大人民根本利益，把人民拥不拥护、赞不赞成、高不高兴、答不答应作为衡量一切工作得失的根本标准，使我们党始终拥有不竭的力量源泉。

由此可说，习近平新时代中国特色社会主义文化论述乃以人民的现实需要为其理论的根本出发点和落脚点。扎根中国大地，扎根中国民心是其理论的灵魂与精髓。而论中国特色社会主义的文化法律制度及文化法律治理，便不仅需要遵循文化自身的生成与发展规律，更需要持守人民的立场，将人民群众对于文化及文化制度与文化治理的需要，融入文化的法律制度建构及文化的法律治理完善当中来。

二 习近平新时代中国特色社会主义文化论述的源流脉络

党的十九大报告指出："中国特色社会主义文化，源自中华民族五千多年文明历史所孕育的中华优秀传统文化，熔铸于党领导人民在革命、建设、改革中创造的革命文化和社会主义先进文化，植根于中国特色社会主义伟大实践。"就此可将习近平新时代中国特色社会主义文化论述的源流脉络梳理为中华优秀传统文化、党领导下的革命文化和

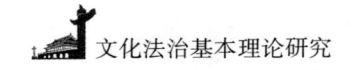

社会主义先进文化。

(一) 中华优秀传统文化

习近平总书记曾多次强调，历史是人民创造的，文明也是人民创造的。对绵延5000多年的中华文明，我们应该多一分尊重，多一分思考。对古代的成功经验，我们要本着择其善者而从之、其不善者而改之的科学态度，牢记历史经验、牢记历史教训、牢记历史警示，为推进国家治理体系和治理能力现代化提供有益借鉴。总书记指出，历史是最好的老师。在漫长的历史进程中，中华民族创造了独树一帜的灿烂文化，积累了丰富的治国理政经验，其中既包括升平之世社会发展进步的成功经验，也有衰乱之世社会动荡的深刻教训。我国古代主张民为邦本、政得其名、礼法合治、德主刑辅，为政之要莫先于得人、治国先治吏，为政以德、正己修身，居安思危、改易更化，等等，这些都能给人们以重要启示。治理国家和社会，今天遇到的很多事情都可以在历史上找到影子，历史上发生过的很多事情也都可以作为今天的镜鉴，我们开辟了中国特色社会主义道路，这不是偶然的，是由我国历史传承和文化传统决定的。

总书记之所以对中华优秀传统文化如此看重，究其原因，正如我国《宪法》开篇所言，中国是世界上历史最悠久的国家之一，中国各族人民共同创造了光辉灿烂的文化。因此，这既是我们无法忽视的一个基本国家事实，更是作为中华民族后来人的我们所无法回避的历史传承责任。也正是因为如此，现行宪法第五次修改乃正式将"实现中华民族伟大复兴"写入国家根本任务条目。这是从法文义逻辑上，形成了一个有关中华文明古今关系的完整法规范述事结构。亦即八二现行宪法"拟议中的宪法所规范、塑造之政治体，从根本上说是历史地形成的文化的共同体。"①

---

① 姚中秋：《从革命到文明：八二宪法序言第一段大义疏解》，《法学评论》2015年第2期。

(二) 党领导下的革命文化

"在5000多年文明发展中孕育的中华优秀传统文化,在党和人民伟大斗争中孕育的革命文化和社会主义先进文化,积淀着中华民族最深层的精神追求,代表着中华民族独特的精神标识。"一部中国近代史就是中华儿女的革命斗争史。从辛亥革命到五四运动,从全民族抗日战争到全国解放战争,到新民主主义革命斗争的伟大胜利,形成了一部反对不公,反抗侵略,追求富强民主,实现中华民族伟大复兴的曲折革命斗争史。中国革命文化真是中华民族革命斗争史的高度文化凝聚,展示了中华文化独特魅力。提高国家文化软实力,就是要大力弘扬中国革命文化。[①]

也正因为如此,现行宪法开篇不仅强调中国各族人民共同创造了光辉灿烂的文化,更明确指出,这一光辉灿烂的文化还具有光荣的革命传统。其中所形成的诸多文化内涵也早已融入今日中国的法学理论与法治实践当中。比如全心全意为人民服务的革命宗旨,便成为今日中国一切国家机关工作和国家权力运行的根本宗旨,也是今日中国建设服务型政府的最初政法伦理精神。又或如作为今日国家机构改革基本目标之一的机构精简原则,便可追溯到革命年代的精兵简政。而今日中国的党内法规建设,其诸多理念精神更是一秉乎革命时期所形成的诸多法纪原则和纲要。另外,时下各种以红色文化为题的公共文化乃至私人博物馆场,同样也是国家和社会重要的文化资源和文化设施。诚如学者所论,"中国革命文化所具有的推动力,能让华夏儿女以史为鉴、继往开来,在新的历史条件下充分开发利用红色文化资源,推动经济社会发展,不断提高人民的生活水平。"[②] 也正因为如此而成为文化事业和文化产业的重要组成部分,并为社会主义文化法

---

① 秦洁:《革命文化:中华民族最为独特的精神标识》,《红旗文稿》2016年第17期。

② 张克兵:《习近平关于当代中国文化自信力量源泉的三维审视》,《湖湘论坛》2017年第1期。

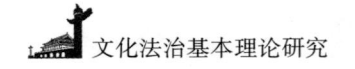

治所调整和规制。

（三）社会主义先进文化

社会主义先进文化是当代中国的新文化，具有丰富的内涵。中国特色社会主义先进文化，是以马克思主义为指导，以社会主义核心价值观为灵魂，面向现代化、面向世界、面向未来的文化，是民族的、科学的、大众的文化。以马克思主义为指导，即必须牢固树立马克思主义的指导地位。以社会主义核心价值观为灵魂，是因为核心价值观是文化软实力的灵魂、文化软实力建设的重点。一个国家的文化软实力，从根本上说，取决于其核心价值观的生命力、凝聚力、感召力。坚持面向现代化、面向世界、面向未来，即是说社会主义先进文化，既要与中国国情相结合、与时代发展同进步，又要取各国文化所长，弃其糟粕，不断创新融合，使之焕发出强大的生命力。具体而言，面向现代化是社会主义先进文化时代性的重要体现；面向世界是社会主义先进文化开放性的重要体现，建设中国的先进文化，需要借鉴、吸收世界各国各民族的优秀文化成果，通过文化交融整合、吸收创新，不断充实、丰富和发展当代中国的先进文化，并推动中华文化走向世界；面向未来是创新性的重要体现，须坚持用发展的观点看问题，在实践中进行理论创新，指导文化建设面向未来。

具体到今日中国的文化法制体系建设，便须在笃定坚持马克思主义这一根本原则的基础之上，恢宏包容尊重的中道精神，敞亮包容大气的人文情怀。百花齐放、百家争鸣，尊重文化创作，保障文化权利。更要在文化体制改革和文化法制体制改革的道路上，立足现实，放眼未来，努力开拓文化事业和文化产业光明的前景，以文明的未来复兴文明的国家。既要敢于同外来错误思想理论做斗争，也要敢于同外来正确思想学说共融合，坚持两条腿走路，勇于斗争，勇于融合。在斗争与融合的两手功夫当中真正恢宏文化自信的中国力量。

三 习近平新时代中国特色社会主义文化论述内涵及其对于文化法治的影响

（一）关于文化自信

2014年2月24日中央政治局第十三次集体学习，习近平提出要"增强文化自信和价值观自信"。之后的两年间又多次提出"增强文化自觉和文化自信，是坚定道路自信、理论自信、制度自信的题中应有之义"；"中国有坚定的道路自信、理论自信、制度自信，其本质是建立在5000多年文明传承基础上的文化自信"。2016年5月和6月又强调指出"我们要坚定中国特色社会主义道路自信、理论自信、制度自信，说到底是要坚持文化自信"。在庆祝中国共产党成立95周年大会的讲话中，文化自信得到特别的阐释："文化自信，是更基础、更广泛、更深厚的自信"，并成为继道路自信、理论自信和制度自信之后，中国特色社会主义的"第四个自信"。事实诚如学者所论，"中华传统文化的丰富性以及因这种文化自身所具有的包容性使异域优秀文明成果积极涌入，是当今中国文化自信的多重保障机制。但是，在新的历史时期中国文化面临着多重的挑战与危机，其中最为突出的是历史虚无主义借助网络信息技术以全新的方式出场并对中国历史与文化加以否定与虚化。"因此，"新一代领导人深入历史虚无主义的理论内在机理和理论形式背后的政治诉求，力图对其本质加以揭露并从根本上解构它，以构筑文化自信的理论基石与政治共识。"[①]

但说践行文化自信，则要"提高国家文化软实力，要努力展示中华文化独特魅力"，要把跨越时空、超越国度、富有永恒魅力、具有当代价值的文化精神弘扬起来，把继承传统优秀文化又弘扬时代精神、立足本国又面向世界的当代中国文化创新成果传播出去。"同时让世界优秀文化走入中国，逐步形成以发展我国优秀民族文化为主，积极吸

[①] 罗建华：《从"三个自信"到"四个自信"：习近平对中国特色社会主义文化的思考与定位》，《求实》2017年第5期。

收外来有益文明成果的文化格局，推动社会主义文化大发展大繁荣，使中国文化因交流而丰富，因交融而多彩。"① "且习近平总书记在推动中国文化走向世界的同时，也高度重视中外文化的交流互鉴，党的十八大以来，习近平总书记就当今文明发展，在国际舞台上发表了一系列重要讲话，阐发了对人类文明发展的深层思考，形成了世界文明观的基本轮廓。这种文明观以人类命运共同体为价值导向，以交流互鉴为重要动力，以多元平等为基本特点，以包容共享为根本目标。我们完全可以说，这一崭新的文明观预示着人类文明未来发展的基本方向和趋势，为不同文明之间的交流与互鉴提供了指导原则和基本遵循。"② 这就要求我国的文化法制体制建设，一方面须以捍卫国家文化安全为己任，另一方面又须方便对外文化交流，不断夯实对外文化交流的法律法规保障制度，构筑对外文化交流的制度性渠道。

（二）关于意识形态

党的十九大报告指出，"意识形态决定文化前进方向和发展道路。必须推进马克思主义中国化、时代化、大众化，建设具有强大凝聚力和引领力的社会主义意识形态，使全体人民在理想信念、价值理念、道德观念上紧紧团结在一起。"习近平总书记对意识形态工作更是高度重视，早在 2013 年 8 月 19 日，他在全国宣传思想工作会议上的讲话便指出，"经济建设是党的中心工作，意识形态工作是党的一项极端重要的工作"。2016 年 2 月 19 日，党的新闻舆论工作座谈会谈到，"做好党的新闻舆论工作，事关旗帜和道路，事关顺利推进党和国家各项事业，事关全党全国各族人民凝聚力和向心力，事关党和国家前途命运。"

社会主义文化法制研究的对象是社会主义文化领域中的法律制度和法律治理问题，是涉及文化领域中的法律规制问题。因此，社会主

---

① 闫锋：《论习近平文化思想的发展逻辑与理论创新》，《思想理论教育导刊》2017 年第 3 期。

② 姚满林：《试论习近平对中国特色社会主义文化建设的贡献》，《理论与现代化》2018 年第 5 期。

义文化法制改革和完善便当以社会主义文化意识形态为指针和方向。同时,作为社会主义人文社会科学重要组成部分之一的社会主义法律科学,其研究也存在一个意识形态的问题,也须以社会主义的意识形态为价值坐标。

(三) 关于核心价值

习近平总书记对于社会主义核心价值观的意义多有论述,如说"核心价值观是一个民族赖以维系的精神纽带,是一个国家共同的思想道德基础。如果没有共同的核心价值观,一个民族、一个国家就会魂无定所、行无依归";"一个民族的文明进步,一个国家的发展壮大,需要一代又一代人接力努力,需要很多力量来推动,核心价值观是其中最持久最深沉的力量";"核心价值观承载着一个民族、一个国家的精神追求,体现着一个社会评判是非曲直的价值标准";"核心价值观是文化软实力的灵魂、文化软实力建设的重点"。甚至有学者认为,"对于社会主义核心价值观的国际传播,可以考虑用'共有、共治、共享'作为主题表述",因为"'共有、共治、共享'中蕴含的更加普遍的内核是'天下为公',天下为公才会有共有、共治、共享。社会主义核心价值观一言以蔽之可以说是天下为公。这是社会主义思想两千年来一以贯之的核心理念,也是能够在国际上推得出、叫得响的合适口号,因此直接推出这个主题有利于与国际接轨"[①]。

2018 年 3 月 11 日,十三届全国人大一次会议高票通过了对现行宪法的第五次修正。其内容之一即是在第二十四条内容中增加"国家倡导社会主义核心价值观",使其上升为国家意志。这不仅是坚持依法治国与以德治国相结合、推进社会主义核心价值体系建设的战略举措,而且是我国宪法不断完善发展的必然选择。[②] 同时这也就成为公共文化

[①] 刘德中:《从三个维度看习近平关于文化建设的重要论述》,《探求》2018 年第 5 期。

[②] 周叶中:《新中国宪法历程与社会主义核心价值观入宪》,《光明日报》2018 年 9 月 13 日第 5 版。

治理领域当中必须遵循的价值导向与精神原则。甚至如学者所论，我国的"精神文明建设依托宪法主权协商结构，以执政党的道德秉性发扬、国家目标动员和群众路线方法，推进家庭、社区等伦理实体对主权结构的濡化，将主权的正当性逻辑延伸到价值多元时代的意识同一性、精神凝聚性和文化公共性的意义构建，并凝聚为'国家—社会—个体'三元同构的社会主义核心价值观，以此作为精神文明的实质载体。"①

（四）关于道德建设

"文化的中轴与灵魂是价值追求，文化对文化人来说最重要的体现是高尚道德情操的养成。"② 早在 2001 年，我国便已出台了《公民道德建设实施纲要》。2002 年党的十六大报告提出"要建立与社会主义市场经济相适应、与社会主义法律规范相协调、与中华民族传统美德相承接的社会主义思想道德体系"的任务。党的十八届四中全会明确了"良法善治"的基本理念，提出"坚持依法治国与以德治国相结合"。习近平总书记也指出，道德是社会关系的基石，是人际和谐的基础，要始终把弘扬中华民族传统美德、加强社会主义思想道德建设作为极为重要的战略任务来抓，为实现中华民族伟大复兴的中国梦提供强大精神力量和有力道德支撑。2015 年考察山东时又指出，国无德不兴，人无德不立。必须加强全社会的思想道德建设，激发人们形成善良的道德意愿、道德情感，培育正确的道德判断和道德责任，提高道德实践能力尤其是自觉践行能力，引导人们向往和追求讲道德、尊道德、守道德的生活，形成向上的力量、向善的力量。并最终于党的十九大报告当中正式提出"加强思想道德建设"。

诚如学者所论，"德治"与"法治"相结合离不开"道德建设"

---

① 秦小建：《精神文明的宪法叙事：规范内涵与宪制结构》，《中国法学》2018 年第 4 期。

② 杨凤城：《习近平社会主义文化建设思想的时代创新》，《陕西师范大学学报》（哲学社会科学版）2018 年第 4 期。

即"人的建设"。① 其实，法作为一种独特的社会意识形态，本就孕育于特殊的社会道德母体。正所谓法是最基本的道德，而道德是最崇高的法；道德是法的正当性来源，法需以道德为合理性依据；德治为法治提供精神理论资源，法治为德治提供体制机制保障。均说明了德法之间千丝万缕的联系。而事实上，"法律的权威和尊严建立在民众已经具备基本道德素养的基础上，如果民众没有认可社会主流价值体系，也就不会尊重和遵循法律。"② 文化法律制度的改革与完善便更需紧密围绕德法互济的目标，坚持德法兼治、引德入法，在高度尊重中华文明道德传统的基础之上，建设中国特色社会主义文化法制理论与制度。

（五）关于文艺创作

习近平总书记高度重视文艺事业。"党的十八大以来，他就繁荣发展社会主义文艺事业多次发表重要讲话，集中体现在2014年文艺工作座谈会上的讲话（2014年10月15日），在党的十八届四中全会第一次全体会议上关于中央政治局工作的报告（2014年10月20日），在中国文联十大、中国作协九大开幕式上的讲话（2016年11月30日）以及在中国共产党第十九次全国大会上的报告（2017年10月18日）等讲话或文件中，逐步形成一个完整的观念体系，即习近平文艺观。"③

助力中国特色社会主义文艺事业的繁荣与发展，社会主义文化法制建设须始终坚持为人民服务、为社会主义服务的政治方向，始终坚持有利于主流文化意识形态得以弘扬的文化法律制度建设。一方面必须加强和改进党的领导，创新党领导文艺工作的方式方法。如说"现在，文艺工作的对象、方式、手段、机制出现了许多新情况、新特点……对传统文艺创作生产和传播，我们有一套相对成熟的体制机制

---

① 武树臣：《"德治""法治"与当代法律文化建设》，《法治现代化研究》2018年第4期。

② 张泽：《为何要坚持法治与德治并举》，《人民论坛》2018年第20期。

③ 袁智凯、王樱：《文化自觉视域下的习近平文艺观》，《山东大学学报》（哲学社会科学版）2018年第3期。

和管理措施，而对新的文艺形态，我们还缺乏有效的管理方式方法。这方面，我们必须跟上节拍，下功夫研究解决。要通过深化改革、完善政策、健全体制，形成不断出精品、出人才的生动局面"①。另外必须通过优化创作环境来保障文艺创新，即"要尊重文艺工作者的创作个性和创造性劳动，政治上充分信任，创作上热情支持，营造有利于文艺创作的良好环境"。② 另一方面必须尊重文艺创作规律，尊重文艺工作者的首创精神。在坚持正确价值取向的基础之上，尊重文艺创作自由，确保公民文化权利最大程度的实现，满足人民群众对于美好精神文化生活的需要。而"通过文艺引领丰富人们的精神力量，同时主张人民大众来评判改革发展成果，体现了鲜明的认同性"③。

（六）关于事业产业

党的十九大报告指出："满足人民过上美好生活的新期待，必须提供丰富的精神食粮。要深化文化体制改革，完善文化管理体制，加快构建把社会效益放在首位、社会效益和经济效益相统一的体制机制。完善公共文化服务体系，深入实施文化惠民工程，丰富群众性文化活动。加强文物保护利用和文化遗产保护传承。健全现代文化产业体系和市场体系，创新生产经营机制，完善文化经济政策，培育新型文化业态。广泛开展全民健身活动，加快推进体育强国建设，筹办好北京冬奥会、冬残奥会。加强中外人文交流，以我为主、兼收并蓄。推进国际传播能力建设，讲好中国故事，展现真实、立体、全面的中国，提高国家文化软实力。"然而，文化事业与文化产业的改革与完善从根本上来说还涉及一个所谓"文化公平"的问题。实际上，党的十八大报告中就已经指出，"加紧建设对保障社会公平正义具有重大作用的制

---

① 习近平：《在文艺工作座谈会上的讲话》（2014年10月15日），第138页。
② 习近平：《在文艺工作座谈会上的讲话》（2014年10月15日），第137—138页。
③ 杨恩泽：《论习近平关于文化领导权重要论述的鲜明特点》，《学术交流》2018年第9期。

度,逐步建立以权利公平、机会公平、规则公平为主要内容的社会公平保障体系";党的十八届四中全会报告又指出"加快完善体现权利公平、机会公平、规则公平的法律制度",这标志着我们党把保障社会公平正义摆到了更加突出的位置,而在这"三个公平"中,权利公平是核心,机会公平是前提,规则公平是必要保障。①

目前,文化事业产业体制机制改革也已然成为完善我国各项文化制度的重中之重,成为完善我国各项文化制度的具体抓手。虽已初步形成文化事业和文化产业的法律制度格局,但各中法律制度,特别是各中法律治理还亟待体系化、系统化、精细化。文化事业和文化产业之间的制度关系还有待进一步清晰化、衔接化;文化立法中立、改、废、释还有待进一步的深化、细化,甚至"进化";文化综合执法工作还有待进一步的制度化和效力化。文化市场的法律规范治理亦面对诸多新情况、新问题;对外文化交往交流的法制化服务亦有待进一步的探索和成形。这些都已成为今天乃至今后相当长的一段时间内,文化法制建设和文化法制理论研究中的重要课题。

第二节 文化法治基本理论研究的意义和价值

党的十六大提出文化建设和文化体制改革的一项主要任务是加强文化法制建设。文化法制建设必须向有利于构建社会主义法治体系的方向运作,把文化纳入法治轨道。但由于当前文化法制领域法律法规不健全,立法盲点较多,给文化法制的发展带来很大的阻碍。随着《中共中央关于深化文化体制改革的决定》的颁布,新一轮文化法制建设与文化体制改革的大幕正式开启。文化法制的研究首先需要关注和

---

① 崔玉亮:《十八大以来习近平总书记文化公平思想研究》,《学理论》2018 年第 10 期。

明晰的就是其基本理论范畴的探讨，只有将现有零散、浅层的点评观点进行认真细致的梳理与体系化构建，才能真正实现文化法制理论体系的完善与发展。本课题的目标就是要在整理国内现有研究成果的基础上，查找域外的研究理论，以对文化法制的理论进行全面的总结和搭建，实现文化法制基本理论体系的重构，并积极推进文化法学学科的设立与发展，最终为文化法制建设提供充足、完善与坚实的研究基础和理论支撑。

一 文化法治基本理论研究的理论意义

第一，对文化法治的基本理论问题展开系统研究，以之为整个课题研究的基础。研究基本理论问题是进行深入研究的前提，尤其是对于文化法治这一研究基础较为薄弱的新兴领域而言更是如此。文化法治基本理论研究主要涉及基本范畴、基本原则、基本框架、基本价值、基本环节等内容。通过对基本理论部分的研究，使其能够成为未来我国文化法治研究与实现的坚实基础。此外，亦可成为构建文化法学这一新兴法学学科的基础。

第二，以文化法治基本理论与文化法治理念为基础，总结现有的文化法制研究，为将来文化立法与文化法制研究确定发展方向。目前的文化法学研究缺乏宏观的体系框架，因此导致相关研究成果的分散、空洞，彼此间难以形成有机的互动，缺乏整体性和综合性的把握。文化法治基本理论研究着力于理论基础的构建，并在此基础上形成科学、完备、进步、理性、初级富有中国社会主义特色的文化法治理念，以为整个文化法治研究的开展提供坚实基础。

第三，文化法治基本理论研究通过总结文化法治研究的基本问题、基本范畴、基本结构，以期为形成系统化、体系化的文化法学提供理论支撑，同时为我国文化法制的建构和完善提供科学、系统的理论指导。文化法学是基于现代国家以法律手段促进文化发展、保护文化权利的迫切需要应运而生的一门法学分支学科，其特点是将传统的部门法学研究方法和研究成果应用到文化领域，对文化领域的法律问题展开分析，形成有关文化法制的特有法理。因此，文化法治基本理论的研究是从基础的层面促进我国文化法学研究进一步发展和深化的重要路径。

二 文化法治基本理论研究的实践意义

第一，通过对文化法治基本理论的研究，进而加强文化立法与文化法制体系研究，有助于完善中国特色社会主义法律体系。2011年，我国正式宣布社会主义法制体系初步形成。这意味着建设了数十年的社会主义法治体系已经初具规模，并至少具有层级完整、门类健全、范围周延的基本特点。而文化法制体系恰是社会主义法制体系的重要组成部分。随着文化发展在国家战略发展中占有越来越重要的位置，文化事业、文化产业也得到了前所未有的发展与壮大。在这种实践背景之下针对文化法治基本理论研究的深入已刻不容缓。因此，对文化法治理论进行研究，能够促使我国文化事务的依法管理，从而推动文化事业又快又好地发展。倘若忽略这方面的研究，势必成为统一的社会主义法治进程的"短板"。

第二，通过对文化法治基本理论的研究，推进文化法治的研究和建设。我国的文化法治建设正处在承前启后、继往开来、与时俱进的重要时期，面临着难得的机遇。但目前文化法治研究和建设局限于各个零散领域和静态层面，缺乏系统的、有针对性的理论研究。通过总结现有的文化法治理论研究，为将来文化立法与文化法治研究确定发展方向，有助于从一个更为宏观、更为动态、更为准确的角度对文化法治相关问题进行总结，对文化法治体系研究的发展做长期的谋划。

第三，通过对文化法治基本理论的研究，发挥其对于文化法治实践的应有规模效应。研究文化法治基本理论问题，是立足于党的十八届四中全会的精神将文化法治体制建设的基本目标锁定在"建立健全社会主义先进文化前进方向、遵循文化发展规律、有利于激发文化创造活力、保障人民基本文化权益的文化法律制度"之上必须做出的基础性研究。其研究不但可以还原一个应然文化法治理论的本来面貌，

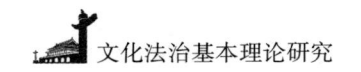

而且能够以此为基础，对既有文化法治研究的成果进行重新梳理，以达到极致。

三 文化法治基本理论研究的价值

"全面推进依法治国，总目标是建设中国特色社会主义法治体系，建设社会主义法治国家。"文化建设和文化体制改革的一项主要任务是加强文化法治建设。文化法治建设必须向有利于构建社会主义法治体系的方向运作，把文化纳入法治轨道。但由于当前文化法治领域法律法规不健全，文化法治理论研究盲点较多，某些领域还存在着"无法可依"、法律法规缺乏应有严密性的情况，给实际文化法治研究造成较大困难。随着《中共中央关于深化文化体制改革的决定》的颁布，新一轮文化法治建设与文化体制改革的大幕正式开启。2013年党的十八届三中全会《决定》提出："紧紧围绕建设社会主义核心价值体系、社会主义文化强国，深化文化体制改革，加快完善文化管理体制和文化生产经营机制，建立健全现代公共文化服务体系、现代文化市场体系，推动社会主义文化大发展大繁荣。"2014年党的十八届四中全会《决定》则从依法治国的角度进一步强调："建立健全坚持社会主义先进文化前进方向、遵循文化发展规律、有利于激发文化创造活力、保障人民基本文化权益的文化法律制度。制定公共文化服务保障法，促进基本公共文化服务标准化、均等化。制定文化产业促进法，把行之有效的文化经济政策法定化，健全促进社会效益和经济效益有机统一的制度规范。"这些都为我国文化法治的进一步发展和完善提供了强有力的顶层政策支持。

加强文化法治体系的基础理论研究，有助于完善中国特色社会主义法治体系。对文化法治体系的发展进行战略研究，能够促使我国文化事务真正实现依法管理，从而推动文化事业又快又好地发展。考察我国文化法治理论研究的现状，我们发现，存在诸多不足之处。

从文化法治的表现形式来看，在文化领域，过去很多文化规范都是靠政策调整，这种状况显然与我国国家治理方式的转变不相适应。

当前在文化法治建设方面，最突出的问题仍然是文化立法相对薄弱。目前国家在文化领域只有《文物保护法》《著作权法》《非物质文化遗产法》3部法律，新闻出版、知识产权、广播影视等领域的38件行政法规，以及大量的部门规章、地方立法，远没有形成完善的法律法规体系。文化立法势在必行。但是在当前的文化领域中，相关的理论研究比较薄弱，文化法治研究的基本理论并未形成一个有共识、统一的体系框架，而仅是部分学者对其的一些基本的、零散的探讨。由此，在当前时期，我们既要认识到加强文化立法工作的重要性和紧迫性，通过法定程序将党的文化政策逐步上升为法律法规，抓紧制定和完善一批与文化建设和发展密切相关的法律法规，又要认识到制定和完善文化法律法规是一项艰巨而复杂的系统工程，必须遵循科学的立法原则来逐步推进和完善，不能一蹴而就，应先深入进行文化法治的基础理论研究，然后才能从实际出发，探讨文化立法的具体事项。

从文化法治研究的理论深度来看，文化法治的基本范畴、基本概念以及原则、价值等方面，学界并未有相关论述，更远未达成相关共识，因此，对于文化法治的基础理论研究仍需要进一步提高理论深度，对于相关的概念与范畴进行一个清晰、规范的界定。从文化法治理论的研究范围和广度来看，文化法治研究主要集中在著作权法、非物质文化遗产法律保护及传媒法等几个方面。关于文化法治的其他方面并未有多少涉及，比如对于公共图书馆法、出版法、新闻法、电影法等方面的基础理论研究不多，因此，本项目就是要通过对文化法治各个方面的理论抽象和梳理，从而对于文化事业法治与文化产业法治的理论研究有一个系统、全面的考察。

显然，实践滞后的根源在于基本理论研究的不足。而纵观学界现有的研究成果，涉及文化法制基本理论问题的探讨也的确凤毛麟角。在文化法制建设亟待长足发展的今天，唯有深入回溯相应的基本理论问题方可能实现对时代法治需求的良好回应。总的来说，研究文化法制的基本理论问题应着重关注如下方面。首先是文化法制理念有待更新，要进一步强调文化法制在本质上是维护、保障、促进和实现我国公民和中华民族的文化权利；其次是进一步澄清文化传承、创新和发展与传播是国家义务和政府部门职责之中不可或缺的重要内容；再次要辩证地认识文化发展的群众性、自发性与文化促进的引导性、自觉性，既要积极又要审慎地发挥文化行政的应有功能；最后要充分认识立法保护文化产业发展的应有功能。总之，必须为文化法制体系的建构与完备提供坚实的理论基础，建立一个公法与私法相衔接、立法与执法相配合的完备的文化法制理论体系。

四 文化法治基本理论研究的创新

党的十九大召开后，以习近平新时代中国特色社会主义思想为指导，文化法制建设必须向有利于构建社会主义法治体系的方向运作，把文化纳入法治轨道。本书第一个创新点就是文化法制建设向文化法治建设的转变。

关于文化法治基本理论研究，现在文化领域中，相关的理论研究比较薄弱，文化法治研究的基本理论并未形成一个有共识、统一的体系框架，从文化法治研究的理论深度来看，文化法治的基本范畴、基本概念以及原则、价值等方面，学界并未有相关论述，更远未达成相关共识，这是一个全新的具有开拓性的论题，几乎每一个章节都存在其创新之处。首先，关于文化法治基本内涵的论述运用了整整一个章节的篇幅，这是学界首次对文化法治下定义，将文化法治与法治文化区别开来。并且创造性地提出了文化法治的基本理念和原则，其中，理念包括光大多元一体的文明气质、恢宏包容尊重的中道精神和守持严谨规范的法治伦理。原则包括，坚持党的领导、坚持人民的主体地位、坚持先进的文化方向、尊重和保障创作自由和平等享用文明成果。上述理念和原则主要强调文化法治在本质上是维护、保障、促进和实现我国公民和中华民族的文化权利；其次是进一步澄清文化传承、创新和发展与传播是国家义务和政府部门职责之中不可或缺的重要内容，以上观点的提出，也具有一定的创新意义。

明确划分文化法治的主体与客体，主体包括国家、公民和外国人，客体是文化法治的对象,包括行为和物,以主体不同作为区分文化法治基本内容的标准,分为文化权利和国家义务,文化权利对应公民,国家义务对应国家。从全新的视角剖析文化法治的要素可将其分为立法、执法、司法和守法四个方面。特别是在文化领域,过去很多文化规范都是靠政策调整,这种状况显然与我国国家治理方式的转变不相适应。当前文化法治领域法律法规不健全,立法盲点较多,给文化法治的发展带来很大的阻碍。从文化法治理论的研究范围和广度来看,主要集中在著作权法、非物质文化遗产法律保护及传媒法等简单的几个方面,关于文化法治的其他方面并未有多少涉及,比如对于公共图书馆法、出版法、新闻法、电影法等方面的基础理论研究不多,因此,本书通过对文化法治各个方面的理论抽象和梳理,从而对于文化事业立法与文化产业立法开展一个系统、全面的考察。这也是极具创新性的所在之处。

第三节 文化法治基本理论研究的基本思路与基本内容

一 文化法治基本理论研究的基本思路

在系统收集和整理国内外有关文化法治的相关文献的基础上,通过大量的实践调研获取丰富的第一手材料,力图呈现和阐释我国文化法治建设的基本问题,实现实然问题的解决和与应然体系构建的良好结合,主要内容如下。

第一,对文化法治的基本理论问题展开系统研究,以之为整个课题研究的基础支撑。基本理论问题是进行深入研究的前提,尤其是对于文化法治这一研究基础较为薄弱的新兴领域而言更是如此。其中主要涉及基本范畴、基本原则、基本框架、基本价值、基本环节等内容。我们不仅希望基本理论部分的研究成为本课题的逻辑基础,更期待这一开拓性的理论建构研究能够成为未来我国文化法治研究与实现的坚实基础。此外，本部分亦可成为构建文化法学这一新兴法学学科的基础。

第二，通过文献整理和实际调研对文化法治的现状与问题进行系统的归纳、整理和阐释，为课题研究提供全面、有效、准确的分析样本。除了对基本理论进行形而上的建构，更需要对客观实践状况进行系统的把握，这是进一步深入研究与未来制度建构的前提。本课题将重视实用主义的导向，坚持"从实践中来，到实践中去"的逻辑，即"剖析实践理论诠释→制度建构→指导实践"，一方面避免相关研究论文成为缺乏实践基础的空中楼阁，另一方面也确保研究结论对文化法治建设具有切实、有效的指导价值。

第三，探讨文化事业立法和文化产业立法的一般规律，在对既有法律法规进行规范分析的基础上提出切实的完善进路，进而提出应然的文化事业立法和文化产业立法的体系框架，并对两大立法体系框架的耦合与界分关系进行深入研究。我国的文化法治体系建设尚处初级阶段，在未来相当一段时间内，文化立法的建设仍然是主要任务和重中之重。因此，本课题着重从文化事业和文化产业两个视角切入，分为两个子课题分别加以研究，力图集中力量解决这一基础性问题。

第四，对文化法治的实施问题展开系统研究。在对静态的文化法制——文化立法进行全面探索的基础上，对动态的文化法治——文化执法、文化法治观念、文化监督等基本问题予以进一步呈现，在动静结合的层面促成文化法治"实施→实现"的立体化进程。其中既包括对文化执法的思考，也涵盖对相关司法问题的探求，更涉及普通公民在相关领域法治观念的形成。

二　文化法治基本理论研究的基本内容

本课题以习近平新时代中国特色社会主义思想为指导，对中国特色的文化法治基本理论展开研究，从文化法治的基本内涵、基本概念、基本范畴、基本制度等方面展开分析，阐发了文化法治的基本原则、基本理念、基本要素、基本体系和发展趋势。本课题系统探讨了文化

导 论

法治的基础理论，对于相关的概念与范畴进行一个清晰、规范的界定。本课题研究着重关注如下方面。首先是文化法治理念更新，进一步强调文化法治在本质上是维护、保障、促进和实现我国公民和中华民族的文化权利；其次是进一步澄清文化传承、创新和发展与传播是国家义务和政府部门职责；再次是辩证地认识文化发展的群众性、自发性与文化促进的引导性、自觉性，既要积极又要审慎地发挥文化行政的应有功能；最后要充分认识立法保护文化产业发展的应有功能。总之，必须为文化法治体系的建构与完备提供坚实的理论基础，建立一个公法与私法相衔接、立法与执法相配合的完备的文化法治理论体系。

本课题旨在集中探索文化法制建设的重大理论问题，实现文化法学学科的基本证成，并形成该学科的基本逻辑体系和结构框架。本课题报告以习近平新时代中国特色社会主义文化思想为指导，追溯习近平新时代中国特色社会主义文化思想的出发点和源流脉络，探求习近平新时代中国特色社会主义文化思想内涵及其对于文化法治的影响，并且深入全面地辨析文化的含义，理清历史主义经验逻辑下的文明中国。从如下方面对文化法治基本理论问题展开系统的探讨。

（一）文化法治的基本内涵

对于文化法治基本内涵的阐释，首先应对其相关的概念维度进行分析，比如文化在法制背景下特别是在宪法中的语境意义，文化法治与法治文化有何关联、文化法制与法制文化怎样界分、文化法治与文化法制的逻辑关系有何进路都需要展开论述。因此，文化法治的基本内涵无论从纯粹的文化角度还是法治维度，都无法全面地对其进行解释，而要将两者进行结合。本课题从三节对文化法治内涵进行说明，即法制背景下的文化含义、人文主义普适意义下的文化含义、宪法规范原意释义下的文化意涵，从这三个角度入手，在导论辨析定义文化内涵的基础上，探讨到底什么是文化法治，文化法治与法治文化有何区别。文化法治基本理论研究中最基本的问题就是文化法治是什么，只有理清文化法治的基本内涵，才能开展其他部分的研究工作。

（二）文化法治的基本理念

文化法治在我国依法治国的法治语境中占有较为重要的地位。由于文化无论是内涵还是外延辐射面都极为广泛，因此，对文化法治基本理念的分析，课题主要从其他文化的基本原则、基本要素、权利保障等方面进行相关的论证。从理念层面，文化法治既要结合党的十八届四中全会阐释的诸多法治理念，也要紧扣党的十九大报告中关于文化的解读，必须推进马克思主义中国化、时代化、大众化，建设具有强大凝聚力和引领力的社会主义意识形态，使全体人民在理想信念、价值理念、道德观念上紧紧团结在一起。要加强理论武装，推动新时代中国特色社会主义思想深入人心。法律的生命力在于实施，文化法治的价值也在于践行，及如何通过一系列与国家治理能力和治理系体系现代化要求相适应的配套法律体系，进而保障公民的合法文化权利。以公共文化服务为例，要切实抓好法律所确立的各项制度、措施等规范的贯彻落实，依法督促各级地方政府和相关职能部门履行职责，强化政府在公共文化服务中的主导作用，要加强执法监督，落实行政执法责任制；要进一步加强相关配套的法规、规章和规范性文件的制定工作，使法治更为完善，使公共文化服务工作更加规范。基于以上基本认识，课题组认为在界定文化和文化法治含义的基础上，在习近平新时代中国特色社会主义文化思想的指导之下，将文化法治的基本理念大致归为以下三种：光大多元一体的文明气质、恢宏包容尊重的中道精神和守持严谨规范的法治伦理，并且依据这三种理念，衍生出文化法治的基本原则。

（三）文化法治的基本原则

谈及基本原则、精神，首先应当确立的就是党的领导和人民主体地位的原则，这两个原则是其他原则的根本基础和前提。只有始终如一地坚持中国共产党的领导，坚持中国共产党的指导方向和道路，才是正确的原则，才是为人民谋福祉的原则。中国共产党代表了最广大人民群众的根本利益，坚持人民主体地位的原则，也是实现人民根本利益，服从党的领导的深刻体现。中国共产党还代表了先进文化的发展方向，因此，坚持先进文化为导向也是重要的原则之一，坚持文化法治的重要内容还包括尊重和保障创作自由，平等享用文明成果等。因此，文化法治的基本原则大体上分为五个，分别为坚持党的领导、坚持人民主体地位、坚持先进文化方向、尊重和保障创作自由和平等地享用文明成果。

（四）文化法治主体中的主体与客体

主体与客体的概念是来源于哲学用以说明人的实践活动和认识活动的一对范畴。其中，主体是实践活动和认识活动的承担者；客体是与主体相对应的哲学范畴。文化法治关系的主体首先是国家，这主要是从国家作为义务主体的角度来谈的，体现在《宪法》第19条、第20条、第21条、第22条、第23条、第24条的规定中，从以上几条宪法规定可以看出，国家在发展我国教育、科技、文化、卫生、体育、文学艺术事业、人才培养以及树立、培育社会主义核心价值中都具有法定义务。其次是民族，尤其是那些保有鲜明文化习俗的少数民族群体。再次是作为"公民文化权利"基本主体的公民个人。最后是法人和其他组织，宪法意义上的法人可分为国内公法人与国内私法人。就宪法中的文化权利而言，无论是作为文化成果创作机构的大学或研究机构，还是作为文化传播机构的公私媒体；无论作为确保文化成果得以共享的文化事业单位，还是推动文化遗产保护的文化团体，都有其各自享有的文化权利，而为文化权利主体之一。需要注意的一个问题是具有外国国籍和无国籍的人是否也可成为一国宪法所规定的基本权利的权利主体？就宪法当中的文化权利而论，作为满足个体精神需求的基本权利，国家应当对其进行关照，而不论是否为本国公民。

法律关系客体是由立法的一般性、抽象性等特征所决定的，由立法者通过采用"类型化抽象"的立法技术所形成的一种立法产物。张文显教授将法律关系的客体定义为，是法律关系主体发生权利义务联系的中介，是法律关系主体的权利和义务所指向、影响和作用的对象。客体是法律关系不可或缺的构成要素，是法律关系产生和存在的前提。作为法律关系的客体通常具有客观性、有用性、可控性以及法律性四方面的特征。理论上通常认为法律关系的客体大体可以分为五大类，即物、人身人格、智力成果、行为、信息。我们对此持传统观点，即认为文化法治法律关系中的客体依旧在法理学五大类法律关系客体种类之内，物、行为、智力成果以及信息都是文化法治法律关系的客体。其中物主要包括文化设施和传播媒介两大类。文化设施一般是由政府部门出资修建的，为广大市民提供一个学习、交流的空间，让更多的文化学习爱好者参与进来。传播媒介，也可称为传播渠道、信道、传播工具等，是传播内容的载体。对于行为客体来说，法律关系说到底是人与人之间的关系。人与人之间要发生法律关系，要靠人的行为，这里的行为，不是人为了谋生向自然界获取衣食住行所需要的物质财富的过程，而是人对财产所施加的占有、使用、订约等具有法律意义的行为，具体到文化法治关系领域就是人所实施的受法律调整的与文化相关的行为。智力成果是指人通过智力劳动创造出来的精神产品，如科学发现、技术成果、商标设计、学术著作、文艺作品、电脑软件等。

（五）文化法治关系中的基本内容

文化法治关系的基本内容分为文化权利和国家义务两个部分。文化权利的基本义理中，作为公民文化权利理论原点的内心自由通过现行宪法第47条以及"54宪法"第95条明确表示，我国公民的文化权利兼具自由权和社会权的双重属性，是为中国宪法文化权的特殊之处。公民文化权利是为了满足公民个人精神需要的，是一种精神性的权利。权利规范中的内心自由表明任何一部宪法，都不会保障一种不受任何限制的良知自由。至于宪法本身如何限制良知自由，则更多地诉诸宪法适用机制的运转，及其跟随时代变迁的改制。作为公民文化权利制度原则的平等保障包括走向平等的宪法之路、文化权利平等保障的宪制之途两个方面。现代社会国家对国民的生存照顾义务不仅包括为国民提供生存必需的物质基础，而且包括提供促进国民个性自由发展的基本文化设施和服务。"文化多样性"是人的全面发展的前提与基础，则"多元文化国家"的型塑，需借助"文化多样性"在一国国内的实现。其实现的根本途径又在于宪法，这一全体公民政治协议的遵守与执行。文化权利的体系包括主观权利和客观价值秩序两个方面，其中主观权利包括防御性文化自由和给付性文化权利，防御性文化自由主要指文化创作、文化参与等自由，给付性文化权利主要指鼓励和帮助等国家义务；客观价值秩序决定包括国家的文化保护义务、组织与程序性保障、制度性保障，国家的文化保护义务主要指文化设施和文化遗产的保护，组织与程序性保障是指各类文化事业组织与程序保障，制度性保障主要指民族文化自治制度。

就文化权利的国家义务而言，一般来说，基本权利的消极权利属性和积极权利属性通常会对应出国家的消极义务与积极义务。所谓"消极的国家义务"即为防止国家公权力对基本权利的侵害，而课以国家尊重并不干涉公民基本权利行使的宪法义务。而所谓的"积极的国家义务"则要求国家公权力以积极的手段和有效的方式，协助或帮助公民基本权利的实现。或从公民权利与国家义务的功能上讲，防御权功能保障公民的基本权利不受国家侵犯，国家在此先负有不作为义务；而国家保护义务功能和国家给付义务功能却与之相反，它们首先要求国家积极作为，个体处于只有在国家采取某种积极措施，即从国家那里受益的情况下才能够实现其自由的状态，因此两项功能可以通称为基本权利的受益权功能。

（六）文化法治的基本环节与要素

文化法治的基本环节与要素分为立法、执法、司法和守法四个部分。在立法方面，主要以文化事业立法和文化产业立法两个方面来展开论述。中国自改革开放以来，加强了对文化立法的研究，文化立法工作开始走上了制度化、规范化的轨道。在文化执法方面，主要是对文化的行政管理，例如对网吧的查处。执法体制的完备，包括以大部门的视角合并执法机构、规范执法人员、完善执法程序、提高执法监督的水平。在文化司法方面，主要以案例为主展开，利用司法途径，保障文化，保障文学，保障作品的著作权。在文化守法方面，主要是指公民文化法治观念的建设，特别需要强调的主体是领导干部队伍，因为领导干部起带头作用，领导干部法治观念的建设尤为重要。其次，是对全民文化法治观念的普及，本课题在对文化视域中的科学立法、严格执法、公正司法、全民守法四个方面进行分别探讨的基础上，对其内在关联及互动关系进行深入剖析。

（七）文化法治的基本制度

制度文化是人类为了自身生存、社会发展的需要而主动创制出来的有组织的规范体系。制度文化是人类在物质生产过程中所结成的各种社会关系的总和。而文化制度是指一国通过宪法和法律调整以社会意识形态为核心的各种基本文化关系的规则、原则和政策的总和。我国基本文化制度是围绕社会主义精神文明的核心进行教育科学文化建设和思想道德建设。文化政策是一国对于文化艺术、新闻出版、广播影视、文物博物等领域进行行政管理所采取的一整套制度性规定、规范、原则和要求的总称。在已有的文化法律规范性文件中，效力等级较低的政策较多，而相对而言需要具备的上位法则是处于缺失状态，因此，从政策式的文化规范到文化法制的转变必将有助于社会主义文化法治的形成。

文化法制的基本制度包括电影产业法律制度建设、文化演艺市场法制建设、互联网络法律制度建设，新闻传播法律制度建设，图书馆法律制度建设，博物馆法律制度建设和文化站（室）法律制度建设。本章节将以上述几个方面的文化法制建设为重点展开论述。

对于国际视野下的文化法制，一方面，对于我国批准的《经济、社会及文化权利国际公约》《保护世界文化和自然遗产公约》等一批与文化有关的国际条约进行深入探索；另一方面对于西方发达国家文化法制的理论和建设经验进行比较、借鉴。大致可从文化法制与国际条约、文化权益的国际化保护以及 WTO 背景下的文化法制三个方面着手。最后，从文化法制理论的研究范围和广度来看，文化法制研究主要集中在著作权法、非物质文化遗产法律保护及传媒法等简单的几个方面。关于文化法制的其他方面并未有多少涉及，比如对于公共图书馆法、出版法、新闻法、电影法等方面的基础理论研究不多，因此，本书就是要通过对文化法制各个方面的理论抽象和梳理，从而对于文化事业法制与文化产业法制的理论研究有一个系统、全面的考察。

（八）文化法治体系的建构

本章节将从文化法治体系建构意义、重点难点和建构纲要三个方面展开，论述文化法治体系的形成与其体系内部的架构和内容。在文化法治体系建构的部分，最具有贡献性的就是文化法学学科的建构，文化法制理论体系的研究必将有助于文化法学学科的探讨与思考，必将促进该学科的真正建立与发展。大致可分为文化法学研究对象及内容、文化法学研究方法及模式以及文化法学学科体系构建三部分。同时，也将对文化法学作为一门独立的法学学科的学科地位及其同其他法学学科的关系展开论证。

（九）新时代文化法治的发展趋势

这一部分是对当前新时代文化法治的一个未来展望和期许，具体包括文化法治发展理念的科学化、文化法治发展重点的明晰化、文化法治发展路径的规范化和文化法治发展的国际化四个方面，其中文化法治发展理念的科学化首先从本质上探讨了法制文化、文化法制与文化法制文化的界分与关联，阐述了从文化法治文化到文化法治观念、从文化法制观念到文化法治的演进过程。文化法治发展重点的明晰化主要包括中华优秀文化法治建设、公共文化服务法治建设、文艺创作法律保障制度、文化事业和文化产业发展法律制度、互联网建设管理运用法律制度以及体育事业发展法律制度六个方面。发展路径的规范化主要是指以下几个方面内容，第一，2011年10月18日中国共产党第十七届中央委员会第六次全体会议通过的《中共中央关于深化文化体制改革推动社会主义文化大发展大繁荣若干重大问题的决定》把"加强文化法治建设，一手抓繁荣、一手抓管理，推动文化事业和文化产业全面协调可持续发展"作为五项基本方针之一提出，表达了对文化法合资建设的高度重视。第二，2013年11月12日中国共产党第十八届中央委员会第三次全体会议通过的《中央关于全面深化改革若干重大问题的决定》对未来一段时期国家重点深化改革的十六个领域进行逐一详述，其中第十一个领域即为"推进文化体制机制创新"。第三，为了更加明确依法实施党的十八届三中全会《决定》第九项和第十一项的内容，2014年10月23日中国共产党第十八届中央委员会第四次全体会议通过的《中共中央关于全面推进依法治国若干重大问题的决定》则更加鲜明地对文化法治建设问题进行了集中阐述。第四，2017年党的十九大从更高的视角——文化自信对前述顶层设计精神进行内在梳理、统一并以集中呈现的方式在此予以强调。

第一章 文化法治的基本内涵

第一节 文化的基本内涵

一 走近文化

"文化"的内涵几乎成了绝大多数人文社会科学所有学科的学者们的共同追求,"不仅社会学、人类学、民族学、考古学、社会心理学把文化作为重要的范畴,而且哲学、历史学、政治学、经济学、伦理学、教育学、法学、神学以及文学、艺术等也都在某种意义上使用文化的概念。"[①] 来自不同学科背景的关注无疑有助于人们多角度、全方位地领略"文化"的魅力,然而也不可避免地由于学科话语体系的差异而产生不同的结论。根据1952年美国人类学家克罗伯(A. L. Kroeber)和科拉克洪(C. Kluckholn)在《文化:关于概念和定义的检讨》一书中的统计,仅仅在1871—1951年的80年间就涌现出了164种关于文化的定义。[②] 而日本学者名和太郎在一项未明确统计区间的成果中则将文化定义的数量定格为260种。[③] 我国则有学者认为:"文化作为一个科

[①] 司马云杰:《文化社会学》,华夏出版社2011年版,第2页。
[②] 司马云杰:《文化社会学》,华夏出版社2011年版,第2页。
[③] [日]名和太郎:《经济与文化》,高增杰等译,中国经济出版社1987年版,第41页。

学术语，1920年以前只有六个不同的定义，而在1952年便已增加到一百六十多个。"① 的确，想要从这样卷帙浩繁的文献中析出"放诸四海而皆准"的"文化"概念，几近"不可能完成的任务"（mission impossible）。

不妨先来看看"文化"内涵在西方的发展历程。在西方，"文化"一词源于拉丁文的"cultura"，意为"耕作、栽培"，与自然存在的事物区别存在，② 并被绝大多数视为神的创造。③ 在古希腊和古罗马时期，文化与公民参加社会生活和政治生活的能力紧密相连。这种观点延续至中世纪并被发扬光大，圣·奥古斯丁在《上帝之城》（The City of God）中就强调"上帝创造了人类的文化"。而阿奎那在《神学概要》《神学大全》等著作中也对此加以肯定。17世纪的西方开始对近代意义上的文化概念展开探讨，法国学者维克多·埃尔甚至断言："关于文化概念的探讨是在17世纪和18世纪以来随着政治思想一起发展起来的。"④ 到了18世纪启蒙运动时期，"文化"与"教养"的关系日益密切。19世纪以来，相对完整的文化定义开始出现。如英国文化人类学家爱德华·泰勒在1871年出版的《原始文化》一书中即指出："文化是一种复合体，包括知识、信仰、艺术、道德、法律、风俗以及其余从社会上学得的能力与习惯。"后来，以奥格本（W. F. Ogburn）、亨根斯（F. H. Hankins）、威利（M. M. Willey）等人为代表的美国学者将"实物"补充进了泰勒的定义中。根据维克多·埃尔的理解，"文化"一词恰恰是在此时完成了"专门术语化"。1959年英国作家斯诺（C. P. Snow）在剑桥大学所作的题为"两种文化与科学革命"的演讲中提出文学文化和科学文化的"文化二分"论，则又在学术界引发了

---

① 庄锡昌等：《多维视野中的文化理论》，浙江人民出版社1987年版，第1页。
② 吉海荣：《透视作为文化现象的法》，《经济与社会发展》2004年第7期。
③ 柏拉图即认为世界万物都是神和造物主的创造。参见《柏拉图文艺对话集》，人民文学出版社1983年版，第7页。当然，也并非所有人都是"文化神创论"的"忠实拥趸"，如亚里士多德就认为文化是人靠习惯、经验模仿许多事物创造的。参见司马云杰《文化社会学》，华夏出版社2011年版，第100页。
④ ［法］维克多·埃尔：《文化概念》，康新文等译，上海人民出版社1988年版，第18页。

一场轩然大波。总之，虽然文化的内涵变得愈发丰满，但时至今日，在西方仍然没有达成统一的共识。①

在我国，"文化"的内涵走过了一条同样漫长而曲折的演变之路。"文化"的表述在我国最早可追溯至《易经》中的"观乎人文，以化天下"，② 至汉代又有"文化不改，然后加诛"③ 的说法。由于我国传统上一直未能形成占统治地位的神学，因此文化的起源被理解为祖先的功德。④ 这种理解在其后漫长的封建时代几乎一直作为主流学说而存在。而真正关于文化概念的争鸣源于五四新文化运动之后，一大批名家大儒都参与文化概念的讨论中来。如，梁漱溟认为"文化乃是人类生活的样法"，⑤ 并进一步指出："我今说文化就是吾人生活所依靠之一切，意在指示人们，文化是极其实在的东西。文化之本意，应在经济、政治，乃至一切无所不包"；⑥ 蔡元培认为文化是人生发展的状况，包括衣食住行、医疗卫生、政治、经济、道德、教育、科学等内容；⑦ 梁启超指出："文化者，人类心能所开释出来之有价值的共业

---

① 如德国学者克林伯格认为："文化是社会环境所决定的社会生活的整体。"（覃光广等编：《文化学词典》，中央民族学院出版社1988年版，第109页）；美国学者克鲁柯亨和凯利认为："文化是历史上所创造的生存式样的系统。"（转引自庄锡昌等编《多维视野中的文化理论》，浙江人民出版社1987年版，第119页）；加拿大学者金里卡认为："文化的本性是社会文化，基于特定地域和语言基础的群体中的成员提供设计整个人类活动范围的有意义的生活方式，包括公共领域和个人领域中的社会、教育、宗教、娱乐和经济生活。"（[加]威尔·金里卡：《多元文化的公民身份———一种自由主义的少数群体权利理论》，马莉、张昌耀译，中央民族大学出版社2009年版，第111页）；瑞士学者雅各布·布克哈特则颇有些无奈地指出："任何一个文化的轮廓，在不同的人眼里看来可能是一幅不同的图景。"（[瑞士]雅各布·布克哈特：《意大利文艺复兴时期的文化》，何新译，商务印书馆1979年版，第1页）。凡此种种，不一而足。

② 《周易·彖上传》。
③ 《刘向·说苑·指武篇》。
④ 《周易》《周礼》《山海经》中关于伏羲、神农、皇帝尧舜等圣人"造物"的记载可为依据。
⑤ 梁漱溟：《东西文化及其哲学》，上海商务印书馆1929年版，第53页。
⑥ 梁漱溟：《中国文化要义》，学林出版社1987年版，第1页。
⑦ 蔡元培：《蔡元培美学文选》，北京大学出版社1963年版，第113页。

也"。① 后来，有学者意识到文化的概念正在被解释成一种无所不包的"大杂烩"，于是提出了相应的冷思考。如胡适强调应当区分"文化"与"文明"这两个近似的概念，并提出文化是一种文明所形成的生活方式；② 陈独秀更是一针见血地指出："有一班人把政治、实业、交通都拉到文化里面了，我不知道他们因何种心理看到文化如此广泛，以至于无所不包？"并进而指出文化是"文学、美术、音乐、哲学、科学之类"。③

后来，费孝通先生对"文化"的理解成为一时经典："位育是手段，④ 生活是目的，文化是位育的设备和工具。"⑤ 故"文化"可解释为"一个团体为了位育处境所制下的一套生活方式"。文化的基础则在于"个人生活"。⑥ 但是费先生的解释依然未能摆脱抽象概括性有余而具体问题指导价值不足的弊端。⑦ 时至今日，我国学者依旧未能就文化的概念达成完全的共识——一个初步的共识在于，许多学者承认文化的概念在内涵与外延的范畴上存在差异。如李林教授指出："'文化'内涵，一是广义上的，即文化是人类创造的一切，主要包括精神文化、制度文化和物质文化；二是中义上的，即文化是指社会的意识形态以及与之相适应的制度和组织机构；三是狭义上的，即文化仅指社会的

---

① 梁启超：《什么是文化》，《学灯》1922年12月9日。
② 胡适：《我们对于西洋近代文明的态度》，《现代评论》1926年第3期。
③ 司马云杰：《文化社会学》，华夏出版社2011年版，第4页。
④ 所谓"位育"，潘光旦先生将儒家中心思想的概念"中和位育"（《中庸》首章有云："致中和，天地位焉，万物育焉。"）加以提炼，并翻译为"adaptation"，即"适应"，意指人和自然相互迁就以达到生活的目的。
⑤ 费孝通：《中国社会变迁中的文化症结》，载刘豪兴编《乡土中国》，上海人民出版社2007年版，第242页。
⑥ 费先生在《生育制度》一书中的原话是："从个人生活之外去找文化的根源，我们是不愿意接受的。"参见费孝通《种族绵续的保障》，载刘豪兴编《乡土中国》，上海人民出版社2007年版，第423页。
⑦ 严格说来也不能算"弊端"，因为费先生的这一定义在创建之初本无明确的问题或具体学科的指向，即对"文化"概念的探讨并非前述研究的核心问题。

意识形态或社会的观念形态——精神文化。"① 李德顺教授认为："文化有广义、狭义之分。广义的文化，即从哲学层面上界定的文化，是相对于自然、天然、原初的状态而言，指人类改造世界使之符合人的本性和尺度的全部方式、过程及成果的总和。……狭义的文化，则是相对于经济、政治等而言，特指精神生活领域的文化，即社会精神生产和精神生活的方式、过程及其成果，例如哲学社会科学研究、文学艺术创作、科学、教育、新闻出版、大众传播、文博事业、文体活动、休闲娱乐等。简言之，狭义的文化即是指人的文字、语言、符号、精神化的生活样式。"② 当然，也有学者执拗地认为文化的定义引入广义狭义将使问题的探讨走向无谓的复杂化。如有学者认为"文化乃是人类创造的不同形态的特质所构成的复合体"；③ 也有学者认为"文化是人类生存和进化的特殊过程、方式及其结果"。④ 还有学者将文化的内涵分为三个层次："一是表层文化（又称为物质文化）；二是中层文化（又称为制度文化），包括风俗、礼仪、制度、法律、宗教、艺术等；三是底层文化（又称为哲学文化），就是人们个体和群体的伦理观、人生观、世界观、审美观。"⑤ 可见，当前我国学界对于文化概念争论的焦点主要集中于（但不限于）如下方面：定义文化应采用何种进路？抽象概括还是对其构成要素进行列举描述？若抽象概括，如何避免过于抽象所导致的虚化和无用性？若列举描述，如何确保外延范畴的准确乃至精确？如何应对"广义""狭义"之分所带来的选择适用标准不明确的次生问题？

前文呈现出了古今中外学者对于"文化"概念的痴恋与迷茫，而

---

① 李林：《我国社会主义法治文化建设的若干问题》，《哈尔滨工业大学学报》（社会科学版）2012年第5期。
② 李德顺：《法治文化论纲》，《中国政法大学学报》2007年第1期。
③ 司马云杰：《文化社会学》，华夏出版社2011年版，第7页。
④ 刘进田、李少伟：《法律文化与法制现代化》，陕西人民出版社1998年版，第3页。
⑤ 这是著名文化学者许嘉璐的观点，参见陈国裕《清醒地认识文化建设问题——十届全国人大常委会副委员长许嘉璐答本报记者问》，《学习时报》2008年11月17日第1版。

造成这一现象的原因则是多方面的。首先，不同学科基于不同的话语体系在其中扮演了推波助澜的角色。① 其次，不同学派基于不同的视角也会在理解文化内涵的层面产生差异。② 再次，在学术交流过程中，不同民族语言、不同的表达方式增添了文化概念的不确定色彩。③ 最后，我们不能忽略一个事实——随着人类社会的发展，文化的概念本身也处于一个不断发展的动态过程之中，因此，一方面，我们不能指望从古代先贤的著作中获取过多的启示，也不能指望抛却历史背景随便拿出一个能够保证在当前和未来都适用的文化定义。

总之，若以实践指导价值为核心追求，则对于文化进行定义离不开对两个辅助性因素的准确认知，一个是领域，一个是时代。④ 从这个意义上说，在当前历史条件下，希冀得出一个内涵明确、外延完整、能够被各学科所普遍接受并确实能够发挥实践指导功能的文化概念，是不切实际的。

二　人文主义普适意义下的文化解读

从词源学角度来考察，英语 Culture 一词来源于拉丁语的 Cultura，其"原义有土地耕种、动植物培养、精神修养和神明崇拜等含义。"⑤

---

① 显然，社会学、人类学、民族学、考古学、社会心理学、哲学、历史学、政治学、经济学、伦理学、教育学、法学、神学以及文学、艺术等对于文化的理解不可能完全一致。

② 如历史学派、心理学派、结构功能主义、发生论者对于文化内涵的理解都不一样。对此可参见司马云杰《文化社会学》，华夏出版社 2011 年版，第 2 页。

③ 如德语和法语中关于文化与文明的理解即出入较大。参见司马云杰《文化社会学》，华夏出版社 2011 年版，第 4 页。而东方与西方之间价值理念和传统之间的差异明显比德语和法语之间的鸿沟更为巨大。

④ 实际上，文化本身就是个"领域"色彩颇浓的概念，丹尼尔·贝尔即指出："文化领域是意义上的领域（realm of meanings），它通过艺术与仪式，以想象的表现方法诠释世界意义，尤其是展示那些从生存困境中产生的，人人都无法回避的所谓'不可理喻性问题'。"［美］丹尼尔·贝尔：《资本主义文化矛盾》，赵一凡等译，生活·读书·新知三联书店 1989 年版，第 30 页。

⑤ 陈华文：《文化学概论》，上海文艺出版社 2001 年版，第 11 页。

而遍查 Culture 的含义，则可详细为：文化、文明；教育、修养、陶冶、文雅；（微生物等的）培养、培养出的微生物、培养细胞、培养菌；耕种、栽培、养殖；训练、教化；（军事）地形沙盘；文化群落，即有相同思想意识特征和某种特定生活方式的一群人。① 作为形容词的 Cultural 则有人文的、文化的、教养的、修养的、训练有素的、文雅的、栽培的、养殖的、传统的等意思。作为动词的 Cultivate 又有耕作、耕种、开垦；中耕、培土、锄草、松土；栽培、种植、培育；养殖、培养；使受文明教育、教化、培养；促进艺术、科学等的发展；发展、建立、加强友谊、爱情等；结交朋友等。②

现代新儒家代表人物唐君毅先生对文化的理解有着广义和狭义的区分：广义的文化，是指人的精神活动的表现，包括人的社会活动、政治活动，乃至生产技术活动等，凡对自然和社会有所改变的行为，都是文化；狭义的文化则专指哲学、伦理道德、文学艺术、宗教以及人们日常生活的风俗习惯等。③ 而"一切人类文化，皆是人心之求真美善等精神的表现，或为人之精神的创造"；"人类创造文化之精神，乃人类心灵求真美善之要求，贯注于其实际生活中"，"人类的一切文化活动，固然不一定都是道德活动，如求财货是经济活动，求权力是政治活动，求真是科学活动，求美是艺术活动，但是，所有这些活动，都是道德理性或道德自我的支持，因而人类的一切文化活动都统属于道德理性或道德自觉，或者说，都是道德理性或道德自我的分殊表现。道德理性或道德自我，就是'创造文化具备文化意识之自我'"。此外，"作为人的道德理性或道德自我表现的文化之创造，是需要以一定的现实环境为条件的。因为人要实现其道德理想目的，或者说把他的道德理想客观化、社会化，必须要有实现它的凭借和场所。"且中西文化侧重不同，如"中国文化重人，西方文化重物；中国文化重道德和

---

① 李华驹编：《21世纪大英汉词典》，中国人民大学出版社2003年版，第563页。
② 李华驹编：《21世纪大英汉词典》，中国人民大学出版社2003年版，第562页。
③ 唐君毅、张祥浩：《文化意识宇宙的探索·编序》，中国广播电视出版社1992年版，第23—24页。

艺术，西方文化重科学和宗教；中国文化重人伦，西方文化重个人自由。最重要的是，中国文化重统绪，而西方文化重分殊。"由此可知，"文化"具有以下几个方面的特点：首先，文化以精神，也即主观为第一要素；其次，道德理性为文化之中心观念；最后，文化具有东西方之显著差异性。①

至于文化的历史进程，则"最早一段，受自然（身体、生理、心理与身外环境间）限制极大，在各处不期而有些类近，乃至有某些类同，随后就个性渐显，各走各路。其间又从接触融合与锐进领导，而现出几条干路。到世界大交通，而融会贯通之势成，今后将渐渐有所谓世界文化出现。在世界文化内，各处自仍有其情调风格之不同。复次，此世界文化不是一成不变的；它倒可能次第演出几个阶段来。"②可见，人类文化的核心含义及流变在于，首先，文化的精神性或者说是思想性内涵是文化的本质特征；其次，文化因其产生的地域、环境有差别而具有不同的表现形式；最后，人类不同文化形式之间存在交汇、分流，以及交汇与分流的交替。当然，文化的广义与狭义也为梁漱溟先生所承认，就前者而言，"文化，就是吾人生活所依靠之一切。""吾人生活所依靠之一切，意在指示人们，文化是极其实在的东西。文化之本义，应在经济、政治，乃至一切无所不包。"而"俗常以文字、文学、思想、学术、教育、出版等为文化，乃是狭义的"③。

在中国，"文"与"化"的并联使用较早见之于战国末年儒生编辑的《易·贲卦·象传》：刚柔交错，天文也。文明以止，人文也。观乎天文，以察时变；观乎人文，以化成天下。"文"者，交划、相交之意。交划反映了万事万物错综复杂的物理属性，相交则意味着人们可以通过对事物之

---

① 唐君毅、张祥浩：《文化意识宇宙的探索·编序》，中国广播电视出版社1992年版，第26页。

② 梁漱溟：《中国文化要义》，世纪出版集团、上海人民出版社2003年版，第54页。

③ 梁漱溟：《中国文化要义》，世纪出版集团、上海人民出版社2003年版，第9—10页。

理的梳理、总结与归纳，使得本来毫无头绪的现象世界能为人们所认知与把握。人们通过这种认知与把握，从而获得运用事物的规律或称道理，进而取得破解大自然奥秘的钥匙。诸如天文地理、季风气候乃至飞禽走兽与百草林泉，人们都可以通过对他们各自不同周期的观察与把握来获得有利于人类生存的规律。"化"则是对"文"的自然延伸。"化"者，演化、演绎之意。在把握了自然的规律之后，人便自然而然地要考虑该如何与这些外在之物和谐相处，甚至当发现这些外物往往有着更为强劲的生命力时，还会考虑是否可以将这些通过人物交感所获得的规律进行推演，以运用到人以及人、事的关系上来。于是如何处理原初的人伦关系，以及此后一系列所谓复杂的人际关系，便有了一个可资借鉴的参照。于是人们逐渐发现诸如长幼、主从、先后等人与人的基本关系又都基本上可以在这些物象规律当中获得对照与借鉴。从此，人开始主动地"以文化人"，同时又可以反过来"以人化文"，通过文与化的过程，而使得人与物的关系能够生生不息地交替与磨合，最终成就人与人、心与物的感应同生状态，亦即所谓"天人合一"的理想境界。此外，文、化本身的双向互动更为人自身的主体性造就创造了无限的生机与活力，从而成就人类"人以文传，文以人传"的人文历史。

以上无论是西语当中的"文化"含义，还是中文当中的"文化"内涵，均体现"文化"作为一种我之所谓的"人的过程"。正是这种"人的过程"，使得文化与人本身不相割裂、不相分离；也正是这种"人的过程"，使得"人文"的世界不断有新的人和新的"文化"产生。因为人的代际交替决定了"人的过程"和"文的过程"的代际展开。因此，只要有人的代际交替就会有"人的过程"以及"文的过程"的不断启发。这种"不断"便是作为文化规律的"传承"与"传播"。而这种"不断"本身又构成了文化在本质上的动态性存在，正如中文当中的"以文化成""以文化人"。不过立足于当下的中国，作为文化发展领域最具实践指导意义的国策纲领，《中共中央关于深化文化体制改革、推动社会主义文化大发展大繁荣若干重大问题的决定》所言之"文化"概念，又需每个理论工作者深入体会："文化内涵十分丰富、外延非常宽泛，可以指人类在改造客观世界过程中创造的物质成果和精神成果的总和，也可以指人类在改造客观世界过程中创造的精神成果的总和。"其所布局和擘画的重点又在于那些"与经济建设、政治建设、社会建设相对应的文化建设"；并"对教育、科技、体育等领域，在与文化建设直接相关的问题上也有所涉及。"① 而综上所述，有关文化的内涵便可谓"开化"出宏观、中观与微观的三种定义：作为一种人的生活方式，即作为一种文明样式的宏观文化；主要作为一种人的精神生活方式，即主要作为一种精神文明样式的中观文化；以及作为"指名"一种具体领域的人的社会行为，即作为一种人的具体社会活动之一的微观文化行为。但"文化"若要进入法治的视域，尚需透过法律关系、法律规范、法律行为等法的逻辑结构来予以更为具体的考察。② 下文有意立足于国家宪法的法规范秩序，亦是以宪法规范为典型范例，透析宪法规范秩序中的文化意涵，尤其是其法治意旨生成的逻辑，而将文化的法律治理这一本书主题开门见山地凸显出来。

第二节 "法文化"语境下"文化"的内涵

一 法制范畴的文化解读

德国思想家萨维尼曾言："任何法律制度都是其共同文化不可分割

---

① 李长春：《关于〈中共中央关于深化文化体制改革推动社会主义文化大发展大繁荣若干重大问题的决定〉的说明》，《文化强国之路——文化体制改革的探索与实践》，人民出版社2013年版，第6页。

② 实际上，若无具体的考察视域，那种所谓"人的生活样式"的"文化"其实也是毫无意义，至少是毫无实际意义的。这也是文化之所以多元、文化多元乃是文化之一本质特征的根本原因。就此而言，"文化"之意义并不在于文化之"名"，而在于存在之一切条件与背景之"实"。

的一部分，它同样对共同文化的历史产生作用。"① 美国法理学家德沃金认为，文化不仅涉及共享的记忆或价值，还涉及共同的制度和实践，即"一种文化的成员有一套共享的传统和约定好的词汇表"②。英国学者罗杰·科特威尔同样指出："一切有关法律制度和法律概念的特征的问题都需要与产生法律的社会条件相联系来加以领会，在这种意义上，法律确是文化的一种表现形式。"③ 可见，文化与法制本身就存在天然的、紧密的、内在的关联，这恰恰为我们从"领域"的视角解析文化提供了坚实的基础——文化在法制领域的内涵。

"法制"一词的表述在我国有着相当久远的历史，最早可追溯至秦汉时期。《礼记》中就有"命有司，修法制，缮囹圄"之说。④ 古代汉语中的"法制"一般仅指"律"和"刑"，⑤ 这一理解在中华人民共和国成立之后被极大改变。今天的"法制"一般在如下两种层面上使用。一是静态意义上的法制，即"法律制度"的简称。即一国内的各级各类规范性法律文件所共同构成的社会关系调节机制的总和，一般以国家立法权的形式和作用为依据。二是动态意义上的法制，即一国法律规范的运行全过程，一般认为包括立法、执法、司法和守法四个环节——前三项分别对应国家的三种权力类型，即立法权、行政权和司法权；而守法则一般对应公民个人权利义务关系的处理。⑥ 当然，后来又在某种意义上衍生出"监督"的概念，不仅重构了传统国家三权

---

① 张宏生、谷春德主编：《西方法律思想史》，北京大学出版社1983年版，第208页。

② Ronald Dwoekin, *A Matter of Principle*, New York: Harward University Press, 1985, p. 231.

③ ［英］罗杰·科特威尔：《法律社会学导论》，潘大松等译，华夏出版社1989年版，第27页。

④ 《礼记·月令》。

⑤ 林咏荣：《中国法制史》，台湾大中国图书公司1976年版，第1页。

⑥ 有观点认为除了静态和动态两种理解之外，法制还包含"依法办事原则"的内涵（参见沈宗灵主编《法理学》，北京大学出版社2009年版，第138—139页）。我们认为，"依法办事原则"在某种程度上更加接近于"法治"的内涵，因此前面"过于宏观"的理解可能反而会模糊"法制"概念本身的确定性，应谨慎对待。

关系的解释模型，也使得公民和国家之间的关系进一步深化。本书所指的"法制"，应当是前述静态和动态两个层面理解的综合。

显然，即使把语境限定在"法制"的范畴之内，各国对于文化内涵的理解依然不尽相同。在美国，由于联邦宪法并未直接提及"文化"，故难以直接得出其法制体系中文化的内涵。倘直接依据第一修正案认为宗教、言论、出版甚至是集会和示威属典型的美国法意义上的文化，无疑较为明确，然而基于第九修正案"不得因本宪法只列举某种权利而认为人民所保留的其他权利可以被取消或轻忽"的规定——某种意义上是一种"钟表效应"[①]——似乎对美国法上文化的理解应当更为宽泛。美国刑法上的"文化辩护"对此提供了佐证。在"人民诉木村"案（People v. Kimura）、"人民诉穆阿"案（People v. Moua）、"人民诉陈"案（People v. Chen）以及"缅因州诉卡噶依"案（State of Maine v. Kargar）四个诉讼中，上诉法院裁判的核心依据在于被告能否构成"文化辩护"，即其行为在其本族群文化中是否被允许。[②] 这里的"文化"显然与多元文化主义中的"文化"具有类似的背景，依据金里卡社会文化的理解，至少应当包括"公共领域和个人领域中的社会、教育、宗教、娱乐和经济生活"。[③] 在德国，联邦基本法全篇仅在第29条出现了"文化"一词，但却是旨在说明国家领土的"文化因素"。根据学者的一般理解，德国法上的文化主要包括教育、学术、艺术和宗教。[④] 我国亦有学者持此见解。[⑤] 在日本，宪法中的"文化"被视为生存权之一项被提出，即第25条规定："全体国民都享有健康和文化的最低限度的生活的权利。"至于"文化"的内涵究竟指哪些，亦无明确的立法回应。根据芦部信喜的阐述，至少应当涉及精神自由权

[①] 所谓"钟表效应"是指，当只有一个钟表的时候，我们能够知道确定的时间；当有两个显示不同时间的钟表的时候，我们却无法确定时间了。

[②] 陈磊：《美国刑法中的文化辩护研究》，《中国刑事法杂志》2009年第9期。

[③] ［加］威尔·金里卡：《多元文化的公民身份》，马莉、张昌耀译，中央民族大学出版社2009年版，第111页。

[④] 许育典：《文化宪法与文化国》，（台北）元照出版公司2006年版，第16页。

[⑤] 王锴：《论文化宪法》，《首都师范大学学报》（社会科学版）2013年第2期。

(思想、宗教信仰、学问、表达等)和部分社会权(受教育权)。①

其实,何止不同国家对法制背景下的文化的概念在理解上有出入,即使是在特定国家内部,这种理解也随着历史的变迁而呈现差异。于是这里就需要引进第二个定义文化的"领域"——时代。以我国为例。在1949年的《共同纲领》中,第五章专门规定了"文化教育政策",此时的文化大致包含新民主主义意识、全民公德、(自然)科学、艺术、教育等。根据1954年宪法第59条,此时的文化主要包括"科学、教育、文学、艺术和其他"。而主打"文化牌"②的1975年宪法中,第12条将文化内涵定位于"文化教育、文学艺术、体育卫生、科学研究",范畴上似乎变化不大,但这里的"文化"已经悄然蒙上了"无产阶级文化大革命"的色彩,具有历史的倒退性。1978年宪法第52条对文化的内涵有所扩充,认为主要包括"科学、教育、文学、艺术、新闻、出版、卫生、体育"等方面。而在现行宪法的文本中,"文化"一词大量涌现,其中对其内涵最直接的表述见于第22条:"国家发展为人民服务、为社会主义服务的文学艺术事业、新闻广播电视事业、出版发行事业、图书馆博物馆文化馆和其他文化事业,开展群众性的文化活动。国家保护名胜古迹、珍贵文物和其他重要历史文化遗产。"而第47条又做了进一步的补充:"国家对于从事教育、科学、技术、文学、艺术和其他文化事业的公民的有益于人民的创造性工作,给以鼓励和帮助。"③ 可见,现行宪法不仅将文化的内涵扩充到了一个前所

---

① 参见[日]芦部信喜《宪法》,高桥和之增订,林来梵等译,北京大学出版社2006年版,第八、九、十三章的相关内容。

② 当然这里的"文化"是在"无产阶级文化大革命"的基础上提出的,某种意义上具有历史的倒退性。

③ 彭真在1982年11月26日《关于中华人民共和国宪法修改草案的报告》中指出:"关于社会主义精神文明建设中的文化建设这个方面,这次《宪法》修改草案的《总纲》,根据全民讨论中提出的意见,将教育、科学、卫生体育、文化各自单列一条。这比原来草案中合为一条,加重了分量,也充实了内容。"参见《彭真文选》(1941—1990年),人民出版社1991年版,第448—449页。这段表述至少说明两个问题:一是将科教文卫体并列表述并非出于结构并列的认知安排,而是为了"加重分量""充实内容";二是现行宪法中的文化建设隶属于"精神文明建设"之下。

未有的状态，而且呈现初步的结构性特征：一是基于权力的视角，在第22—24条强调国家多文化事业发展的主导地位和义务；① 二是基于权利的视角，在第47条明确了公民所享有的文化权利。而我国在顶层制度层面对文化内涵理解的深入却一直延续。2002年，党的十六大报告"把文化法制建设的重点放在文化企业和文化事业单位内部的改革上，也就是小文化上。文化的含义具有很大的可伸缩性，有大文化、中文化和小文化之分：大文化是指人类创造的所有产物，是与自然相对应的，也叫第二自然。这是从大宇宙上来对文化进行定位。中文化是指精神文明，与物质文明和政治文明相对应。这是从整个人类社会来对文化进行定位。小文化是指文化事业与文化产业，如：广播影视、新闻出版、文学艺术、体育卫生、计算机网络等。"② 2011年10月，中国共产党在十七届六中全会通过的《中共中央关于深化文化体制改革推动社会主义文化大发展大繁荣若干重大问题的决定》（以下简称《决定》）中，虽然未对"文化"本身的内涵做明显改变，但却将焦点从传统的文化事业转到同市场经济更为契合的文化产业，并发展了1982年宪法关于文化"权力—权利"的二分结构。2012年11月党的十八大报告对此再次进行了明确。

总而言之，文化之观念似可类化为三个不同的层次，即微观之文化、中观之文化与宏观之文化。微观之文化乃为精神文明之纯粹精神与思想；宏观之文化乃容物质与精神文明为一整体的人类社会之文明；中观之文化乃根据不同文化功能与作用所取舍的宏观文化之部分。据此，本书所论之文化"观念"便是立足于当代中国文化法治的需要而取舍的文化法治精神与文化法律制度，即采用的是中观文化的观念。由是，则本书所采用的文化"概念"，是建立在当代法制发展现状及趋势背景的基础之上的，它既包括实然的文化制度，也包括应然的文化理念；既包括文化权力，也包括文化权利；既包括文化事业也包括文

---

① 这一点在2000年提出"三个代表"思想后被进一步强化。参见蔡定剑《宪法精解》，法律出版社2006年版，第219页。

② 林爽：《文化法制建设浅析》，《政法论丛》2003年第5期。

化产业;既包括新闻广播电视、出版发行、图书馆博物馆文化馆、名胜古迹、珍贵文物,也包括教育、科学、技术、文学、艺术。当然,因教育法早已为各家论述评说,甚至几成一独立之部门法学,故不在此单列赘述,而集中精力探讨文化领域中的其他法律治理问题。

二 文化法治的概念维度

在从法制视角界定"文化"内涵的基础上,再进而对"文化法治"及其相关概念进行简要说明,其中显然存在一种逐层递进的逻辑。

第一,文化法制。"法制"一词源于《礼记·月令》:"命有司,修法制,缮囹圄。"法制在一般意义上主要被理解为法律制度(legal system),① 则文化法制自然是指对文化现象和文化法律关系予以调整的法律规范的总和。其基本特征包括:规范性,即文化法律制度以正式的法律规范为载体;体系性,从横向来说,根据2011年中国特色社会主义法律体系的划分,主要集中在宪法相关法和行政法领域,从纵向来说,主要呈现为"宪法—法律—行政法规—地方性法规(自治条例和单行条例)—规章"的结构;静态性,即主要侧重于文化法律规范的建构、形成和补缺的过程,主要面向"有法可依"的初级目标。

第二,文化法制文化。就前一个"文化"而言,指的是前文所探讨的最宽泛意义上的现代国家的文化概念,即现行宪法第22条和第47条共同所指向的、作为一种领域的"文化存在",与我们通常意义上所谓的政治、经济、社会等处于同一层面的概念;② 就后一个"文化"而言,它更倾向于一种在特定群体内部形成并被普遍接受的"共同心理状态",即相关主体对文化领域的法制的认知与思考——如何定义、如何定位、如何评价、如何同自身的行为相结合,以及在此基础上形成的对文化法制的信仰。

第三,文化法治。在中观层次的文化领域的法律制度建设框架初

---

① 沈宗灵主编:《法理学》,北京大学出版社2009年版,第138页。
② 党的十六大报告将其简化为文化事业与文化产业的集合。

具,且形成了一定程度的维护、实施文化法制的制度文化的基础上,"文化法治"的概念应运而生。1997年党的十五大报告将"法制国家"的传统提法修正为"法治国家",其与"法制"的区别主要有二:一是在内涵上,"法制"侧重静态的制度建构和"依法办事"原则的初步贯彻,而"法治"则侧重既有法律体系的动态实施、良好监督及作为核心社会规则的权威的真正确立;二是在外延上,"法制"是对一种规范框架制度的描述,而"法治"则蕴含了作为社会关系调整手段的价值偏好——"强调通过法制对国家和社会事务的管理,与'人治'直接对立"。① 由此,可以将文化法治的概念初步界定为:在文化领域构建完整的法律规范体系并以该体系作为调整社会主义文化关系核心规范的规则系统与思想体系的总和。

第三节　宪法语境下的文化意涵

一　文化在宪法中的运用

"文化"一词出现于我国现行宪法中达22次之多,并散见于从序言到国家机构的各章之中。既有用于宣誓的条款,如序言第一段,应将其理解为"文化成果"的"文化";也有法规范意义上的规制,如第89条第7项,国务院有"领导和管理教育、科学、文化、卫生、体育和计划生育工作"的职责。既为一项公民基本权利,如第47条规定"中华人民共和国公民有进行科学研究、文学艺术创作和其他文化活动的自由";也附加义务于国家,如第19条第1款规定"国家发展社会主义的教育事业,提高全国人民的科学文化水平。"而通过对"文化"一词词性的剖析可知,在我国现行宪法文本当中,"文化"有作为名词和形容词这两种用法,前者如"序言"第一段,"……中国各族人民共

---

① 沈宗灵主编:《法理学》,北京大学出版社2009年版,第138页。

同创造了光辉灿烂的文化,具有光荣的革命传统。"后者如第 48 条第 1 款"中华人民共和国妇女在政治的、经济的、文化的、社会的和家庭的生活等各方面享有同男子平等的权利。"但主要用作形容词。

与此同时,"文化"往往又与其他形容词并列以作重要定语之用。具体而言又多与以下一些词汇相组合:第一,与教育、科学等词并列,即为我们惯常所称之"教、科、文、卫"组合,如"序言"第六段中"教育、科学、文化等事业"一句。第二,与经济或物质相对称,似以经济基础与上层建筑的对立统一关系为对称逻辑,如第 14 条第 3 款,"国家合理安排积累和消费,兼顾国家、集体和个人的利益,在发展生产的基础上,逐步改善人民的物质生活和文化生活。"又如第 122 条的规定,"国家从财政、物资、技术等方面帮助各少数民族加速发展经济建设和文化建设事业。"第三,与"理想""道德""纪律""法制"相并列,似为对"精神文明"具体内涵的阐发,即第 24 条第 1 款所言,"国家通过普及理想教育、道德教育、文化教育、纪律和法制教育,通过在城乡不同范围的群众中制定和执行各种守则、公约,加强社会主义精神文明的建设。"

当然,文本当中的具体规定显然不会迁就任何一种学理上的逻辑概括。正因为如此,规范与事实之间确实存在着"对立统一",抑或"统一对立";也正因为如此,规范和事实才显得同等重要;还因为如此,"文化"一词在我国现行宪法当中的具体运用并不完全遵守以上"并类规则",而是根据具体的制宪意图予以制宪功能意义上的补充。比如第 19 条第 3 款的规定,"国家发展各种教育设施,扫除文盲,对工人、农民、国家工作人员和其他劳动者进行政治、文化、科学、技术、业务的教育,鼓励自学成才。"之所以将"政治"、"技术"和"业务"缀于"教育"之前,显然暗含着制宪者对"政治思想教育"的重视,以及对劳动者业务素质的要求。另外,"文化"所修饰的名词很多,"事业""生活""水平""工作""遗产""特点",不一而足,甚至还包括"交流""发展""教育""活动"这类用作名词的动词。由此似乎并无规律可循。

二 "文化"在宪法中的含义

(一) 狭义的"文化"

前文推论,"文化"与"理想""道德""纪律""法制"相并列,似为对"精神文明"具体内涵的阐发,其原因在于可寻史料的记载。1982 年 4 月 22 日,在第五届全国人民代表大会常务委员会第二十三次会议上,彭真作了"关于中华人民共和国宪法修改草案的说明"。以"八个主要问题"系统概括了现行宪法的主要内容。其中第四个"问题"为"社会主义社会的发展是以高度发达的生产力为物质基础的"。而紧接下来的第五个"问题"则指出,"在建设高度物质文明的同时,建设高度的精神文明,是一项长期的任务。"并提出精神文明建设包括两个方面的主要内容,即"一是进行思想道德教育,二是发展教育、科学、文化事业。"接下来的第六个"问题"则进一步说明了"提高全体人民的文化、技术水平,对于建设社会主义的物质文明和精神文明,是不可缺少的条件。"① 在此之后的 11 月 26 日,彭真又在第五届全国人民代表大会第五次会议上作了"关于中华人民共和国宪法修改草案的报告"。《报告》特辟"关于社会主义精神文明"一节来系统阐释支撑"社会主义精神文明建设"的两个向度,即"文化建设"和"思想建设",并将对"文化建设"的讨论置于"思想建设"之前,而有别于此前的《说明》。《报告》指出,"这次宪法修改草案的《总纲》,根据全民讨论中提出的意见,将教育、卫生体育、文化各自单列一条。这比草案中合为一条,加重了分量,也充实了内容。"② 由此可知现行宪法当中的"教科文卫"语词组合确定于当时的"全民讨论",设定这一语词组合"提案"的主体仍然是实际的执笔者。亦由此不可

---

① 彭真:《关于中华人民共和国宪法修改草案的说明》,《三中全会以来重要文献选编》,人民出版社 1982 年版,第 1187—1189 页。

② 彭真:《关于中华人民共和国宪法修改草案的报告》,《彭真文选(一九一四——一九九〇年)》,人民出版社 1991 年版,第 448—449 页。

否认的是，宪法修改从某种意义上说确实是一种政治性的事件。

总之，现行宪法乃以"社会主义精神文明建设"为纲，以"文化建设"与"思想建设"为目，凸显了"社会主义精神文明"在我国的重要性与独特性。诚如许崇德先生所言，"社会主义精神文明建设是总纲的一个重要内容，也是宪法的一个新的内容。我国以前的宪法都未曾出现过'社会主义精神文明'的概念，世界各国宪法也不多见。1982年宪法把建设社会主义精神文明作为重要内容，是宪法与宪法学在新的历史条件下的丰富和发展。"②而正是因为这样一种特殊的运用，作为修饰语的"文化"在我国现行宪法当中乃更多地指向一种不包括精神、思想等"形而上"内容在内的"形而下"的文化"活动"或"事业"。由此可知"文化"一词在我国宪法文本当中的"狭义"运用如此。

（二）转型的"政法"

与此同时，《报告》特别指出，"文化建设的条文中没有写百花齐放、百家争鸣方针，这是考虑到：第一，作为公民的权利，宪法修改草案已经写了言论、出版自由，写了进行科学研究、文学艺术创作和其他文化活动的自由，就是说，已经用法律的语言，并且从更广的角度，表达了这个方针的内容；第二，科学和文化工作中，除了这项方针以外，还有其他一些基本方针，不必要也不可能一一写入宪法。"①自20世纪50年代正式提出以来，"双百方针"不仅是中国共产党领导文学艺术创作的基本方针，也是中国共产党领导科学研究工作的基本方针，而其精准的比喻又内在地包容了创作自由的核心理念。同时不得不承认，这种通俗、质朴，简洁、生动的语言风格比之于严谨而刻板的法律术语更具"文化"传播的效能。当然，这只是问题的一个方面。另一方面表明，《报告》中"作为公民的权利"的"言论、出版

---

① 彭真：《关于中华人民共和国宪法修改草案的报告》，《彭真文选（一九一四——一九九〇年）》，人民出版社1991年版，第449—450页。

自由、科学研究、文学艺术创作和其他文化活动的自由。"并认为用权利和自由这样的"概念"来表达政策当中所蕴含的"观念"具有"更广的角度"。① 由此，所谓的"公民从事文化活动的自由"与"双百方针"之间的关系似可理解为：首先，在我国，作为国家政策的"双百方针"同作为公民权利的"公民从事文化活动的自由"存在内在精神和义理上的共通性；其次在某种意义上也体现了政治观念对法理逻辑的主动遵从。作为现代"法制"的法，不仅有其特定的逻辑形式，更有其特殊的逻辑要件。那么，有意启用"权利"和"义务"这对法的逻辑要件，并将二者"对立统一"的逻辑关系运用到法文本的"谋篇布局"当中，进而在一国的思想、精神领域真正实现政治观念向法理逻辑的回归。

而从法社会学的角度对其做一番审视，则即使单从表述的形式上来看，这种政治色彩的又一次有意退隐，及由此带来的政策用语向法律术语的转化，也能在一定程度上折射出国家治理模式开始转型的时代特点。这种转型不仅是"制度性"转型，同时也是"制度的"转型。前者表示中华人民共和国开始尝试具有"可预"功能的法律之治；后者则预示着这种法治之"制"将要在中国得以型塑，并进而型塑这个国家。似乎由此在某种意义上又构成了一国特定的"宪制时刻"，则对中国宪法的研究又具有重要的史学意义。同时，"这是不是说明，改革的动力早在原体制内部就产生了？"②

（三）广义的"思想"

以实证主义法学为审查视角，如果"法律不过是命令之式样"③这样的论断能为我们的智识所接受，那么作为已然成为实定法概念的

---

① 彭真：《关于中华人民共和国宪法修改草案的报告》，《彭真文选（一九一四——一九九〇年）》，人民出版社1991年版，第450页。

② 周其仁：《产权与制度变迁——中国改革的经验研究》（增订本），北京大学出版社2004年版，第6页。

③ ［奥］凯尔森：《纯粹法理论》，张书友译，中国法制出版社2008年版，第286页。

"文化",也就无须对其做一番有关定义的"法外"之争。但尽管可以撇开这种语意之争不谈,仍旧不能空洞的是语意形成背后的经验支持,这种经验往往使"语词"本身不仅具有"语意",还会具备"语义",即意之所指,而这种"所指"不仅干扰语意的生成,确又时而历史、时而现实地左右着语意的流变——不管纯粹法学究竟要将法的要素萃取到何种程度。

基于此,我们也可以经验性地判断,"文化"从来就不是"形而下"的存在,至少从来就不会仅仅只是"形而下"的产物。诚如历史唯物主义所揭示的:没有脱离"人的主观能动性"的机械的唯物。如此,便不难理解"文化建设"的"精神文明"属性。而以此来解释"法言法语"的逻辑结构,也就不难接受"思想建设"之于"文化建设"独立却又同属于"社会主义精神文明建设"体系中的意义。则无论从"语意"还是从"语义"的层面,均难以将作为建设对象的特定"思想"排除在有关"文化"的法规范研究之外。正如《报告》中的阐发,"关于社会主义精神文明建设中的思想建设这个方面,首先应当提到,马克思列宁主义、毛泽东思想是我们的根本指导思想,这已经作为四项基本原则之一写在宪法修改草案的《序言》中。"[①] 这段文字表达了两层意思,首先,"马克思列宁主义、毛泽东思想"是"思想建设"中的重要组成部分;其次,考虑到《报告》的直接对象为全国人民的代表,那么,此处所称的"我们"即可推断为全国人民,则从法理上讲,"马克思列宁主义、毛泽东思想"更是指导全国人民建设社会主义事业的根本思想。我国现行宪法不吝将与时俱进的执政党执政理论纳入其中,我愿意将此看作我国宪法的一种巨大的包容性,也因此而具有当之无愧的宪章国是、领袖群法的高贵品质。至此,乃呈现出了以下一张极具中国特色的宪法规范图谱:

[①] 彭真:《关于中华人民共和国宪法修改草案的报告》,《彭真文选(一九一四——一九九〇年)》,人民出版社1991年版,第450页。

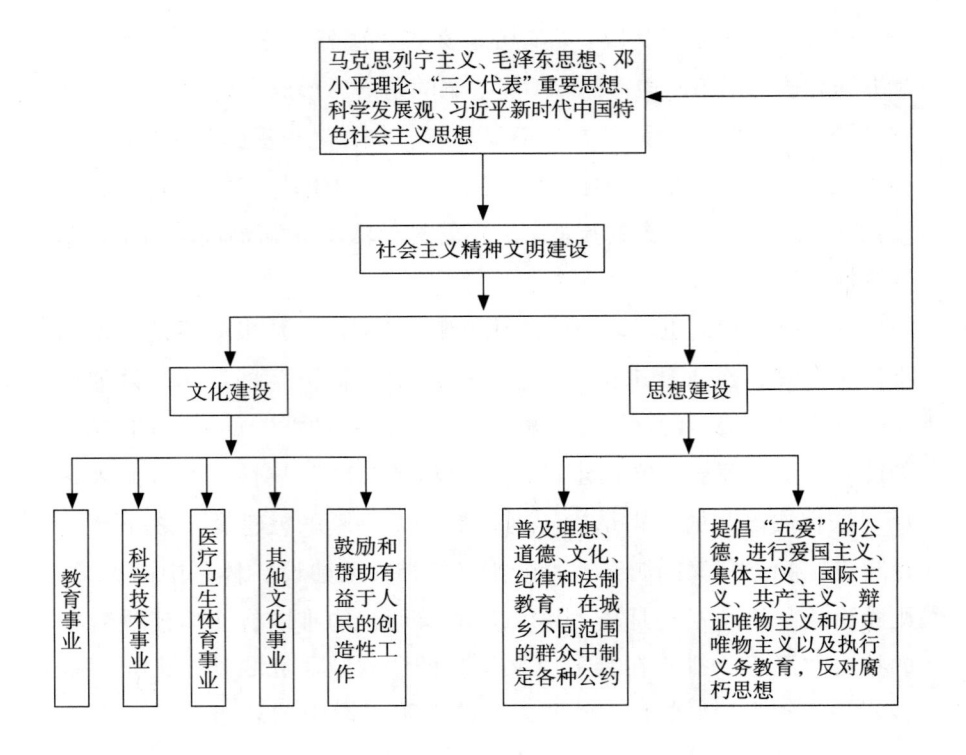

```
                    ┌─────────────────────┐
                    │ 马克思列宁主义、毛泽东思想、邓 │
                    │ 小平理论、"三个代表"重要思想、│
                    │ 科学发展观、习近平新时代中国特 │
                    │ 色社会主义思想              │
                    └──────────┬──────────┘
                               │
                    ┌──────────▼──────────┐
                    │   社会主义精神文明建设    │
                    └──────┬───────┬───────┘
                           │       │
                 ┌─────────┘       └─────────┐
                 ▼                           ▼
            ┌────────┐                  ┌────────┐
            │ 文化建设 │                  │ 思想建设 │
            └────┬───┘                  └────┬───┘
```

| 教育事业 | 科学技术事业 | 医疗卫生体育事业 | 其他文化事业 | 鼓励和帮助有益于人民的创造性工作 | 普及理想、道德、文化、纪律和法制教育，在城乡不同范围的群众中制定各种公约 | 提倡"五爱"的公德，进行爱国主义、集体主义、国际主义、共产主义、辩证唯物主义和历史唯物主义以及执行义务教育，反对腐朽思想 |

　　那么对于中国宪制，乃至中国法制而言，文化的法律治理便需把握以下几个基本的维度。首先在我国的法律体系中，"文化"一词其实是有着非常明确的内涵及外延的。其基本用法不外乎其中之一，即或为政治、经济、社会、文化、军事、生态等国家建设划分用语之一种；或为"教、科、文、卫"等具体国家事业，也即国家职能划分用语之一种；或以"公民文化权利"指代过去文化多样的国家文艺政策（百花齐放、百家争鸣）。而这种国家建设的、国家事业的、国家职能的，包括从国家文艺政策所催生出来的公民文化权利等中国法治中的文化观念，亦即那种根深蒂固的国家属性，实在有着太深的，因而不能予以有意回避的"现实理性"意义，这也构成了本书理解中国的文化法治的一个基本的出发点。当然，四十多年市场经济与开放改革的推行，早已使文化的中国、法治的中国，甚至中国的文化有了截然不同于"原意"的观念含义，诚如学者们对宪法第47条的理解，早已不再有

国家政策的"身影"。由此，这一已经正在进行着的"转型的政法"也就构成了本书理解中国的文化法治的另一个基本的出发点。亦即从公民的角度、权利的角度、自由的角度来审视这个已经、正在也必将丰富起来的文化、法治、文化法治的人文观念，而必须在理论层面上正视它、重视它。对此一"基本出发点"，本书将以后面的章节予详述之。此处之作为补论的，或者说还有必要予以交代圆满的，仍是这个宪制"原意"的文化何以如此，何以有这一"转型"的中国特色的问题。这实在干系着中国的文化法治的历史根基。而理解这一历史的根基，还需突破规范主义的宪法释义，而进入到历史主义的中国经验考察上来，这本身又是一个宏观层面的现代中国文明生活样式之型塑的问题。

第四节 历史审视下的文明中国

一 社会转型的双重压力

关于现代化的探讨，关于中国现代化的争论，自有"现代化"的汉语语词伊始便不绝如缕。其主要表现当然并不在于现代化本身的合理性，而在于现代化的内容与路径是否唯一。诚如邓正来所言，"百年来，由于将'西方'等同于'现代社会'，并将'非西方'的中国归于'传统社会'，所以'中西'问题与'古今'问题勾连在一起并形成了所谓的'中西古今'问题，进而成为我们从'传统社会'迈向'现代社会'这一线性社会进化进程——亦即'现代化'进程——的时代主题。其间，我们所面临的一个核心问题实质上是：在避免被沦为西方殖民地（政治的、经济的、文化的等）的前提下，如何在西方强势文化所主导的世界体系中谋求民族之自主和国家之强盛？无论是'中体西用'之说（张之洞），还是'西体中用'之论（黎澍和李泽厚）；也无论是'西化'之言（胡适和陈序经），还是'化西'之语

（牟宗三），我们都可以将其看做是对这一核心问题的回答。"① 而如邓正来所引，李泽厚在《启蒙与救亡的双重变奏》中指出，"启蒙"与"救亡"作为中国现代化的"共时性"双重主题，则是以另一种视角注解新旧民主主义革命的双重压力。其理论的意义首在历史性地区分了，也因此证立了纠缠在新旧民主主义革命当中的双重任务。如其所言，"每个时代都有它自己中心的一环，都有这种为时代所规定的特色所在……在近代中国，这一环就是关于社会政治问题的讨论：燃眉之急的中国近代紧张的民族矛盾和阶级斗争……把注意力大都集中投放在当前急迫的社会政治问题的研究讨论和实践活动中"；而"从变法（维新运动）到革命（推翻清朝），一方面，旧的体制、规范、观念、风习、信仰、道路……都由于皇权崩溃，开始或毁坏或动摇或日益腐烂；另一方面，正因为此，强大的保守顽固势力便不断掀起尊孔读经、宣扬复辟的浪潮，想牵引局面恢复或倒退到'前清'时代去"；"正是在这万马齐喑、闷得透不过气来的黑暗王国里，陈独秀率先喊出了科学与民主。"并在《青年》第1卷第5号及第6号中相继发表《1916年》《吾人最后之觉悟》两文。强调所谓"多数国民之运动"，开启"觉民"，也就是"启蒙"的新文化运动。如此，则救亡与启蒙始合于一辙。

二 走向现代的双重任务

所谓"双重任务"之说，及其完成先后的历史秩序，不乏后来相似之论。有学者更以此方法解构域外宪政历史发展逻辑："无论是政治宪政主义还是司法宪政主义，又都涉及现代政治中两个最主要的问题——现代国家和现代公民，或者说作为现代国家之根基的主权的确立和证成，以及现代公民的个人权利的生成与证成。"② 在此，该学者

---

① 邓正来：《谁之全球化？何种法哲学？——开放性全球化观与中国法律哲学建构论纲》，商务印书馆2009年版，第1页。
② 高全喜：《政治宪政主义与司法宪政主义——基于中国政治社会的一种立宪主义思考》，《从非常政治到日常政治——论现实代的政法与其他》，中国法制出版社2009年版，第8页。

实际上是将中国的现代化目标一分为二，即现代国家和现代公民的双重型构。并大胆推测"五四运动激进的反传统，和激烈的个人主义，在短暂的高扬和激烈之后，随着中国社会面临的民族救亡问题这一现实的危机，就很快与德国的民族主义和国家主义结合在一起；后随着社会主义在欧美乃至东方的盛行，五四启蒙运动的传统又逐渐与社会主义合流，成为中国社会主义的一个理论渊源。"这里似乎依然可见"中体西用"与"西体中用"之争，但无论是以中国的根性来摆脱西方的话语，还是以西方的材料来印证中国的道路，对于中国现代化双重任务的认同仍是二者的共同之处。依然无外乎现代民智与现代国家，或者说现代国家与现代公民。而就算不存在"救亡"与"启蒙"相互交叉，甚至不具有明显"现代国家"与"现代公民"双向整合的美国，也依然存在着一种将相对主题进行取舍与复合的问题。如有学者便将美国建国时期的最大分歧归纳为"内外"两种视野，即"联邦党人更多地采用外部视野，因此把国家安全以及保障国家安全所需要的国家能力看得很重，同时也就拥有虽然不甚成熟但仍初具雏形并产生了深远影响的国家战略；相反，反联邦党人主要从内部视野出发看问题，把国内目标特别是对人的自由权利与共和美德的保护看得重于一切"[①]。

然而，应当进一步反思的是，有助于问题"解析"的二元化现代，未必有利于"一个"现代中国的现代化问题的"解决"。毕竟，分立而视中国的现代化只能造成中国现代化的分裂。由此，一种思路是以现代"中国"囊括现代中国"公民"，或以现代中国"公民"标志现代"中国"的成立。但是否还有能够超越国家与公民两端的更为宽广，因而更为包容的"理性"来统和现代国家与现代公民呢？从现行宪法第一自然段找到了这种可能："中国是世界上历史最悠久的国家之一。中国各族人民共同创造了光辉灿烂的文化，具有光荣的革命传统。"由此，现代文明及现代文明共同体进入了中国人的视野。无论以上所论

[①] 刘晨光：《重建美国建国研究的"内—外"视野》，《人大法律评论》2014年第1期。

国家与公民究为何种关系，则终能导归到"一个"主题当中来：现代国家与现代公民的再度复合，我国现行宪法正是这种复合的蓝本。

审视中国宪法，占据正文之首的《总纲》正是对现代国家的擘画。现代国家的国体明示于《总纲》第 1 条，也即总第 1 条；现代国家的政体昭示于《总纲》第 2 条、第 3 条、第 30 条、第 31 条；现代国家的政道，即"中华人民共和国各民族一律平等"，乃至中国的法律及于中国的全境则位列《总纲》第 4 条、第 32 条；现代国家的治道，即"国家维护社会主义法制的统一和尊严"次列《总纲》第 5 条。以下第 6 条至第 18 条、第 19 条至第 24 条、第 25 条至 28 条、第 29 条则分立为现代国家之经济、文化、社会与军事要则。而宪法整个第二章，即"公民的基本权利和义务"则无疑是对现代公民塑造的价值引导。所有作为"主语"的中华人民共和国公民所应当具有的基本权利及其所不容回避的基本义务，是成就作为"主人翁"这一现代身份的基本条件。该章并与《总纲》一道，复合于宪法第一自然段的精神意蕴当中。至此，中国宪法基本上完成了现代双重文明目标的统和。不仅如此，改革开放前 30 年和改革开放后 30 年不曾断裂，"中华人民共和国"这六十年还和"中华民族"那五千年紧密联系在了一起。"周虽旧邦，其命维新"，传统文明价值共同体的现代转化即包括现代国家与现代公民的一体同构，也包括古代文明与现代文明的打通。

三　统合双重的精神动力

这种复合的精神甚至隐含于"辩证唯物主义与历史唯物主义"之中。前文所引，社会主义精神文明建设作为现行宪法总纲的一个重要内容，是现行宪法的一个新的内容，我国以前的宪法都未曾出现过此概念。结合承载此概念的整个现行宪法第 24 条的规定，第 2 款所示之种种内容似为对"社会主义精神文明"具体内涵的说明，即包括"爱祖国、爱人民、爱劳动、爱社会主义的公德"；"爱国主义、集体主义和国际主义、共产主义的教育""辩证唯物主义和历史唯物主义的教育"；以及"反对资本主义、封建主义的和其他的腐朽思想"。

关于"四爱"的"公德",彭真在现行宪法修改草案的报告中说得很明确,"这是建国初期的共同纲领中关于国民公德的'五爱'要求的发展。共同纲领中提出的'五爱'要求,鲜明、朴实,起过很好的教育作用,广大人民对它有深刻的印象。在当时没有向全国人民提出'爱社会主义'的要求。现在,提出这样的要求就是理所当然的了,因此原来'五爱'中的'爱护公共财物'现在改为'爱社会主义'。"① 而爱国主义、集体主义和国际主义、共产主义亦不陌生于在此之前的历部宪法文本。至于反对资本主义、封建主义,更是新民主主义革命以降国家独立、民族解放所蕴含的基本目标,也为此前宪法文本所屡次强调。如此,则"辩证唯物主义和历史唯物主义"便同"社会主义精神文明建设"一道,成为具有"首次"意义的第二个宪法概念了。更何况,这一系列的概念要么指向国家目标,要么指向人的行为,何以作为人生观、世界观、历史观的哲学认识论竟能获得最高法的强调?

按照中国学者的理解,"人与世界的关系的最本质的方向是思维和存在的关系。因此,思维和存在的关系问题是全部哲学的基本问题。如何回答这个问题是解决一切哲学问题的前提和基础,并由此而形成了不同的哲学派别与哲学形态。"② 意指恩格斯所论"全部哲学,特别是近代哲学的重大的基本问题,是思维和存在的关系问题。"③ 问题在于,辩证和历史的双层唯物主义何以在近现代中国获得指导思想的地位?我们当然不能否认作为意识形态工具的辩证唯物主义和历史唯物主义,特别是历史唯物主义在领导中国人民取得国家独立和民族解放上的重要作用。但是除了作为阶级斗争的工具理性之外,辩证唯物主义和历史唯物主义是否还有另外一种可能性,比如它还可能承载更为

---

① 彭真:《关于中华人民共和国宪法修改草案的报告》,《彭真文选(一九一四——一九九〇年)》,人民出版社1991年版,第450—451页。

② 肖前:《马克思主义哲学原理》(上册),中国人民大学出版社1994年版,第10页。

③ [英]恩格斯:《路德维希·费尔巴哈和德国古典哲学的终结》,《马克思恩格斯选集》(第4卷),人民出版社1995年版,第219页。

深远的历史任务，而不仅止步于阶级斗争本身？至少立足于当今之世，辩证唯物主义和历史唯物主义能否超越简单意识形态的功用，而成为中国走向现代，走向"中国的现代"的共同体哲学？这又需要对现代性的基本特征及辩证唯物主义和历史唯物主义的主旨这双层维度做出反思。

　　何为现代性？中西所见及中西路径不可能唯一，但拨云见体，殊途同归。现代性所张扬的又不单单只是物质世界的极其丰富，更有进化论下，生存主体竞相创造，在创新创造中不断刷新主体价值，不断走向人格独立与意思自理的精神愿景与实践努力。而"马克思主义哲学对于物质概念理解上的革命性变革，就在于它揭示了人类实践的客观实在性，从而把客观性原则贯彻到了历史领域，建立起统一地说明自然过程和历史过程的唯物主义原则，实现了自然观和历史观的统一，……这里，是否把人类实践理解为一种客观的活动、客观的实在，是全部问题的关键。……这说明，把人类实践视为一种客观实在并将其包含到对物质概念的理解中去，对于唯物主义把说明历史过程，对于整个马克思主义哲学，具有何等重要的意义。"① 我们的观点是，辩证唯物主义和历史唯物主义的基本认识为，一切心行活动最初并最终落实于社会实践当中。甚至可以说，这种"落实"本身即是唯物之"物"，而非简单的"物质""物品"。否则也就不会有物之"辩证"与"历史"。另外，中华人民共和国成立以后，曾经确立过四个现代化的目标，但"历史的进步绝非是轻而易举、一蹴而就的，人必须在困境中进行反思，从苦难中吸取教训，并为进步付出昂贵的代价。"② 而在笔者看来，将辩证唯物主义和历史唯物主义写入宪法乃是重回四个现代化轨道的标志。

　　由此，宪法起草者的意思就不难理解了："共产主义的思想教育应

---

　　① 肖前：《马克思主义哲学原理》（上册），中国人民大学出版社1994年版，第10页。

　　② 陈弘毅：《中国法制现代化的历史哲学反思》，《人大法律评论》2001年第1期。

该体现在帮助越来越多的公民树立辩证唯物主义和历史唯物主义的世界观,培养全心全意为人民服务的劳动态度和工作态度,把个人利益同集体利益、国家利益结合起来,把目前利益同长远利益结合起来,并使个人的目前利益服从共同的长远利益。"又"这种教育当然不是要超越历史发展的阶段去推行只有在生产力高度发展的共产主义高级阶段才能实行的经济和社会制度。相反,这种教育必须同现阶段在经济和社会生活中坚持实行按劳分配和明确的经济责任制等各项社会主义原则相结合,也只有在这样的思想教育的指导下,各项社会主义的原则和政策才能得到充分的和正确的贯彻。"① 也因此,以上所论宪法《总纲》条款,就必然以第 6 条至第 18 条的经济基础打底,支撑起建基其上的第 19 条至第 24 条、第 25 条至 28 条,即文化、社会诸条款。

毛泽东曾经说过,"一定的文化(当作观念形态的文化)是一定社会的政治和经济的反映,又给予伟大影响和作用于一定社会的政治和经济;而经济是基础,政治则是经济的集中的表现。这是我们对于文化和政治、经济的关系及政治和经济的关系的基本观点。"② 依照唯物主义辩证逻辑,物质世界决定精神世界,精神世界反映并能动地影响物质世界,由此经济基础决定上层建筑,上层建筑反映并影响和作用于经济基础。作为"中国的"宪法,《总纲》在规定了基本经济制度的基础上对政治和文化制度做出了全面的规定,同时又将"思想建设"与"文化建设"区别开来,是认为"文化建设"的对象实际上是一整套能够不断满足人民基本精神生活需要的客观制度和物质措施,而"思想建设"则表达了作为立宪主体的中国人民对共同尊奉的道德理想的体认;作为"中国的"宪法学研究,则无论如何也需直面这样一种唯物辩证的法哲学逻辑,至少在有关"文化"的法规范研究当中如此。更为重要的是,除了西方宪制之国家与公民的二元对立模式,中国的

---

① 彭真:《关于中华人民共和国宪法修改草案的报告》,《彭真文选(一九一四——一九九〇年)》,人民出版社 1991 年版,第 451 页。
② 毛泽东:《新民主主义论》,《毛泽东选集》(第 2 卷),人民出版社 1991 年版,第 663—664 页。

宪法实践是否还有另外一种可能，以至于国家与公民的二元关系能够融含于一个更高远、更深长的起始当中？回眸世界文明史，"西方社会发展的路径并不具有普遍性。因为世界上有许多国家的文化历史发展选择了截然不同的道路。"① 或许在一直朝着现代化努力的中国履历当中，也能够找到它自身的成长轨迹，并在根本法的回应当中找到那块统合对立二元的"拱顶石"。

总而言之，借由现代国家与现代公民的先后历史经历，一个具备踏实经验储备的现代中国方才得以一种现代文明的姿态，从世界民族之林当中真正独立出来，并更为关键的是从自我历史的泥沼当中真正站立起来。当然，经验的"历史逻辑"决定了自现代国家至现代公民的先后秩序，但历史的"经验逻辑"又决定了现代国家必落实于、坐实于、实现于现代公民的必然义理。否则，这一所谓的现代国家便缺乏其历史的正当性。国家者，公民之国家，国家是公民的载体，公民是国家的实质。从国家到公民，从权力到权利，这正是现代之为现代的历史正当性，也正是"转型"中国之必然、必须的正当性。

---

① 洪川：《法学中的现代与后现代》，《人大法律评论》2001年第1期。

第二章　文化法治基本理念

第一节　光大多元一体的文明气质

实际上，除了作为一种政法历史的现实必然，上文所论之国家与公民之双重现代化不仅构成了这种"政法并存"之根由，而且倘若站在一种历史文明的现实必然上来看，这种国家与公民的双重现代化还是中华多元一体文明存续之本果。故今日中国之文化法治的基本理念聚合，首先当是光大多元一体的文明气质。

国内外关于西式"多元文化主义"的探讨已然汗牛充栋。"核心是承认文化的多样性，承认文化之间的平等和相互影响。"① 其基本理论渊源一般公认为由犹太裔美国哲学家霍勒斯·卡伦于1915年在《民主诉熔炉》一文中首次提出。1924年，该学者在将该文收入论文集时，甚至还将其上升为一种主义，即"多元文化主义"（Multiculturalism），并以此来论证美国内部移民和主体民族之间的关系。随着20世纪五六十年代美国民权运动以及黑人民族主义（Black Nationalism）思潮的出现，人们对20世纪初产生的"多元文化主义"进行了重新

---

① ［英］C.W.沃特森：《多元文化主义》，叶兴艺译，吉林人民出版社2005年版，出版导言第1页。

思考，由此产生了"多元文化主义"的概念，并最终成为20世纪五六十年代的一个潮流术语。20世纪90年代以来，"多元文化主义"一词已然被频繁地使用了。① 源而言之，"以多元文化主义来解决多民族、多族群相处之道，是欧美国家基于二战的惨痛经验，通过人权革命而对种族主义进行"。② 但在今日的西方世界，特别是其发源于兴盛之欧美国家，"多元文化主义"却又饱受困惑和争议。甚至有所谓"共同体之间与共同体内部两种冲突"之说。③ 特别是美国"9·11"事件及随后欧美各国恐怖主义的爆发，乃至欧洲大陆所谓"难民潮"的冲击，以及某些宗教原教旨主义在其境内难以规制的扩张和难以融洽的对立，"多元文化主义"已然成为这些国家的"鸡肋"，其所谓的"政策反省"亦开始频现于各国政要、各大媒体，甚至国际组织。正是在欧盟"跨文化对话年"（Intercultural Dialogue Year）的2008年，欧洲委员会颁布《跨文化对话白皮书：平等尊重友好相处》（White Paper on Intercultural Dialogue：Living Together As Equals in Dignity）在继续倡导跨文化主义的同时，竟率先宣告多元文化主义在欧洲的失败："虽然有着良好的初衷，但是现在一般认为多元文化主义导致了社会分离和群体之间的误解，同时也对少数族群中的个人权利造成了损害，对女性权利的损害尤甚，因为多元文化主义仅仅将个体看作是单个的集体行动者。当前社会的文化多样性是确定无疑的事实，然而经过反复讨论，咨询委员会成员大都感到多元文化主义不再是一个适

---

① 熊文钊：《民族法学》，北京大学出版社2012年版，第439页。
② 鲍永玲：《欧洲难民潮冲击下的多元文化主义政策危机》，《国外社会科学》2016年第6期。也有学者认为，"多元文化主义的出现不但与美国国内的民权运动有关，也是世界被压迫民族的解放斗争和社会主义力量的影响在西方意识形态和社会生活领域的深刻反映。"（参见王希恩《从多元文化主义到多元一体主义的思考》，《世界民族》2013年第5期）。
③ 参见［意］沃尔克·考尔《多元文化主义与多元主义的挑战》，冯红译，《国外理论动态》2014年第8期。

合的政策取向。"① 而在国家层面，2010 年德国总理安吉拉·默克尔宣布"多元文化主义已经失败了，完全失败了"；2011 年 2 月 4 日至 5 日的慕尼黑安全政策会议，英国首相大卫·卡梅隆也认为"多元文化主义失败了"，而呼吁寻求新的整合政策；2011 年 2 月 10 日，法国前总统萨科齐宣布法国多元文化主义政策的失败；2 月 14 日，荷兰副首相马克西姆·费尔巴哈接受采访表示，多元文化主义政策已在荷兰失败。②

伴随而来的是对于理论的"多元文化主义"的口诛笔伐。或将多元主义面临的批评概括为三个方面：一是所谓"静态、本质主义的文化观"，盖"由于多元文化主义过分强调少数族群作为一个整体，往往导致另一种形式的'我族中心主义'，即主张某一特定少数族群文化优于其他族群的知识和生活方式，因此陷入对本族文化的孤芳自赏之中而难以自拔"；二是人为地构筑了族群之间的边界，导致社会分化和族群分离；三是忽视个体的文化权利，即在多元文化主义的视野中，少数群体的权利和个体的权利既会相互促进，又会相互冲突。而若注意到文化人类学对"文化"的研究进展，则"文化已经不再被看作是一种某一群体所必定共享的价值理念、行为方式，群体成员也不会必然形成本群体的文化认同，且文化之间不存在边界，特别是在当今交通和信息技术非常发达的时代，文化时时处于相互交流和渗透之中"。③或曰"由于各种各样的多元文化主义都有其自身特定的社会文化背景，都是在特定的社会文化背景下提出的具有高度寓意和特定要求的多元

---

① European Council, White Paper on Intercultural Dialogue: Living Together As Equals in Diginity, http://www.coe.int/t/dg4/intercultural/source/white%20paper_final_revised_en.pdf,2008-05-07. 转引自姜亚洲、黄志成《论多元主义的衰退及其教育意义》，《比较教育研究》2015 年第 5 期。

② 姜亚洲、黄志成：《论多元主义的衰退及其教育意义》，《比较教育研究》2015 年第 5 期。

③ 姜亚洲、黄志成：《论多元主义的衰退及其教育意义》，《比较教育研究》2015 年第 5 期。

文化主义",所以无法对各种理论进行整合,不能构拟出一个系统、明确、统一的理论,导致自身的矛盾、无序和混乱,加之"多元主义"本身在理论上的模糊性、诉求上的广泛性,以及在实践中的一些硬性做法也引起了许多争议,使多元文化主义陷入了困境。① 或说这种困境首先乃是欧洲族裔结构的困境,"如封闭的平行社会、破碎的价值共识、分裂的国家认同和激化的宗教冲突等,正是在多元文化主义占据主导意识形态的背景下发生的。"② 又或检讨多元文化主义是否是一种反整合的方式?是否破坏了英国价值观?其各种衍生物是否能够代表多元文化主义?其政策是否被滥用?政策的落实程度和实践是否能忠实反映其指导思想?甚至对多元文化主义的批评是否只是为了转移公众的注意力?等等。③

"2006年秋,西方学术界兴起了一场广泛搜寻批评多元文化主义文献的活动。活动主要集中于英文社会学文献,它们或直接或间接地对多元文化主义展开批评。经过搜寻,共发现46份相关论文和专著。"其中"出现了一种批评碎片化的后多元文化主义趋势",并被加拿大学者集约为三个与加拿大社会修戚相关的子议题。即"多元文化主义导致民族边缘化和民族阶层分化,这在加拿大社会权力分配不均的情况下尤为如此;多元文化强调差异,因此会制造分裂,并破坏加拿大社会的和睦与加拿大认同的形成;多元文化主义强调文化相对主义,潜在地引发了加拿大社会的文化冲突。"④ 甚至认为西欧"多元文化主义

---

① 冯雪红:《美国"多元文化主义"的困境及理论重构》,《中南民族大学学报》(人文社会科学版)2017年第2期。
② 鲍永玲:《欧洲难民潮冲击下的多元文化主义政策危机》,《国外社会科学》2016年第6期。
③ 韦平:《多元文化主义在英国的成与"败"》,《世界民族》2016年第3期。
④ [加]黄伟民:《社会学中的多元文化主义和民族多元主义——碎片化理论回顾与评述》,殷鹏译,《广西民族大学学报》(哲学社会科学版)2015年第2期。

已死"。① 于是又纷纷开出"药方"。或主张在"强化国家认同"与"重塑主流文化"的基础上"尊重差异多元"。② 又或主张"共享的多元文化英国性",并"要求避免在文化上区分出民族和移民社区,承认他们的社区和文化并非静止,而是在经历文化翻译(culturaltranslation)";而"多样性和差异并不意味着碎片化和社会凝聚的缺乏"。③ 或考虑所谓"同化主义、世界大同主义或是互动多元"的替代方案。④ 而"要走向互动多元主义,就需要在多元主义者的多元文化主义之中加入一种公民元素(civic component)";同时采取具体措施,"使不同背景的加拿大人彼此互动,以做到能够开诚布公地谈论他们之间的差异和担忧,反思他们的价值观和梦想,重新评估各自观念和生活方式的优劣"。⑤ 同样,"要想解决好移民融入的问题,政府首先应该提供平等而正义的民主环境,保障个人的文化认同自由和权利,只有如此才能形成对共同价值的追求,族群间的文化隔阂才会通过自然而殷切的交流得以消除。"⑥ 又或呼吁一种"新型的多元文化主义政策",这

---

① 参见[荷]马里纳斯·奥斯沃德《西欧"多元文化主义已死"话语的国家认同》,申富英、华有杰译,《国外理论动态》2015年第5期。甚至中国学者和媒体也推波助澜,如张星慧:《欧洲推行多年的多元文化主义已经失败?》,《中国青年报》2011年7月30日第4版;董玉洁:《多元文化主义在欧洲:一场游戏一场梦》,《世界知识》2011年第16期;孙力舟:《萨科齐宣布文化多元主义已经失败》,《青年参考》2011年第2期;新华网:《荷兰政府称将放弃多元文化社会政策》,http://money.163.com/11/0617/23/76PPDV6S00253BOH.html;方长明:《欧洲多元文化主义的危机与反思》,《中南民族大学学报》(人文社会科学版)2012年第4期,等等。

② 冯雪红:《美国"多元文化主义"的困境及理论重构》,《中南民族大学学报》(人文社会科学版)2017年第2期。

③ [加]黄伟民:《社会学中的多元文化主义和民族多元主义——碎片化理论回顾与评述》,殷鹏译,《广西民族大学学报》(哲学社会科学版)2015年第2期。

④ [加]黄伟民:《社会学中的多元文化主义和民族多元主义——碎片化理论回顾与评述》,殷鹏译,《广西民族大学学报》(哲学社会科学版)2015年第2期。

⑤ [加]黄伟民:《社会学中的多元文化主义和民族多元主义——碎片化理论回顾与评述》,殷鹏译,《广西民族大学学报》(哲学社会科学版)2015年第2期。

⑥ 鲍永玲:《欧洲难民潮冲击下的多元文化主义政策危机》,《国外社会科学》2016年第6期。

种新型的多元文化主义政策将"不是一种文化拥有优于另一种文化的特权,而是平等地对待所有的文化,将其视为更大的社会的一部分,……少数民族和主体民族都应该抛弃自身文化中的狭隘因素,以一种宽容的态度尊重彼此的文化传统和价值基础。促进多元文化的发展以及在此基础上的多民族共生"。① 实际上,"尽管西欧各国政要纷纷抨击并宣布放弃多元文化主义政策,但实际上,完全放弃多元文化主义、重新恢复到同化的单一社会政策已几无可能,新型的多元文化主义是实现欧洲国家族群和谐、宗教文化共荣的唯一路径。"② 澳大利亚政府于是先行一步,早在1989年,霍克政府便发布了《一个多元文化的澳大利亚的国家议程》,在规定多元文化主义原则之"三权利"的同时,规定了"三义务":一是具有高于一切的、统一的、对澳大利亚的承诺,首先最重要的是对澳大利亚的利益和未来的承诺;二是接受澳大利亚社会的基本结构与原则——宪法与法制,容忍与平等,议会民主,言论和宗教自由,英语作为国家语言与性别平等;三是作为一种相互责任,一个人表达自己的文化与信仰的权利也包含着接受他人权利表达他们的观点价值。③ 或如澳大利亚多元文化基金会主席格鲍爵士所言:澳大利亚公民要把澳大利亚的利益和前途置于首位,遵守国家的基本制度和法律;每个人在表达自己独有文化及信仰时,必须尊重他人的价值和文化;在法律、就业、教育、医疗、福利等方面使每

---

① 方长明:《欧洲多元文化主义的危机与反思》,《中南民族大学学报》2012年第4期。

② 宋全成:《族群分裂与宗教冲突:欧洲多元文化主义面临严峻挑战》,《求是学刊》2014年第6期。

③ "三权利"则为文化身份认同的权利,所有澳大利亚人有权利在审慎规定的范围内表达和分析个人的文化传统,包括语言和宗教;社会公正的权利,所有澳大利亚人都有权利享有待遇与机会平等,摒弃种族、文化、宗教、语言、性别或出生地的屏障;经济效率的权利,要有效地维持、开发和利用所有澳大利亚人的技术和才能,不管背景如何。参见王宇博、汪诗明、朱建君《世界现代化历程·大洋洲卷》,江苏人民出版社2012年版,第536页。

个人享有同等的机会；充分利用多元文化资源，尽量发挥每个人的长处。① 又或 1995 年时任澳大利亚总理的保罗·基廷所言，"所有澳大利亚人都有表达各自文化遗产的权利和享有平等待遇和机遇的权利。但是政府同时说明，所有把澳大利亚视作自己家园的人必须首先忠实于澳大利亚，宽容是我们提倡多元文化的基础，必须看作是澳大利亚民主的普遍原则，而且必须普遍执行。"②

诚如上文所引，尽管西欧各国政要纷纷抨击并宣布放弃多元文化主义政策，但实际上，完全放弃多元文化主义、重新恢复到同化的单一社会政策已几无可能。而其调整方向又都几乎也必然指向一种以国家为主体的共同体认同。这种"同体"意识对于多元主义的补充实际上已经成为今日世界多元文化主义的新的发展趋势。而这种所谓"多元同体"的文化主义，其实质意义又并未超逸出费孝通先生所谓"多元一体"的理论范畴。只是在其完整表述的主语，即对于"中华民族的多元一体格局"的"中华民族"，有不同性属的理解而已。第一种认为"中华民族"属于政治范畴的概念，它代表的是中国各民族组成统一的多民族国家的不可分割性，用来指中国各民族，与中国 56 个民族作为民族实体是不同的，因此，"中华民族"不是一个民族实体；③ 第二种认为"中华民族"既属于政治范畴，也属于民族学范畴，"中华民族"是指 56 个兄弟民族总体上的认同，大家都承认自己是中国人，是中华民族的一员；第三种认为"中华民族"概念内涵有广义和狭义之分，广义"中华民族"的内涵较为宽泛和抽象，其包含的内容更为丰富，不一定强求严谨，狭义"中华民族"的内涵就务必要严谨准确。④ 若暂且搁置这一主语属性之争不论，多元一体"属性"本身之文化属

---

① 秦德占：《塑造与变革：澳大利亚共党社会政策研究》，河南人民出版社 2009 年版，第 127 页。

② ［澳］保罗·基廷：《牵手亚太——我的总理生涯》，郎平、钱清译，世界知识出版社 2002 年版，第 247 页。

③ 陈连升：《怎样理解中华民族及其多元一体》，费孝通主编《中华民族研究新探索》，中国社会科学出版社 1991 年版，第 411—412 页。

④ 周建新：《关于"中华民族"称谓的思考》，《贵州民族研究》2000 年第 3 期。

性、历史属性、文化历史属性或历史文化属性则是可以确当无疑的。事实上，以文化、历史、文化的历史或说历史的文化来统合政治与民族之争，甚或民族政治之争，更具善莫大焉的理论功德。那么，这种发端于中国民族与政治意义上的，并最终辐射至更为广义的中国文化与历史意义上的"多元一体"，便可以理解为：（1）关于"多元"，"首先是民族的多元，其本质是文化的多元，或文化的差异性。因为只有文化特质差异性的存在，才会有族际区别的可能性。其次是族源的不同，历史发展轨迹特殊等等"。（2）关于"一体"，"首先是客观存在的国家的一体，版图的共有和完整，各民族血脉相连利害相关的不可分割性，各民族根本利益和长远利益的一致性，历史和文化发展的相互交融与不可分割；其次才是在此基础之上，寻找各民族文化特质的共性，以及中华民族的大认同与凝聚力等，使之为'中华民族'实体的真正形成而服务。"而"'一体'绝不是主体民族对非主体民族的同化，而是各民族文化的互动，最终形成为各民族共有的'合文化'过程，这个'合文化'的根本是各民族共创、共治、共有中华，国家意识与中华民族意识完全一致重合。这是一个求同存异的自然发展过程。"为此，"多元和一体在中华民族形成的过程中，始终是一个辩证统一的关系。多元是以一体为前提的，是国家和民族统一条件下的多元；一体是以多元为载体的，抹杀了多元，否定了多元的存在，不尊重和保护多元的利益，就会危及一体的完整。"[1]

重要的是，这种"多元"固然有着"多元主义"的相当共性，还有其独特的观念表达及人性含义。更何况"多元一体"，或者说是"一体的多元"先在地补充了"多元主义"的偏颇，而这种不足还不是理论上的应急、应景之策，实为中华民族多元一体的实在历史。诚如人类学家李亦园所说，"在中原区域中居住的中国民族文化基调中一直有一种容纳、吸收居住于边缘民族的'主旋律'在发生作用。因此几千年来，整个中国境内许许多多不同的族群都是在这一'融于一体'的

---

[1] 周建新：《关于"中华民族"称谓的思考》，《贵州民族研究》2000年第3期。

主旋律之中而作旋转";"这种情形显然与缺乏'融于一体'主旋律的西欧民族国家不一样,他们的文化思维中只存在如何分辨'你群'与'我群'之别,而忽略了别的文化中却一直在思考如何成为一群的'另类'想法";因此,"假如只用欧洲人的观点去解释,会犯以偏概全的毛病。假如能无偏见地体会中国民族文化的特性,其解释能力将有更大的空间了,这也就是'多元一体'理念的理论基础所在";而"所谓'融于一体'主旋律的存在与延续,却也依赖对'多元'成分的包容、忍耐与吸收的心态。这也就是费先生提出的另一理念——'美人之美、各美其美、美美与共'之原意。也就是说,不但要有包容、忍耐、吸收的心态,且还要进一步能尊重、欣赏异族的文化,才能美别人之美,更能使别人之美得以有各自表现的机会";"这种'美人之美、各美其美'的文化特征不但是几千年来使中华文化长久如'雪球'般地扩大发展,而且更重要的是长此以往可以成为全人类共存相处的主要文化典范。"[1] 所谓文以人传,人以文传。从"国别史"的角度来看,不同国家和地区又有各自不同的传统文明和文明传统。更有学者对于这种"中华民族的多元一体格局"的发展阶段进行历史划分。

第一种划分,中华民族形成史可分为起源与孕育、中华民族的自在发展、中华民族从自发到自觉的联合三大历史阶段,每个历史阶段又可以划分若干历史时期:一是从旧石器时代到春秋战国,是中华民族的起源与孕育期。这个阶段以中华民族"多元"与"一体"矛盾统一运动发展为起点,至春秋战国进一步形成了华夏居中称为"中国",夷、蛮、戎、狄配合东、南、西、北"五方之民"构成"四海"之内统一的"天下",表明华夷统一已经成为历史的大趋势。二是从秦汉到1840年的2000余年,是中华民族的自在发展阶段。这一阶段又有从秦汉到南北朝、从隋唐到辽宋夏金、从元到清这三个历史时期。这个大的历史阶段,中华民族处在阶段性地不断壮大,中华民族的一体性呈

---

[1] 李亦园:《多元一体的现代意义》,卢晓衡主编《三教圆融 两岸一体》,经济管理出版社2003年版,第6—7页。

现出螺旋式的上升过程。其主要成果是统一多民族中国的形成与确立；各民族共同祖国观念的形成，古典爱国主义在反抗外国侵略的斗争中得到了发扬。三是从鸦片战争至当前，是中华民族从自发到自觉的联合时期。从1840年至辛亥革命，中华民族在反帝反封建斗争中自发联合，保卫祖国的统一与疆域的基本完整，在不同层次上寻求将古代中国转为现代中国的强国之道。其主要成果是在最艰难的历史条件下，共同保卫了祖国的统一与疆域的基本完整，并推翻了两千余年的君主专制制度，建立共和制民国。从辛亥革命到1949年，中国人民从纲领、道路、政策、方针等各方面把中华民族联合成整体，上升到了理论和自觉意识的高度，获得了中华民族独立解放的大转折。1949年10月1日到当前，是中华民族在获得了民族解放和独立以后的蓬勃发展时期，根本的问题是在现代化的基础上实现中华民族的振兴和祖国的完全统一。[1]

第二种划分，将历史上中华民族多元一体格局的发展分为三阶段。一是从远古到鸦片战争，是这一格局的形成时期。远古时代的许多民族集团经过长期的交往、征战和融合，到秦汉时期形成了并立和相互依存的以中原汉族为核心的农业区统一体和以匈奴为核心的北方游牧民族统一体。到了清中叶，汉、满、蒙古、回、藏等各大民族集团统一在清朝统治之下，才真正结合成一个稳定的政治、经济和文化实体。二是从鸦片战争到1949年中华人民共和国成立，是这个格局的危机时期。西方帝国主义蚕食中国，企图使边疆少数民族脱离中华民族大家庭，打乱了中国原有的政治疆域、经济体系和民族格局，中国民族统一体面临新危机。三是1949年中华人民共和国成立至今，是多元一体格局在中国的重建时期。中华民族在中国共产党领导下重新统一起来，努力缔造一个在形式与内容方面与以前都不同的新的"多元一体"结构。[2]

---

[1] 参见陈连开《中华民族之含义及形成史的分期》，《社会科学战线》1996年第4期。

[2] 马戎：《中华民族凝聚力的形成与发展》，《西北民族研究》1999年第2期。

第三种划分是根据孙进己教授观点：一是从远古到夏商周，是中国统一多民族国家的最初形成过程；二是从春秋战国到秦汉，中国从松散的多民族国家经过兼并成为一个中央集权制的统一多民族国家；三是从魏晋南北朝到隋唐，统一多民族中国经过长时期的分裂、各族融合，再度成为统一的多民族国家；四是从五代宋辽金到元，中国统一多民族国家经过分裂，再次形成统一的多民族国家；五是从明到清，最后奠定了统一多民族国家的疆域；六是从20世纪初到未来一个相当时期，是中国统一多民族国家的高度发展时期。①

第四种划分，一是从远古到春秋战国，是多元一体格局的孕育时期；二是从秦汉到1840年，是多元一体格局的形成和稳定期；三是从鸦片战争到中华人民共和国成立，是多元一体格局的危机与转折并存期；四是从中华人民共和国的成立到现今，是中华民族多元一体格局的重建和走向完善时期。而如同中华文明，不仅有其源远流长的生命种性，还有着"天造地设"的生命格局。生命的种性决定了人的情感认同，即我们通常讲的价值偏向；生命的格局则又决定了人的思维取向或者说是思维趋向。作为受此生命种性与生命格局影响的"族群"，其实是一种超越国家与公民、权力与权利，更超脱意识形态之争的存在。因此，了解这种生命种性和生命格局的源远流长与天造地设，又恰恰成为我们理解这个文化国家（作为族群的国家）的关键所在，也必将成为这个文化国家的法制的基本眼界。

综上看来，古代中国社会可以概述为一种"宗法宏观化的一体社会"。在有历史可考的第一次制度成熟时代，亦即夏商周时代，国家统治的开展亦即制度运行的保障依赖作为宗族习惯与宗族势力的"宗族之法"；而在此后漫长的"家天下"国家意识形态和制度维护过程之中，国家机器的运转与社会秩序的确立又主要依靠以长幼尊卑为核心要义的人伦体系，这样一种人伦体系的核心内涵又是以所谓的"先皇

---

① 高翠莲：《试论中华民族多元一体格局发展的阶段划分》，《中南民族大学学报》（人文社会科学版）2004年第4期。

成法"为基本纽带与法规范系谱的"祖宗之法"。另外,中国人还有其特殊的生产方式,以及由此决定的生活方式。以其作为主要生产生活方式的农耕文明为例,从最初的采集到后来的种植,中国人其实很早就掌握了属于自己的生存技能与发展模式。这种恒定的农业种植生产方式要求人们必须高度准确地把握农作物的生长规律。那就必须对决定农作物生长状况的基本要件有一个清晰而翔实的了解。这些要件包括土壤分布、土壤成分、水流走向、水流分布,以及阴晴明晦、寒暑更迭这样的季候规律。当然更离不开整个劳动集体的分工与协作。总而言之,所谓天时地利人和,缺一不可。也正因为如此,催生出了中国人特有的"三才"——天、地、人的系统人文观念。中国人必须看天吃饭,就地种粮。问题在于,为什么中国古人只能看天吃饭,就地种粮呢?我们知道,中国大部分地区都处在亚洲大陆的核心区域,与那些海洋文明国家相比,大部分的中国人都集中生活在有着复杂地形特征的内陆腹地之中。这就决定了大部分的中国人都无法从海洋当中获取自身生存的足够食物。好在从地理学的角度来讲,中国的地理版图中心落在了最适合农作物生长的北温带地区,这真是一个"天造地设"般的活动区域。与此同时,中国最大的两大淡水河床系统,即黄河与长江又不约而同地被天然设定为东西走向,这可能在整个世界上都是唯一的。同一纬度下的河流其实在生命功能上是无所谓上游、中游与下游之分,因为在同一季节当中,上游、中游与下游之间的水流状况是基本相同的。试想一下,当严冬到来之时,整个东西走向的河流都将处于封冻的状态,则沿河而居的人们是无论如何也不能沿河觅食的。也就是说,居住于东西走向河流两岸的人们是无法在春夏秋冬的每个季节都获得充足而恒定的食物的,因此他们只能走出去,行走于南北不同纬度之间,才有望养活自己。但中国内陆复杂的地貌和峻险的山河又天然地决定了这种"走南闯北"不能成为一种常态。因此,远古的中国人不能将这种南北式的游走选择为生命的常态。与此同时,这样一种特殊的时空间隔关系也就迫使传统的中国人必须养成一种等待而平和的心性一心一意于农耕生产,守着这份所谓的"祖宗基业"。

渐渐地一种我们称为"周"的人文观念也就在这片农耕的土地上获得文明式的进阶和发展，并演绎成了众多细化而具体的人文态度，诸如指称时间特征的"周期律"、表明空间维度的"周围界"，又或是形容某人"做人讲究"和"讲究做人"的"周到"、"周全"的处世风格。而那种对天时、地利规律的总结或演绎也就自觉不自觉地在国家制度层面形成了中国所特有的以文传史又以史言志的文明传统。

正所谓"君子周而不比，小人比而不周"。正是这样一种"周"的观念在人伦价值层面的展开，使得中国人更重视作为一个完整且不断丰富的"人"而不仅仅只是"自己"；更注重同"周遭"人、事的调和而不是对立；更提倡"一个篱笆三个桩，一个好汉三个帮"，而不是"包打天下的绿林好汉"这样的人际关系。即使是"克己复礼"，那也要"己欲立而立人，己欲达而达人"地去"推己及人"。这种仁民爱物式的"民胞物与"同时也以各种各样的"名义"传承下来，比如在近代抗击外敌入侵之时，凝聚将士们的口号仍然是"岂曰无衣，与子同袍"的"袍泽情深"；而在热火朝天的现代化建设时期，"群策群力、无私忘我"却又成了"为人民服务"的群体性意识。应该说，作为一个繁衍数千年的文明古国，不可能缺乏一种对人的观照与对人的生活的制度性安排。只是诚如以上所论，这种观照和安排建立在一个完整的社会的人的基础之上，而不是那个简简单单的"自己"或"个人"。"吾十有五而志于学，三十而立，四十而不惑，五十而知天命，六十而耳顺，七十而从心所欲不逾矩"。中国人的自由观建立在这个漫长而又铿锵有力的生命体验基础之上，因此需要"苦其心志，劳其筋骨，饿其体肤，空乏其身，行拂乱其所为"，才能"动心忍性，增益其所不能"。如果不是经历身体的历练和生命的锤打又怎么可能有自由的身心，如果一个人不能自省、自警、自控、自律，又怎么可能获得真正的身心自由。这是中国人生命的底色，也是包括当今文化法治语词在内，各种制度言说的底调。影响之下，诚意正心以全人德，克己复礼以立人品，不能说中国人没有自己的自由观。而又如上文所述，基于长期农耕文化所造就的平和、宽容及顺从，中国人习惯也善于用随顺的态度和方式去接受逆袭而来的事物，甚至认为逆来顺受就是逆水行舟，因此，对抗和斗争从来都是中国社会的非主流。"为权利而斗争"，在中国，去对抗化才是因，缺权利诉求只是果。当然，"周虽旧邦，其命维新"，漫长的历史演进会对这些基本观念以新的"命名"，以促成诸如对社会主义的接纳，又或对西方社会权法理实践的包容。同时我们也应当意识到，个人自由主义及自由权其实脱胎于基督教信仰及其对人性的规制与训诫，正是在"神的训示"之下，"个人"才发展成为一套系统而健康的"个人主义"。而异于西方神祇的中国，却自始有着圣贤教化的人伦传统。只是过去总讲"一以贯之"，而现在习惯表述为"一脉相承"而已。

第二节　恢宏包容尊重的和合精神

以上立论更多立足于多民族国家民族多元与文化一体的现实格局及历史源起，而于当下国内的文化治理态度，尤其对于今日全球治理的新困境而言，更需恢宏一种包容尊重的和合精神。

一　成熟理解"中国特色社会主义"

党的十五大报告提出"中国特色社会主义文化"的概念："建设有中国特色社会主义的文化，就是以马克思主义为指导，以培育有理想、有道德、有文化、有纪律的公民为目标，发展面向现代化、面向世界、面向未来的，民族的科学的大众的社会主义文化。"党的十九大报告更是明确指出："中国特色社会主义文化，源自于中华民族五千多年文明历史所孕育的中华优秀传统文化，熔铸于党领导人民在革命、建设、改革中创造的革命文化和社会主义先进文化，植根于中国特色社会主义伟大实践。要坚持中国特色社会主义文化发展道路，激发全民族文化创新创造活力，建设社会主义文化强国。发展中国特色社会主义文化,就是以马克思主义为指导,坚守中华文化立场,立足当代中国现实,结合当代时代条件,发展面向现代化、面向世界、面向未来的,民族的科学的大众的社会主义文化,推动社会主义精神文明和物质文明协调发展。要坚持为人民服务、为社会主义服务,坚持百花齐放、百家争鸣,坚持创造性转化、创新性发展,不断铸就中华文化新辉煌。"要旨有三,一是中国特色社会主义文化的历史起源及当代形式;二是中国特色社会主义文化的发展方向与基本立足;三是中国特色社会主义文化的活化动力和创新义理。而实际上,作为整个中国特色社会主义理论与实践的重要组成部分,透彻理解"中国特色社会主义文化"又必须首先吃透消化"中国特色社会主义"广大精微的丰厚内涵。早在2007年,中国共产党第十七届全国代表大会明确将改革开放以来中国共产党不断进行理论创新和实践创新所形成的邓小平理论、"三个代表"重要思想和科学发展观等重大战略思想,统称为"中国特色社会主义理论体系"。并强调"在当代中国,坚持走中国特色社会主义道路就是真正坚持社会主义,坚持中国特色社会主义理论体系,就是真正坚持马克思主义。"学界论中国特色社会主义理论的思想价值多从政治、经济、社会、生态等角度来予以强调和论证。但中国特色社会主义理论的文化价值才是其理论光辉真正闪耀的地方。实际上,"中国特色社会主义"有着双重的理论含义,一是作为主体性价值体系,或曰当代先进文化之主体的显性理论品质;二是相对于前者之显性理论品质而言的,作为包容性价值辐射的隐性理论内涵,及其之于当下文化法治建设的意义与影响。关于前者,拟以中国特色社会主义理论指导下的中国宪法实践为例,探讨一种作为具体文化形态的宪法及其制度文明是应当如何为当下国人所理解、所辨识的。

众所周知,学界论中国宪法的实践有着一些针锋相对的理论观点。其中之一是,究竟宪制是不是西方国家的专利?此即为宪制性质之争。其中之二是,究竟宪制是不是现代国家的专利?此即为今古宪制之别。前者引爆了宪制与反宪制的激战;后者则掀起了儒家宪制的名实之辩。而之所以会出现这种中西古今之争,其根源是在对于"中国"的理解。

对于第一个问题,中国特色社会主义理论给出了一个终极的答案,即检验当下中国一切事业的根本标准在于"人民拥不拥护""人民赞不赞成""人民高不高兴""人民答不答应"。毛泽东曾在《新民主主义的宪政》一文中明确指出,"宪政是什么呢?就是民主的政治。"那么什么是"民主的政治"?也不妨理解为人民拥护、人民赞成、人民高兴、人民答应的政治。那么,实践一切权利属于人民的宪法,不是宪制又是什么?实事求是地看待中国特色社会主义宪制,才能解放思想地理解中国特色社会主义的民主政治,也才能够理解中国之"中",乃执"姓社"与"姓资"之两,而用乎于人间正道之"中"。① 对于第二个问题,我们的回答是:中国特色社会主义就是今日中国之儒家,中国特色社会主义宪制才是今日中国之儒家宪制。需知传统之为传统,要在"传"而不在"统";要在动态的传承,而不在静止的封闭僵化;要在精神义理上的继承开拓,而不在外在形式上的"照猫画虎";要在"古内圣开出新外王",而不在抱守"先王之成法";要在承古开今,而不是"食古不化"。但能以实事求是的言行"直道而行"于人民的事业,便与儒家坦坦荡荡的"直道"精神分毫不差。不需要,也不应该另起炉灶。中国之"国",乃合历史于当下之"国"。事实上,中国特色社会主义理论下的宪法实践有着社会主义法治实践的鲜明色彩,其所走过的历史过程本身,就已然与西方道路与模式大相径庭。而其中所积累下来的经验也已然成为中国特色社会主义实践的一个重要组成部分。由此,论中国特色社会主义宪制的存在与意义当不言自明。另外,论中国特色社会主义的理论与实践,实质上已与过去单一社会主义发展模式,特别是与教条社会主义发展模式划清了界限。由是,未来中国宪法,乃至依法治国、依宪制国的实践便有了无限宽广的前景。而将"以人民为本"作为思想根基的中国特色社会主义理论,因其与中华优秀传统文化,特别是以儒家文化为主流核心价值的中华优

---

① 语出《尚书·大禹谟》:"人心惟危,道心惟微,惟精惟一,允执厥中。"又《礼记·中庸》:"执其两端,用其中于民,其斯以为舜乎?"

秀传统文化存在着内在精神上的共通性，因此是对中华传统文明的继承与开拓，是以现代中国之名义传承古代中国之义理。正因为如此，中国特色社会主义宪制就是今日中国之儒家宪制。舍此，不会再有其他任何形式的儒家宪制。也正因为如此，我们才能真正领会现行宪法开篇第一句话："中国是世界上历史最悠久的国家之一。中国各族人民共同创造了光辉灿烂的文化，具有光荣的革命传统。"这正是"中国特色社会主义"之于中国现行宪法实施，乃至整个依法治国的最大意义。

二　敞亮包容大气的人文情怀

实际上，"中国特色社会主义"不仅意指"中国"特色社会主义，还有一层中国"特色"社会主义意涵存在其间。一方面，我们立足于社会主义；另一方面，我们更注意"拿来"人类社会古往今来一切优秀文明和制度成果。而这种包容的特性本就是中华文明之文明主脉。"子张问仁于孔子。孔子曰：能行五行者于天下为仁矣。请问之。曰：恭、宽、信、敏、惠。"（《论语·阳货》）由此可知，"宽"是"仁"的一项基本内容。又谓"夫温良者，仁之本也；慎敬者，仁之地也；宽裕者，仁之作也。"（《礼记·儒行》）即说温和善良是仁之根本，谨慎恭敬是仁之基础，而宽厚容纳乃是仁之作为。更有儒家忠恕之道。"子贡问曰：有一言可以终身行之乎？子曰：其恕乎，己所不欲，勿施于人。"（《论语·卫灵公》）《中庸》言"施诸己而不愿，亦勿施于人。"《大学》曰"所恶于上，毋以使下；所恶于后，毋以事上；所恶于前，毋以于后；所恶于后，毋以从前；所恶于右，毋以交于左，所恶于左，毋以交于右。"恕者如心，如你心、如我心、如他心，推己及人、将心比心，乃至如众生心。更推崇"和而不同"的人事伦理，推崇多元开放的文化理念。正因为如此，一方面，儒学在不断吸收和融合其他各家各派学术思想的过程中，成为一种绵延不绝的思想体系。另一方面，这种多元开放的文化理念极大地影响了中国文化，使之形成了兼收并蓄的传统。即使如"罢黜百家，独尊儒术"的董仲舒，其《春秋繁露》也吸收了很多阴阳家的思想学说，而又正是在阴阳家思想的基础上，他才提出了著名的"天人感应论思想"。汉代之后，儒家更是大胆吸收道家、道教的思想，并逐渐形成了儒道互补型的儒家学派。宋明时期，儒家又引入佛学的思想教义，从而形成了三教合一型的儒家学派。而不管是程朱理学还是陆王心学，其实都是典型的三教合一型儒家。回到上文所论之中华文明的缘起，则可谓那种"'整体观'表征了中华文化包容性的思维、'天人合一'凸显了中华文化包容性的品格、'德性精神'撰写了中华文化包容性的历史、'以和为贵'活化了中华文化包容性的传统、'协和万邦'蕴含了中华文化包容性的终极追求。"① "事实上，正如《周易·大传》中所言：'地势坤，君子以厚德厚物'。中国文化早在它开始形成核心价值自觉的第一个历史阶段里，就已经初步展现出其顺天法地、包容万物的情怀。"②

在现代社会中，"宽容"是个高频词，它频频出现在各种语境之中。《现代汉语词典》将"宽容"解释为"宽宏大量，不计较、不追究"，《辞海》也将"宽容"界定为"宽恕，能容人"，这两种释义强调的是人的一种气度，是在人际交往中对他人的过错、对他人的冒犯等不良言行的容忍；而在《大不列颠百科全书》当中，宽容则是指"容许别人有行动和判断的自由，对不同于自己观点的见解的耐心公正的容忍"，也即宽容者和被宽容者之间的不同不是人品、人格的不同，而是见解的不同；《布莱克维尔政治学百科全书》界定为，"一个人虽然具有必要的权利和知识，但是对自己不赞成的行为也不进行阻止、妨碍或干涉的审慎选择。所谓不赞同既可以是道义上的，也可以是与道义无关的，即不喜欢。宽容要求做出正确的、给不同意见留有余地的判断"。③ 也可以说，在英文的世界里，宽容的对象为"不同"的言行，而非"不对"的言行。与此同时，宽容还是一个多学科概念，不同学科对其内涵的理解也存在差异：美国政治学家迈克尔·沃尔泽的

---

① 杨琳：《大和之境：论中华文化的包容性》，《中国文化论坛》2015年第6期。
② 韩冬雪：《论中国文化的包容性》，《山东大学学报》（哲学社会科学版）2013年第2期。
③ 贺来：《宽容意识》，吉林教育出版社2001年版，第1—2页。

《论宽容》认为，宽容即"那种当有争议的差异性表现为文化、宗教以及生活方式上的差异性时的宽容"；① 巴黎高等师范学院校长、著名伦理学家莫妮克·坎托-斯佩伯（Monique Canto-SperBer）则以道德上的认同与否为标准，而将宽容分为狭义、广义两种，前者即"在于当别人的言行不合自己的心意，一目了然地令人不快时，我们仍可以容忍之"；后者则"仅宽容导致不快和烦恼的言行，但不宽容我认为不正当的言行"；② 法国哲学家保罗·利科认为，"宽容实际上是一种放弃，放弃把他认为合适的生活方式强加给其他人"③。

实际上，现代宽容精神则起源于16世纪的西方宗教教派之争。其最初的含义比较狭窄，仅仅意味着对异己宗教信仰的容忍。诚如洛克在《论宗教宽容》一书当中所言："任何人都无权因为别人属于另一教会或另一宗教而危害其公民权利的享受。"④ 随着时代的发展，"宽容"一词的用法越来越广，不再仅仅局限于宗教领域，进而应对各种文化形态持有一种宽容的心态。⑤ 由此也可以说，"所谓文化宽容，就是指人们在文化交往的实践中，处理多元文化间相互关系的一种理性态度，体现出对异己文化的尊重，以求达到多种文化和谐发展的目的。"⑥ 或说"文化宽容指的是一种文化主体对其他异质文化形态或文化形式的理解和包容，作为一种对待异质文化的文化心态，文化宽容体现了文化主体崇高的思想认识和精神境界，体现了文化主体的开放性和包容性"。⑦ 或具化宽容意识为：一是不干涉意识，即每一个人都拥有不可剥

---

① [美] 迈克尔·沃尔泽：《论宽容》，袁建华译，上海人民出版社2000年版，第10页。
② [法] 莫妮克·坎托-斯佩伯：《我们能宽容到什么程度》，钟良明译，《第欧根尼》1999年第1期。
③ [法] 保罗·利科：《宽容的销蚀和不宽容的抵制》，费杰译，《第欧根尼》1999年第1期。
④ [英] 洛克：《论宗教宽容》，吴云贵译，商务印书馆1982年版，第12页。
⑤ 郭琰：《文化宽容与社会主义和谐文化建设》，《理论月刊》2008年第12期。
⑥ 谢晖：《宽容问题探究》，博士学位论文，浙江大学，2013年。
⑦ 王浩斌：《文化宽容与马克思主义中国化的文化政治》，《武汉科技大学学报》（社会科学版）2013年第2期。

夺、不可侵犯的基本人权，只要人们正当合理地行使自己的基本权利，任何人或组织都无权干涉；二是尊重意识，即不仅要求人们尊重他人的人格尊严，也要求人们尊重他人的价值选择自由；三是公共理性，在公共理性的驱使下，个体不像处理私人事务那样只着眼于自己的私人目标最大化，而是从公共利益出发，根据自己对这一利益的理解和把握，提出自己认为最合适的方案；四是公正意识，即对于个人而言，要求他把社会上每一个社会成员都看成和自己一样，是具有发展需要和自由欲求的人，要求他了解每一个人的权利，并由此体会到自己对他人、对集体、对社会的义务；五是全球视野与胸怀，即在一个开放世界的今天，人类的生存环境越来越具有公共的性质，人类的相互依赖和共同利益逐渐在加强，任何国家都不可能在独尊状态下求得发展，也不可能拥有实现现代化的全部资源，这就需要形成一种理解和尊重的真正的全球视野与胸怀，以宽容、尊重、客观的态度与别国沟通、协商和共同行动，对和平、人权、公正、开发、环境等重大问题给予积极态度与行为。[1] 当然，宽容不是纵容，"宽容不是无原则地认同一切，宽容者有一定的限度。同时，宽容也不是冷落，宽容是人们的一种自觉品质，是在认同他人的言行有合理价值基础上的一种积极克制，是对他人的尊重。"[2] 而作为最大宽容者并最强宽容推动者和宽容保障者的国家，其在现代角色的立意上，又可凝练为国与国之间的求同存异，进而和合共存的人类命运共同体精神，即"每个民族、每个国家的前途命运都紧紧联系在一起，应该风雨同舟，荣辱与共，努力把我们生于斯、长于斯的这个星球建成一个和睦的大家庭，把世界各国人民对美好生活的向往变成现实"，从而努力建设一个远离恐惧、普遍安全、远离贫困、共同繁荣、远离封闭、开放包容、

---

[1] 冯建苗、马苗苗：《多元社会宽容的价值与宽容教育》，《当代教育与文化》2009年第3期。

[2] 冯建苗、马苗苗：《多元社会宽容的价值与宽容教育》，《当代教育与文化》2009年第3期。

山清水秀、清洁美丽的世界。①

第三节　守持严谨规范的法治伦理

一　凝聚宪法文化秩序共识

从法的规范意义来看，现行宪法将"社会主义精神文明建设"分为"文化建设"和"思想建设"，而隶属于"思想建设"之首的马克思列宁主义、毛泽东思想、邓小平理论及"三个代表重要思想"等，则又统领着包括社会主义精神文明、物质文明、政治文明、社会文明和生态文明在内的整个中国特色社会主义建设事业。因此我们可以说，现行宪法的理论核心也正是中国特色社会主义理论的中心命题，即都是在以上这些思想理论的指引下成形和完善的。与此同时，现行宪法的起草、审议、出台，以及此后的5次修改又无不贯穿了人民民主思想，而这一思想正是"民为邦本"这一中华文明核心价值理念在现代国家建设过程中的传承和发扬。可以说，现行宪法从出台、修改到实施都有着广泛民意、民主的基础，是理当成为凝聚文化治理秩序的根本法基础。

作为历史的见证者，著名宪法学家许崇德教授参与了现行宪法从起草到通过的整个过程。据他事后回忆："宪法的起草和通过，都坚持了发扬民主这一重要原则。"② 从起草到群众座谈，从征求意见到社会调研，从草拟几十稿草案到整理研究几百万份的全民讨论意见，无不凝结着一代宪法学人的赤诚与心血。可以说，人民民主思想的贯彻本

---

① 习近平：《把世界各国人民对美好生活的向往变成现实（2017年12月1日）》，《习近平谈治国理政》（第三卷），外文出版社2020年版，第433—435页。
② 许崇德：《现行宪法的制定是民主立法的典范——访中国人民大学教师许崇德》，法制网·法学前沿，http://www.legaldaily.com.cn/Frontier_of_law/content/2012-12/05/content_2.htm4029111_。

身就是对我国现行宪法最大的实践。"发扬社会主义民主，健全和加强社会主义法制"是现行宪法内容的又一主要特点。宪法规定，一切国家权力均属于人民，这是设立我国国家制度的根本原则。为了落实这项根本原则，不仅强化了民意代表机关，即全国人大及地方各级人大的法律地位，还明确规定一切国家事务、经济、文化和社会事务的最终管理者为全国人民。其次，将"公民的基本权利和义务"一章提到"国家机构"一章之前，以此突出公民在国家法律秩序中的优位。甚至通过对村委会和居委会这一群众性自治组织的规定，将人民自主的理念推行到了地方最基层。而为落实以上这些文本规定，现行宪法首先在序言当中宣告了自身的根本法地位和最高法效力，又在第5条明确这种地位和效力的基本内涵，即法制的统一和尊严。这种统一和尊严又首先表现在一切规范性法律文件均不得与宪法相抵触；其次是任何机关、政党、社团、企事业组织及武装力量都必须遵守宪法，以及经由宪法所确立的法律秩序。而一切违宪和违法行为都必须予以追究，不存在任何可以超越宪法和法律的特权。除此以外，现行宪法还明确规定了中央与地方之间，国家机关之间的相互关系，以此保证权力运行的规范秩序。不仅如此，现行宪法还特别规定针对少数民族人民和港澳台民众的保障性制度，从最为广泛的角度保证了全国各族人民的切身利益。这些都从宪法制度的层面，为宪法的广泛实践打下了坚实的基础。

有学者曾从经济体制改革、政治体制改革、社会主义精神文明建设和社会主义法制建设这四个角度分别论述了现行宪法的实施情况：就对经济体制改革的促进而言，现行宪法不仅规定了经济体制改革的目的和方向，还为经济体制改革规定了许多基本方针和原则，也为经济体制改革和经济立法确立了原则。就促进政治体制改革而言，既有加强人民代表大会制度的规定，也有重新恢复国家主席的制度；既有加强国家行政机关建设的措施，也有设立中央军事委员会的规定；既有国家最高领导人任期的确定，也有扩大基层生活民主化的措施。更重要的是明确了党政分开原则和民主集中制原则，为政治体制改革的进一步深化保驾护航。就促进社会主义精神文明而言，现行宪法对建设社会主义精神文明作了明确而全面的规定，这在过去是没有的，是现行宪法的一个重要特点，更是对作为一个现代国家所应具备的基本文明要素的最高法确认。就促进社会主义法制建设而论，现行宪法从法制原则到具体措施，从立法、执法到守法都做了明确规定，大大推进了我国的法制建设。①

还有学者认为，现行宪法"最重要的贡献是通过宪法治理初步形成了社会共识，为凝聚民心、维护社会共同体价值奠定了基础"②。该学者并分别于现行宪法颁布20周年和25周年之际，进行了两项较为深广的公民宪法意识调查，并就5年来取得的变化撰写了详细的调查报告，一定程度上反映了改革开放以来，特别是进入21世纪以来，宪法实施在我国所取得的成果。就民众一般性的宪法认识而言，家里有宪法文本和虽没有宪法文本但完整读过的总和占70%；就民众对宪法理念的认识而言，有74%的被调查者认为国家机关的权力来源于人民，这表明大部分民众对人民主权理论持有较高的认同感；就民众对国家机构的认识而言，有87%的受访民众表示我国最高权力机关是全国人民代表大会；就民众的基本权利意识而言，有65%的受访民众选择了法院为解决权利纠纷最有效的机关；另外还有69%的受访民众熟知人权入宪。③

二 持守规范主义方法路径

中国法学乃至中国宪法学发展到今天，实际上已经出现了两种界限分明、观点明立的基本学术流派，我们称为实质主义法学和形式主义法学，或者叫作实质主义正义之学和形式主义正义之学。实质主义法学或实质主义正义之学认为法作为一种社会现象，特别是作为一种

---

① 张庆福：《我国宪法的实施》，《宪法学理论与实践问题研究》（上卷），中国民主法制出版社2012年版，第256—263页。

② 韩大元：《宪法实施与中国社会治理模式的转型》，《中国法学》2012年第4期。

③ 韩大元、秦强：《社会转型中的公民宪法意识及其变迁——纪念现行宪法颁布25周年》，《河南省政法干部管理学院》2008年第1期。

具体社会的现象，它是与整个社会的全部社会构成休戚相关、无法割裂的。那么我们讨论法，尤其讨论具体的法便不能罔顾它的社会根源，不能罔顾那些决定它、影响它并受它影响、被它决定的主要的社会构成要素。形式主义法学或形式主义正义之学则认为，尽管法受之社会并为之社会，但法之为法，首先乃是其法之所以为法而本身所具备的独立法"人格"、独立法"思想"，此正以法治世、用法治世、依法治世之根由。更何况是在这样一个严重依赖情感教化、道义感化，重道德渗透而轻法律治理的旧邦中国，则欲真行法治以收现代国家治理之实效，便需尊重甚至保障乃至捍卫这种"法之为法"的独立性，而将一切"非法"排除于法思维体系、法价值体系、法哲学体系之外。简而言之就是尽量排除"非法"社会因子的干扰，而以纯粹之"法身"铸造现代国家之大治。由此，所谓的法治，所谓的法律科学便不可能包括与法有关的社会学，甚至不应该包括与法有关的政治学、人类学、伦理学等，特别是那些充满了价值论要义和争议的学科，即要实现法自身价值的完全中立。当然完全中立是不可能的、是做不到的，但需努力去做到而力戒其他学科、其他科学的干扰。那么实际上，对法的研究便只剩下对法的解释，即法解释学——解释已然的法、解释实定的法。在严格解释法自身的过程之中去推进社会对于法的理解，去推动国家对于秩序的规范。这个在学术界又被称为纯粹法学、规范法学。

当然，这个里头其实依然埋藏着一个巨大的价值论争议，就是这个纯粹法学的"法"它到底是所谓普适性的法还是地方性的法？进而它到底是西方的那种已经成功了的法？还是中国的这种尽管还不完善但正在发展着的法？或者从根源上讲，所谓的"现代国家治理"的"现代国家"究竟是专指发达现代国家或现代发达国家？还是应当包括发展中的现代国家或正在发展现代化的发展中国家？即所谓现代国家的"现代"是否以已经的现代，比如西方的现代为唯一的标准？如果以已经的现代，甚至以西方已经的现代为唯一的"现代"的标准，那么任何一位真正致力于中国现代化任务的实现者是不会认可这样的一个现代化的，而这个所谓的"纯粹法学"至少在价值论上也并不纯粹。

而且"从政治逻辑来看,我们150年来亟待解决的问题,对应的是西方17—19世纪各民族国家曾经面临的现代化问题,而我们现在所必须应对的国家秩序,却是20世纪和21世纪的世界新秩序。这就使我们面临着两难困境:一方面我们要建设一个全面现代化的民族国家,这是西方各现代国家用了300多年的时间才完成的;但是另一方面,西方现代社会的政治状况却逐渐出现了去国家化的趋势,现代国家的弊端以及国家秩序的不合理、不公正弊端日渐凸显。也就是说,我们的国家建设以及现代化道路遭遇后现代政治的阻击,建设现代国家的正当性面临着后现代社会和全球化的挑战。"[1]

当然,如果不去纠缠,确切地讲是不去追究这个价值论上的争议源点,那么我们说严格自律中的纯粹法学派对于法律治理自身科学化的完善是有着莫大的贡献的,它的那种法学上的、法律上的工匠精神更是值得大书特书的。它为造就一种极度严谨、高度自理的法律科学付出的努力,对于型塑一种真正具有中国特色的法学科、法学术和法思想的法学体系又是有着巨大价值的。甚至就像中国魏晋时期的玄言清谈,其对于学术史、学科史、学究史,以及思想史的意义同样如此。因为所谓的玄言清谈,抛开其目的与原因不论,它那种主动置身世外的"玄清"正是造就"言谈",造就言谈艺术"本身"的一个方法、一种方法论。或者说,抛开玄言清谈之起因不论,它所造成的结果必然是言谈本身作为一门独立艺术、独立行为、独立形式、独立思维、独立逻辑、独立技艺,甚至独立之道,因之独立品类、独立品格的完整树立。它所造就的那种形式美学使得美术之为美术、艺术之为艺术、学术之为学术,乃至理论之为理论、科学之为科学有了自身独立的规范和标准,有了知识之为知识所应当具有的独立品格。

---

[1] 高全喜:《转型时期国家治理体系和治理能力的现代化建设》,《学海》2016年第5期。

第三章 文化法治的基本原则

第一节 党的领导原则

党的十九大报告提出，中国特色社会主义进入新时代，我国社会主要矛盾已经转化为人民日益增长的美好生活需要和不平衡不充分的发展之间的矛盾。回顾改革开放以来我国的社会主义事业建设，社会生产力水平显著提高，积累了雄厚的物质基础，人民生活从短缺走向富裕，现阶段，已经总体达到小康水平。依据马斯洛需求层次理论，人类在最基本的生理需求得到满足后，会追求更高层次的安全需求、社交需求、尊重需求和自我实现需求，对文化等精神层面的需求属于安全需求的范畴，人民的物质生活供应极大丰富，对多姿多彩的文化生活的追求日益高涨，这是符合社会历史规律的发展趋势。社会主要矛盾也从人民日益增长的物质文化需要同落后的社会生产之间的矛盾转变为人民日益增长的美好生活需要和不平衡不充分的发展之间的矛盾，社会主要矛盾发生了全局性、根本性的变化，直接决定了党领导方向的转变，同时也成为党工作重心与任务调整的依据。这是对中国特色社会主义进入新时代做出的实事求是的重大判断，是推进中国特色社会主义事业不断前进的基础和前提。着力解决好不平衡不充分的问题，需要大力发展文化法治，这需要在党的正确领导下稳步推进。

发展文化法治，坚持中国共产党的领导，源于中国共产党是中国特色社会主义事业的领导核心，中国共产党代表了中国先进生产力的发展要求，代表中国先进文化的前进方向，代表中国最广大人民的根本利益。党的宗旨，就是全心全意为人民服务，一切从人民的利益出发。中国各个领域事业的发展，中华民族的崛起，人民的幸福生活，都需要在党的正确领导下，才能够顺利实现。同理，文化法治是习近平新时代中国特色社会主义文化思想的重要内容，是主观意识转化到实践的有形体现，更应当在党的领导下发扬光大。

坚持中国共产党的领导，是最根本的原则，也是其他原则的基础，具有极大的优先性。没有中国共产党的领导，其他原则就无从谈起。因为中国共产党始终处于总揽全局、协调各方的根本性地位。坚持党的领导原则的优先性，源于中国共产党的优越性。第一，中国共产党以马克思主义理论指导实践，并且与中国实际相结合，走有中国特色的社会主义道路。第二，中国共产党高度重视党群干部的思想政治建设工作，这项工作在凝聚团结力量、联系人民群众、改造价值观念和掌握正确的工作思维方法方面，发挥了巨大的积极作用，促动党群齐心，协力加快社会主义事业的建设。第三，中国共产党重视从中央到基层的组织建设，各级党政机关形成了健全完备的组织体系，各级党组织充分发挥战斗堡垒作用和模范带头作用，带领广大人民群众奔向全面小康社会。第四，中国共产党实行民主集中制。民主基础上的集中和集中指导下的民主相结合，给予各级党组织充分表达民主权利的机会，激发为国为民工作服务的积极性。同时，集中党员的主观意志，使党组织思想团结，行动统一，加强党的统一领导。第五，密切联系群众，始终如一地保持与人民群众的血肉联系，是中国共产党一直富有鲜活生命力的根本原因。中国共产党的生命线就是人民群众的工作路线，决定着党的事业的兴衰成败。党广泛发动群众，充分依靠群众，密切联系群众，与人民群众形成鱼水关系，赢得人民群众真心的爱戴、支持和拥护。党唯一的宗旨就是全心全意为人民服务，始终把人民群众的利益放在第一位。因此，中国共产党上述优越性直接决定了文化法治中坚持党的领导优先性的原则。

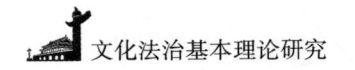

第二节　人民主体性原则

根据马克思主义原理，人民群众是社会生产力和社会生活的主体，是社会历史的缔造者。中国共产党在此前也提出，人民群众是先进生产力和先进文化的创造主体，是科学发展的主体，是依法治国的主体和力量源泉，深刻全面地体现了坚持马克思主义和尊重人民主体地位的一致性，重视发挥人民推动历史前进的巨大作用。中国共产党始终拥护和坚持马克思主义的政治立场，坚持人民主体地位不动摇。顺应社会历史发展规律，不仅要坚持人民的主体地位，密切联系群众，还要切实反映人民群众的愿望和要求，这也是马克思主义政治本色的表现。

中国共产党代表中国最广大人民的根本利益，全心全意为人民服务，一切从人民的根本利益出发，在党的宗旨的领导下，人民主体地位的重要性不言而喻。人类是形成和推动生产力发展的主体因素，是推动社会发展的根本力量，实现好、维护好、发展好最广大人民的根本利益是党和国家发展的根本目的。

人民群众的根本利益、意志和愿望体现着社会发展的要求和方向，而主体性是人类最本质的属性和特征，人具有主观能动性，能够依据主观意志，通过实践，进行改造世界的活动，从而使事物的发展向主体意志的既定目标无限靠近。人不仅能够积极主动地认识世界，也可以能动地改造世界。人们通过开展一系列具有目的性和创造性的实践活动，不断推进人类社会向更高的文明形态发展。人民作为历史的主体，是每个历史时期物质财富和精神财富的主要缔造者，是人类社会发展和变革的决定性力量。坚持人民的主体性地位，充分肯定广大人民的社会实践活动，尊重人民的能动性和创造性是马克思主义者准确把握社会发展规律的重要原则。

从马克思主义实践观的角度出发,实践是人类特有的活动方式,人类主体性发挥程度的高低决定了实践活动的意义大小。推动社会历史发展的实践,依靠的是人民群众的合力。社会历史的发展是合规律性与合目的性的有机统一,是尊重自然历史过程与人民选择共同作用的结果。其中,人的主体性突出表现在人能够进行创造性的活动。因此,坚持人民主体地位,是进行文化法治建设的内在结合点。从文化法治建设的角度来说,发展社会主义先进文化、建设社会主义文化强国就必须坚定不移地依靠人民群众,充分发挥人民群众的积极性、主动性,来创造灿烂多姿的文化。发展社会主义文化法治必须坚持人民的主体地位,否则,文化法治建设就会流于空谈。一方面,这是对人民群众缔造历史的作用的肯定;另一方面,这是解决我国现阶段社会主要矛盾的现实需要,要逐步解决人民日益增长的美好生活需要和不平衡不充分发展之间的矛盾,这就从利益实现上凸显了人民主体地位。现阶段,人民群众对精神文化生活的期待愈加提高,党也通过不断提出新的时代发展任务,致力于解决当前人民最关心、最迫切的社会矛盾以及社会发展问题,以满足人民对美好生活的向往。将促进人的全面发展作为未来发展的出发点和落脚点,把实现好、维护好、发展好最广大人民根本利益作为发展的最终目的。

习近平总书记在党的十九大报告中立足于新时代中国特色社会主义的伟大实践,创造性地运用人民主体性思想,具体阐明了发展为了人民、发展依靠人民和发展成果由人民共享的新发展理念,进一步明确了社会发展的价值取向、根本动力和未来趋势,推进了马克思主义时代化的发展进程,开辟了当代中国马克思主义理论发展的新境界,推动了新时代中国特色社会主义事业向前发展。社会发展的价值取向,也就是发展为了人民。一切发展为了人民,一切工作都为人民谋幸福。在新时代中国特色社会主义事业建设过程中,党始终保持与人民群众的血肉联系,与人民心连心、同呼吸、共命运,积极为人民谋利益。

具体落实到文化法治建设,文化法治建设来源于人民,是现阶段社会主要矛盾决定的，是人民群众对文化需求的热切需要决定的。文化法治建设依靠人民，是需要人民群众利用劳动和智慧，共同缔造历史，推动社会的进步。社会发展的未来趋势，是发展成果由人民共享，增进人民福祉。习近平总书记曾指出，社会主义建设是全体人民共同的事业，在此发展过程应由全体人民共享改革发展成果。当前，以人民为中心的发展思想强调人人共建、人人共享，使发展的成果惠及全体人民，逐步实现共同富裕。也就是说，文化法治的建设成果，同样要由人民群众共同享有，它属于社会主义建设的重要组成部分。人民群众是实践创新的主体，发展依靠人民是习近平总书记坚持人民主体性思想，深刻理解新时代社会发展动力问题，推动马克思主义时代化发展进程的重要理论成果。习近平总书记强调，尊重人民的首创精神，汲取广大人民的智慧和力量，把人民作为发展的力量源泉，依靠人民创造历史伟业，踏上新时代中国特色社会主义事业新征程。因此，人民是推动社会发展的根本力量，与之相应，文化法治建设为了人民，谋求文化法治的共享发展，全民参与、全民共享，坚持人民的主体性，是中国特色社会主义高级形态的要求。同时，在文化法治建设领域，共建、共享、共赢的这种新理念，如果能取得成功的实践经验，还应当积极为世界人民谋利益，贡献出中国智慧和中国方案，让全世界人民有机会共享中国文化法治建设的成果，推进新时代中国特色社会主义文化走向更开放的世界格局。

第三节　文化先进性原则

2016年12月25日，十二届全国人大常委会第二十五次会议通过《中华人民共和国公共文化服务保障法》。该法明确的首个重要原则便是"坚持以社会主义先进文化为导向"。问题在于，坚持社会主义先进文化的导向何以能够成为文化立法并文化法制的首个原则？实际上，作为今天法原则的社会主义先进文化实与传统中华文化有着精神义理上的高度契合性，因之传承性。此所以社会主义先进文化之历史性基础并时代性根基。本节试以儒家文明这一传统中国主流文明为例，尝试论证当代中国先进文化同儒家文化之间的精神相通性。曾经也有学者认为，马克思主义和中国古代儒家文化的关系，绝不是草率的理论结合问题，也绝不是一般性的学术对话问题，更不是粗略的文本比较问题。"在这个问题上，我们要'拨云见体'，拨开种种枝节，直指根本，要直接指向当代中国社会协调发展的文化需要。"[①] 以上观点引发笔者对儒家义理的历史性和延续性思考，基于儒家义理同中国特色社会主义理论与实践在基本精神层面上的相通性，笔者坚信，当代中国所倡导的先进文化同古代儒家文化之间有着同出而异名的辩证统一关系。

一　一脉相承的精神气质

儒家的真精神是什么？或者说，儒家有没有一种一脉相承的精神气质？这几乎是每一位研究儒家学说的人都必须予以回答的根本性问题。"天行健，君子以自强不息。"儒家所倡导的君子实际上有两个标准，即自强自立和进取不息。也就是说，一位优秀的人物必须同时具备这两种精神品质。在此，笔者尤其要强调"进取不息"这后一种品质。因为按照儒家"推己及人"的人伦秩序，个人生命的进取不息实际上可以通过"修身、齐家、治国、平天下"的成圣次第，推导出"周虽旧邦，其命维新"的新旧伦理，进而揭示出"苟日新，日日新，又日新"的发展规律。由此，我们可以推知儒家义理当中一脉相承的精神气质，那就是生生不息、不舍昼夜的实践精神。与此同时，"其命维新"不仅明确指出一切故步自封都与"自强不息"的儒家精神存在根本的背离，更一针见血地指出了维新的对象。命者，"命名"，中国哲学当中的"名"类似于西方哲学中的逻辑。就政治统治而言，以自

---

① 陈来：《关于"马克思主义与儒学"》，《光明日报》2012年4月9日第15版。

己的统治逻辑来推行自己的统治目的,是为命制了自己的政治制度。这里不得不提到中国古代的另一位思想家韩愈以及他的学说对于近现代中国政治的特殊影响。

蒋介石领导下的国民党一直以中国道统的继任者自居,特别是退处台湾以后,更尊奉儒家的"道统论"为其立党"复国"、拒绝人民政府的核心理论。比如陈立夫就曾在《中国道统》里辩说,蒋介石论三民主义,其中心思想就是中国的道统。并引述其在《国父百年诞辰纪念文》中的观点,即三民主义是对尧舜禹汤文武周公及孔孟思想的阐扬,因之是对中国道统的承继,也因此成为与古之道统论一样的中国政治伦理和哲学的基础。其所谓的历史依据,是1921年孙中山先生曾与共产国际代表马林的一段对话。是时马林问中山先生的革命思想基础,中山先生对答以中国的道统精神。对于"三民主义儒学化"的这段历史,近年已有学者对其做出深刻评价,其论以为,"三民主义儒学化暴露出明显的伦理色彩、狭隘视野、精英观念、偏安倾向,最终难脱失败的结局"①。

应该说,道统的真正延续不该,也不可能仅仅依靠某些个人,而应该是最为广大的多数的人;道统的生命力也不应仅仅存在于某些个体的生命当中,而应该根植于最广大人民群众的精神需求深处。道统不是"铁桶",更不是随意操之己手以为斗争工具的意识形态;模范不是"模具",更不是看死几个圣人便可作自我标榜的泥胎偶像。道统从来不是某位或某些圣贤的家事。但能以实事求是的言行"直道而行"于广大人民群众的事业,就其精神气质而言,实与孔门坦坦荡荡的"直道精神"一脉相承。

二 一以贯之的精神风貌

"慎终追远,民德归厚"(《论语·学而》)。抚今追昔,我们更念

---

① 庞虎:《三民主义儒学化与马克思主义中国化——基于思想史的比较及其实现路径的反思》,《马克思主义与现实》2015年第2期。

"周虽旧邦，其命维新"（《诗经·大雅·文王》）。这个意思是说，尽管周朝是一个继承了以往国家主权、领土、人民与文化传统的旧邦，但它有它自己新的使命、新的命制（制度）、新的命名，以及新的治国理念和治国逻辑。毫无疑问，中华文明是以人文品格与人间秩序的塑造为文化极则的文明形态。它强调文以人传又人以文传，强调仁民爱物、民胞物与的国家精神与民族品性。诚如学者所论，中国人"重人伦，重情分，泛爱众，追求一个'天下归仁'的仁爱世界。"而源于人性的仁性，又不同于人性，"仁性是经教化而得到升华的人性，既源于普世的爱，更是最高的善。所以，'以人为本'也就是'以仁为本'"。[1] 一以贯之之下，毛泽东提出"全心全意为人民服务"的根本宗旨，号召新中国的人民，努力"做一个高尚的人，一个纯粹的人，一个有道德的人，一个脱离了低级趣味的人，一个有益于人民的人。"一脉相承之中，中国特色社会主义理论又把"三个代表"重要思想、科学发展观、和谐社会，特别是"实现人的全面发展"纳入其中。这其实都是对中华文明的继承和发扬。

2013年1月5日，习近平总书记在新进中央委员会的委员、候补委员学习贯彻党的十八大精神研讨班上明确指出，中国共产党领导的社会主义建设，可以分为改革开放前和改革开放后两个时期，是为"前后30年"。但不同的历史时期并不意味着不同的历史使命。从开创到探索，从探索到日渐成熟，同是党领导下的社会主义现代化实践，都为中国社会的现代化转型做出了不可磨灭的贡献。尽管彼此指导思想不同、政策方针各异、具体工作有别，但两者绝对不是根本对立的，"两个30年"也是绝对不能割裂开来的。"不能用改革开放后的历史时期否定改革开放前的历史时期，也不能用改革开放前的历史时期否定改革开放后的历史时期。"[2]

---

[1] 高德步：《论中国价值传统的转化与价值体系的重建》，《中国人民大学学报》2014年第3期。

[2] 李慎明：《正确评价改革开放前后两个历史时期》，《红旗文稿》2013年第9期。

其实，毛泽东和邓小平这两位历史人物，终其一生都在做着一件相同的事业，那就是如何将古今中外一切优秀文明成果"中国化"。毛泽东独立自主地领导了中国的革命与建设，邓小平则在中国特色社会主义的道路上开创了改革开放的历史性局面。那么，新中国"前三十年"和"后三十年"是什么关系？"这六十年"和"那一百年"，乃至与"那五千年"又是什么关系？过去有学者也曾注意到了这两个问题。

2007年12月，现任中山大学人文高等研究院院长的甘阳出版了一本名为《通三统》的书，其主要是从社会经济发展的角度论证了第一个问题。比如他引用了美国20世纪60年代和70年代学者的经济分析数据，得出的一个重要结论是，如果毛泽东在他那个时代照搬照抄苏联，搞高度集权的计划经济，搞深度倾斜的工业化国家，那就不可能为邓小平主政之下的中国保留下充满活力的底层经济自由体，比如为数庞大的乡镇企业。①

改革开放是松绑放权。但如果没有当时的这些乡镇企业和其他自由经济组织体，那试问改革开放又要松哪个绑？放谁的权？皮之不存，毛将焉附？所以我们看到，后来众多的乡镇企业和底层民营企业激活了行业的竞争，行业的竞争又引导了整个经济结构和格局的转变，经济结构和经济格局的转变又最终撬动了社会主义市场经济的转型。

只可惜甘阳的论述还不够深入，用的也是西方的材料，只能算是"西体中用"的一次当代学术尝试。而虽说是"通三统"，实际上，"这六十年"和"那五千年"之间的关系并未深谈，只在开篇引《春秋·公羊传》里的"三世说"做了简要概述。② 至于两个历史阶段之间的文明核心则并未涉及。

三 诚意诚一的精神追求

我们必须重新认识这个中华文明的道统，中华文明的道统从未在

---

① 甘阳：《通三统》，生活·读书·新知三联书店2007年版，第23—38页。
② 甘阳：《通三统》，生活·读书·新知三联书店2007年版，第1—6页。

中国大陆丢失过。诚如上文所引陈来教授的话，对待中华文明在时间和空间上的统一性，我们需要透过现象而直达本质，需要拨开云雾而直见本真。那么道统的精神何在？说一千道一万，所谓天理和人心都无非是要人永远保持那份最朴实的情感，永远保持那份对人的最朴实的情感。这正是毛泽东思想同韩愈道统论在内在精神上的一致。

那么，我们这个以文化立国的文明古国，自古以来究竟有着怎样一种文化的气质和文化的追求呢？孔子讲过："文质彬彬，然后君子。"（《论语·雍也》）也就是说，对一个理想人格的塑造应该坚持"文"和"质"两条腿走路。而理想的文艺作品则既要有纹饰般的华美，更要饱含对生活、对生命、对人民深厚质朴的情谊，如《礼记》里讲的"永葆赤子"，永远保持一颗赤子之心，永远不要丢掉人之为人的质朴本色。孔子又讲，"士先器识而后文艺。"（《论语·子路》）意思是一个立志为国为民的士子应该首先打开自己的胸襟气宇和眼界格局再去研习那些纸面上的文艺作品，更要把自己那份诚心诚意的赤子之心保留给广大劳苦人民。

由此检视两千五百年后的今天，不得不说"全心全意为人民服务"有着同"民为邦本、本固邦宁"心气相通的对应性；不得不说"社会主义先进文化"有着同"中华民族优秀传统文化"思接千载的传承性；不得不说"坚持为人民创作的根本原则和方向"有着同"文质彬彬，然后君子"义理相同的关联性。可以肯定，"文风与世风息息相关。历史上文风的变革多深刻反映和影响了社会的变革。比如古文运动扫除华丽辞藻堆砌的骈文与儒学道统的复兴，白话文取代文言文与民主和科学思维的大众化，20世纪80年代激进空洞的文风转变为讨论的、务实的文风与改革开放的深入推进和国民经济的巨大发展。"[1]

纵观中国共产党人对于文风的态度，毛泽东曾在《反对党八股》一文中旗帜鲜明地反对主观主义、宗派主义和党八股，并历数了党八股的八条"罪状"：空话连篇，言之无物；装腔作势，借以吓人；无的

---

[1] 梁衡：《文风四谈》，中国人民大学出版社2013年版，第1页。

放矢，不看对象；语言无味，像个瘪三；甲乙丙丁，开中药铺；不负责任，到处害人；流毒全党，妨害革命；传播出去，祸国殃民。而他自己，虽然也在青年时期写过诸如《祭黄帝陵》一类的好古文，也有大量古韵诗词传之后世，但终其一生，实际上都是在推动近代文言文运动的现代化、民族化、通俗化和平实化。这是从文化的角度推动传统中国向着现代中国的彻底转化。

比如人民英雄纪念碑上的碑文，就没有采用历代祭祀或纪事的标准文体，而是以简洁有力又直接确定的文字写就：三年以来，在人民解放战争和人民革命中牺牲的人民英雄们永垂不朽；三十年以来，在人民解放战争和人民革命中牺牲的人民英雄们永垂不朽；由此上溯到一千八百四十年，从那时起，为了反对内外敌人，争取民族独立和人民自由幸福，在历次斗争中牺牲的人民英雄们永垂不朽。"天若有情天亦老，人间正道是沧桑。"看看这个"三年以来"、"三十年以来"，还有"由此上溯到一千八百四十年，从那时起"，正是这三个简简单单的排比，就已经替沉睡于地下的无数仁人志士道出了他们内心深处，那份刻骨铭心的追求和惊天地、泣鬼神的坚守。

我们的文艺属于人民。① 人民同文艺工作者的关系，就好比是母亲和儿子。"作家艺术家更应该在人民的历史创造中进行艺术的创造，在人民的进步中造就艺术的进步"。② "一切进步文艺，都源于人民、为了人民、属于人民。"③ 2015年9月11日，中共中央政治局召开会议，审议通过了《关于繁荣发展社会主义文艺的意见》，指出"坚持社会主义先进文化前进方向，全面贯彻'二为'方向和'双百'方针，紧紧依靠广大文艺工作者，坚持以人民为中心，以社会主义核心价值观为引领，深入实践、深入生活、深入群众，推出更多无愧于民族、无愧于时代的文艺精品"。这是对当下文艺创作原则与

---

① 邓小平：《邓小平文选》（第二卷），人民出版社1994年版，第211页。
② 江泽民：《江泽民文选》（第三卷），人民出版社2006年版，第428页。
③ 胡锦涛：《在中国文联第八次全国代表大会中国作协第七次全国代表大会上的讲话》，《人民日报》2006年11月11日第1版。

方向的再次强调。

"大学之道,在亲民,在止于至善。""为政者,必也正名乎。"①"名存实亡"之间,旧邦获得新造。中国,"旧邦"无疑;但它的使命、命制又总能"苟日新,日日新,又日新"。所以说,"特色社会主义"的"命制"又是"新命"的代表。如果说古代中国是以仁爱亲民为最高文化精神的人文国家,那么今日中国则是以"以人为本"为根本价值诉求的现代国家。也正因为这样,笔者认为应该从以下两个精神维度来理解当代中国先进文化同"中华民族优秀传统文化"之间辩证统一的关系:其一,中华文明是以儒家思想为核心精神要义的文明形态;其二,当代中国先进文化就是传统儒家文明在当代的继承与发展,不需要也不应该另起一个"名为"儒家的炉灶。任何扛牌子、打旗帜的"复古",骨子里仍旧是一种"文化革命"的思维方式。而从马克思主义中国化的历史实践来看,"马克思主义中国化绝不是使马克思主义去迎合中国传统文化;马克思主义中国化必须立足中国的具体实际,而不是立足中国的传统文化。"② 只有这样来看待整个中国的大历史,我们才能解释清楚社会主义文化大发展大繁荣所提出的"社会主义先进文化"和"中华民族优秀传统文化"之间既辩证又统一的关系;也只有这样来宏观把握中华民族的文化传承,我们才能将这个新生的"中华人民共和国"同那个源远流长的整个"中华民族",在历史和人文的双重维度上真正衔接起来。

---

① 语出《论语·子路》:"子路曰:卫君待子而为政,子将奚先?子曰:必也正名乎。"
② 杨耕:《当前马克思主义研究中的五个重大问题》,《南开大学学报》(哲学·人文科学·社会科学) 2014 年第 4 期。

第四节　文化权利保障原则

当然，无论是传统中国的儒家文明，还是当代社会主义先进文化，是主流、是主角，但并不是唯一。结合上章所论之"多元一体的文明气质"，新时代之中国文明的开举尚需大力敲响"百花齐放，百家争鸣"的钟声。

中央再次提出："要认真贯彻百花齐放、百家争鸣的方针，充分发扬艺术民主和学术民主，在艺术创作上提倡不同形式和风格的自由发展，在艺术理论上提倡不同观点和学派的充分讨论，在艺术发展上提倡不同品种和业态的积极创新，弘扬主旋律，提倡多样化，不断满足人民群众多层次、多样化、多方面的精神文化需求。要尊重差异，包容多样，大力营造保护创新热情、鼓励创新实践、完善创新机制、宽容创新挫折的良好氛围，最大限度地焕发文学艺术工作者的创造活力。"[①] 而我国现行宪法第47条则明确规定，公民有从事科学研究、文学艺术创作的自由。前者侧重于逻辑思维能力展开下的科学研究，后者则更多地强调形象思维主导下的文学艺术创作，二者最为显著地代表了"文化创作自由"。

一　关于科学研究的权利

有学者认为，"宪法对学术自由的保障，本质上是对学习文化、创造文化进行的保护，在作为一种文化权利时，学术自由的保护包括了讲学的自由、学习的自由、研究的自由，这三方面体现的正是文化权利所保护的传递文化、学习文化、创造文化的权利。"[②] 另外，"研究

[①] 李长春：《建设和谐文化，繁荣发展社会主义文艺》，《文化强国之路——文化体制改革的探索与实践》，人民出版社2013年版，第644页。

[②] 郑贤君：《社会基本权理论》，中国政法大学出版社2011年版，第312页。

第三章 文化法治的基本原则

自由既包括了内在的思想也包括了外在的活动。内在的思想是了解文化的过程，外在的活动是创造文化的过程，文化权上的研究自由既是一种了解文化的自由，也是一种创造文化的自由。"① 有学者考察了"学术自由"的宪法史，认为在世界宪法史上第一次出现有学术自由规定的宪法是德国普鲁士王国时期的法兰克福宪法草案。该草案第152条所规定的学术自由与教学自由又在此后的普鲁士宪法第20条当中获得了承认。此后的德国魏玛宪法则除了简单规定"学术自由"之外，更明确了"学术自由"所对应的国家义务，不仅成熟了法规范的编写体例，同时也因将国家这一义务主体引入学术自由的宪法条款，而从法的适用的角度，使学术自由的真正落实获得了公法权力的保障。"二战"以德国战败而告终，伴随而来的是整个德意志民族对于战争、和平，以及战争与和平思想的深刻检讨。人们逐渐发现并自觉到，战争的野蛮源自战争思想的狂热，源自不受任何约束的对于称雄争霸世界观的无限狂想。于是进一步认识到，思想不能毫无节制地自由化，更不能逾越人们对于慈悲、和善等基本人性的边界。因此，《德意志联邦共和国基本法》乃正是规定学术自由不得免除人们对于宪法的忠诚，对于宪法当中那些人的基本善意的违背。在此以后，经由德国宪法所发明的，并经由历史的雕刻的学术自由原理被传播到了世界各地。特别是在欧洲其他国家和地区，"学术自由"渐渐成为这些国家宪法当中所不可或缺的条款，诸如意大利宪法第33条第1项、奥地利国家基本法第17条第1项，以及葡萄牙宪法第42条、芬兰宪法第16条第3项。② 而在亚洲，战后的日本和平宪法也在第23条当中规定了国民的"学术自由"，同样的还有韩国宪法第19条。另外，有学者对156个国

---

① 郑贤君：《社会基本权理论》，中国政法大学出版社2011年版，第315页。
② 参见［德］Christian Starck《研究自由与其界限》，陈爱娥译，台大法学论丛第37卷第4期。转引自王德志《论我国学术自由的宪法基础》，《中国法学》2012年第5期。

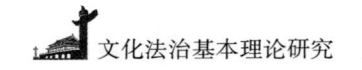

家的宪法进行考察，统计得出其中有 34 部宪法规定有学术自由，占 23.9%。①

二 关于文学创作的权利

所谓文学艺术创作权利，通常是"指按照法律的规定，公民可以自由地、充分地发挥自己的文学艺术创作才能，根据自己的兴趣爱好，创作各种形式的文学艺术作品。……公民有从事文学艺术创作的自由还意味着公民可以自由地发展自己的创作风格和艺术风格。"②"艺术自由正如同其他大多数基本权般，同时具个人防御权及客观价值决定之作用。但并不具有艺术者个人请求国家给付之给付权作用。因为……艺术自由作为宪法客观价值决定，被视为成文化国的要求，也就是自由艺术生活的确保及促进发展为国家之任务。依此，国家有义务来经由奖励、价购、租税优惠及补助上来促进艺术之发展。由此可得出个人有请求参与艺术展览之机会及戏（剧）要求经由补助行为来促进其发展之权利。……至于如何推动艺术发展，国家有其相当的形成空间，此也取决于国家实际财政能力，也唯有在此范围内才存在艺术工作者及团体的请求权。"③

当然，无论是科研自由还是艺术自由，甚至任何一项公民基本文化权利都有一个受到法的限制的问题，而限制的基础则应同样基于法益的考量。一般来说，有可能对一国公民基本权利或自由构成限制的法益有：（一）就一般的基本权利和自由而言，这些法益主要包括国家安全、公共利益、社会秩序、道德秩序、他人的权利和利益、紧急状态下的集体安全；（二）就"艺术自由"而言，这些法益一般有道德秩序、民族公义、国家机密、他人名誉与人格尊严。也就是说，在以"法治国原则"为根本立国原则的国家当中，社会道德秩序、民族公

---

① ［荷］亨克·范·马尔塞文、格尔·范·德·唐：《成文宪法：通过计算机进行的比较研究》，陈云生译，北京大学出版社 2007 年版，第 138 页。
② 李步云：《宪法比较研究》，法律出版社 1998 年版，第 558—559 页。
③ 陈慈阳：《宪法学》，（台北）元照出版公司 2005 年版，第 535 页。

义、国家机密，以及他人的名誉和人格尊严往往最有可能构成对"艺术自由"的法规范限制。它们要么规定于其他宪法规范之中，要么则可以通过对所谓的法规范的"系统解释"而获得。

第五节　文化平等共享原则

一　平等地享用文化设施

国家的文化保障义务又突出表现在如何满足不同人群，特别是特殊人群基本文化需要这一点上，而这更是保障公民平等享用文化设施的应有之义。早在 2004 年，我国就已经开始实施"全国文化信息资源共享工程"。"文化信息资源共享工程进入农村以后，村文化活动室的面貌发生了很大变化，呈现出生机盎然的局面，特别是运用科普知识讲座等方式，向广大农民提供科技信息和文化信息，对丰富农村文化生活、推动农村教育和农民致富，发挥了重要作用。"[1] 以当时的目标设定，截至 2010 年，"基本形成资源丰富、技术先进、服务便捷、覆盖城乡的数字文化服务体系，实现村村通。信息资源的传输要以互联网为主要形式，用工程的实施推动互联网进入农村地区。在互联网尚未覆盖的地区，要采取卫星、光盘、硬盘等多种传输方式，力争在 2010 年前使广大农民享受到这些信息资源。要依托各级图书馆和社区、乡镇、村文化活动站（室），建立和完善以全国文化信息资源建设管理中心、各省分中心、市县支中心、乡镇综合文化站和村级文化活动室为主体的文化信息资源共享工程的四级服务体系。国家中心和省级分中心担负着资源建设的任务；市县支中心主要承担镜像站建设的功能，发挥信息传输承上启下的作用；乡镇综合文化站和村文化活动室都是

---

[1] 李长春：《强力推进文化信息资源共享工程建设》，《文化强国之路——文化体制改革的探索与实践》，人民出版社 2013 年版，第 505—506 页。

基层服务点，乡镇综合文化站负责对乡镇居民提供文化信息服务，村文化活动室负责向农村群众提供文化信息服务，乡镇综合文化站还承担着对村文化活动室进行业务指导的功能。"①

又比如国家加强盲文图书馆的建设，就必须体现公益性、综合性和便利性。体现公益性，就是坚持把社会效益摆在首位，对盲人的公共文化服务要全部免费，包括到馆借阅、邮寄借阅、文献查询、专业咨询等服务，并在此基础上探索为盲人免费送书、上门服务，最大限度地扩大受益人群。体现综合性，就是要针对盲人群众的需求，不断拓展为盲人服务的范围和领域、广度和深度，进一步丰富馆藏，收集和提供更多盲文读物和盲用产品，开辟更多电子阅览区、上网场所和互动体验空间，充分利用图书馆资源开展讲座、咨询、展览、培训等特色服务，为盲人群众提供全方位的综合服务。体现便利性，就是一切从盲人实际出发、一切为盲人群众着想，无论是到馆借阅还是在线服务都要体现便民利民的要求，努力营造方便、快捷、亲切、温馨的服务环境，在服务设施、服务流程、技术手段、馆藏安排、休息空间、无障碍通道等方面提供更加便捷的服务。②

推而广之，以推动残疾人文化事业大发展大繁荣为突破口，进一步加强基础设施建设，通过公共文化服务的均等化来体现全社会对残疾人的关爱。如加快残疾人公共文化设施建设，公共图书馆、博物馆、群众艺术馆、文化馆、社区文化中心、科技馆、青少年宫等基层文化阵地和各项文化惠民工程，都要提供便于残疾人参与的活动场地和设施，增加面向残疾人的文化服务内容，向广大残疾人免费开放，切实保障残疾人基本文化权益。在广播电视节目中增加残疾人的栏目和时段，特别是电视节目要尽可能加配手语和字幕，便于聋哑人收听收看，……加快发展残疾人出版事业，出版更多有关残疾康复、生活技

---

① 李长春：《强力推进文化信息资源共享工程建设》，《文化强国之路——文化体制改革的探索与实践》，人民出版社2013年版，第506—507页。
② 李长春：《切实保障好盲人群众基本文化权益》，《文化强国之路——文化体制改革的探索与实践》，人民出版社2013年版，第542—543页。

能、就业指导等方面的书籍，推出更多有关残疾人特殊教育的教材和普及读物，……组织广大文艺工作者创作生产更多反映残疾人追求美好生活、自强不息、努力拼搏的优秀作品，……积极支持残疾人艺术发展，扶持残疾人题材作品创作生产，帮助中国残疾人艺术团解决实际困难。只是中央这一系列的政策举措，尤其应当落实到立法上，贯彻到执法中。通过法律的权威和制度的稳定使之成为一种恒定而久远的现代中国文明的标志。

二　平等地拥有文化资源

最突出的便是对文化遗产的共享。有学者根据"物质文化遗产"和"非物质文化遗产"的划分，将"文化遗产权"也分为两种类型：一种是物质性的文化遗产权利，另一种是非物质文化遗产权利。作为一种文明形态的物质载体，物质性的文化遗产权利受物权制度的涵涉，通常涉及对物质性文化遗产的所有、使用与收益；而非物质文化遗产权利则侧重于对权利主体人格权益方面的保障，通常包括那些附着在非物质文化遗产上的各种知识产权以及思想和表达方面的自由和权利。也有学者认为，文化遗产权的主体不仅仅局限于私权主体，还包括诸如社会组织、社会团体，甚至是国家在内的公权主体。因为诸如文物一类的文化遗产，一方面是历代劳动人民集体智慧的结晶，另一方面也往往因为年代久远而无法对其所有者进行翔实可靠的确定。因此，一方面，作为人民群众管理国家及文化事务的代表，政府等公权力组织理应成为代表人民的文化遗产的管理者和执行者；另一方面，也只有诸如国家财政这样的雄厚实力才真正有能力去保护那些脆弱的，甚至是处于濒危状态的民族文化遗产。由此，这些主体均享有各自对于文化遗产的占有、收益和使用的权利。而与此同时，基于"谁保护，谁负责"的原则，以上这些主体拥有了各自对于文化遗产的相关权利，就必然要承担起保护这些文化遗产的特定责任和义务。但是很显然，这种对于文化遗产权利属性的界定乃基于以罗马法为传统的物权法益系统。那就是公权力只能去保护那些为着公众利益的需要而设定的公共权利，而私权利也被界定为私人所具有的独占的排他性权利。

应该说，"文化遗产"理当主要受公法保护无疑，不过若依立宪主义基本原理，个人私权利有排除国家公权力干预的自由，则在公法学的视域当中，那些属于个人或团体所有的"文化遗产"当首先作为私有财产而受到宪法的保护。另外，要求国家承担全部"文化遗产"的保护义务，事实上也是办不到的。因此就这部分"文化遗产"而言，国家的宪法义务还是应当以尊重并保障私有财产权为主。其公权力的介入，尤其是限制，则只能依照宪法当中的基本权利限制条款来进行或推导。至于那些属于国家所有或全民所有的"文化遗产"，则国家自有为全体国民积极保护的义务。当然，公民亦有要求国家积极保护属于全民所有的"文化遗产"的权利。从此意义上来说，保护"文化遗产"之于公民而言乃是一项积极的权利，相对于国家来说则是一项基本的文化义务。

作为全民遗产的这部分"文化遗产"，每个公民自有共享的权利。这里所涉及的同样也是宪法当中"平等原则"的实现，或者说是"平等权"的践履，又或是有关"共享权"的实践。"文化遗产共享"作为共享权的功能建构作用则在于，"国家实际上已提供文化艺术设施或资源给人民，"或者已经主动提出要提供某种文化遗产资源或设施给一般人民使用，但在国家所规定的受益者范围有限的情况下，那些没有获得文化遗产资源的人，便可根据宪法当中所规定的平等权或平等原则，向国家要求共享此文化遗产资源。因此，在此一体化法秩序的层面审视"文化遗产共享的权利"，就必须首先肯定人人均有从文化遗产中获得精神愉悦和文化服务的机会。同时需要容忍为着特定主体实质平等的实现，而对其所做的法益衡量上的倾斜。突出表现在为少数族群文化遗产权的实现，以及弱势群体文化遗产共享权的实现而对其进行有目的的政策倾斜或扶持。

当然，国家更有保证这些机会获得实现的各项义务，其中最根本的是建立并完善以保障"文化遗产共享权"的实现为根本目标的"国家遗产制度"。其中又需要明确以下基本内容：首先，必须以"文化遗产共享权"的平等实现为最高价值引导。其次，必须明确文化遗产平等分享的制度安排。从法秩序的角度来讲，包括建立并完善系统化的立法、执法及救济机制；从法执行的角度来看，则尤其需要注重财政制度、组织制度的完善。保证国家财政足额扶持公共文化资源的维护，以及公众文化资源的享有。同时明确国家保障公民文化遗产共享的组织体系与制度结构。最后，应当对少数民族或少数族群文化遗产予以特别的关照。这不仅出于对实质平等的追求，更重要的是保护文化多样性的需要。

三 民族文化尊严与平等

平等享用文明成果的原则，还尤其体现于多民族或多种族国家。民族之间的文化尊严与平等起源于"民族平等"，就"民族平等"而言，其主要的立宪特点包括：一是规定少数民族是人民主权权力主体的组成部分，构成国家权力的基础；二是规定少数民族享有民族平等权；三是规定国家保护少数民族的权利；四是规定禁止民族歧视；五是规定少数民族享有民族保留权；六是规定少数民族享有建立自治机关的权利。[1]

文化尊严与平等可谓是民族尊严与平等的核心要义，同时也是作为一个集体的族群所应当享有的基本权利。《比利时王国宪法》就将该国视为一个由三种"文化共同体"共同构建起来的国家。这三个文化共同体分别是法兰西民族文化共同体、荷兰民族文化共同体以及德意志民族文化共同体。同时，比利时国民享有的权利和自由不受歧视地受到保障。为此，法律和法令特别保障思想意识形态和哲学思想少数派的权利与自由。《白俄罗斯共和国宪法》第50条规定，"每个人都享有保留其民族属性的权利，同样任何人也不能被强迫确定和指明民族属性。对侮辱民族尊严的行为要依法追究。"《乌兹别克斯坦共和国宪法》第4条第2款则规定，"乌兹别克斯坦共和国尊重生活在其领土上

---

[1] 周伟：《各国宪法对少数民族权利的保护》，《社会科学研究》2000年第2期。

的大小民族的语言、风俗和传统,并为其发展创造条件。"甚至"国家为少数民族保持、发展和表现其特性而采取的保障措施必须符合少数民族同其他罗马尼亚公民之间的平等原则、不歧视原则。"(《罗马尼亚宪法》第6条第2款)而《菲律宾共和国宪法》第13章第1条表示,"国会应最优先地制定保护和加强全体人民的人的尊严的权利,关于通过平等地分配财富和平等地分享政治权力,减少社会、经济、政治上的不平等和消除文化上的不公平,以谋求共同幸福的措施。为此,国家应对财产的获得、所有、使用、处置及增殖实行调节。"同时,"国家承认、尊重和保护少数民族保存、发展各自的文化、传统和风俗的权利。国家在制订全国性计划和政策时应考虑他们的这些权利。"

首先,文化尊严与平等的权利内在地要求文化歧视或文化鄙视的消除。尊重并认同差异的存在,不以我之生活准则去衡量、评判,甚至是强迫他人之生活习惯是消除文化歧视或文化鄙视的基础。当然,在当今世界,那些明显的文化歧视现象似乎并不常见,但那些自觉不自觉的文化鄙视还是时有发生。正如有学者所总结到的,"把民间文化艺术品有悖于原创目的地展示,宗教用品被当做装饰物出售,或者规定在特定场合或者礼仪使用的民间文学艺术作品在将其出售时得不到尊重等等。"[①] 尤其是那些少数民族的宗教仪轨。作为少数民族文化与少数族群生活极其重要的一部分,少数民族宗教仪轨对于该少数民族而言有着神圣的精神价值与不可随意取代、抹杀和篡改的文化尊严。因此,即使基于国家共同体秩序的某种需要而对其进行必要的限制,也应当以"差异认同"为前提,而以必要性,亦即比例原则为基准。

其次,文化尊严与平等的权利内在地包含少数民族所应当拥有的文化发展权。有学者认为,少数民族的"文化发展权"是"作为少数民族传统文化创作者的少数民族应当享有发展或授权他人发展其传统

[①] 田艳:《中国少数民族文化权利法律保障研究》,博士学位论文,中央民族大学,2007年。

文化的权利，以利于少数民族传统文化的进步和发扬光大"，① 而"文化发展权"又具体涵盖三个方面，一是所谓的"文化选择权"，包括"获得选择的条件的权利"与"尊重主体的选择自由"；二是所谓的"收回权"，即少数民族"有权收回未经他们自由和知情同意或违反其法律、传统和习俗而夺走的文化、知识、宗教、精神财产"。三是所谓的"发展决定权"。②

最后，文化尊严与平等的权利还要求国家提供必要的支持与帮助，以促进少数民族文化事业的发展。"国家提供必要的支持与帮助"主要在于物质上的支持与帮助，通常是指"少数民族有权获得上级国家机关的帮助包括财政支持来发展其传统文化"③，并以此获得立法上的明确支持，同时又由特定机构或组织来具体行使或实施，如"少数民族传统文化保护委员会"，此皆为国家之重要文化义务。

---

① 田艳：《中国少数民族文化权利法律保障研究》，博士学位论文，中央民族大学，2007年。
② 田艳：《中国少数民族文化权利法律保障研究》，博士学位论文，中央民族大学，2007年。
③ 田艳：《中国少数民族文化权利法律保障研究》，博士学位论文，中央民族大学，2007年。

第四章 文化法治关系中的主体与客体

第一节 文化法治关系中的主体

主体与客体的概念是来源于哲学用以说明人的实践活动和认识活动的一对范畴。其中，主体是实践活动和认识活动的承担者；客体是与主体相对应的哲学范畴。

文化法治关系的主体首先是国家，这主要是从国家作为义务主体的角度来谈的，《宪法》第 19 条规定，国家发展社会主义的教育事业，提高全国人民的科学文化水平。国家举办各种学校，普及初等义务教育，发展中等教育、职业教育和高等教育，并且发展学前教育。国家发展各种教育设施，扫除文盲，对工人、农民、国家工作人员和其他劳动者进行政治、文化、科学、技术、业务的教育，鼓励自学成才。国家鼓励集体经济组织、国家企业事业组织和其他社会力量依照法律规定举办各种教育事业。国家推广全国通用的普通话。第 20 条规定，国家发展自然科学和社会科学事业，普及科学和技术知识，奖励科学研究成果和技术发明创造。第 21 条规定，国家发展医疗卫生事业，发展现代医药和我国传统医药，鼓励和支持农村集体经济组织、国家企业事业组织和街道组织举办各种医疗卫生设施，开展群众性的卫生活动，保护人民健康。国家发展体育事业，开展群众性的体育活动，增强人民体质。第 22 条规定,国家发展为人民服务、为社会主义服务的文学艺术事业、新闻广播电视事业、出版发行事业、图书馆博物馆文化馆和其他文化事业,开展群众性的文化活动。国家保护名胜古迹、珍贵文物和其他重要历史文化遗产。第 23 条规定,国家培养为社会主义服务的各种专业人才,扩大知识分子的队伍,创造条件,充分发挥他们在社会主义现代化建设中的作用。第 24 条规定,国家通过普及理想教育、道德教育、文化教育、纪律和法制教育,通过在城乡不同范围的群众中制定和执行各种守则、公约,加强社会主义精神文明的建设。国家倡导社会主义核心价值观,提倡爱祖国、爱人民、爱劳动、爱科学、爱社会主义的公德,在人民中进行爱国主义、集体主义和国际主义、共产主义的教育,进行辩证唯物主义和历史唯物主义的教育,反对资本主义的、封建主义的和其他的腐朽思想。从以上几条宪法规定可以看出,国家在发展我国教育、科技、文化、卫生、体育、文学艺术事业、人才培养以及树立、培育社会主义核心价值中都具有法定义务。

同时,如果从少数民族文化权利主体的角度探讨这一问题,关于文化主体的具体界定,学界对此主要存在国家说[1]、少数民族说[2]、专门机构说[3]、双重主体说[4]。以上学说中"双重主体说"相较而言更具科学性也更为合理,所谓双重主体,是指少数民族文化权利的权利主体是少数民族,即少数民族是其基本文化权利的享有者;少数民族文化权利的管理主体是国家和少数民族,即由国家设立专门的机构或通过信托的方式帮助少数民族实现其基本文化权利。[5]

---

[1] 王鹤云:《保护民族民间文化的立法模式思索》,郑成思主编《知识产权文丛》(第 8 卷),中国方正出版社 2002 年版,第 178—185 页。
[2] [奥] 凯尔森:《法与国家的一般理论》,沈宗灵译,中国大百科全书出版社 1996 年版,第 91 页。
[3] 张辰:《论民间文学艺术的法律保护》,郑成思主编《知识产权文丛》(第 8 卷),中国方正出版社 2002 年版,第 117 页。
[4] 严永和:《论传统知识的知识产权保护》,法律出版社 2006 年版,第 199 页。
[5] 熊文钊主编:《民族法学》(第二版),北京大学出版社 2016 年版,第 257 页。

其次是民族，尤其是那些保有鲜明文化习俗的少数民族群体。有学者认为，"文化权的主体有其集体维度，一个民族、一个国家，他们都是文化权利的主体。作为一个整体，他们有保存、享有和发展自己文化的权利，这些权利是不能因社会、经济及政治等条件的变化而可以被剥夺的。"[①] 甚至将所谓的"少数人群体"单列为文化权利主体之一。所谓"少数人群体"的"少数"，不仅指的是人数少，同时更包含着这群人在各自文化习惯和风俗上的"少数派"。亦即在一些特定的人的社会构成要件上，某个群体成为"少数派"。作为社会的人，其构成要件诸如过去的各种身份等，但今天则尤其指向那些特殊的文化标识，比如宗教仪式、方言方语甚至特殊癖好。这些特殊的文化标识往往难以被主流文化所理解，因此容易受到不宽容，甚至是歧视的待遇——尽管这些文化标识并未构成对他人的非法的直接的精神侵犯。如果长期得不到尊重，则伴随这些特殊文化风俗一同走向边缘化的必将是这些少数群体本身。因此宽容的文化应该对这些文化上的"少数派"给予慷慨，以维护更利于每个个体健康成长的宽松的多元社会。

另外，对于民族或少数民族的文化权主体的地位，学界也有不同的认识。有人认为，"文化权的主体是拥有、认同该文化的少数民族全体。"[②] 这就意味着，"民族"或"少数民族"是以集体而非其中的个人，作为文化权的主体。另一种观点认为，"少数民族基本文化权利既是集体文化权利，也是个人文化权利。"[③] 按照这一观点，文化权的主体，既包括一个民族集体，也包括作为民族集体中的民族成员个人。还有学者认为，"在权利是一种可以自我主张的权利的意义上，'民族'或'少数民族'作为一个集体，不是我国宪法文化权的主体，其中的

[①] 韩冬冬：《文化权利》，郑贤君《社会基本权理论》，中国政法大学出版社2011年版，第285页。

[②] 张钧：《文化权法律保护研究——少数民族地区旅游开发中的文化权保护》，《思想战线》2005年第4期。

[③] 田艳：《中国少数民族基本文化权利法律保障研究》，中央民族大学出版社2008年版，第49页。

个体才是我国宪法文化权的主体。但这并不否认国家具有保护一个民族或少数族群的整体文化利益的义务。这样的理解，才符合文化权之规范目的，即'保障每个来自不同文化背景的个人，得以自我决定、实现与发展'。"① 我们认为，作为基本权利的文化权利乃是以权利的最终实现为最终目标，因此不妨将个人看作某些集体权利的最终主体或间接主体，而将集体看作这些权利的直接主体。此外，还有学者专门探讨了所谓"文化权的客体"，认为"文化权的客体是人们精神文化需求的总和。具体来说，文化权的客体包括了四个方面的内容，即享受文化成果、参加文化活动、开展文化创造以及享有进行文化艺术创造所产生的精神上和物质上的利益"②。

再次是作为"公民文化权利"基本主体的公民个人。张千帆教授主张，根据方法论的个体主义，享有权利的主体最终是个体，而不是集体；所有的集体概念——国家、民族、人民、社群或组织——最终都必须落实到个体头上。我们说"中国""中国人民"或"中华民族"，无非是指这些概念中涵盖的每一个中国人；失去了活生生的个体，空洞的集体或整体是不存在的——就和不存在没有树木的森林一样。③ "公民是基本权利的一般的、经常性的主体。各国宪法中规定的基本权利主要是通过公民的自主性活动而得到实现。公民的概念经过长时期的历史演变过程，最终确定为各国宪法普遍公认的法律概念，成为基本权利的主体之所谓公民是指只有一国国籍，根据该国宪法和法律享有权利、承担义务的人。"④ 而"从其性质上来看，公民具有自然属性和法律属性两个方面。公民的自然属性反映出公民首先是基于自然生理规律出生和存在的生命体。公民的法律属性是指公民作为一

---

① 沈跃东：《文化权在我国宪法中的保障》，《中国宪法学研究会2012年年会论文集》（C卷），第464页。
② 韩冬冬：《文化权利》，郑贤君《社会基本权理论》，中国政法大学出版社2011年版，第287页。
③ 张千帆：《宪法学导论——原理与应用》（第三版），法律出版社2017年版，第491页。
④ 胡锦光、韩大元：《中国宪法》，法律出版社2004年版，第177页。

个法律概念,以一个国家的成员的身份,参与社会活动、享受权利和承担义务,应由国家法律加以规定。"① "公民个人"是为一国宪法权利之基本主体,亦为宪法中的文化权利基本主体。

最后是法人和其他组织。相对个人而言,传统宪法学理论并未将法人和其他组织纳入基本权利的主体范围。基本权利主要围绕国家与自然人之间的相互关系而展开,排除了法人和其他组织作为基本权利主体的可能性。但随着社会的发展,法人和其他组织已经逐渐成为人们法律生活的一部分。具体到文化法治关系中,诸如音乐著作权集体管理组织这一类组织对于文化法治关系的维护发挥着不可替代的重要作用。

就宪法中的文化权利而言,无论作为文化成果创作机构的大学或研究机构,还是作为文化传播机构的公私媒体;无论作为确保文化成果得以共享的文化事业单位,还是推动保护文化遗产的文化团体,都有其各自享有的文化权利,而为文化权利主体之一。具体而言,如以上所说的大学及其他科研机构,又或如我国宪法当中所规定的"图书馆博物馆文化馆"(第22条第1款)等文化机构或组织。

需要注意的一个问题是,具有外国国籍和无国籍的人是否也可成为一国宪法所规定的基本权利的权利主体?主要有肯定说和否定说。"肯定说认为,除参政权与社会的基本权外,外国人作为人权主体应享有宪法规定的基本权利,具有权利的主体资格。否定说认为,基本权利是社会共同体的价值秩序,外国人不应成为这种价值秩序的组成部分,况且不少国家宪法中规定了'公民的基本权利与义务',实际上排斥了外国人的基本权利主体资格。"而"从基本权利的性质和宪法国际化的趋势看,在一定程度和范围内允许外国人行使基本权利是必要的,不能仅仅拘泥于宪法条文中规定的'公民'范围。"②

一般来说,政治性质的基本权利,关系到一国公民之政治主体资

---

① 韩冬冬:《文化权利》,郑贤君《社会基本权理论》,中国政法大学出版社2011年版,第285页。

② 胡锦光、韩大元:《中国宪法》,法律出版社2004年版,第179页。

格，关系到"主权在民原则"的落实，因此，该类基本权利只赋予本国国民享有，典型如选举权、罢免权、服公职的权利等参政权。另外，一国为维持社会秩序，而必须对外国人进行特别规范的，如对其迁徙自由、结社自由（特别是政治性结社，如组织政党等）、工作权加以限制的，也被认为必要而合法。而就宪法当中的文化权利而论，作为满足个体精神需求的基本权利，国家应当对其进行观照，而不论是否为本国公民。否则便不能得到其与基本物质保障相匹配的精神支持，而使外国人的宪法保护流于空谈。

第二节　文化法治关系中的客体

在理论上，客体是与主体相对应的一个哲学范畴，是主体认识和实践所指向的对象。由于主体具有理性、意志等特有品质，黑格尔将客体称之为"外在的东西"——"某种不自由的、无人格的以及无权的东西"①。也正是由于主体与客体之间存在差别，故而康德认为，主体（人）作为一个有理性的东西，"他们的本性表明自身自在地就是目的，是种不可被当作手段使用的东西"②，而客体则是可以被当作手段来使用的东西。哲学家们在客体的无意识性、独立自存性、非人格性等特点上达成了共识，指出客体就是主体（人）以外的客观自然，如马克思在《1857—1858年经济学手稿》一文中就认为："主体是人，客体是自然。"③ 可以看出，哲学意义上的客体是在一种形而上学的语境中进行探讨的范畴，但问题是如此一种天马行空式的抽象思维方法

---

① ［德］黑格尔：《法哲学原理》，范扬、张企泰译，商务印书馆1961年版，第50页。
② ［德］康德：《道德形而上学原理》，苗力田译，上海人民出版社1986年版，第80页。
③ 《马克思恩格斯全集》第46卷（上），人民出版社1979年版，第22页。

能否适用于法学领域,能够在法学这样一门具有高度实践性的科学体系中得到顺利贯彻并据此进行相应的理论证成和制度构建。

为此,美国法学家庞德曾指出:"法理学中的定义和特性的目的在于促进法律秩序的目标的实现,而不是构建一个关于法律概念和令状的彻底的形而上学。"① 虽然"法学是哲学的一个部门"②,虽然"法律关系客体作为客体的一种,具有客体的基本特征"③,但法学意义上的客体仍然与哲学意义上的客体是不同的,法律关系是法律规范在调整社会关系时,在法律主体间形成的一种具体的权利义务关系,客体是发生这种权利义务联系的中介,是主体的权利义务所共同指向、影响、作用的客观对象。④ 法学意义上的客体特指一种"法律关系"的客体,其外延界限相较于哲学的概念进行了限缩,仅指"对主体有意义且能被控制的外在世界"⑤,而非主体(人)以外的全部客观自然。

法律关系客体是由立法的一般性、抽象性等特征所决定的,由立法者通过采用"类型化抽象"的立法技术所形成的一种立法产物。所谓"类型化抽象",是指对在现实中可能出现或可能产生的具有不同性质和特点的各种具体法律关系,在立法上预先予以甄别和归类,并将同种性质的法律关系之客体进行类型固化与内容确定,使得相同的法律关系具有相同的权利客体,经过这种类型化抽象过程的客体成为识别不同法律关系之性质的基本依据。⑥ 比如,对动产、不动产进行甄别和归类,抽象后得到的类型化法律概念就是"物"。同理,多元客体

---

① [美] 庞德:《法理学》(第四卷),王保民、王玉译,法律出版社2007年版,第413页。
② [德] 黑格尔:《法哲学原理》,范扬、张企泰译,商务印书馆1961年版,第2页。
③ 孙春伟:《法律关系客体新论》,《上海师范大学学报》(哲学社会科学版) 2005年第6期。
④ 郑晓剑:《对民事法律关系"一元客体说"的反思——兼论我国民事法律关系客体类型的应然选择》,《现代法学》2011年第4期。
⑤ 周永坤:《法理学——全球视野》,法律出版社2000年版,第133页。
⑥ 郑晓剑:《对民事法律关系"一元客体说"的反思——兼论我国民事法律关系客体类型的应然选择》,《现代法学》2011年第4期。

（物、行为、智力成果等）并存的局面就是通过对各类不同性质的法律关系客体进行类型化抽象，从而实现了法律抽象性与具体性相协调、原则性与灵活性相统一、稳定性与发展性相平衡的立法状态。这种抽象化的思考方法与类型化的思维模式是潘德克顿法学的典型特征，其最终成就了德式民法"五编制"的立法编排模式。①

张文显教授将法律关系的客体定义为，法律关系主体发生权利义务联系的中介，法律关系主体的权利和义务所指向、影响和作用的对象。② 客体是法律关系不可或缺的构成要素，是法律关系产生和存在的前提。作为法律关系的客体通常具有客观性、有用性、可控性以及法律性四方面的特征。理论上通常认为法律关系的客体大体可以分为五大类，即物、人身人格、智力成果、行为、信息。但也有对此持否定态度的观点，有学者认为法律关系是人与人的关系，只有行为才是法律关系的客体；③ 有学者认为人身可以成为法律关系的客体，而行为并不是法律关系的客体；④ 有学者主张一元客体说，认为法律关系客体是"利益"，有的则认为是"行为"，还有的认为是"社会关系"；但也有学者对这种一元客体说持反对意见，认为法律关系本身是具体的，那么其客体就不可能是单一的；⑤ 还有学者主张从认识论的层面划分客体，认为客体包括自然客体、社会客体和精神客体。⑥

---

① 郑晓剑：《对民事法律关系"一元客体说"的反思——兼论我国民事法律关系客体类型的应然选择》，《现代法学》2011年第4期。
② 张文显主编：《法理学》（第四版），高等教育出版社2011年版，第116—118页。
③ 孙英伟：《法律关系客体析疑》，《河北师范大学学报》（哲学社会科学版）2010年第6期。
④ 孙英伟：《法律关系客体析疑》，《河北师范大学学报》（哲学社会科学版）2010年第6期。
⑤ 郑晓剑：《对民事法律关系"一元客体说"的反思——兼论我国民事法律关系客体类型的应然选择》，《现代法学》2011年第4期。
⑥ 孙英伟：《法律关系客体析疑》，《河北师范大学学报》（哲学社会科学版）2010年第6期。

笔者对此持传统观点，即认为文化法治法律关系中的客体依旧在法理学五大类法律关系客体种类之内，物、行为、智力成果以及信息都是文化法治法律关系的客体。其中物，主要包括文化设施和传播媒介两大类。文化设施一般是由政府部门出资修建的，为广大市民提供一个学习、交流的空间，让更多的文化学习爱好者参与进来。公共文化设施是公共文化服务体系建设的基础平台和首要任务，是展示文化建设成果、开展群众文化活动的重要阵地。公共文化设施的建设和管理水平，直接关系到人民群众基本文化权益的实现和文化发展成果的共享程度。具体包括图书馆，博物馆，公共文化服务的科技馆、纪念馆、剧院、体育场、工人文化宫、青少年宫、妇女儿童活动中心，乡镇（街道）和村（社区）基层综合性文化服务中心等。传播媒介，也可称为传播渠道、信道、传播工具等，是传播内容的载体。传播媒介有两层含义：一是指传递信息的手段，如电话、计算机及网络、报纸、广播、电视等与传播技术有关的媒体；二是指从事信息的采集、选择、加工、制作和传输的组织或机构，如报社、电台和电视台等。一方面，作为技术手段的传播媒介的发达程度决定着社会传播的速度、范围和效率；另一方面，作为组织机构的传播媒介的制度、所有制关系、意识形态和文化背景，决定着社会传播的内容和倾向性。

对于行为客体来说，法律关系说到底是人与人之间的关系。人与人之间要发生法律关系，要靠人的行为，这里的行为，不是人为了谋生向自然界获取衣食住行所需要的物质财富的过程，而是人对财产所施加的占有、使用、订约等具有法律意义的行为，具体到文化法治关系领域就是人所实施的受法律调整的与文化相关的行为。诸如发表作品的行为、倒卖淫秽光碟的行为，这种文化行为可能由不同的法律部门进行调整和规范，但这并不影响其作为文化法治客体的存在。由此可见，只有当人们之间结成了一定的社会关系之后，为了保障生产、生活的正常进行，同时也是为了保障个人的存在和价值，这时才需要制定一定的行为规范，对人们的行为进行适当的约束，以调整人与人之间的关系，法律即是行为规范的总和。"脱离社会关系的独立法律是不存在的，法律只是社会中的法律。"①

　　智力成果是指人通过智力劳动创造出来的精神产品，如科学发现、技术成果、商标设计、学术著作、文艺作品、电脑软件等。智力成果通常也要以一定的物（如纸张、胶片、磁带）为载体存在，但其价值并不在于物质载体本身，而在于物质载体中所包含的信息、知识、技术、标识及其他精神因素。② 信息作为文化法治关系的客体同智力成果存在交叉甚至包含的部分，作为法律关系客体的信息是指有价值的情报或资讯，如矿产情报、产业情报、国家机密、商业机密、商业秘密、个人隐私等。随着信息时代的到来，特别是互联网的普及以及数码存储技术的升级，信息在文化法治关系中地位越来越重要，③ 尤其是现今微博、微信、小视频、空间咨询等信息所涉及的权利归属及继承等问题，都显示着信息作为文化法治客体的必然性及必要性。

---

① 张文显主编：《法理学》（第四版），高等教育出版社2011年版，第152页。
② 张文显主编：《法理学》（第四版），高等教育出版社2011年版，第118页。
③ 张文显主编：《法理学》（第四版），高等教育出版社2011年版，第118页。

第五章　文化法治关系中的核心要件

第一节　文化权利的基本义理

对于我们国家而言，重视并落实公民的文化权利既具有历史的意义又具有现实的价值；既有利于国家的长治久安，更有利于人的全面发展。众所周知，已有文字记载的中国历史就有五千年，其发达的史文纪志传统更是为我们保留下来了完整而有序的历代文明成果。中华文明是世界上唯一没有中断的文明，中华文化也早已将中国形塑为一个文化国家。传承中华文明，保护传统文化应该成为每一位秉国执政者所不容推卸的历史责任。而更为重要的是，无论是文化的传承还是创新最终都要落实到社会个人身上来。文化的起点是人，文化的目的也是人，一切文化的发展都是为了人的发展。无论是什么样式的一种文化都能在具体的人的身上找到终极的载体，也无论什么样一种个性的人也都能在一种具体的文化内涵中找到自己生命的归属。人文人文，人与文从来就是相伴相生的。因此，人的发展与文的发展也必将是同一过程。就此而言，文化本身就是一种权利的诉求，是人之为人所必然主张的权利。这也是文化权利之所以为一重要人权的根本原因。而在物质财富极大丰富的今天，如何满足人民群众随之增长的精神文化需求？如何保证精神文明成果能够普惠最广大多数的人民群众？如何在努力促进社会公平的同时努力做到文化共享？国家要做到所谓的"普遍惠及"或"普遍提升"并非易事，更重要的是，当下开放的公权力所面临的难题。各种思想潮流与文化形态争相吸引着人们的耳目。当下的中国实难像过去那样将人的文化甚至是思想都由国家一手安排。尊重人的选择、尊重人的意愿、尊重人的创意理应成为人格尊严的一部分。由此，对于公民个人而言，文化权利的满足不仅关系到其人格尊严的实现，更关系到他作为生命个体的健康发展。对于社会而言，文化权利的实现不仅关系到亿万中国人民文化生活的贫富，还关系到文化精神领域社会公平与正义的实现，进而关系到社会主义和谐社会的最终实现。对于国家和民族的未来而言，文化权利的实现则不仅关系到整个中华文明的保护与传承，还关系到民族与同胞的文化向心力，甚至关系到国家的统一与主权的稳定，关系到中华民族的长治久安。正是基于文化权利之于中国公民、中国社会与中国国家的诸多重要意义，作为国家根本大法的宪法就必须对其做出有效的回应，一方面实现整个社会的文化公平与正义离不开作为宪法权利的文化权利的保障；另一方面实现公民个人的全面发展更是离不开作为宪法权利的文化自由的最大满足。

一 作为公民文化权利理论原点的内心自由

学者将现行宪法第 47 条看作公民文化权利的规定已经毫无疑义，甚至从中华人民共和国第一部宪法诞生前后开始，便将其第 95 条看作公民文化权利的规定亦无可辩驳。[①] 检索这两个条文，一是将先前的

[①] 此结论的得出参考了以下来自中国人民大学法学院图书馆的馆藏宪法学教材："人民日报"图书资料组编：《宪法问题参考文件》，人民出版社 1954 年版；杨化南：《中华人民共和国公民的基本权利和义务》，中国青年出版社 1955 年版；辛光：《中华人民共和国公民的基本权利和义务》，湖北人民出版社 1955 年版；李光灿：《我国公民的基本权利和义务》，人民出版社 1956 年版；肖蔚云、魏定仁、宝音胡日雅克琪：《宪法学概论》，北京大学出版社 1982 年版；许崇德：《新宪法讲话》，浙江人民出版社 1983 年版；张庆福、皮纯协：《新时期的根本大法》，河南人民出版社 1983 年版；金默生、吴杰、廉希圣、齐删：《宪法常识》，中国青年出版社 1983 年版；中央人民广播电台理论部编：

"中华人民共和国保障公民进行科学研究、文学艺术创作和其他文化活动的自由"改为"中华人民共和国公民有进行科学研究、文学艺术创作和其他文化活动的自由"。此一主语的转换，当可理解为宪法乃将权

(接上页)《中华人民共和国宪法讲话》，法律出版社1983年版；张庆福、皮纯协：《我国公民的基本权利和义务》，四川人民出版社1983年版；吴家麟：《宪法学》，群众出版社1983年版；陈云生、刘淑珍：《新宪法简说》，江西人民出版社1983年版；赵振宗、王明毅、李士伟：《谈谈我国的新宪法》，法律出版社1984年版；许崇德：《中国宪法教学大纲》，中国人民大学出版社1985年版；唐琮瑶：《谈谈我国公民的基本权利和义务》，福建人民出版社1985年版；肖蔚云、魏定仁、宝音胡日雅克琪：《宪法学概论》(修订本)，北京大学出版社1985年版；戴鸿映、卢中兴：《宪法讲话》，安徽人民出版社1986年版；张庆福、王德祥：《我国公民的基本权利和义务》，群众出版社1987年版；全国十三所高等学校《中国宪法新论》编写组编：《中国宪法新论》，内蒙古人民出版社1988年版；刘和海、王恒春、张明剑：《简明宪法学》，山东人民出版社1988年版；徐秀义：《宪法学与政权建设理论综述》，北京理工大学出版社1990年版；许崇德、王向明、宋仁：《中国宪法教程》人民法院出版社1991年版；吴家麟：《宪法学》(1992年修订本)，群众出版社1992年版；肖秀梧：《中国宪法新论》，中国政法大学出版社1993年版；王士如：《中国宪法学》，南京大学出版社1993年版；雷铣：《中国宪法教程》，中国检察出版社1993年版；俞子清：《中国宪法》(第二版)，中国政法大学出版社1994年版；许崇德、王彦君、赵建华、王亚琴：《中国宪法教程》，人民法院出版社1994年版；罗正德：《中国宪法学新论》，中国国际广播出版社1994年版；廉希圣：《中国宪法教程》，中国政法大学出版社1994年版；许崇德：《中国宪法》(修订本)，中国人民大学出版社1996年版；孙蕙芸：《宪法》，中国法制出版社1996年版；朱福惠：《宪法学新编》，法律出版社1998年版；许崇德：《宪法》，中国人民大学出版社1999年版；许崇德：《宪法学》，当代世界出版社2000年版；林来梵：《从宪法规范到规范宪法：规范宪法学的一种前言》，法律出版社2001年版；张千帆：《宪法学》，法律出版社2004年版；胡锦光、韩大元：《中国宪法》，法律出版社2004年版；周叶中：《宪法》(第二版)，高等教育出版社、北京大学出版社2005年版；文正邦：《宪法学教程》，法律出版社2005年版；蔡定剑：《宪法精解》(第二版)，法律出版社2006年版；周伟：《宪法基本权利：原理·规范·应用》，法律出版社2006年版；张千帆：《宪法学导论》，法律出版社2008年版；韩大元：《宪法学基础理论》，中国政法大学出版社2008年版；韩大元：《1954年宪法与中国宪政》(第二版)，武汉大学出版社2008年版；许崇德：《宪法》，中国人民大学出版社2009年版；许崇德：《中国宪法》(第四版)，中国人民大学出版社2010年版；林来梵：《宪法学讲义》，法律出版社2011年版；张千帆：《宪法学讲义》，北京大学出版社2011年版；《宪法学》编写组：《宪法学》，高等教育出版社、人民出版社2011年版。

利实现的主动权交还给了公民自己。二是将"国家对于从事科学、教育、文学、艺术和其他文化事业的公民的创造性工作,给以鼓励和帮助"改为"国家对于从事教育、科学、技术、文学、艺术和其他文化事业的公民的有益于人民的创造性工作,给以鼓励和帮助"。导入"有益于人民的"定语,则是对公民文化权利的一种宪法约束或者说是宪法的边界。

无论"54 宪法"第 95 条,还是现行宪法第 45 条,均将个人权利同国家义务同时写入其中,则可明确表示,我国公民的文化权利兼具自由权和社会权的双重属性,是为中国宪法文化权的特殊之处。[①] 立足于现代中国的文明前景,立足于强调古今文化并东西文明兼容并蓄的国家伦理,我们对于公民文化权利基本义理的思考,需要有直指人心的赤诚,需要有开放包容的器局。对此,本节拟从公民文化权利的理论原点、制度原则和国家原旨这三个基本维度,探讨一个现代的中国所应深度关切的文化法理。

(一) 权利学理中的内心自由

公民文化权利是为了满足公民个人精神需要的,是一种精神性的权利。[②] 而所谓精神性的权利的权能乃是人的独立思考。正是独立思考成就了人的创造,而思考的独立便是内心的自由。而从"文化生产"的角度来看,没有思想和表达自由等作为"自由权利","文化权利"本身便成为无本之木。[③] 梳理自由主义的历史,"首先开启自由主义在近代影响的是文艺复兴运动与新教改革运动"[④]。前者极大地推动了人的尊严的自觉,后者则以鼓励人与上帝直接对话的方式开启了人的独立思考与意志、信仰的自强、自立,且"对于个人而言,思想自由是

[①] 王锴:《论文化宪法》,《首都师范大学学报》(社会科学版) 2013 年第 2 期。
[②] 莫纪宏:《论文化权利的宪法保护》,《法学论坛》2012 年第 1 期。
[③] 沈寿文:《认真对待文化权利中的政治权利内容和消极权利性质——基于"文化宪法"视角的分析》,《人大法律评论》2014 年第 2 期。
[④] 李强:《自由主义》,吉林出版集团有限责任公司 2007 年版,第 41 页。

一种不能放弃，也放弃不了的自然权利"①。因为"我思故我在"，思维本身无法自弃，只不过对于思想本身的定义存在不同界定而已。

一般来说，思想自由的"思想"包含精神、意志、观点和见解等要素。广义的思想自由既包括人们在运用这些精神要素进行思考和判断的时候，能够独立自主而不受外力的干扰，还包括当这些个人精神要素彼此交流、碰撞的时候，也能够不被任何一种要素所胁迫或强制。前者或可谓之狭义上的思想自由，在自由的属性上，乃是一种对抗外界的自由，属于人权学、宪法学等学科的研究对象，也是本书所要探讨的思想自由；后者则不妨看作一种获得内心安宁状态的能力，是一种个人精神状态的清明与安定，属于生理学、心理学或精神病理学等学科研讨的范畴。

又论思想与行为相对，并共同组成人的生命动态，而人的思想自由也就是"人的意识的内向领域的自由"②。还有所谓"思想自由包括信仰自由与意志自由"，而信仰自由又包括宗教信仰自由与政治信仰自由。③ 或思想自由主要是人的内心判断的自由，又谓人得以进行理性判断的自由即为思想自由。④ 由此看来，思想自由、精神自由、意志自由、良心自由、信仰自由等概念常常混合使用或相互交替、替代使用。也正因为如此，宪法学者通常将这些与人的内心自由相关联的自由统称为与"表达自由"相对的"内心自由"，而又将"内心自由"与"表达自由"咸归于所谓的"精神自由权"，如日本学者芦部信喜。

当然，"思想自由""精神自由""良心自由""信仰自由"等"内心自由"又有其各自的不同特点和侧重。所谓的"精神"和"信仰"往往强调的是一种"意志力"。相对来说，"思想"则更强调人的一种

---

① 李步云：《宪法比较研究》，（台北）韦伯文化国际出版有限公司2004年，第466页。

② 王德志：《论思想自由权》，《当代法学》1998年第2期。

③ 李道军：《思想自由、表达自由与行为自由的法律界限》，《社会科学研究》1999年第4期。

④ 戴涛：《论思想自由的基本理念》，《法学》2004年第12期。

"思维能力",尤其是人的"创造能力"。唯独"良心自由"最具东方文明的色彩,笔者将它称之为"人的本自性"。从东西方文明的历史进程来看,西方人本主义哲学会征讨"性善性恶"孰为终极的问题,但中国的人文主义却至迟发展到明代王阳明的心学之后,确信存在一个"无善无恶"的"心之体",① 从此切断"究竟善恶"的思考,只引导世人"为善去恶致良知"。照此说,善恶本身并不是性体(本体),因而不存在一个终极意义上的性善或性恶,更不存在一个或性善或性恶。善恶都不过是一种人的后天的主观认识或意见,甚至是偏见。

所以,这个"良心"或"良知"乃是不带主观善恶偏见或偏好的,也即不曾受到任何外界干扰的性体(本体)。因其不受"非自"的干扰,因此是"自性";又其"本自具足",因此是"本自性"。而我们通常所理解的"思想"其实是一种人的后天的认知过程,或者说是一种人的后天的认知结果,是一种人与认识对象之间所发生的交流的过程,是一种与外界之间的能动而开放的过程。

当然,就对自由本身的理解而言,也有学者将那种所谓"唯心主义的自由传统"排除在了主流自由主义观念之外,即认为人内心的理性自主与外界的干涉无关,因而不在个人自由讨论范围之内。持这种理念的学者甚至可以追溯到 20 世纪 40 年代的张东荪,其论思想天生的个体性与独立性。而若存在所谓的思想自由,那也是指表意的自由,即表达自由或表现自由。由此,"思想自由不是一个关于思想本身的问题"②,而只能说当一个人的行为受到外界影响之后,如引诱、强迫、欺骗、诱导等,不能自主或不能客观地进行决断罢了。这倒很好地诠释了"口是心非"这个成语,亦为我们追述了一个古老的哲学问题,即心行或知行在本体论上究竟一元或二元?

任何概念的提出除了具备概念本身的形式逻辑,诸如语言逻辑之

---

① 关于良知的中国哲学梳理,可参见杨凡《"良知"的性义:善性、知性及自性——从孟子到王阳明》,《温州大学学报》(社会科学版)2017 年第 2 期。

② 胡伟希:《思想自由与民主政治》,董郁玉、施滨海主编《政治中国》,今日中国出版社 1998 年版,第 120 页。

外，往往还有其"提出"的特殊缘由。也因此，所提之概念必承载着特定的功能和价值所指。从古至今，既然存在过有如欧洲宗教裁判所一类的信仰审查机构和诸如"腹诽"一类的"莫须有"罪名，就不能否认"内心自由"这一概念提出的特殊意义与社会功能。

（二）权利规范中的内心自由

日本宪法第19条规定："思想与良心的自由，不得侵犯。"据该法"基本人权篇"的架构，"思想与良心的自由""宗教信仰自由"（第20条）"学问自由"（第23条）乃同属"内心自由"，并与"表达自由"（第21条）等"外在精神自由"相对应。

这种"思想与良心自由"的"不可侵犯"则首先意指，不管一国国民的内心偏好、人格理想、处世态度如何，都无所谓好与坏、邪与正，都不能以其他人的偏好、态度、看法为衡量和判断的标准。即使其与民主等现代文明观念相左，只要不超出他本人的内在情思范畴，就不得为社会所否定。其次，所谓的"不可侵犯"还表现在任何人都有保守自己内心安宁的自由。就像不得诱导任何人"自证其罪"一样，没有任何一种权力可以诱逼人们去或被动或主动地表达他们内心深处的任何真实想法。因为内心的安宁是一个人生命安宁的基础。

在德国，公认"基本法在一组自由权利之中，将思想自由与自由参与政治生活作为公民人格发展，以及作为自由的、民主的与法治国家的基本秩序的根本前提条件而加以保障"[①]。如其《基本法》第4条关于信仰、世界观以及良知自由。这一归类不仅牢牢把握住了内心自由的核心内涵，同时也准确指出内心自由的主要表现形式，即信仰，尤其是宗教信仰这样一种历来都与思想自由密切相关，以致难以分隔的人的内在精神活动。而另将"艺术与学术自由"作为一项独立的基本权利分列于该条之外，使之成为与"言论自由"相平行的权利类型。

---

① ［德］康拉德·黑塞：《联邦德国宪法纲要》，李辉译，商务印书馆2007年版，第301页。

由是,"信仰、世界观及良知自由"即为个人之内在精神自由,而"言论自由"(第5条)与"艺术与学术自由"(第6条)则或可合而为个人之外在精神自由。至于"信仰、世界观及良知自由"的意义,则更多地彰显为一种作为主体的现代法治国家的中立原则,即作为现代法治秩序载体的"国家",有着现代精神的独立性,由此独立性乃可作为自由的政治秩序的肩负者。亦因有此独立的国家个性,乃可实现现代法治国家长存于世的德意志民族愿景。而在笔者看来,更似"政教分离"原则在其基本法中的一种反用。

当然从结构解释论的角度来讲,以上所引德国学者对于《基本法》第4条的释义有力地勾陈出了基本权利条款与其他条文之间的关系。即其与《基本法》第28条第1款——"各州的宪法秩序必须符合基本法的共和、民主及社会的法治国原则"——这一"国家目标条款"之间的关系。[1] 可谓牢固地把握住了宪法的内在原则与结构体系,使得整个宪法的文本秩序不至于支离。

更具前瞻性的释义为,保障信仰与世界观自由,"并没有限制在只针对某一宗教或某一种世界观上"。基于塑造并巩固"多元整体国家"的宪制诉求,所有教派或者不同世界观,也只能以一种多元整合的形式,参与自由政治的集体生活。而今天的"良知自由"不仅包括"形成良知的自由",即传统意义上的内心信仰的自由,还包括所谓的"服从良知的自由"。

另外,"国家目标条款"还暗含有"国家拒绝提供某种真理与事实的标准",而从另外一个方面,试图对"自我认同"或"自我保护"提供法的理由。当然,"任何一部宪法,都不会保障一种不受任何限制的良知自由",作为"基本权内在固有的内容",良知自由"要受到宪法本身的限制"。但也仅限于宪法的限制,是以此宪法之"专制",杜绝其他力量之"觊觎"。甚至国家立法机关亦不能通过以制定法律的形

---

[1] 赵宏:《社会国与公民的社会基本权:基本权利在社会国下的拓展与限定》,《比较法研究》2010年第5期。

式来限制这些自由，由此，又被称为"无法律保留"的权利。① 至于宪法本身如何限制良知自由，则更多地诉诸宪法适用机制的运转，及其跟随时代变迁的改制。如由联邦宪法法院基于基本权利冲突（比如人格权青少年保护）、刑法中有关风俗法的具体规定、自由的基本秩序、对国家象征的侮辱等原因，而对艺术自由进行直接的限制。②

又成文法中的"内心自由"，能够更为切近反映这一概念的历史和现实意义。如德国《基本法》第 4 条第 3 款关于"任何人不得被迫违背自己良心使用武器为战争服役"的规定，似更突出地表达了人类对自身所犯错误的反省，而使得这一战后基本法更具人文的关怀和人性的反思。由是，"良心性拒绝服兵役制度"，也为一些日本学者所看重，③ 因其直指"历史深处的隐忧"。

二　作为公民文化权利制度原则的平等保障

应该说，"文化"本身乃是一种人的社会化活动或社会化结果。因为基于人和文化的社会属性，人的文化必定是一种人的社会行为，这种社会行为本质上是一种人的参与活动。不论是科研创造与文艺创新，还是对文化设施与服务的享用；不论是对文化观念与人文价值的传递与表达，还是对于文化事务的管理与决策，都是一种人的文化参与，均体现为一种"参加文化活动的权利"。④ 另外，论文化权利的保障与实现，也都离不开权利主体参与文化活动的身份与机会平等。更何况那些所谓"集体性的文化权利"，诸如少数民族文化权利等，其根本目的便是为了给自己争得一个平等的文化地位，或者说是一个平等的发展机会。那么，作为文化权利的制度保障，其制度原则应当首推"平等"。

---

① 王德志：《论我国学术自由的宪法基础》，《中国法学》2012 年第 5 期。
② 张慰：《艺术自由的文化与规范面向——中国宪法第 17 条体系解释的基础》，《政治与法律》2014 年第 6 期。
③ ［日］阿部照哉等：《宪法（下）——基本人权篇》，周宗宪译，中国政法大学出版社 2006 年版，第 132 页。
④ 蔡建芳：《论参加文化生活权利的权利内容与国家义务》，《法制与社会发展》2011 年第 2 期。

(一) 走向平等的宪法之路

近代宪法上的平等乃发轫于这样一种观念：人的差异天然的无处不在。就人的自然属性而言，那些与生俱来的种性、天分、性格、情感，更何况那些生命深处所蕴藏着的各种能力，都先天地存在着或高或低、或强或弱的差异。而人的后天长成，又必然受到诸如地理条件、季候特征，特别是生产生活方式的影响，因此其呈现出来的生命状态和人生历程也就千差万别。但这些或先天或后天的因素都不能成为一种绝对的价值评判依据。与此同时，谁如果想要消弭这些差异，形成一种所谓的模式化或格式化的人性，则无论在可能性还是可行性上，特别是在正当性上，都是不可能、无必要和不应该的。我们所能获得的共识只在于，只要他是一个人，就应该获得社会的平等对待，就应该获得与其他任何人一样的尊严。

我们并要通过法的形式，以及法的行使将其确认下来、落实下去，在立法与施法当中，给予每个社会个体一种所谓"终极意义上的预期"，以期人人都能在这种预期之下，获得一种人之为人的最基本的社会安全感。这就是近现代社会与国家的平等观念，在近代宪法规范上被表述为"法律面前人人平等"或"法律上的平等"。"其终极意义上的追求乃是宪法对每个人所保障的、各自在其人格的形成和实现过程中的机会上的平等，即宪法学上所谓的'形式上的平等'，简称'形式平等'。"① 至于作为一项宪法"原则"的平等，则至首先写入美国独立宣言、各州宪法及法国人权宣言，并成为这些文件的"根干"而受到高度强调之后，才被广泛纳入各国实定宪法之中。是以国家共识文本的方式，确认个人对等共享公民基本权利的资格。也是通过这样一种方式，明确了近现代宪法的历史角色与基本功能定位，即作为公民权利平等保护的宣言书与法理及法律依据。

---

① 韩大元、林来梵、郑贤君：《宪法学专题研究》，中国人民大学出版社2004年版，第293页。

应该说，这种"法人格上的平等"，为实现"社会人格上的平等"开辟出了一条新的途径。至此之后的所谓"社会平等"也就同"法律上的平等"紧密联系在了一起。当然，这种"法律上的平等"所践行的是一种"形式上的平等"。但也正是依靠这种"形式上的平等"，近代资产阶级获得了对抗封建身份和特权压迫的新的"法理正当性"。并最终在制度与思想的双重维度上取得了反封建的胜利，也从此开启了人类社会新的法权模式，即以捍卫生命、财产、自由为基本职能的资本至上法权模式。只是这种"形式上的平等"总在或无意或有意地回避那些决定人是否能够真正对等生存的前提条件。更不问资本自由竞争之下，那些弱势群体生存的实际境况和遭遇。这就使我们陆续看到了各种所谓"资本主义的恶"，看到了自由竞争下的贫富悬殊、恃强凌弱。① 于是，现代法律制度又开始踏上了一条矫枉之路，在坚持"形式平等"基本制度结构的同时，不断引入"实质平等"的精神和方法。

学界公认，最能凸显"形式"转型"实质"的成文宪法典是1919年的德国《魏玛宪法》，其标志是社会基本权的入宪。"以作为一个'人'之立场，要求国家必须建立起某种社会福利制度，并提供各种必要之服务，使人民能享有符合人性尊严的最起码生活条件，进而能够追求其人生的幸福快乐。"② 需知社会的发展必然导致一种趋同性的社会结构产生。甚至可以说，一种社会形态的产生也是社会成员行为趋同化的结果。这种社会结构的稳定得益于某种所谓社会主流的稳固，而这种稳固势必将导致那些非主流成员的边缘化。所谓"赢者通吃"，

---

① "实际上，无论是德国的社会国原则、现代的福利国家理念抑或对财产权的社会约束性的强调，在根源上都有社会主义思潮的影响。1919年《魏玛宪法》关于财产权的社会义务的规定，在很大程度上是1917年苏联的社会主义革命为代表的欧洲的社会主义运动影响的结果。尽管《魏玛宪法》并没有像1918年苏俄宪法那样极端地废除私有制和进行大规模的国有化，但在很多方面都体现了追求社会正义、限制经济上的强势者、扶助社会弱者的社会主义理念。"（参见张翔《宪法释义学——原理·技术·实践》，法律出版社2013年版，第180页）

② 许志雄：《现代宪法论》，（台北）元照出版公司2008年版，第189页。

这种边缘化无疑会极大地加重本就难以解决的人的天然的不平等。也就是说,"形式平等"只能是部分地解决人的不平等问题,未能从根本上解决人的不平等。随着某种"形式平等"的固化,人的不平等还有不断扩大的危险。为解决"形式平等"所一直未能解决的"实质平等"问题,更为纠偏因"形式平等"的固化所带来的实质不等的恶化,"实质平等"开始受到越来越多的关注,反映在社会民主运动领域便是对于少数群体的尊重与保护。由此,"实质平等"通常要求对某些社会成员的那些与生俱来的弱势予以特别的关怀,以确保其在激烈的社会竞争当中,不被那些已经拥有了各项资源优势的强势群体所胁迫和抛弃。

作为一种原理,实质平等通常所要实现的是这样两种正义:从权利主体来看,实质平等视角下的权利主体往往关涉社会强势主体与社会弱势主体两造,诸如处于经济主导地位或家庭主导地位的男人与处于相对从属地位的妇女;又或处于主流民族地位的多数族裔与处于非主流地位的少数族裔;又或因各种社会和历史的弊习,所人为造成的某些强势种族与弱势甚至是边缘种群。而从权利内涵上讲,实质平等所观照的主要是那些社会经济权利,体现在国家和政府对这些弱势群体所必不可少的物质生活条件的满足。如对老弱病残人群的基本物质生存保障。就两种平等的规范功能而言,形式平等的目的在于禁止不合理的差别,实质平等则在某种意义上保证某种合理的差别。不过,过度追求实质平等又容易导致"平均主义"的出现,这在我国已有深刻的历史教训。所以,当下讨论宪法中的平等保护仍需一个"形式"为主、"实质"为辅的位阶。

(二) 文化权利平等保障的宪制之途

文化,拉丁语写作"Cultura";汉语谓之"以文化成""以文化人"。前者原意土地耕种、动植物培养、精神修养和神明崇拜等;后者直指人与文的本质关系和动态过程,是以文的方式培育人的资格。从宪法对这种资格的助力来看,宪法文本上的文化权利可以抽象地概括为文化表现权、文化保障权、文化平等权、文化参与权等。① 其文化平等权则指每个个体或每个群体，特别是处于弱势的个体或群体都有平等表现自己、平等享受文化产品和服务、平等参与国家文化生活的权利。② 透过宪法中的诸项文化权利，则对公民文化权利的平等保障又可类型化为"文化创作活动的平等支持""文化设施与服务的平等共享""文化活动的平等参与"以及"文化成果的平等保护与发展"，且皆具各自独有的精神义理。

首先，平等支持文化创作体现了国家对待公民文化创作活动的基本态度。基于个体受教育程度和水平的高低，作为文化成果的文明形态有精英文化和"草根文化"之别。但二者都蕴含了文化创造主体特有的精神思想，都是人之为人的宇宙观、世界观和人生观的外在表现，都凝结了人之为人的对于自身存在的信念与追求。无所谓谁高贵谁低俗，更无所谓谁正确谁谬误。二者都理应获得国家与社会的同等尊重与对待。甚至，精英文化与"草根文化"本就是一对不应存在的伪概念，二者的区分本就是文化歧视的内在根源。"草根文化"之谓，更是将人分为三六九等的结果。总之，不论研究和创作主体，国家都应一视同仁予以尊重，不得以社会身份、地位、种族、性别、信仰、教育程度区别对待之。同时，国家应平等地促进各地区、各领域科研设施和创作条件的改善与发展；或为落后地区科研创作水平的提高而适当倾斜物质支持，以期实现科研创作领域中的实质平等。

其次，平等共享文化设施与服务，要求政府或其他公共权力部门须以平等的理念和手段，保证全体公民都能享受到必要的文化设施和文化服务。文化设施的范围很广，且随着一国社会经济的发展还有不断扩大的趋势。不过一般来讲，文化设施主要包括文化机构或组织、文化产品、文化媒体、特定人群的物质生活方式及文化遗产五个主要方面。宏观而言，"政府在文化基础设施建设方面要实现城乡、区域之

---

① 肖金明：《文化法的定位、原则与体系》，《法学论坛》2012 年第 1 期。
② 贾宸浩、相焕伟：《宪法上的文化权利：我国文化政策法治化的根基》，《山东大学学报》（哲学社会科学版）2014 年第 3 期。

间的投入均等",或保证"城乡区域、居民之间在公共文化产品的享有上应该机会均等";① 微观而论,则还诉诸政府或其他公共权力部门为公共文化设施的共享,提供必要的帮助或协作。不仅要求权力主体须以免费或至少是优惠的方式向社会大众提供这些文化设施;还需要为诸如老弱病残孕幼等特殊人群开辟特殊服务渠道,以方便他们参与分享这些文化设施,如为残障人士设计参观通道、为听说障碍人群提供手语讲解等。

我国现行宪法第 22 条一方面较为详细地规定了文化设施的种类与范围,中央和各类历史名胜古迹、珍贵文物等较为重要的历史文化遗产。另一方面,作为基本文化国策条款,该条又明确宣示国家作为提供者和维护者的宪法义务。需要强调的是,该条文所载之"享受"只能是文化设施和服务的平等"共享",而所谓"人民的"或"群众性的""文化事业"与"文化活动"也内含了共同与共享的平等法意。

再次,平等保护与发展文化成果尤其体现了尊重文化多样性、平等保护不同文化群体的诉求。不少国家,特别是多民族国家的宪法都规定有保护特殊文化群体文化利益的条款,如《俄罗斯联邦宪法》第 26 条第 2 款:"每个人都享有使用本族语言,自由选择交际、教育、学习和创作语言的权利。"又如《越南社会主义共和国宪法》第 5 条第 3 款和第 4 款:"那些表征民族特色的要素通常为各民族的文字、语言、风俗与生活习惯,以及作为文化生态整体的各类民族传统与文明成果。"对于这些民族文化要素,首先是作为集体文化权利主体的"各民族"有消极防御国家公权力不当干涉的权利;其次是作为集体文化义务主体的政府或其他公共权力部门,还必须全面落实宪法中的文化规则,在社会与经济发展的同时努力提高各民族成员的物质生活水平与精神生活层次。

---

① 张波:《公共文化服务的均等化和多样性之逻辑解析》,《社会科学战线》2015 年第 1 期。

当然，我国现行宪法第 4 条第 2 款及第 4 款也通常被看作对少数民族文化权利的具体保护。其第 2 款作为一般原则性的规定，特别规定了民族文化权利的主体是少数民族，且国家必须是在尊重少数民族需要和生产生活习惯的基础上帮助少数民族发展各项经济、社会和文化事业。第 4 款中的权利主体则包括了多数民族与少数民族在内的"各民族"，明确表示不论是语言还是文字（在笔者看来甚至还应该包括无论有无自己的语言和文字），也不论是风俗或习惯，各民族都有坚持这些传统并改革这些传统的自由。

最后，平等参与文化活动体现了公民平等参与文化事业管理的权利。有不少国家的宪法明确规定有公民平等参与和决定文化事务的具体权利方式。如《波兰宪法》第 35 条规定："民族和种族的少数族群，有权建立他们的文化和教育机构。目的在于保护他们的宗教特性，以及参与决定同其文化特性相关的事务。"其对于"少数族群"的强调，乃直指不同族群之间文化保护与发展上的实质平等。

就我国宪法而言，首先应肯定第 2 条中的第 1 款，即"中华人民共和国的一切权力属于人民"。该条款不仅是对主权在民的宣示，也是对权力平等性甚至是权利平等性的宣示。接下来，无论是国家事务（亦即通常所说的政治事务），还是经济事业（亦即国民经济发展的规划和实施事务）；无论是社会事业，包括社会慈善事业在内的那些社会保障、社会扶助及其他社会公益事业，还是文化事业（即本书所论及的各类文化参与、文化保护与文化创造事业），都必须紧紧依靠人民的力量来推动和发展。其充分体现的是一切成果属于人民、一切发展为了人民、一切目的造福人民的政治伦理。

另外，我国宪法第 33 条第 1 款虽是所谓的"国籍条款"无疑，但其所蕴含的普遍性原理同样值得我们关注；而其第 2 款的内容，则无疑是"形式平等"在我国宪法中的折射。此外还有第 48 条"男女平等"的规定，也可从中解读出，中华人民共和国公民无论男女，均有依照法律平等参与国家文化事业管理的权利。

三 作为公民文化权利国家原旨的多元塑造

(一) 有关"多元文化国家"的探讨

现代社会国家对国民的生存照顾义务不仅包括为国民提供生存必需的物质基础，而且包括提供促进国民个性自由发展的基本文化设施和服务。① 在此，个性自由与多元社会有着一种不证自明的内在逻辑。是以个性自由成就多元社会，复因多元社会进一步丰富人的个性自由，由此形成一个多元的自由主义现代文明国家。公民文化权利作为公民个人在一国文化生活领域中的基本权利，便自始至终贯穿着一个从个人主张的自由化，到多元社会的共识化，再到民主国家的包容性过程。又或一国公民文化权利的实现本就完成于这一过程之中。

对此，台湾学者许育典有过系统而深入的思考。其论"宪法上基本权规定所保障的本质，就是要求国家提供自我开展与决定的空间，以促进人的最大可能自我实现"，也"只有在一个接受多元文化的社会，人的自我展开与决定才有可能。因为他在一个接受多元文化价值的社会系统中，才有机会去开展自我的价值选择，而不会被社会优位（或国家优位）的文化价值压抑"。② 由此可知，现代国家之于个人实现的本原意义在于营造一个开放多元的社会，这是个人得以自我实现的首要前提。而于这样一种国家而言，其根本的文化义务正是在于为着这种个人的自我实现，为着开放而多元社会的形成，提供一整套稳健的制度系统，并致力于通过这套制度系统，形成一种稳定的法律秩序。即其所谓的一种客观的法的秩序。其于现代文化国家的宪制任务而言，便是一种"文化宪法的客观法建构"，并以文化多元为国家目标，又可具体化为"多元文化国"作为国家目标的宪法原则和宪法规范。

---

① 喻文光：《建构以文化宪法为核心的文化法治国》，《中国行政管理》2015 年第 2 期。

② 许育典：《文化宪法与文化国》，（台北）元照出版公司 2006 年版，第 4 页。

另外,有关"多元文化国家"之"多元"含义的认识,该学者也有较为系统的理解,"第一种是哲学上的多元论,强调以多数为基础的哲学立场,从此出发探究宇宙万物的存有;第二种是政治学上的多元主义,以社会各种团体在国家公共事务中扮演的角色,论述民主政治的体制建构及其难题;第三种是政治哲学上的价值多元主义,这其实是自由主义传统的延伸,企图重建一个既可维持政治共同体的存在,又能让个体价值充分自由开展的完整论述;第四种也属于政治哲学,在探究社会存在数个歧异的文化群体时,如何建立群体间的对等关系"①。

以上所论"多元"几乎都与政治实践直接相关。但多元政治的学理不能代替多元文化的论识。因为若以狭义"文化"论,显然其与"政治"本身有着从内涵到特旨上的显著差异;而若从广义"文化"论,则"文化"可以囊括"政治",而非政治多元所能概括多元文化。且以上所论实为政治多元化,其所论本身又几成该学者所论"多元"文化之唯一论点,则"所论"本身又恰恰与"多元的"文化观念相左。因此,以上四种概括又难以全盘接受。

(二)还原"文化"本义的"文化多样性"命题

既论"多元文化国家",则仍需回到此种国家之性属,即作为概念定语的"文化"上来。再寻史记,"19 世纪初首倡'文化国家'的德国学者 J. G. Fichte 等人均极为强调文化本身的自主性"②。而无论是在现实生活还是历史长河之中,正是不同文化的自主构成了世界文明的多样。由此,身处多元文明世界中的"多元文化国家",还需直面"文化多样性"这样一个有关文化的存在形态问题。

更为重要的是,"保障少数人权利是人权保障的重点和难点,也是衡量人权保障质量的重要标准。而少数人概念的界定不应仅依据人口

---

① 许育典:《文化宪法与文化国》,(台北)元照出版公司 2006 年版,第 202 页。
② 周刚志:《论中国文化法律体系之基本构成》,《浙江社会科学》2015 年第 2 期。

数量，还应依据该群体的种族身份、宗教信仰、语言文字、文化传统等综合因素"。① 文化权利当中少数民族文化权利，则更是基于"文化多样性"这样一种伦理价值的展开。或"就其本性而言，文化权利是一种人人享有的个体权利，但在现实意义上，文化权利及其实现与他人、群体以及政府存在着无法割裂的关联性"②。甚至还有所谓的"社群性文化权利"一说，意指属于某一社群的文化身份或资格。③ 又或"公民文化身份"之作为公民身份的一种延伸和具体化。④ 由此可见，文化本同之身份。因此，若要完整地勾勒出有关公民文化权利的基本义理，则还必须深入理解"文化多样性"的本体性内涵。

破除意识形态取向的"文化多样性是所有人的文化多样性，也是人类社会所有文化的多样性"⑤。由此，笔者更愿意从人类文明本身的演进逻辑来论证"多元文化国家"的宪法使命，而这才是现代文明国家之所以存在的不偏不倚的正当性基础。另就"文化多样性"同人的权利关系而论，作为概念的"文化多样性"亦为文化人权之核心命题，并由此构成一国宪法当中公民文化权利范畴的划定标准，甚至是设定底线。如《世界文化多样性宣言》第4条规定：捍卫文化多样性是伦理方面的迫切需要，与尊重人的尊严是密不可分的。它要求人们必须尊重人权和基本自由，特别是尊重少数人群体和土著人民的各种权利。并在此基础之上，宣示了三种基本的"文化人权"，即对相异语言文字的尊重、相异文明传播传承的尊重，以及不得构成任何形式的文化歧视。

除该宣言以外，《保护和促进文化表现形式多样性公约》也有类

---

① 涂永前、江游：《论少数人权利》，《河北法学》2015年第7期。
② 江国华：《文化权利及其法律保护》，《中州学刊》2013年第7期。
③ 吴理财：《文化权利概念及其论争》，《中共天津市委党校学报》2015年第1期。
④ 马俊峰：《文化公民身份的认同问题探究》，《中南大学学报》（社会科学版）2015年第1期。
⑤ 吴汉东：《文化多样性的主权、人权与私权分析》，《法学研究》2007年第6期。

似功能。该公约基于第 2 条第 1 款"尊重人权和基本自由"的原则，为人们出示了保护文化多样性的三层递进关系：人权保障离不开平等主体的自由交往；平等主体的自由交往离不开个人独特文化方式的表现；文化表现的方式又基本包括各种信息的自由表达与交换。其总的目的是在于"文化多样性"的尊重和促成。在此，人权和理应成为缔约国宪法内容的公民基本权利，又成为保护和促进文化多样性的基本手段。

相关举措还包括 2006 年联合国大会所做出的第 60/167 号决议，即"尊重文化多样性及文化权利，能够促进文化多元，有助于更广泛地交流知识、了解文化背景，推动所有人权的享有，以及促进各民族和国家之间的稳定关系"；或在更早之前的 2002 年，联合国人权委员会也在一项有关促进文化权的享有并尊重不同文化认同的决议当中，承认"在全球化的进程中，促进及保障文化权的完全享有和对不同文化认同的尊重，是保障文化多样性的重要基础"。[1] 这些文件均道出了文化多样性同文化人权，以及宪法当中公民文化权利之间的关系。"不可否认，宪法基本权利制度的发展变化是多种因素共同作用的结果。在诸多因素中，国际人权法已经和正在产生的深刻影响不容忽视。"[2] 是以"文化多样性"的人权法实践，催生出文化人权的具体形态，进而充实宪法当中公民文化权利的内涵。

此外，"文化多样性"理论能为族群整合提供一个更为宽阔、更为开阔的理论背景。因为"文化多样性包含的价值精髓主要体现在两个方面：尊重差异和宽容多样"。[3] 经此两点，从而构成族群和睦与族群整合的伦理基础。甚至"少数民族权利保护与多民族国家构建是同一

---

[1] 徐挥彦：《从欧盟文化政策之发展与实践论文化权之保障：以文化多样性为中心》，《欧美研究》（台北）2008 年第 4 期。

[2] 戴瑞君：《论基本权利制度变迁之国际人权法动因》，《广东社会科学》2015 年第 3 期。

[3] 马俊莲：《中国少数民族文化权利的法理依据新论》，《法学评论》2010 年第 6 期。

个历史过程的两个方面"。① 而在这些多民族国家或政治共同体之内,有着相异"生活样式"的各类族群基于长期的自然选择和社会形塑,都不可避免地形成自身所特有的语言文字载体、具有特定符号意义与仪式含义的精神信仰,以及独特而不能被随意取代的生活习惯。这些文明的形态或者说是形态化了的文明已然成为这些不同群体各自赖以信靠并认识自己的"图腾",则如何保护和持守这些文化要素便成为各群体,以及各群体当中各个体的真切需要,更为国家认同与社会共识之基础。

诚如《文化多样性与人类全面发展》所示：文化自由不同于传统意义上的人身自由、经济自由与社会自由,文化的观念共识属性决定了文化观念的所有者必定是那些有着共识性意识形态基础的群体。则所谓的"文化自由"便是指单位化或曰单元化了的人的集体所自由选择生活方式的一种权利。正因为如此,特定文化样式作为特定人的集体性选择乃是确保这一特定集体独立行为之基础,并通过集体行动最终获得集体当中的个人利益。而保护不同群体的生活生产方式就必须平等地保护不同人及群体的思想自由与文化创造的自由。也只有这样才能真正创造出适合各类群体长远发展的社会环境,使得每个人的充分发展成为一种可能。根本地讲,获得文明本身就是一种知行自由的结果,文明形态的独特性本身乃以思想和精神的独立为基础,特别以人的价值观的独立为基础。只有当人们能够独立分辨、独立决定自我价值观时,人的创造性才能得以彻底彰显。

总之,"文化多样性"乃是人的全面发展的前提与基础。则"多元文化国家"的形塑,需借助"文化多样性"在一国国内的实现。其实现的根本途径又在于宪法,这一全体公民政治协议的遵守与执行。而一方面,一国宪法通过对公民文化权利的直接规定,明示该国公民的基本文化自由和权利;另一方面,现代宪法还责成政府为文化义务之基本主体,责令政府以消极不作为的方式保障公民基本文化权利的实

---

① 周少青：《几种民族理念的分析与比较》,《学术界》2015 年第 1 期。

现，又以积极作为的方式促进国家多元文化制度的建设与改进。"多元论是我们时代的文化宿命，从深层上表征着我们这个时代人类思想的内在精神气质。"① 则"文化多样性"的命题还暗含着一个文化开放性，进而获得一种"修文德以来远者"的格局和胸怀意义。是以现代中国之文化多样性的开放，主动拥抱，甚至主动引领整个现代世界之文化变迁。

第二节 文化权利的体系构造

诚如有的学者所归纳的那样，"文化政策与文化权利两个方面形成了文化法治建设的法基石"②，并在此逻辑之下将我国宪法当中的"文化权利"概括为"文化表现权、文化保障权、文化平等权、文化参与权"，③ 即作为"文化表现权"的《宪法》第47条，作为"公民在管理文化事业中的参与权"的第2条，作为"文化平等权"的第4条、第48条、第122条，以及作为"文化保障权"的第14条、第19条和第22条。而我国宪法当中的"文化政策"④ 则包括"序言"当中的相关规定，⑤ 第4条、第14条、第19条、第22条、第47条及第122条当中的国家保障义务条款，以及第99条、第107条、第116条和第119条中的相关规定。应该肯定的是，以"文化政策"和"文化权利"为两条线索来勾勒我国宪法当中的"文化"条款，这在某种意义上符

---

① 袁祖社：《价值多元的实践超越与"公共性真实"的生存信念》，《南开学报》（哲学社会科学版）2015年第2期。
② 肖金明：《文化法的定位、原则与体系》，《法学论坛》2012年第1期。
③ 肖金明：《文化法的定位、原则与体系》，《法学论坛》2012年第1期。
④ 肖金明：《文化法的定位、原则与体系》，《法学论坛》2012年第1期。
⑤ 《中华人民共和国宪法》"序言"第7段：……推动物质文明、政治文明、精神文明、社会文明、生态文明协调发展，把我国建设成为富强民主文明和谐美丽的社会主义国家。

合我国社会的政法逻辑。但既然服膺现代立宪主义的精神内涵，既然全中国、全民族都在以实现人的全面发展为国家最终发展目标，既然是以法治国而不是以政治国来塑造共和的未来，则在宪法价值的取舍上理应以公民权利的伸张为侧重。由是更应以权利本身的精神诉求为宪法价值导向来展开文化权利研究。

笔者的基本思路如下：以第 47 条文化成果创作的自由为核心，辐射作为实现"文化权利"基本前提条件的第 46 条"公民有受教育的权利和义务"，兼涉公民的言论、出版等表达自由及宗教信仰自由，并需要周延至有关民族文化保护的相关条款，这个多元的文化权利体系才能有望覆盖多元的文化权利主体；与此同时，以第 24 条"社会主义精神文明建设"为轴心，以包括"国家发展社会主义的教育事业，提高全国人民的科学文化水平"在内的第 19 条共 4 款、第 20 条"国家发展各类科学事业，普及科技知识，奖励科研成果及发明创造"、第 22 条、第 23 条"国家培养各种专业人才，为扩大知识分子的队伍创造条件"为辅助，来型构一个一体化的现代中国社会伦理。而前者又应当以第 33 条第 3 款"国家尊重和保障人权"为总结；后者则以序言第一段，即"各族人民对于文明古国的共同创立"为概括。当然，笔者更愿意将后者解读为与前者相对而称的广义的国家义务，这样便能在权利与义务的对应关系当中，寻得二者之所以能够统一于宪法文本的法理依据。

一　基本权利双重功能论的引入

按照德国公法学有关基本权利双重功能的规定，基本权利可分为具有主观权利功能的"主观权利"，以及具有客观法秩序价值决定功能的"客观价值决定权利"。基本权利的功能也可以说是基本权利的作用。就"主观权利"作用而言，传统的"消极权利"属性和"积极权利"属性都可以放到其中来予以探讨。所谓基本权利的积极作用集中体现在作为防御权功能的权利特征之上。就此权利特征而言，"基本权利通常是指赋予个人对抗国家公权力之非法侵害的权利，因而具有防御属性，就此亦有以'防御权'称之"①。其作用在于要求政府不要过多干预公民的日常生活，给予一国公民更为宽泛的"私人空间"以自由的生活。在此空间内，公民能够独立自主地决定生活的目的、生活的方式以及生活的态度等。公民个人的问题自己便可设法解决，无须国家的介入和干涉。与此同时，公民社会的矛盾也无须国家过分的干预，社会自治主体可依共同的生活理念与习惯规则予以化解或调处。基本权利在具备了此种消极作用之后，公民的自由权也就随之应运而生。而就其"主观权利"的权利作用而言，还存在一种与"消极作用"相对而称的"积极作用"，突出表现在那一类被称之为"请求给付权"的权利事项当中。基本权利的积极作用，与基本权利的消极作用不同。它非但不要求国家对公民的日常生活产生过度的干扰，而是要求国家能够以积极的向公民提供给付帮助的行为来为公民的自由生活提供必要的物质支持。其主要原因在于，社会中的某些公民非有赖于国家的扶助难以在现代竞争型社会获得自己生存与发展的基本条件。

不论是作为"消极权利"属性的"主观权利"作用，还是作为"积极权利属性"的"主观权利"作用，其根本立足点均在于作为权利主体的个人得以请求国家为或不为一定行为的自由。但作为具有宪法和宪制价值指引的基本权利，当其成为一种国家与社会共同体的基本价值原理之后，它所作用和影响的也就不再只是对于个人自主愿望的满足，而将推演至整个共同体对于基本权利核心价值的一体性尊重，推演至对于一体化法治国家基本法治秩序的遵守。基本权利作为生成和维护客观法价值秩序的作用就此产生。这种客观法的价值作用在20世纪50年代的德国率先获得了司法实践上的肯定。在德国人看来，基本权对于国家整体法秩序的决定性方针具有拘束力，并且在立法、解释与适用法律规定时，必须作为被尊重的客观价值决定。由此，基本权催生出了一个包含整体法秩序在内的价值秩序系统，呈现出基本权

---

① 法泊斌、董保城：《宪法新论》，（台北）元照出版公司2005年版，第130页。

作为客观价值秩序的一面。基于基本权利的宪法性存在，这种秩序即是一种所谓的合宪的法秩序。实践当中的"客观价值决定"又往往体认基本权利的三重作用，并以国家义务的形式表现出来。①

首先是"组织与程序的保障"。依照主权在民的原理，一切国家公权力组织的产生源于人民的合意，但当公权力组织独立运作之后，如何保障权力运作的公平与正义则又成为人们不得不关注的问题。人们能否公平使用这些组织，或者说，人们能否透过公正合理的程序来使用这些组织，实在是基本权利能否获得保障与实现的关键所在。最明显的例子如新闻广播电视事业，由于卫星频道归国家所独占，因此国家必须对这些卫星与频道的使用做出合理与平等的安排，以保证一国之内的广大人民群众都能够通过接收这些卫星频道来实现自己的知情权。又因为新闻广播电视事业直接关涉人们意见的表达，那么，如何保证不同人群的利益诉求都能够得以充分表达则又关涉到言论自由的实现，而这都是"组织与程序保障"所要解决的问题。

其次是所谓的"国家的保护义务"。随着时代的变迁，能够对基本权利构成危险者已不再局限于国家公权力。那些掌握着巨大社会资源的组织或集团往往不顾及公民个人的基本利益，肆意扩张自己的"霸权"。在这种情况之下，公民或个人得要求国家伸出援助之手帮助公民排除来自此"第三人"的威胁，此即为"国家的保护义务"。

---

① 或谓基本权利的客观价值功能可以包括以下方面：（1）制度性保障功能，要求立法机关建立和维护有助于基本权利实现的各种制度，如财产法制度、婚姻制度、劳动保障制度、大学制度等；（2）组织与程序保障，要求立法机关设立和维护基本权利所赖以实现的组织与程序，如学术自由所需要的"教授委员会"、劳动权所需要的工会组织、财产权所需要的征收程序，等等；（3）基本权利的第三人效力，要求司法机关在处理民事案件中应当将基本权利的精神融入传统上只受民法调整的私人关系，如在名誉侵权争议中考虑言论自由的价值，在房屋租赁合同争议中考虑承租人的生存权，等等；（4）保护义务，要求立法者通过《刑法》《人民警察法》等规范的设定，来制止国家以外主体对于公民基本权利的侵害，如《刑法》对杀人罪、非法拘禁罪、侮辱罪、诽谤罪、盗窃罪等的规定，就是国家在履行保护生命权、人身自由、人格尊严、财产权等基本权利的义务。（参见张翔《宪法释义学：原理·技术·实践》，法律出版社2013年版，第143—144页。）

最后基于"客观价值决定"的原理，国家还应当承担起"制度性保障"的义务。"制度性保障"的最初含义是对于那些源远流长，涉及国家和社会共同体基本价值维护的制度，立法者不能通过立法程序将其随意更改或废止。此后演进为对那些关乎国计民生的根本制度，全体公权力机关都得高度尊重并不得擅自改动之。

二　双重功能论下的文化权体系

再来反观我国现行宪法文本当中那些与文化及权利相关的条款，不难梳理出其中作为具有防御权作用属性的规范内涵，以及作为具有请求给付权属性的规范含义。但首先需要确定的是统和了主观权利功用与客观价值决定功用的根本价值条款。在笔者看来，我国现行宪法中的第 33 条第 2 款便是价值统和的基石。该款从文本位置上讲位列公民基本权利与义务部分的"顶层"。而所谓的"国家尊重和保障人权"，不仅一语道破了公民基本权利的根本来源，即来源于人，是人之为人所应该具有的自由和权利，也内在地厘清了权利与义务的两造主体，分别为公民个体与代表公民行使主权的国家机关。在明确了此条款为根本法价值条款之后，我们当着重留意以下条款的消极防御权利功能与请求给付权利功能。

首先是一般性的公民文化权利基本条款，典型如现行宪法第 47 条。该条第一句以举例加概论的形式明确赋予了我国公民所应当享有的基本文化权利。从其规定可以看出，进行科学研究与文学艺术创作为公民的基本文化权利。其主体及于中华人民共和国的所有公民与此同时还为公民预留了进行其他文化活动的自由空间。在笔者看来，只要是为着公民精神生活的丰富与智力智识水平提升的一切文化活动都应该被理解为"进行其他文化活动"，甚至于一切人的智力创作活动都应该被理解为"文化活动"。而该条第二句所言之内容，又可放入到对基本权利的客观价值决定功用上来解读。首先是国家对于创造性文化活动的鼓励和帮助。国家不仅应该从物质条件的供给上面确保公民文化活动的自由开展，同时由于该条文乃将教育、科学、技术、文学、艺术等文化活动看作一种"文化事业",则推动该项事业所必须具备的组织与程序也应当获得良好的维护与建设。另外对于该句所言之"有利于人民的"定语,笔者愿意将此解读为是对中华人民共和国建国传统之于文化权利赋予上的反射。其与宪法当中那些建立在人民公式基础之上的根本政治制度、经济制度与社会制度有着内在价值上的关联性。也就是说,此处有关"人民"的定语正是作为一项根本的文化制度而为"制度性保障"的要求所不容随意更改的。亦即此处体现了基本权利作为客观价值决定功能当中的"制度性保障"功能。在此"制度性保障"功能之下,"人民的"文化制度不容国家公权力机关擅自或肆意更改。

其次是第48条"男女平等"条款,该条款明确规定了妇女有同男子在文化领域平等的权利。而这些存在于文化领域当中的自由和权利理应及于以上所论之一切文化创作与文化参与活动。另外从权利主体上看,为着实现男女之间的实质性平等,妇女为该条款之唯一权利主体当无疑义。又从权利内容上分析,所谓平等,诸如上文所论,自当包括对妇女这一文化活动参与主体的尊重,又使该权利主体自始获得了防御国家不当干扰并要求国家特为其提供物质帮助的自由与权利。与之相类似的还有我国的青少年儿童,尽管基于"受教育权利"乃为一项独立的宪法基本权利而无须本书再做赘述,但隶属于宪法第46条的第2款,因其明确规定国家在培养青少年儿童品德、智力等方面的国家义务,而理应为公民文化权利体系所涵涉。因为无论如何,个人的品德与智力乃是进行文化创作活动的基础。又受宪法第33条第1款,即权利平等保护条款的辐射,文化权利的主体自当及于除妇女及孩童以外的那些特殊权利主体,包括宪法当中所提到的老人、残疾人以及华侨、归侨与侨眷。

再次,我们还有必要跳出公民基本权利义务条款,从宪法文本的他处勾陈出隐含于国家制度设计之内的文化权利双重功能。作为一项基本的政治制度,民族区域自治制度不仅为我国宪法所明确规定,而其制度设计的最终目的也为宪法条文所明示。根据宪法第116条的规定，民族自治地区的立法当以尊重民族地区的文化特点为前提，这就明示了一种作为集体的民族文化尊严，而为集体民族文化权利所涵盖。又据宪法第119条的规定，民族自治机关自主管理本民族区域内的教育、科学、文化、卫生和体育事业，保护和整理民族文化遗产，发展和繁荣民族文化。这就从基本原则上排除了国家对于民族地区文化事业建设的不当干涉，而为权利的消极作用理论所包容。同时，根据宪法第120条的规定，在与少数民族成员的接触过程当中，国家机关必须使用当地所通用的语言文字，则在公务程序的保障方面明确了国家所应承担的责任和义务。基本权利的"组织与程序保障"功能在此得到了最好的解读。又根据宪法第121条第1款的规定，国家必须从财政、物质、技术等诸多物质给予方面帮助少数民族地区加快发展文化建设事业，则分明是基本权利的"请求给付权"功能在民族文化权利保障领域的展开。

　　复次，在以公民权利保障为价值制高点的视野之下，我们还可以运用基本权利的双功用原理来解读所谓的基本国策条款。如根据现行宪法第2条第3款的规定，国家必须为公民参与文化事业的管理提供各种途径与形式便是对于文化管理参与权利的程序与组织保障，可将其归于文化权利的"客观价值决定作用"范畴。又比如宪法第4条第2的规定，国家须为少数民族地区的文化发展提供帮助，暗含着少数民族及少数民族成员对于文化"请求给付权"的行使；而其第4条的规定，则以"各民族"为文化权利的主体，得以排除国家干预以使用和发展自己的语言和文字，并持守或改革自身的风俗习惯。再比如宪法第14条第3款，明确了国家在改善人民文化生活上的给付义务。或又如第19条关于国家通过发展社会主义教育事业以逐步提高全体人民科学文化水平的规定，同样是从"制度性保障"的层面维护公民文化权利的"客观价值秩序决定功能"。类似含义亦及于该条第3款。最能体现文化权利客观价值秩序决定功能的还属宪法第22条，国家通过对于现代文化事业的建设，以及古代文化遗产的保护，以确保文化权利客观价值决定功能得以落实。另外，宪法第24条关于国家主流意识形态的规定，其目的在于对"最广大多数人民群众"这一文化制度的根本属性的确立。由此亦从"制度性保障"这一文化权利客观价值决定功能上确保了整个国家文化制度的确定与稳固。

最后，我们仍然无法忽视中国文化传统。事实上，我们也不能忽视这样一个文化共同体的存在，正如我们无法消除我们共同的文化传统，因为"如果没有一个历史的共同过去，那么一个共同体就失去了其存在的根本基础，更有什么理由去期盼一个共同的未来？拥有一个共同的历史举出，才会使每个公民意识到他不但有权利，而且有对共同体成员以及共同体本身的责任，只有这样才能建立一个不但人人有权利，而且人人有责任的真正的文明共同体。"因此，我们还需将以上基于权利双重功能属性的各类文化权利收摄到对中华文明共同体的强调上来，那就是宪法开篇所昭示的：中国各族人民共同创造了光辉灿烂的文化。由此，我之所谓的基于"基本权利双重功能"论的"文化权利"体系得以完整展开如下：

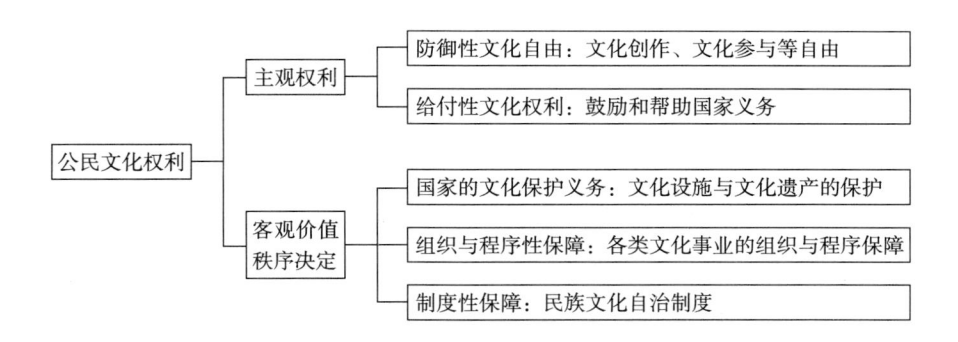

```
                ┌─ 主观权利 ─┬─ 防御性文化自由：文化创作、文化参与等自由
                │            └─ 给付性文化权利：鼓励和帮助国家义务
公民文化权利 ─┤
                │              ┌─ 国家的文化保护义务：文化设施与文化遗产的保护
                └─ 客观价值 ──┼─ 组织与程序性保障：各类文化事业的组织与程序保障
                   秩序决定    └─ 制度性保障：民族文化自治制度
```

第三节 文化权利的国家义务

一般来说，基本权利的消极权利属性和积极权利属性通常会对应国家的消极义务与积极义务。所谓"消极的国家义务"即为防止国家公权力对基本权利的侵害，而课以国家尊重并不干涉公民基本权利行

使的宪法义务。而所谓的"积极的国家义务"则要求国家公权力以积极的手段和有效的方式,协助或帮助公民基本权利的实现。或又从公民权利与国家义务的功能上讲,"防御权功能保障公民的基本权利不受国家侵犯,国家在此先负有不作为义务;而国家保护义务功能和国家给付义务功能却与之相反,它们首先要求国家积极作为,个体处于只有在国家采取某种积极措施,即从国家那里受益的情况下才能够实现其自由的状态,因此两项功能可以通称为基本权利的受益权功能"①。

新近有学者以"公民参与文化生活的权利"为题,专门探讨了该项权利的权利内容与国家义务。就国家义务而言,该学者引用相关国际公约将其抽象如下:首先是所谓的"一般义务"。此处的"一般",该学者意为"全面",也暗含"基本"的含义,笔者并将其理解为法原则层面,甚或是法精神层面的国家义务。其次是所谓的"核心义务"。所谓"核心",该学者将其理解为"必须"而"切近"的义务,主要是文化生活领域的歧视禁止。细分起来,"一般义务"种类如下:尊重、保护及落实。所谓"尊重的义务"则又包括两个方面,即"尊重主体对自己文化的享有"和"尊重个人选择文化的自由";② 所谓的"保护的义务"则体现在"阻止不同文化群体之间的冲突""对传统习俗进行必要限制"以及"对于文化遗产的保护";③ 所谓"落实的义务"则又分为三种:1. 便利的义务,包括"提供机构和设施的便利""提供资金上的便利""提供观念上的便利"和"提供制度上的便利";④ 2. 促进的义务,包括"多渠道宣传文化"以及"多形式开展

---

① 陈征:《第二次堕胎判决》,《德国宪法案例选释》(第一辑基本权利总论) 2012 年版,第 178—179 页。
② 蔡建芳:《论参加文化生活权利的权利内容与国家义务》,《法制与社会发展》 2011 年第 2 期。
③ 蔡建芳:《论参加文化生活权利的权利内容与国家义务》,《法制与社会发展》 2011 年第 2 期。
④ 蔡建芳:《论参加文化生活权利的权利内容与国家义务》,《法制与社会发展》 2011 年第 2 期。

文化活动";① 3. 实现的义务又涵盖：首先，重在制度上的长效机制的建设，并给予权利主体以参与决策的权利，同时也要尝试建设权利追偿机制；其次是对文化遗产的保护，国家应该出台统一的保护措施；再次是应该更加重视教育，此处的教育还特指那些人文及社科类的文艺及历史教育；最后是应该重视公益性文化设施的建设，包括诸如图书馆、文化馆、美术馆、博物馆、戏院，尤其是要大力扶持民间文艺团体和民间文艺设施的软硬件建设。还有学者将文化权利的国家保障义务分成四个层次，分别为"尊重义务""保护义务""给付义务"以及"提供组织和程序上的保障的义务"。如其论述道："国家在文化权保障方面的首要的义务就是尊重义务，主要体现在两个方面：第一，充分尊重和保障公民文化享有权、文化发展权、文化选择权和文化参与权，也就是说，每个公民的文化主张和生活方式必须被尊重。第二，国家权力不得非法干涉文化活动，对文化活动的限制应注意合理的界限，……保护义务是文化权保障的第二层次国家义务。文化资源、文化资产的维护和文化发展的推动，可以从三方面确定：第一，事先预防，主要表现为立法的义务，即公共文化政策法规的制定。第二，事中排除，主要表现为执法的义务。第三，事后救济，主要表现为司法的义务。给付义务是文化权保障的第三层次国家义务。国家有责任提供足够的可接近的文化艺术资源和公共文化设施，满足各地公民共享文化的权利。在形式上体现为公共文化基础设施和公共文化服务产品的提供。"② 另外，组织上及程序上的保障尤为重要，因为无论是文化权利的实现，还是文化事业的发展都是一个持续的工程，非有系统的工作程序和坚固的组织制度难以保证权利的最终实现与事业的长远发展。甚至还可以考虑司法程序上的文化权利保障，以确保一些特别重要或特别重大的文化权利能够得到落实。比如某些社会影响巨大的文

---

① 蔡建芳：《论参加文化生活权利的权利内容与国家义务》，《法制与社会发展》2011年第2期。

② 喻少如：《文化权利保障的国家义务》，《中国宪法学研究会2012年年会论文集》（B卷），第429页。

化遗产纠纷，又或那些严重侵害人的精神、思想自由的事件，均有必要付诸司法程序的实施来寻回公平与正义。特别提到的还有各类民间艺术团体。文化的生命在于民间社会，文化权利的全面实现即需民间文化的带动。因此国家应该积极扶持民间文艺团体，首先保证这些团体及其演职人员的各项经济和社会权利，促进民间艺术蓬勃发展，推动民间文化的蓬勃复兴。

第六章　文化法治的基本组成与问题

学界有专家学者将主体、客体、内容等作为文化法治的要素进行研究，笔者结合学理及实务经验，从另一个面向将文化法治的基本要素界定为文化立法、文化执法、文化司法、文化守法，不仅仅是契合党的十九大报告提出的科学立法、严格执法、公正司法、全民守法理念，更是遵循文化与法治在新时代新要求中依法治国的运行规律。在这个意义上，将文化立法、执法、司法、守法作为文化法治的四个基本要素较为妥当，它们本身既是一个独立的部分，也是互相关联的逻辑要素系统。本章基于四要素的动态维度展开分析，也较好地承接和关联了本书的前后文内容。

第一节　文化立法及其问题

文化立法是国家通过立法方式管理文化领域的事务，制定有关文化方面的法律、行政法规和行政规章等各种法律规范的活动。加强文化立法，是依法调整文化领域各种社会关系，引导、规范和促进文化事业和文化产业健康发展，保障公民文化权利的必然要求。

一　文化立法的基本原则

关于文化立法的基本原则问题，学界并没有一个统一的标准，也难以形成一个绝对权威的原则模式，只能从不同的角度尽量对文化立法应遵循的基本原则进行涵盖。因此，基本原则是从方向上就文化立法问题进行指导和规范，即不能偏离立法的主旨和目标，且与宪法、行政法、刑法等的立法基本原则在原理上是一致的。因此，不同的专家就立法基本原则也有诸多不一样的观点。唐明良指出，在立法内容上符合文化本身所具有的规律和特征，遵循立法技术层面的通行原则，同时符合中国特色社会主义文化的内在规定性，应是我国文化立法的三大基本前提；对应这三个前提要求，文化立法的基本原则应是三位一体的，即"政治原则+立法技术（一般）原则+立法内容（特别）原则"[1]。石东坡认为，文化立法应当遵循四项基本原则，分别是文化主权原则、文化人权原则、文化和谐原则和文化公序原则；同时保障文化立法的顺利开展，并使其与文化发展相适应、相促进[2]。肖金明认为，文化法制建设的目标应当是构建文化法制体系，在这一过程中，也有四项基本原则应当遵循，分别是文化权利保障原则、政府主导与公众参与相结合原则、市场化与政府规制协调原则，以及综合效益原则；两大立法基石是宪法文化权利与宪法文化政策；两个基本侧面是文化事业法制与文化产业法制；两个对应层面是地方文化立法与中央文化立法；两个互动方面是文化法律与文化政策。[3] 笔者参考学界部分专家学者的观点，并结合党的十九大报告、十八届四中全会精神，认为文化法治应遵循的基本原则至少应包括以下几个方面的内容。

第一，坚持宪法原则，依法治国必须要依宪治国。基于同样的法

---

[1] 唐明良：《论文化立法的基本原则与基本规律》，《观察与思考》2012 年第 6 期。

[2] 石东坡：《文化立法基本原则的反思、评价与重构》，《浙江工业大学学报》（社会科学版）2009 年第 2 期。

[3] 肖金明：《文化法的定位、原则与体系》，《法学论坛》2012 年第 1 期。

治原理，文化法治首先也必须是文化的宪治。我国宪法在序言和总纲中都有关于文化的相关规定，通过最高法的地位巩固和凸显了文化的法治逻辑。一方面体现了文化法治在治理主体、客体、内容、监督等方面要根据宪法的精神运行，包括文化的管理部门、执法机构要符合国家机构改革中的权责法定原则，保障文化管理和服务等职能要素能有机运行；另一方面，关于文化领域的诸多立法不仅要符合上位法的要求，不同的文化法规范之间不能冲突，而且不得与宪法相违背，不同的横向规范和上下位阶的文化法律之间要保持动态的平衡，避免出现法律适用上的相互矛盾。从本书关于文化法治立法、执法、司法、守法的四个基本元素论述路径上，从文化权利的保障上，尊敬宪法、崇尚宪法、服从宪法是基本的文化法治价值理念，立法必须有宪法依据、执法应具有合法性、司法要坚持公平公正、守法要形塑全民遵守宪法的良好氛围。在宪法的具体文本中，本书也对相关的宪法条款进行了多次引用，说明最高法对文化领域中诸多立法事项的指导和约束，夯实了文化立法的宪法性基础。

第二，坚持文化立法的科学性和程序性原则。文化本身是一个极其宽泛的概念，目前学界也很难通过一个权威的概念准确地对文化进行深度描述和周延阐释。因此，在范围广泛的文化领域进行立法，科学性和程序性是应遵循的基本原则之一。无论涉及哪一个具体的文化现象或行为，文化立法都要从框架结构上形塑，从具体规定上进行规范。在文化立法实践中我国缺乏丰富的立法经验，特别是面对新时代的新型文化潮流和文化符号，如何利用科学先进的立法技术进行俱进的规制，如何通过不同的主体参与来提高文化立法的公开、公平与公正，仍有很多工作要做。由于文化辐射面广，仅依靠立法机关的力量是不够的，除了立法本身的专业技术外，还有涉及文化领域的很多专业问题，哪些该立法，哪些不需要，哪些领域按照什么程序进行，都需要高屋建瓴的谋划，保障文化立法的科学性和程序性。

第三，坚持政府主导与公众参与相结合原则。与经济建设和社会管理一样，文化发展也是政治责任，因此立法要强调政府在文化大发展大繁荣中的主导责任，在体制机制、投入保障等方面强化政府作用，建立公共财政投入文化产业的效益评估机制，与此同时，又要充分认识文化发展的群众性、自发性，注重文化发展的多元参与。① 在文化法治的两大立法领域即文化产业立法和文化事业立法中，既有公法的规范也有私法的协调，文化产业涉及对私人利益的保护，文化事业主要指涉公共利益，但最终都是实现对文化权利的保障。要实现权利保障的基本目标，必须通过立法的渠道将政府主导负责、公众参与的方式进行明确规定。如果国家层面的文化立法体系能形成，相应的其他地方文化立法的系统也就能与时俱进。这样，通过政府主导牵头，改革文化行政机构、优化文化行政职能、提升文化执法水平，进而提高文化法治的行政效能和服务能力。文化权利是社会组织和公民享有的基本权利，公众有参与和监督的权利，文化立法在向社会征询意见中，公众的话语权应得到尊重和重视，立法的咨询会、论证会等要向社会公开，拓宽公众参与的渠道，将政府主导与公众参与有机契合，保障文化的公共利益和私人利益。

　　第四，坚持以人民文化权利保障为中心原则。无论是文化的立法、执法、司法还是守法，都是为了实现人民文化权利的最大化。从文化侵权的很多案例中不难发现，文化权利的类型越来越多、面向越来越大，特别是涉及互联网、人工智能、大数据产业等的多维文化空间中的文化权利诉求逐渐增加，文化权利的保护呈现传统文化权利与新型文化权利的交织，一些涉及的文化侵权行为如果没有相应的立法规定，多元社会主体的文化权利将面临诉求难的问题，这样将出现文化繁荣与权利保障不同步的尴尬。司法机关在关于文化权利诉求的案件审理中，也会出现一些困惑，既要对是否属于文化侵权进行界定，也要对公民在享受文化成果过程中如何进行合法权利的边界进行甄别，这已经不仅仅是司法裁判的技术问题，文化的专业解读与公平的司法保障

---

① 唐明泉：《论文化立法的基本原则与基本规律》，《观察与思考》2012 年第 6 期。

是实现人民文化权利保护的两个重要考量。

第五，坚持文化立法的公序原则。公序即公共秩序、公序良俗，文化公序是指文化生活领域应秉持和坚持社会公共秩序的基本要求，维护善良风俗、社会公德和公共伦理，不论是文化产品还是文化活动，都不应当违反和破坏公共秩序。文化公序是对文化领域各种情形进行甄别、区分和评价的最低限度与道德准绳。文化公序原则并非简单地对于私法领域的公序良俗原则的移用，而是基于文化活动与文化产品所具有的创作个体性和影响公众性之间的矛盾而确立的。因此，必须、也适合以法律、法规的形式，将对于各种文化产品和文化活动的基本政治方向与不良精神危害等方面的判断和衡量，以及其他内容和形式诸方面的评判标准、界限和范围等加以确定，实现法律化、具体化、公开化。[①]

第六，坚持国际经验借鉴与国内特色相结合原则。经济全球化必然推动文化的全球化，关于文化权利的诉求不仅仅发生在国内，国家、国际组织、不同国籍的公民之间关于文化的侵权之诉已成为司法常态。在对公民文化权利保护的立法经验上，应当在保障文化安全的前提下，持开放的态度学习国际上的有益经验，结合国内文化特别是中国传统文化和现代新型文化的特色进行立法的宏观设计。目前我国关于文化权利的保护相对孱弱，如果不完善文化立法和提高立法的层次特别是与国际好的经验做法进行有机契合，不利于保护我国公民的合法文化权利，我国其他社会组织在涉及文化侵权的国际诉讼中也可能处于被动地位。因此，在经济全球化的背景下，不同国家之间文化互访和交流越多越频，文化信息和文化产品的共享使用也就越多，文化权利的诉求因此可能呈上升趋势。这样，文化的立法考虑国际经验和国内文化实际有其必要。

总的来看，学术界对文化立法基本原则的概括日益走向精致化，

[①] 石东坡：《文化立法基本原则的反思、评价与重构》，《浙江工业大学学报》（社会科学版）2009年第2期。

也逐步强调在提炼文化立法基本原则时应该充分考量立法的一般性和文化立法的特殊性两个范畴,但在对文化立法基本原则中的政治原则与法律原则、立法技术原则与立法内容原则的边界和内涵尚未做全方位的、清晰化的表达。①

二 文化立法的内涵及体系

关于文化立法的内涵及其体系构成,目前学术界的讨论主要聚焦于两大主题:一是有关文化立法的内涵与外延;二是是否应当制定文化领域的基本法法典。对于前一个问题,学术界形成了广义和狭义两种理解。广义的理解认为,对应于经济、政治、文化、社会的基本结构,文化立法应是调整文化领域的以文化行为、文化管理等为载体的社会关系的各种法律原则和规范的总称;狭义的理解则认为文化立法是相对于教育、科技、卫生等领域的立法,系针对文化产业、文化市场、文化事业、文化管理等活动的立法,主要包括以下四个方面的法律制度创设:文化产业发展的促进与规范、公共文化事业的举办和供给、公民文化权益的保障和实现、政府文化管理的实施与约束。总的来说,主张"大文化立法"概念外延层次的观点并不多见,即便有学者将文化法定位为"调整文化活动领域中社会关系的法律规范的总和",但在具体外延层次上则仍倾向于狭义的界定,认为构成文化法的内容主要应当包括著作权法、新闻法、出版法、广播电视法、电影法、演出法、文物保护法、图书馆法、博物馆法、文化馆法等。在文化立法的内涵与外延问题上,肖金明教授认为:"文化法是法律体系的重要组成部分,它与其他领域的法律相互关联且自成体系,并与其他领域的法律一样以宪法确立的文化政策与文化权利作为基石,是国家和地方制定的调控文化行为、调整文化关系和保障文化权利的规范体系。加强文化法治建设,是促进文化体制改革、社会核心价值建设和文化

---

① 陈柳裕:《文化立法研究:共识、争议、进展及其评判》,《浙江工商大学学报》2012年第5期。

繁荣发展的需要。文化法治建设应当特别强调文化法的立法定位、基本原则和法制体系化，立足于社会法、权利法、责任法和促进法的立法定位，遵循文化权利保障、政府主导与公众参与结合、政府规制与市场化协调以及综合效益原则，构建由宪法文化政策与宪法文化权利两块坚实基石、文化事业法制与文化产业法制两个基本侧面、中央文化立法与地方文化立法两个对应层面、文化政策与文化法律两个互动方面有机构成的文化法制体系。"① 此外，关于文化领域是否应当制定基本法法典的问题，大部分学者基于文化法调整范围的复杂性、立法技术上的困难性等，认为在文化领域制定统摄一切的基本法典并不具有可行性。但也有学者独辟蹊径，认为在我国需要一部规范和促进文化建设的基本法律，以从总体上对文化建设需要解决的诸问题，如利用税收吸收资本、市场主体构建、政府促进文化发展义务、文化市场管理和文化体制改革等做出原则性的规定，进而从根本上促进文化建设。② 另有学者认为我国的文化立法在框架结构上应当包括文化基础立法、文化事业立法、文化产业立法和文化权利立法四大部分，并强调指出："文化基础立法是制定文化法律制度的调整范围、立法的基本原则、文化组织设置、文化行为规制、文化权利保护等法律规范的活动……基于文化领域法律规范的丰富性及法律关系的复杂性，制定文化基础法宜粗不宜细，但需要明确规定文化领域基本的运行原则和规则，统一规范文化领域的各种法律规定并进行一定程度的整合。"③ 不过，这些主张尽管产生了一定的影响力，但在立法技术上却遭遇困境，全国人大常委会委员、副秘书长沈春耀先生就认为，当前加强文化法制建设的重点在于以下五个方面：一是健全发展公益文化事业、保障

---

① 肖金明：《文化法的定位、原则与体系》，《法学论坛》2012 年第 1 期。

② 刘军舰：《当代中国文化建设及文化法建设》，《艺海》2009 年第 7 期，转引自陈柳裕《文化立法研究：共识、争议、进展及其评判》，《浙江工商大学学报》2012 年第 5 期。

③ 周叶中：《加快文化立法是建设社会主义文化强国的必然选择》，《求是》2012 年第 6 期，转引自陈柳裕《文化立法研究：共识、争议、进展及其评判》，《浙江工商大学学报》2012 年第 5 期。

人民基本文化权益的法律法规；二是健全加快发展文化产业、推动文化产业成为国民经济支柱性产业的法律法规；三是健全文化管理的法律法规，增强法律法规的适用性、针对性和权威性；四是健全促进网络文化健康发展的法律法规，要加大网络法制建设力度；五是健全与文化活动密切相关的法律法规。加强文化法制建设应当拓宽视野、协调推进。要积极研究制定旅游法、自然遗产保护法、志愿服务法、慈善事业法等法律，在相关产业和活动中赋予文化内涵、增加文化分量、扩大文化影响力。这显然是一条更为现实，也更符合立法逻辑的进路。[1]

三 我国文化立法存在的主要问题

我国目前的文化立法相对滞后，不能适应文化领域中的诸多诉求问题，如果不及时出台配套的文化法律法规，社会文化公共利益、公民文化权利、文化产业市场将面临法律资源供给不足的被动和尴尬。总体上来说，我国目前立法存在的问题较多。

第一，文化立法孱弱的现实与国家建设文化强国的制度设计存在较大差距。党的十九大报告明确指出，文化是一个国家、一个民族的灵魂。文化兴国运兴，文化强民族强。没有高度的文化自信，没有文化的繁荣兴盛，就没有中华民族伟大复兴。要坚持中国特色社会主义文化发展道路，激发全民族文化创新创造活力，建设社会主义文化强国。发展中国特色社会主义文化，要立足当代中国现实，结合当今时代条件，发展面向现代化、面向世界、面向未来的，民族的科学的大众的社会主义文化，推动社会主义精神文明和物质文明协调发展。要实现党的十九大报告中文化强国的夙愿，必须坚持文化法治，文化法治是文化繁荣兴盛的重要保障。而文化法治就必须首先通过建立和完善文化法律法规体系，进行文化法律系统中的立、改、废工作，推动

---

[1] 陈柳裕：《文化立法研究：共识、争议、进展及其评判》，《浙江工商大学学报》2012年第5期。

文化行政、文化司法和全民文化守法的有序开展。由此，文化法治与文化繁荣、文化法治与文化权利是一个严密的逻辑系统，不可分割。

第二，对构建文化法律体系结构的研究还没有展开。如何构建我国文化法律体系、为文化大发展大繁荣提供制度支持是一个新的问题。与我国的政治建设、经济建设、社会建设都初步形成了相应的法律框架比较，我国文化建设还没有完全进入制度化的建设阶段，现有的法律规范不仅数量少，而且位阶低。无论是文化事业领域还是文化产业市场，公共利益和私人权利的保护都缺乏与时俱进的文化法律条文进行阐释；无论是在公共文化还是文化产业领域，无法可依、无规可循的状况还比较突出。在科学技术和网络系统日趋发达的当下，很多文化资源的共享、文化侵权的行为、文化信息的不法渗透、文化产品的模拟技术等都逐渐空间化、数字化，与传统实体文化产品相比具有技术上的进步，也为立法和司法带来更大的挑战，特别是对涉及的取证问题需要进行更为先进的司法鉴定以进行甄别。文化的符号系统、文化产品交易的方式、文化侵权的多样要求文化立法不但要及时而且要创新，提高立法的质量，这是新时代文化法治的必然选择。

第三，文化立法缺乏系统性的规划，立法程序仍需完善。不仅仅是文化立法，其他领域的立法都需要系统的规划和设计，依照立法的程序严格进行。特别是文化领域，很多立法事宜涉及传统文化的保护，如非物质遗产文化的保护，对于立法的规划仅依靠立法专家难以形成科学的立法文本，必须要将非物质遗产文化传承人、文化传播的专家学者等纳入立法咨询会的讨论范畴。一是因为立法既有立法本身的技术问题，也有立法内容中涉及的诸多专业问题；二是从立法专家的构成来看既有立法部门的负责人，也有所涉学科的科研机构和高校的专家，如果没有对文化事业或文化产业深度研究和参与的人就无法洞悉文化立法应涉及的更深层次内容，所立之法也就缺乏科学性和系统性。此外，立法应遵循严格的立法程序，全国人大和地方人大都是立法机关，但立法机关对立法工作不是大包大揽，立法前的社会意见征询和不同层面的论证会、咨询会需要落实，要有效果，不能为了满足立法的程序而走形式，要充分利用社会资源和人民的智慧，只要深入民心、结合文化工作实际的立法才具有逻辑的严密性和结构的科学性、系统性，更能适应社会发展的实际。目前看来，我国的文化立法既未根据我国社会发展对文化建设的需要，区别立法项目的轻重缓急，也没有以文化建设立法的整体思路构建我国文化建设立法的项目及其实施方案，更缺乏从有关立法过程及其立法决策的实施过程出发，提出如何完善我国文化立法框架，以及实施文化立法项目的具体对策。

第四，文化立法缺乏理论论证，实证调研不足。文化立法除了立法的技术层面、立法的程序要求外，还需要立法的理论论证和实证调研。文化涉及的面除了法律的范畴外，还有很多学科的关联性，如文学作品、艺术创作、音乐歌曲、传统戏剧、电子集成电路创造创新、人工智能开发、电脑编程等都将涉及文化权利的保护内容，一系列的知识产权需要保护，文化已经衍生并壮大了自身的市场并形成文化产业。这些文化问题渗透在诸多学科领域，因此，文化立法的规划需要对文化所涉学科的理论论证，从而区分哪些属于文化侵权的范畴，哪些就是普通的民事纠纷，不能因为有文化的因素就一定属于文化侵权案件，在这个意义上，文化的概念界定和理论论证对立法提供了重要参考，也对司法裁判起到重要的指导意义。文化既是理论的，也是实践的。文化如何作用于人们的生产生活与工作实际，哪些属于文化作为公共事业的集体权利，哪些属于私人的权利，也应通过实证调研来判定。如果缺乏文化的理论研究和实证调研，立法肯定会脱离实际，文化立法也就失去了对其他下位法的参考意义和对司法的运用、指导价值。在理论研究中，如果为了立法工作研究，应该有针对性地立足于文化立法的价值、意义、文化立法的特征、对象、范围的讨论，对于具体文化立法项目的立法重点，立法调整社会关系的特点，立法调整内容的难点，法律调整的手段、方法、立法的层次选择及立法规划、计划的实施步骤等操作性问题，需要深入研究。尤其是在文化大发展、大繁荣中，参照国际经验制定我国的文化发展促进法、文化发展基本法等重要的立法项目，有其理论论证的必要。

第五，文化立法思路没有结合实际进行改进和创新。我国当下的文化立法除了基本文化立法的系统外，主要是两个版块的立法规划和涉及。一是文化产业立法，二是文化事业立法。前者保护私人文化权利，后者侧重公共文化权利，属于公共文化事业的范畴。但我国文化立法过于将二者进行区分或割裂，而且过于倾向于文化产业的立法，文化公共事业的"立法份额"相对较小。尽管二者调整的对象有差异，但无论是公共事业还是私人权利，最终都将回归到"以人民文化权利为中心"的应然路径上。因此，过于从文化产业的角度进行立法考量而弱化文化公共事业的立法思考，显然不符合实际。在国家和社会治理层面，很多社会组织参与的积极性逐渐增强，对社会公共事业的贡献越来越大，群众对文化公共设施、公共资源如图书馆、博物馆、文化馆等的需求越来越高。特别是在我国社会主要矛盾发生转变的新时代环境中，人们已经不满足于物质文化的需求，还有更高的精神文化的追求，今后文化公共事业将成为文化事业的更重要的组成部分，立法上不能过于强调文化产业的社会和经济效益而忽略文化公共事业本身的全民文化内涵。而且，文化事业与文化产业不是对立的两个面向，具有交叉的内容，文化产业发展的目的就是促进文化事业的发展，立法应注意二者的辩证关系，提高文化产业立法和文化事业立法的科学性。

第六，文化立法的国际经验不足，开放不够，包容有限。在经济全球化过程中各国文化交流频繁，文化的学习也成为常态。从国家安全的角度考虑，需要对不同国家的文化进行甄别与学习，这本无可厚非。但如果过于谨慎而排斥国外关于文化权利保护的好经验好做法，对我国的立法工作是一个损失。在批准加入《经济、社会及文化权利国际公约》的国家中，有的国家对文化公共事业和文化产业有很好的立法经验和司法保护经验，我们有必要参考学习。借鉴不是全盘照搬和机械模仿，而是结合中国特色社会主义的传统和现代文化实际进行立法的考量。不否认在国家全球化过程中也有文化的不法渗透，文化安全也被视为一个新的国际安全问题，但文化既是国家的，也是民族和全球的,没有文化的交流和学习,国家的文化就不能形成自我的国际格局,文化产业也就难以走向市场。因此,我国在文化立法前可适当学习和借鉴国外先进的立法经验和技术,要有开放的态度、包容的气度和谨慎的安全灵敏度,促进国际国内文化立法的经验、技术互融,提升我国文化立法质量。

第七,文化立法的边界需要进一步的界定。文化立法是科学性与系统性、程序性相结合的工程,是关涉社会利益和公民切实利益的举国大事,因此,对立法的范围要进行仔细界定。并非任何关于文化的问题都要纳入立法的视野。在文化公共事业和文化产业领域,有很多问题可以交由文化服务机构、行业协会、自治组织进行解决,通过协会行会的章程等化解一些纠纷。要充分发挥多元文化主体在文化服务和文化经营中的作用,特别是文化产业,市场能解决的交给市场解决,文化产品在市场中的生产、消费、流通、交换等也应遵循价值规律和市场规律。行业协会和社会组织可以协调解决很多文化诉求的争议和矛盾。基于此,国家关于文化立法的边界可以适当拓宽,不是为了节省立法资源和司法干预的成本,而是激活文化市场主体的积极性。国家机构改革背景下,文化管理部门也要正确处理好与企业和服务商、经营者的关系,通过立法规制文化产业中的生产经营行为,文化立法既要有原则性也要有结合社会与市场的灵活性。

第八,文化立法未能统筹好中央立法和部门、地区立法的关系,策略研究不足。我国文化立法缺乏从中央与地方关系、部门与部门关系、地区与地区关系的角度研究实施文化立法的目标、法律调整文化关系的特点。在文化立法框架中,哪些立法项目需要制定法律、行政法规、部门规章、地方性法规、民族自治法规、地方政府规章等,都需要从构建和实施文化立法的整体框架来谋划,统筹兼顾立法项目的实施。此外,实施文化立法的策略研究明显不足。从实施文化立法的规划来看,主要有选择依靠国家权力推动文化发展以及主要依靠市场和社会的参与推动文化发展的两种模式。现有研究成果比较忽略在文化立法的权利义务配置中,国家保障公共文化事业与市场调节文化市场的关系，以及国家权力和文化市场各自在促进文化发展中权重（比例）的差异等。实现文化强国战略的立法保障及其措施选择，需要明确究竟选择政府主导并推动文化发展的战略，还是主要依靠市场和社会的参与推动文化发展的模式。①

四 文化产业立法与文化事业立法

（一）文化产业与文化事业的界分

何为文化产业？在学界没有一个统一的界定标准，联合国教科文组织将文化产业界定为按照工业标准，生产、再生产、储存以及分配文化产品和服务的一系列活动。"文化及相关产业"的界定是：为社会公众提供文化娱乐产品和服务的活动，以及与这些活动有关联的活动的集合。文化事业是指以实现国家公共文化政策为目标，为公众提供文化产品或文化服务的组织体系。在两者的区别上，第一，导向不同。文化事业以政府为主导，以社会公益为导向，以公共财政为支撑，以基层和农村为重点，具有公益性、均等性、基本性、便民性等特性，主要提供无偿的公共文化产品和服务。文化产业则是按照经济法则和价值规律，以市场为导向的营利性文化形态。以营利性（商业性）为特征，市场主体有偿提供文化产品和服务，在确保社会效益的前提下，由商业运作获取经济效益。第二，目标和责任不同。文化事业提供的主要是纯公共文化产品；文化产业生产的多是准公共产品，主要是满足多样化、多层次、多方面的文化需求和特色化文化消费。文化事业注重的是社会效益；文化产业在注重社会效益的同时，更加注重经济效益的最优化。第三，发展模式不同。文化事业是提供公共文化产品和文化服务，以保证民族文化的传承与创新，保障公民从事文化创造和享受文化生活的权利。文化产业是通过知识产权的开发和运用进行

---

① 周伟：《我国文化立法研究的问题与展望》，《中共四川省委省级机关党校学报》2012年第4期。

生产和再生产。文化事业侧重于政府主导，文化产业侧重于市场主导，其性质决定了走产业化道路，其生产资本来源是多渠道、社会化的。①

在两者的关联上，第一，文化事业的繁荣能够为文化产业提供良好的发展基础，文化产业的发展又促进文化事业的繁荣。因为人民群众对文化产品与服务的消费需要一定的文化力或欣赏能力为支撑，完善的公共文化服务体系与健康发展的文化事业对文化产业的发展至关重要，这种基础性作用充分体现在培植国家文化力和文化市场消费力。第二，二者有机构成中国特色社会主义文化的统一体。文化事业与文化产业是社会主义文化的重要构成。文化事业是文化产业之源；文化产业为文化事业发展提供相应的物质保障。一般意义上讲，没有文化事业的繁荣，就不可能有文化产业的发展。搞好原创性文化创造和公共性文化建设，是发展文化产业的动力和源泉。第三，二者的根本要求和终极目标具有一致性。文化事业和文化产业虽然具有明显的差异性，但根本要求都是要贯彻先进文化的要求，始终把社会效益放在首位，终极目标都是满足人民群众日益增长的精神文化需求。② 总体上，两者并不对立甚至难以分离，可以相互促进、相互渗透并协调发展。

（二）文化产业立法

文化产业立法是促进文化产业繁荣与发展的基础性工程，其立法模式的选择将直接影响文化产业立法与法律的适用，进而影响到文化产业的可持续发展。当下，从中国文化产业发展的实际出发，在严格遵循《宪法》和《立法法》精神的前提下，协调现有文化产业法律制度，借鉴文化产业相对发达国家的成熟立法经验，审慎选择适合中国国情的文化产业立法模式乃当务之急。

---

① 燕少红、刘艳丽、高尚：《以新的理念推进文化事业和文化产业发展》，《红旗文稿》2010 年第 18 期。

② 燕少红、刘艳丽、高尚：《以新的理念推进文化事业和文化产业发展》，《红旗文稿》2010 年第 18 期。

1. 文化产业立法现状

（1）宪法中关于文化与文化产业的规定

在我国宪法中，"文化"一词出现较多，但都是从不同的角度进行规定，既有广义的文化内涵，也有狭义的文化概念。宪法是原则性和指导性的规范，因此，其条文中并没有凸显文化产业的表述，只能从相关条文中进行解释。如《宪法》序言"中国各族人民共同创造了光辉灿烂的文化，具有光荣的革命传统"与总纲第2条"人民依照法律规定，通过各种途径和形式，管理国家事务，管理经济和文化事业，管理社会事务"中"文化"的外延不同。其他条文中也没有关于"文化产业"的表述，与文化有关的宪法内容，基本围绕着"文化事业"来规定，主要体现在《宪法》第2条、第22条、第47条、第107条中，分别从人民依照法律管理文化事业、国家发展文化事业、公民有进行文化活动的自由、国家鼓励和帮助从事有益于人民的文化事业的工作等不同的角度规定了与文化事业有关的内容；《宪法》第14条、第19条、第24条、第48条则规定了文化权利的内涵范畴。其他条文也有相关规定，有的涉及少数民族文化权利保护的内容，如《宪法》第4条、第122条、第116条、第119条。

（2）文化产业的单行法律规定

由全国人大制定并颁布的法律中，与文化产业有关的单行法律，并不是很完善，主要有下列几个方面：其一，关于知识产权保护的法律。我国知识产权保护的基本法律的立法较为完善，而文化产业的发展，与知识产权的保护关系密切。因此，知识产权保护的法律，是文化产业发展的重要法律保障，主要有《商标法》《专利法》《著作权法》。其二，关于文物、文化遗产及档案保护的专门法律。在文化产业的发展中，文物、文化遗产以及档案的保护及开发利用，是一个重要的方面，更需要有专门的法律予以规范。其三，关于文化市场的法律。文化产业的大发展，主要是要创造文化产品，推动文化市场的大繁荣。文化市场运行过程中，相关法律必须遵循。我国已经颁布实施的与文化市场发展有关的专门法律主要有《广告法》《消费者权益保护法》

《反不正当竞争法》《产品质量法》和《反垄断法》。这些法律主要与文化市场秩序的规制有关，虽然不是文化产业的专门立法，但是它也是文化产业法律体系的不可或缺的组成部分。其四，促进科技进步和科技转化的相关法律。文化与科技融合，是新形势下发展文化产业的必由之路。如何更好地促进科技进步，推动科技成果在文化产业中的有效转化，极为重要。在这方面，我们已经有《科学技术进步法》《促进科技成果转化法》和《电子签名法》等相关法律保障。

（3）行政法规、规章关于文化产业的规定

我国对文化产业的大量立法规范，主要以国务院的行政法规、各部委的行政规章的形式存在。其一，新闻、出版发行、印刷业。在出版业领域，国务院先后颁布了《出版管理条例》《音像制品管理条例》等行政法规。新闻出版总署（现国家新闻出版广电总局）等行政管理部门还出台了《出版物市场管理规定》《音像制品批发零售出租管理办法》等大量的行政规章。在新闻传媒领域，有国务院出台的《中华人民共和国外国常驻新闻机构和外国记者采访条例》、新闻出版总署颁布的《关于严防虚假新闻报道的若干规定》等。在印刷复制领域，主要有国务院出台的行政法规《印刷业管理条例》、新闻出版总署（现国家新闻出版广电总局）颁布的《数字印刷管理办法》等。其二，广告、会展业关于广告、会展的规定。主要有《广告管理条例》《广告管理条例施行细则》《印刷品广告管理办法》《外商投资广告企业管理规定》等。其三，广播电视电影业。主要有国务院颁布的《广播电视管理条例》《电影管理条例》为主的行政法规，在此基础上，广电总局等部门颁布了《广播电视广告播出管理办法》《有线电视管理暂行办法》等一系列规章。其四，计算机软件、互联网、数字出版业。在计算机软件领域，主要有国务院颁布的《计算机软件保护条例》《计算机信息系统安全保护条例》等。在互联网发展方面，主要有《信息网络传播权保护条例》《互联网上网服务营业场所管理条例》《互联网文化管理暂行规定》《互联网视听节目服务管理规定》等。其五，动漫、游戏产业。在动漫产业方面，国务院办公厅转发了财政部等部门《关于推动我国动漫产业发展若干意见的通知》，此外，财政部、国家税务总局出台了《关于扶持动漫产业发展有关税收政策问题的通知》《关于扶持动漫产业发展增值税、营业税政策的通知》等规定。在网络游戏产业方面，文化部颁布了《网络游戏管理暂行办法》，文化部、信息产业部还颁布了《关于网络游戏发展和管理的若干意见》。此外，在网络游戏管理方面，文化部还颁布了《关于改进和加强网络游戏内容管理工作的通知》；在网络游戏进口管理方面，新闻出版总署颁布了《关于加强对进口网络游戏审批管理的通知》等。其六，演艺、休闲娱乐业、旅游业。在演艺和休闲娱乐方面，具体法规有《文化部涉外文化艺术表演及展览管理规定》《娱乐场所管理条例》《文化部关于促进民营文艺表演团体发展的若干意见》等。在旅游产业方面，主要有《旅行社条例》《风景名胜区条例》《历史文化名城名镇名村保护条例》《文化部、国家旅游局关于促进文化与旅游结合发展的指导意见》等。其七，文化艺术、艺术品交易等领域。其相关的主要立法有《美术品经营管理办法》《群众艺术馆、文化馆管理办法》《文物特许出口管理试行办法》《艺术档案管理办法》《国家级非物质文化遗产保护与管理暂行办法》《文物认定管理暂行办法》《世界文化遗产保护管理办法》等。

2. 文化产业立法中存在的问题

第一，文化产业立法缺乏系统性和规划性。目前我国有关文化产业的相关立法，均不是在文化产业作为支柱产业的大背景下的规划性和系统性立法，因此，各种立法之间缺乏相互照应和衔接。从整体来看，我国文化产业立法，存在着整体失衡问题，即国家立法少，部门规章多；基本法律少，单行法规多；管理规范多，权利保障少。在立法内容方面，有些新型的文化产业方面的立法存在空白。在立法主导方面，各种文化产业立法大多数都是以行业为主导的行政立法，不同行业主管部门之间的管理角度和利益冲突，会对相应立法的科学性和协调性造成一定影响。因此，各级各类关于文化产业的立法活动，应该予以系统性清理和整合规范，并根据现有立法状况和文化产业发展需求，制定系统性的文化产业立法规划。

第二，文化立法的结构尚未完善。我国目前在宪法层次上关于文化方面的具文较为宏观和抽象，对公民文化权利的保护必须通过一系列的部门法加以规范和保障。然而，我国目前关于文化立法的结构单一，文化立法布局不科学，缺位较为严重，专业性的文化立法很少，《文物保护法》《非物质文化遗产法》以及《著作权法》是相对来说具有专业水准的立法。其他很多文化立法缺位严重，没有《文化产业促进法》的统领，缺乏"新闻法""出版法"等关于言论和出版方面的权利保障。相当多数文化领域还缺少法律规范，而仅由行政机关的行政规章和政策性文件来"替代"，造成了宪法关于文化法制的原则在实际上不能通过具体的法律、法规和相关的立法活动来加以有效的实施。与其他领域的法制建设相比，文化法制建设还相对比较落后，鉴于这种状况，建构结构合理、内部统一协调的文化法律体系值得期盼。

第三，立法调整对象狭窄，性质区分模糊。文化的内涵和外延范畴宽泛，既有实体性的文化产品，也有抽象的文化价值观念，如何通过法律对抽象的文化观念进行调整很有挑战。随着社会主义市场经济的深化，特别是在新时代的环境下，我国出现了与传统文化迥然不同的文化特征，如文化领域的社会关系和利益主体日趋多元化，各类社会文化机构的参与化、资本进入文化领域的国际化、文化产品的市场化、文化产业的潮流化等，许多文化侵权呈现科学化、技术化、专业化等界定难的问题，因此对我国文化立法的调整对象、性质判定带来了现实挑战，司法裁判面临严峻考验。相比之下，原有的文化法规、规章、政策便显得不合时宜、不能适应和不能覆盖，常常引致法规、规章、政策与现实的冲突。此外，我国过去的文化立法把立法调整对象只定义为公益性的文化事业，仅仅关注文化立法的社会效益，而没有涵盖市场化的文化产业这一调整对象，没有恰当地注意立法在推动文化产业发展方面的作用及其经济效益。这种关于文化法律调整对象性质区分的模糊，必然不利于文化产业发展的法制化。

第四，文化管理机制和手段单一。文化立法的目的之一，即在于提供合理有效的社会文化管理体制、机制和手段，并使之规范化、制度化。长期以来，我国的文化管理体制一直沿袭意识形态管理的机制和手段，而对文化管理权力的约束却缺乏相应机制，缺乏文化行政的法治服务思维，显然不适应新时代中国特色社会主义的法治要求，与国家治理能力和治理体系现代化的要求也不符。因此，应当进一步转变文化管理机制，优化文化管理的部门机构，整合政府职能，规避权责分离、政出多门、职能模糊等现象，不断丰富和完善文化管理的机制和方式，拓宽诉求渠道，建立健全符合我国传统文化与现代文化的创新管理和服务方式。

第五，实施文化立法的策略研究明显不足。从实施文化立法的规划来看，主要有选择依靠国家权力推动文化发展和主要依靠市场和社会的参与推动文化发展的两种模式。现有研究成果比较忽略在文化立法的权利义务配置中，国家保障公共文化事业与市场调节文化产业的关系，以及国家权力和文化市场各自在促进文化发展中权重（比例）的差异等。实现文化强国战略的立法保障及其措施选择，需要明确究竟选择政府主导并推动文化发展的战略，还是主要依靠市场和社会的参与推动文化发展的模式。[1]

第六，现有相关文化产业的立法阶位较低。与我国的政治建设、经济建设、社会建设都初步形成了相应的法律框架比较，我国文化建设还没有完全进入制度化的建设阶段，现有的法律规范不仅数量少，而且位阶低。无论是在公共文化还是文化产业领域，无法可依、无规可循的状况还比较突出。在现有的文化产业立法体系中，除了与文化产业有关的《著作权法》《商标法》《专利法》《广告法》等是全国人大制定的法律外，还有一部分如《出版管理条例》《音像制品管理条例》《广告管理条例》《电影管理条例》《营业性演出管理条例》等是以国务院行政法规的方式立法，众多立法都是国务院各部委制定的规范性文件，从而表现出整个文化产业立法的阶位较低，法律效力不高。

---

[1] 周伟：《我国文化立法研究的问题与展望》，《中共四川省委省级机关党校学报》2012年第4期。

第七，地方性文化产业立法不够完善。梳理全国各地的地方性文化产业立法情况，主要体现在各地文化市场管理方面的立法居多，绝大多数省和较大城市，都出台了当地的文化市场管理条例，如《四川省文化市场管理条例》《陕西省文化市场管理条例》《浙江省文化市场管理条例》等。另外关于各地的历史文化名城保护的地方立法也比较多，如《长沙市历史文化名城保护条例》《南京市历史文化名城保护条例》等。在非物质文化遗产保护方面的地方性立法也相对较多，如《凉山彝族自治州非物质文化遗产保护条例》《玉屏侗族自治县非物质文化遗产保护条例》《哈尔滨市历史文化名城保护条例》等。只有部分省市出台了文化产业促进的地方法规，如《深圳市文化产业促进条例》《太原市促进文化产业发展条例》等，但是此类立法极少。总体而言，地方立法中关于文化产业的立法还极不平衡，各地立法差距较大，在立法内容方面也不够完善，有待进一步地规范加强。

3. 文化产业立法的构建

（1）加快文化产业立法步伐，将现有政策法制化

从《中共中央关于深化文化体制改革推动社会主义文化大发展大繁荣若干重大问题的决定》发布，到《国家"十二五"时期文化改革发展规划纲要》出台以及此前施行的《文化产业振兴规划》，大量文化产业的制度、目标、规范都是以各种政策的方式出现的，这些政策措施对促进我国文化产业的发展起到了非常重要的作用。但是，作为社会主义法治国家，在社会主义市场经济建设进程中，文化产业作为支柱产业，其相应的重要的政策措施必须上升到法制的高度，形成完善的法制体系，才能确保我国文化产业持久稳定地健康发展。因此，必须加快我国文化产业的立法步伐，尽快将各种政策规范予以法制化，制定并颁布各种相对应的法律和法规，形成具有中国特色的文化产业法律体系。

（2）加强文化产业基本法制定。尽快出台《文化产业促进法》，规范文化产业的基本法律范畴，确立促进文化产业发展的具体法律依据。从而调整文化产业领域主体之间的法律关系，确立文化产业运行

的基本原则，构建促进文化产业发展的基本制度，实现权利保障与权力规制的统一。同时，应当体现政府推动与市场主导的统一，在文化产业发展尚不发达的时期，健康有序的市场环境无法完全依赖市场机制予以调节，必须借助适度的政府管理与调控。故通过立法形式将实践中行之有效的促进文化产业发展的政策性措施固定下来，以保障各项政策措施的强制实施，从而形成市场主体公平竞争的法律环境。①

（3）提升文化产业相关行业立法的法律层次，健全相关专门立法

在文化产业法律体系中，除了一些具有广泛适用性的概括性立法外，还有大量与文化产业各行业密切联系的立法，如新闻传媒立法、出版立法、影视立法、动漫游戏立法、演艺娱乐立法等，这些与行业有关的立法，目前绝大多数都是以条例、办法、通知等各种行政法规、部门规章存在，而缺乏全国人大制定并颁布的基本法律，这样现行的文化产业立法阶位和法律效力较低，不适应文化产业发展的需要。在现行的行政法规和规章中，对于条件成熟的，可以提升其立法阶位，通过全国人大制定相关基本法律，提升文化产业的法律保障力度。

（4）重视地方性立法，完善文化产业地方法规。在文化产业的地方立法方面，深圳、太原、西安等城市做了有益的尝试，分别率先制定出台了《深圳市文化产业促进条例》，着重针对文化产业的创业扶持、发展扶持、出口扶持、资金支持、人才培养引进等内容予以规定；《太原市促进文化产业发展条例》，重点规定了文化产业引导扶持措施、市场培育措施、服务保障措施以及交流合作措施等内容；《西安市文化产业促进条例（草案）》主要内容为政府在文化产业发展中的职责、文化产业市场培育措施、文化产业基金融资支持等事项。全国其他地方在文化产业立法方面的进程参差不齐，大多数在文化市场管理、文化历史名城保护、非物质文化遗产保护等有关方面都有相应立法，但是，由于文化产业所涉及的领域广泛，尤其是很多文化与科技融合的新兴产业正在不断兴起，因此，文化产业也对地方立法提出了迫切的

---

① 王者洁：《当下文化产业立法模式之选择》，《中国发展》2017年第3期。

要求。一方面，各地针对文化产业发展方面的不同定位，结合地方自身特点，可以创造性地进行有利于促进当地文化产业发展的立法尝试；另一方面，地方各级人大和政府，还应根据宪法和法律赋予的立法权限，对于全国人大、国务院颁布的法律和行政法规，做好促进法律实施的相应地方立法工作，推动地方文化产业健康发展。

（5）开展文化产业法律、法规、规章的清理与整合。各级各类有关文化产业的立法，从数量上看并不少，而且涉及的行业和领域广泛，立法渊源较多，尤其是一些行政规章，都是在各自行业主管部门的主导下起草制定的，从而使不同行业有关的文化产业立法，都带着明显的行业特点甚至各自的利益倾向，从而导致不同部门之间、不同行业之间、不同层次之间的各种与文化产业有关的立法难免出现冲突。为此，有关立法部门，应该借助文化产业大发展的良好机遇，尽快开展文化产业法律、法规、规章的清理工作，协调立法冲突，废止过时的立法内容，对各种类型的文化产业立法根据行业特点和调整对象，加以整合规范，使文化产业立法保持统一性、协调性和科学性，从而为我国文化产业的快速发展提供健全的法律保障。[①]

（三）文化事业立法

1. 文化事业立法存在的几个问题

（1）文化事业立法未能完全实现从管理向服务的过渡

文化事业作为社会主义文化建设的一部分，同时也是社会主义制度下保障公民基本文化权利的重要途径，其发展和引领社会主义核心价值体系的作用还亟待通过立法手段进一步加强。建立、健全与完善文化事业立法体系，要确立尊重和保障公民基本文化权利的新思路，这对于构建公共文化服务体系，加强公共文化服务和产品供给，加快城乡文化一体化发展，广泛开展群众性文化活动有着十分重要的意义。

[①] 杨积堂：《文化产业发展的立法现状与法制构建》，《北京联合大学学报》（人文社会科学版）2012年第2期。

但目前，我国制定了关于文化事业的立法如《博物馆管理办法》《文物保护法》《群众艺术馆、文化馆管理办法》《公共文化体育设施条例》《乡镇综合文化管理办法》等法律法规、规章以及其他一些地方性法规、文件。这些立法成果在内容上偏重于"管理"，而忽视了其"服务"的价值取向，并未形成以服务为中心的文化事业立法体系。立法思维上，从"管理"向"服务"的转变，要摆脱"管理、规制"的窠臼，立足于服务的理念，做到既在管理中体现服务，也在服务中体现管理。

（2）对公益服务与商业运营的关系处理不到位

国外文化事业较为发达的国家的立法实践表明，既要明确文化事业立法"公益第一性"的立法思路，同时也要重视发挥所在国家较为成熟的商业运营及管理技巧，通过建立相关法律制度，明确公共文化事业市场化中多方参与人的权责和义务，力求在公益与商业之间达到最佳的平衡。我们过去的文化立法，往往过多地关注立法的社会效益，没有更多地把文化作为一项产业来对待，也没有更多地注意立法在推动文化发展方面的作用。从文化事业较为发达国家的情况看，文化产业在其国民生产中占据着重要的地位，文化立法在推动国家文化产业发展方面也起着重要作用。今后我国的文化立法应当转变观念，在注重其社会效益的同时，也应关注其经济效益，以促进文化事业的健康全面发展。[1]

（3）文化事业立法不适宜新时代法治要求，具有滞后性

在我国社会主要矛盾已经发生转化的情况下，面对人民群众精神文化需求快速增长的新形势，我国文化事业发展的成果无论是数量还是质量，都还不能很好地满足人民群众多方面、多层次、多样化的精神文化需求，因而，进一步完善文化事业立法体系，提高文化产品和服务供给能力的任务更加紧迫。文化事业的建设成果，只有通过相应

---

[1] 李忠：《文化立法的几个问题》，中国法学网，http://www.iolaw.org.cn/showarticle.asp?id=1b，2012年8月19日，转引自韩锋《公民文化权利与文化事业立法体系建设》，《齐鲁学刊》2013年第4期。

的法律制度体系，才能够转化为公民具体享有的文化权益。文化事业的立法初衷就是以保障公民基本文化权利为出发点，坚持以人为本，以不断满足人民日益增长的物质文化需求为目标，建立以满足人民需求为目标的资源配置和公共文化产品分配体系。在坚持文化内容的价值引导的同时，还应当兼顾人民群众的多样性的文化需要。

(4) 文化事业立法对公共文化服务的范围界定有限

文化事业立法最重要的一点是如何界定公共文化服务的范围，如何区分文化产业、文化市场和公共文化服务的界限，以及文化事业与公共文化服务的关系。从构建新时代文化事业立法体系的要求来看，立法的价值取向要以构建公共文化服务体系作为文化事业发展的主线，将文化产业、文化市场同公共文化服务区分开来，这对于正确定位不可被产业化的公共文化服务，确保其发展路径的稳定有着重要的意义。目前，我国公共文化服务各主体之间的功能定位不够清晰，相互之间协同合作不够，哪些公共文化服务由政府负责，哪些以社会组织为主，哪些应该是企业行为，哪些应该由社区承担等界限还不够明确，交叉错位、主体缺位、功能乱位等问题时有发生。[①] 界定公共文化服务的范围，首先要从立法上确定公共文化服务的主体、职责、义务等问题，其次要明确公共文化服务的范围，包括政府职能部门、社会组织、参与企业以及基层组织等各个参与者的功能、范围等。此外，还应当从立法上明确公共文化服务与文化产业、文化市场的界限，明确文化事业与公共文化服务的关系。

(5) 文化事业立法对基层文化服务的功能凸显不够

基层组织既是文化事业发展中进行管理与服务的重要单位，也是提供公共文化服务、实现公民文化基本权利的直接参与者。基层组织参与文化事业发展是《城市居民委员会组织法》和《村民委员会组织法》规定的法定职责。我国文化事业立法应当突出居民委员会、村民

---

① 李海娟：《试析公共文化服务发展的整合战略》，《毛泽东邓小平理论研究》2011年第11期。转引自韩锋《公民文化权利与文化事业立法体系建设》，《齐鲁学刊》2013年第4期。

委员会在文化事业发展和公共文化服务体系建设中的作用，在立法上要强调基层组织统筹基层文化资源、建立文化设施和组织文化活动、为社区公民提供公益性文化服务的作用，并予以财政扶持。基层组织是文化事业发展的基石，也是文化服务理念落到实处的基本保障。通过立法手段进一步加强基层组织的文化服务功能，对于我国文化事业发展和公共文化服务体系的建立具有重要的现实意义。①

2. 文化事业的立法面向

文化事业法是调整文化事业领域社会关系的法律规范的总称。尽管我国文化事业比文化产业发展相对成熟，但也存在回报率低、发展缓慢滞后等一系列问题。通过完善文化事业法促进文化事业发展，是我国社会主义文化发展繁荣的必然选择。除作为基础法的《文化事业促进法》外，文化事业法还应包括以下几方面的单行法系统。

（1）关于文化遗产保护方面的文化立法

文化遗产是人类优秀文化的积淀，表征着各国的文化传承，因此，关于文化遗产的法律保护在世界各国都深受重视。文化遗产包括物质文化遗产和非物质文化遗产，前者指具有历史、艺术与科学价值的文物，后者指以非物质形态存在的传统文化表现形式。尽管我国已形成以《文物保护法》和《非物质文化遗产法》为主体的文化遗产保护法制度体系，但很多规定过于原则，有的地方性立法也未能及时出台和修订不适宜当下文化遗产保护的现实，纵向立法和横向立法仍需要进一步的完善，也需要向一些国家借鉴，如法国在历史古迹和遗产保护方面制定了许多专项文化法律，包括《保护历史遗迹法》《古迹保护法》《建筑法》《历史街区保护法》和《城市规划法》等多项法律。当前我们的主要任务应当是加快相应法规、规章的清理。此外，要处理好非物质文化遗产公法保护和私法保护之关系，实现国内保护与国际保护相结合，公法保护主要靠国家投入人力、物力和财力，通过采取

---

① 韩锋：《公民文化权利与文化事业立法体系建设》，《齐鲁学刊》2013年第4期。

行政手段对非物质文化遗产的保护与传承提供有效救济和保障；私法保护则通过赋予非物质文化遗产权利主体以权利和义务，充分利用自己掌握的各种资源从事有关活动获取经济和文化收益，并使非物质文化遗产权利主体自愿、自觉地保护和传承非物质文化遗产。我国的非物质文化遗产法律保护应采取公法保护和私法保护相结合的模式。作为当前我国保护非物质文化遗产效力最高的法律文件，《非物质文化遗产法》指明了非遗保护的原则、方针和政策，是非遗保护的基本法。各级政府要依据《非物质文化遗产法》开展非遗保护工作，尚未制定非遗保护条例的地方要根据本地的实际情况，协调处理好与《非物质文化遗产法》的衔接问题，制定适用于本地的地方性法规，推进我国文化遗产保护立法体系的完善。①

（2）文化基础设施建设和管理方面的文化立法

公共文化设施是公共文化服务的重要载体。文化权利集中体现了社会公众对公共文化服务的要求，保障公民文化权利是公共文化设施立法制度的价值追求。文化设施建设就是为了满足人民群众的精神生活需要，是人民公共文化权利的重要内容。只有形成多层面、多样化的发展良好的文化基础设施体系，公民的文化素养才能不断提高，参与社会建设的积极性也进一步提升。但我国目前并未形成规范和促进公共文化设施建设与发展的法律体系，以致各种公共文化设施的建设与发展，要么因缺乏实际支持而处于瘫痪或缺失状态，要么因为盲目建设而陷入无序状态。公共文化设施实践中一直存在着"重设施建设、轻管理使用"的现象。另外，公共文化设施立法还应把管理使用作为立法规范的重点，建立健全公共文化设施服务保障的督促机制和惩罚机制。在公共文化设施管理与使用中引入以保护文化权利为核心的公共服务绩效评估制度。② 非政府主体参与是公共文化服务的重要内容。

---

① 参见戴健《我国非物质文化遗产立法保护探析》，《河南教育学院学报》（哲学社会科学版）2016年第5期。

② 魏建新、段冉：《地方公共文化服务立法的规范分析》，《南海法学》2017年第5期。

在地方综合性立法实践中，通过公益性文化单位、公益性文化机构、文化类社会组织等各异的称谓对非政府主体予以区分，易造成法律实施中的混乱。在立法的附则部分对非政府主体予以解释和界定，这既能确保公共文化服务中非政府主体的法律地位，也能保持整个立法结构的完整性。① 因此，有必要通过加强文化基础设施建设和管理方面的文化立法，推动公共文化设施的建设与发展，保障公民享受公共文化生活的权利。

（3）关于公共教育、科技方面的文化立法

长期以来我国将教育的公共性理解为教育管理如何实现国家的教育目标，体现教育根本特征的公共性及其内在属性却并不为重视，从而使教育立法重权力与秩序，轻权利与自由，在价值上偏离了公共性的要求。在以引入市场机制为核心的教育改革过程中，我国教育立法显现出较大缺陷，不但公民平等的受教育权利受到冲击，社会公共利益也难以得到有效保障，教育事业面临公共性危机。② 尽管我国已形成以《教育法》《教师法》《义务教育法》《职业教育法》《高等教育法》《民办教育促进法》为主的单行法体系，但一些法律法规比较滞后，不适宜新时代文化教育的要求。在文化的科技创新方面，现代文化事业和文化产业领域包含很多新的科技元素，一些文化产品的开发、适用在为人民提供便利的同时也带来了一些侵权甚至犯罪行为，文化一旦融入科技的元素，必须要有与时俱进的科技立法进行相应的规制，以保护创造者、生产者、消费者及其他公众的合法权利。我们要认识到，文化科技创新活动具有自主性，要求法律保障创新者拥有相对较为广泛的科研自由权、在必要时获得各种帮助的特权、对创新成果的利益分享权等权利。有关法律制度可以综合采用多种方式，广泛调动各种社会力量，为科技创新提供多方面的支持。比如专利制度，它作为保

---

① 魏建新、段冉：《地方公共文化服务立法的规范分析》，《南海法学》2017 年第 5 期。

② 余雅凤：《教育立法必须以教育的公共性为价值基础》，《北京师范大学学报》（社会科学版）2005 年第 1 期。

护科技创新成果的一种法律制度，遵循严格的"谁发明谁受益"的立法原则，积极保护专利人对创新成果的控制权，但如果这种保护超出了适度的范围，则可能影响创新成果的转化及其市场价值的实现。因此，要求在一定情况下创新者必须将专利技术向全社会公开。科技创新立法要协调平衡创新者的权益和社会利益。① 我国目前有《科学技术进步法》《促进科技成果转化法》《科学技术普及法》等为主干的科技单行法体系。在新形势下，我们仍有必要通过废止、修改、制定相应的法规、规章，促进教育、科技立法的进一步贯彻实施，促进我国文化教育、文化科技事业的全面发展繁荣。

（4）关于公共体育方面的文化立法

体育文化是文化的重要组成部分，国家支持发展体育事业，有助于提升公民的体育精神和身体素质。我国目前有《体育法》和《公共文化体育设施条例》，以后者为例，其立法的目的是促进公共文化体育设施的建设，② 加强对公共文化体育设施的管理和保护，充分发挥公共文化体育设施的功能，繁荣文化体育事业，满足人民群众开展文化体育活动的基本需求。条例规定，公共文化设施管理单位可以将设施出租用于举办文物展览、美术展览、艺术培训等文化活动。公共体育设施管理单位不得将设施的主体部分用于非体育活动，但是因举办公益性活动或者大型文化活动等特殊情况临时出租的除外。《公共文化体育设施条例》第 3 条规定："公共文化体育设施管理单位必须坚持为人民服务、为社会主义服务的方向，充分利用公共文化体育设施，传播有益于提高民族素质、有益于经济发展和社会进步的科学技术和文化知识，开展文明、健康的文化体育活动。任何单位和个人不得利用公共

---

① 谢常红：《试论我国科技立法的价值目标》，《重庆科技学院学报》（社会科学版）2015 年第 12 期。

② 条例所指的体育设施指本条例所称公共文化体育设施，是指由各级人民政府举办或者社会力量举办的，向公众开放用于开展文化体育活动的公益性的图书馆、博物馆、纪念馆、美术馆、文化馆（站）、体育场（馆）、青少年宫、工人文化宫等的建筑物、场地和设备。

文化体育设施从事危害公共利益的活动。"但我国当下的公共文化体育设施管理仍存在诸多问题，设备陈旧，管理混乱，有时为了场地的适用导致纠纷和冲突，使用规则不公开、不执行、选择性执行或执行力度不够，是当前我国公共体育设施管理所面临的重要问题，也是造成使用冲突的重要原因之一。① 因此，要进一步加强相应立法的修改、完善，从而促进我国公共体育事业的发展。

（5）文化权利保障法及其构成

关于文化权利的保障本书有专章的论述，这里没有进行展开，而是主要从立法的角度进行几个方面的强调。有学者研究认为，可以在借鉴国外经验的基础上，从以下两方面完善文化立法。一是对我国宪法规范进行完善，二是对相关法律法规予以完善。关于宪法规范的完善，建议增设保护文化权利的一般性条款、明确文化权利作为公民基本权利的宪法地位、拓展文化权利的内容和种类、从赋权的角度规定国家的义务、明确文化权利的范围和国家干预的边界，等等。与宪法和基本法律相对比，有关文化权利的专门法律法规数量较多，规定得也较为详尽，因此，关于我国文化权利法律体系完善的思路，通过颁布文化单行法较为切合实际。结合我国文化权利保护的立法现状看，可以从以下几个方面进行完善和提升。第一，提高文化立法的效力层次，至少要涵盖三个方面的内容，一是文化领域的基础性法律，即新闻法、出版法和文化权利法。二是文化领域的专门性法律，也就是针对各类专门文化事业所进行的立法。三是文化行政法规、文化部门规章、民族自治地方的文化法规和规章以及其他地方性文化法规和规章。第二，增强文化立法内容的现实适应性。首先，坚持立法的科学性与民主性，增强文化立法内容的现实适应性，促使文化法律规范能够适应社会发展的现实要求。其次，调整文化立法思路，既注重管理和限制的内容，也注重发展和保障的内容；既注重义务和处罚的内容，也

---

① 赵修涵：《权利冲突视域下公共体育设施适用冲突与解决》，《体育科学》2018年第1期。

注重保障和服务的内容；既注重对文化的管理，也注重对文化权利的保障。再次，在进行文化立法时，既要传承传统文化又要进行文化创新。第三，增加文化立法的系统性和严密性。首先，在文化立法规划上，要统筹安排，有重点、分阶段立法，以增强文化立法的系统性。其次，在进行文化立法时，要注意平衡各种利益关系，尤其是要协调经济利益和社会利益的关系。① 公民文化权利保障是文化立法的根本目的。只有通过专门化、体系化的文化法律制度，保障公民文化权利才可成为可能。因此，加快构建专门的文化权利保护法律体系，是现代法治发展的必然选择，是现代人权保障的内在诉求。②

3. 文化事业立法应注意的问题

第一，提高文化事业的立法占比。我国目前的立法侧重于文化产业，文化事业尽管在宪法中屡被提及，但在具体的法律法规和部门规章中，很多偏向于文化产业的权利保护，文化公共事业的立法保护相对较少。公益性文化事业是主导投资，吸收社会力量参与而创建的专门服务于社会公众和部分社会弱势群体的社会公益性为主、不以营利为目的的文化事业及其所开展的各项公益活动。主要指公共图书馆、文化馆、纪念馆、美术馆、科技馆、文化宫、文化广场等，其服务性的特点非常明显。文化事业是一项社会集体享有的权利，一方面是对文化成果的享受，另一方面是对社会文明进步的凸显。加强文化事业的立法是对社会公众集体文化权利的保护。如果重文化产业立法轻公共事业立法，将会导致文化权利的保护失衡，而且伴随人们参与公共文化事业的活动越来越多，这方面的权利诉求势必呈上升态势，这是今后立法不可回避的问题。

第二，我国目前存在文化立法供给不足的状况，要厘清"立、改、废"工作。新闻法、出版法、广播电视法、电影法、著作权法、语言文字法、图书馆法、博物馆法、文化馆法、文物保护法、非物质文化

---

① 王丽娜：《文化权利法律保障研究》，《中国政法大学学报》2018年第3期。
② 周叶中、蔡武进：《中国特色社会主义文化立法初论》，《法学论坛》2014年第5期。

遗产法、演出法、文化社团组织法、文化产业促进法、网络文化法等相应立法和修改的工作应不断推进,对不适应新时代文化法治要求而需要废止和修订的法律应及早做好工作的筹备,需要制定法律的也要及时纳入立法规划,进行立法的理论论证、制度论证和各级各类的专家咨询会,对当下的文化法制体系进行全面的梳理,通过文化立法的方式促进文化法治的进程,助推我国文化强国的法治贡献。

第三,文化立法的确要契合新时代的法治要求,但文化的立法不是一蹴而就的程序性仪式。即便现有的文化法律法规供给不足,也不能为了立法而立法,而要为了解决文化领域中的诸多涉法问题而立法。立法追求质量,面对新时代的网络系统和科学技术,新文化下的新型权利逐渐增多,文化权利空间化、网络化、符号化、虚拟化的特征与传统文化保护的方式差异很大,要对不同的文化权利进行充分保护,使其有法可依。立法也需要一个长期论证、观察、调研、统筹和谋划的过程,立法工作者是这方面的专家,他们不可能没有注意到这样的问题,因此,作为欠缺对立法程序了解的普通民众而言,施加的舆论压力有必要但不能脱离立法自身的规则和程序。立法机构也要根据法律的运行规律等适时立法、修法,立法要根据程序,但立法也不能远离时代步伐,立法不是一蹴而就的工作,同时立法也不是长久停滞的事业。从保守的角度,立法要分清主次,至少要为文化事业、文化产业的诉求纠纷提供基本的法律依据。

第四,要通过法定的方式界定文化事业经营单位。我国现有的文化公共资源较为丰富,但管理文化事业的单位呈现诸多问题,需要通过法律的方式明确主体、权责、职能。在一些中小城市,很多公共资源有配置,但文化基础设施陈旧、管理模式落后、服务能力有限。应当通过法律的方式对文化管理部门进行职权的有机划分,特别在国家机构改革的契机下,地方机构改革也要在地方立法中重视文化部门的机构整合与职能配置,提高管理部门对公共文化事业的服务能力。我国各项文化事业长期以来都是由政府进行统一管理,文化单位的人事任免、经费支出、活动设置均由其主管行政部门负责,政府管理文化行政部门，既充当了文化事业的举办者与经营者，又承担着管理员、监督员者等多重身份，这就容易导致文化管理与运行中的政事不分，文化事业单位失去了自主决定权，不能及时依据市场需求来调整产品生产和服务，难以适应市场经济发展的要求，长期下去必将会影响文化事业经营单位的发展。[1]

第五，文化立法要注意保持协调性。习近平总书记指出，依法治国首先要依宪治国。文化立法首先要在宪法的指导下进行全方位的规划，任何形式的文化立法不能与宪法相抵触或相违背，这是基本的立法原则。我国立法纵向上有中央和地方立法，要处理好两者的协调性。就地方文化立法而言，很多都参考国家立法，要在上位法的指导下进行立法修法工作，既要按照宪法和其他上位法的精神立法，也要结合地方实际，因此，文化立法具有一般性和特殊性的特点。特别是在横向的地区之间、部门之间也要注意立法的差异性，如少数民族地区文化立法会兼顾地方民族文化的特点，不同地区的立法部门都会涉及地方利益，这一点，文化立法又凸显原则性与灵活性的特征。但总体上，文化立法在结构上应保持一定的协调性，不同位阶、同一层级的文化法律法规、部门规章应尽量避免矛盾和冲突，使得文化的法律规定在文本上具有自身完整的逻辑一致性。

第二节　文化执法及其问题

长期以来，我国文化市场的行政执法职能分布在文化（文物）、广电和新闻出版（版权）等多个部门。各部门分散执法、交叉执法的管理体制，既与建立统一开放、竞争有序的现代文化市场体系的新形势

---

[1] 李华成、胡秀娟：《论文化事业投入立法中几个一般性问题》，《广西社会科学》2013年第3期。

不相适应，又与实行属地管理、集中有效地行使行政处罚权的新要求不相适应。针对这种传统体制的弊端，一方面我国文化管理职权部门强调通过立法、三定方案设置等明确划分相关权限，做到权责明确。另一方面，也在很多地方积极探索文化、广电、新闻出版"三局合一"，并组建了文化市场综合执法机构，实现了"执法主体、执法权责、执法力量"三统一。目前，包括山东在内的17个地方都实现了三局合一，强调大部制的整体权力运行思路，其中有14个地市成立了政府直属的文化市场综合执法局。而在没有建立起相对集中行使执法权的地方，也在很多领域中局部探索各种形式的协同执法，强调联合执法、综合执法多种形式的运用，降低执法运行中的冲突与摩擦，提高执法效率。

一　我国文化市场常用的执法方式

在文化市场管理过程中，以行业协会为代表的越来越多的非营利性中介组织成为了政府和市场的中介和桥梁，成为了政府管理重要的合作伙伴。而进一步以各种方式积极扶植和扶持行业协会等组织，将其吸纳进以政府为主导的管理体制中发挥作用，这不仅能促进文化市场的繁荣，也必然会加速现代社会管理系统的成熟。此外"综合执法初具规模"。文化行政部门和综合执法机构已在不同领域、不同层级开展了形式多样的实践探索，逐渐形成了一些综合执法规范化建设的好做法、好举措，为进一步推进综合执法规范化建设打下了良好的基础。主要表现在，一是以建章立制为突破口，推进法治建设规范化，初步形成了中央有规定、地方有创新，规章搭框架、文件作补充的较为成熟和具有实操性的法规体系；二是以统一队伍形象、提升人员素质为着力点，推进组织建设规范化，逐步实现统一执法标识、统一执法证件、统一执法服装、统一执法装备、统一执法文书的"五个统一"，并建立了综合培训与专项培训相结合、定期培训与临时培训相结合、现场培训与网络培训相结合的"三个结合"培训制度，提升了专业执法队伍素质，树立了专业执法队伍的外部形象；三是在完善传统管理模式的同时，不断探索利用信息网络技术拓展执法监督手段，推进管理方式规范化，如通过建设网吧监管平台和推广综合执法办公系统，大大拓宽了监管视野，提高了执法效能；四是在工作实践中探索并完善长效管理机制，推进体制建设规范化，实现了文化市场常态化管理。

二　文化执法中存在的问题

（一）法律冲突、滞后等突出问题

一是"法律冲突"的问题。加强文化立法，制定完备的文化法律法规体系，从法规形式上看，包括基本文化法律和各种配套的文化法规。且基本文化法律是在它所涉及的文化领域内起统率作用的法律，基本文化法律制约着该领域内的各项单行文化法规。而国家即使制定了大量单行文化法规，但缺乏能对这些文化法规起统率作用的基本文化法律，则文化法规的体系还不能说是完备的。二是"法律滞后"，如北京市尚未以法的形式对这一新的文化市场执法主体进行行政执法授权，也没有将市委市政府的相关文件精神及时转化为规范性法律文件，其立法步骤明显滞后于执法实践。三是"自由裁量权的滥用"。在实践中，规范的滞后性与抽象性留给文化市场监管和执法人员较大的自由裁量空间，造成行政执法在结果上的不一致性，影响了法律的公正性、权威性和执法部门的公信力。四是所谓"协调成本过高"。尽管在日常文化执法过程中，有关部门组织起来进行联合执法行动也并不少见，但联合执法的有限与文化市场中大量的违法现象是难以调和的。如根据上海市政府的职责划分：文化执法部门管正规音像店，工商部门管无照有店面的音像店，城管部门管游商地摊，公安机关负责淫秽和盗版音像制品的犯罪团伙，众多部门互相协调的任务非常繁重。五是"依法行政理念未完全落实"。在执法实践中，"重文件轻法律"和"重实体轻程序"的观念严重影响了依法行政的实施。六是"运动式执法现象突出"。在现行的行政体制下，因人员匮乏、执法机构设置不均衡以及各部门职能竞合等原因，"运动式"执法可能在今后的文化执法过程中长期存在。

这种执法方式所带来的负面影响，一方面是疏于日常监管，缺乏问题发现机制，陷入了"出现问题—解决问题—再出现问题—再解决问题"的怪圈，背离了社会公众对后续监管的效果期待；另一方面是在客观上纵容甚至"默许"了非运动时期文化市场经营业主的违法行为，如存在某些经营者以利益交换的方式换取非法经营的机会。值得特别关注的是那些文化市场监管执法方面的典型案例。就"典型领域中的文化执法"问题而言，首推"互联网经营"领域。在其经营方面又存在如下问题。一是存在消防安全隐患，即在每个网吧中，虽然都有安全出口，但大多数形同虚设。场内消防器材设置及维护保养不到位，从业人员普遍缺乏消防常识。有些网吧空间相对拥挤，加上网吧内吸烟问题严重，消防隐患十分突出。二是技术防范措施使用不到位。有些网吧业主缺乏必要的专业技术，没有坚持按照公安、文化等部门规定的标准安装、适用防火软件和防范措施，致使网吧内上网者可以随意浏览一些不健康的信息。有的业主为了吸引顾客，尤其是未成年人，甚至擅自停止实施安全技术措施。三是网吧业主、安全管理人员法律意识淡薄。不少网吧业主、安全管理人员法律知识、网络安全意识淡薄，在实际经营中只顾经济效益，不顾社会影响，疏于管理，即使吧台对前来上网的人员进行了简单的登记，也主要是为了收费的需要。未能按照规定如实核对、登记上网消费者的有效身份证件，存在不同程度的使用临时卡的现象。少数网吧安全管理员未能履行自身职责，存在脱岗现象，很少进行巡查，对上网人员的网上行为放任自流。而有关机关在日常监管中也存在权限交叉、职责不清的现象，给违法经营者以可乘之机。四是违规接纳未成年人现象严重，放任青少年超时消费。

（二）文化执法主体界限不清，行政管理权与行政执法权不统一

一是文化行政管理机关上下机构不相对应问题严重。随着地方文化管理机关大部门化的展开，出现了一个文化管理机关对应多个上级

文化管理机关的现象，无法形成行政组织法所要求的行政一体性。尽管随着文化大部制的推行，文化行政机构的合并向行政一体性方向迈出了重要一步，一些地方甚至已经建立了从省级到县级涵盖文化、新闻出版、广播电视、旅游、体育范围的大文化管理机构，但是由于仍然存在机构并立的组织体制，这影响了大文化部门整合的进度和程度。地方文化机构的大整合虽然有助于减少机构数量，但是这种不一致的现象必然导致地方文化行政机关为了应对上级不同文化管理机构必须增挂各种不同的牌子。这种一个机关多个牌子的做法可能导致文化职能责任主体的分散化，在一定程度上影响了组织体制的高效运转。二是文化行政管理机构和文化市场综合行政执法机构的关系尚未理顺。有的采用文化行政管理机构管理文化市场综合执法机构模式，有的采用文化行政管理机构独立于文化综合执法机构且由政府直接领导的模式，有的则是党委宣传部门管理行政执法队伍模式。从组织法角度来看，管理权必然蕴含着执法权，执法权要求实现管理权，否则就会使行政相对人无所适从。从实践来看，随着行政审批制度改革的下放，行政审批权力的弱化有助于文化行政管理机关集中精力管决策，进而转向行政监管，实现决策权、执行权和监督权的有机统一。然而，在组织机构上虽然可以实现监管部门和执法部门的相对分离，但是从权力统一角度来看，文化行政管理机构要能够管理文化行政执法机构，防止出现文化行政管理机构和文化行政执法机构的彻底分离。在大文化管理体制下，要将行政执法机构作为大文化管理机构的下设机构，保持相对独立性，并且实现自上而下的行政隶属关系统一，才能保证管理责任、执法责任和法律责任的统一。正因为如此，在理顺文化行政管理权和文化行政执法权关系基础上，要建立文化行政执法机构与刑事司法机关的衔接机制，从组织体系上保证文化行政执法案件和文化刑事案件的办理。只有这样，才能维护大文化管理体制的行政效率。①

---

① 钱宁峰：《大文化管理体制的组织法构建》，《求索》2018年第3期。

(三) 文化执法的职能边界不清晰

在机构整合过程中，各地对文化本身涵盖的范围具有自己的独特理解，除了文化、文物、新闻出版、广播电视之外，旅游、版权、体育等领域是否纳入文化职能，相应机构是否进行整合，均成为首先予以考虑的问题。尽管2018年宪法修正案并未涉及文化条款，但是从宪法规定来看，文化事业具有特定的范围。宪法第22条规定，国家发展为人民服务、为社会主义服务的文学艺术事业、新闻广播电视事业、出版发行事业、图书馆博物馆文化馆和其他文化事业，开展群众性的文化活动。国家保护名胜古迹、珍贵文物和其他重要历史文化遗产。与此条文并列的还有第19条的教育条款、第20条的科学技术条款、第21条医疗卫生体育条款。与此相对应，第47条规定了文化活动自由条款，即中华人民共和国公民有进行科学研究、文学艺术创作和其他文化活动的自由。国家对于从事教育、科学、技术、文学、艺术和其他文化事业的公民的有益于人民的创造性工作，给以鼓励和帮助。这说明文化和教育、科学、卫生、体育等概念在宪法规定中是有差异的。这种差异集中体现在国务院和县级以上地方各级人民政府的职权之中。第89条第7项规定，国务院的职权有领导和管理教育、科学、文化、卫生、体育和计划生育工作。第107条规定，县级以上地方各级人民政府依照法律规定的权限，管理本行政区域内的经济、教育、科学、文化、卫生、体育事业、城乡建设事业和财政、民政、公安、民族事务、司法行政、计划生育等行政工作，发布决定和命令，任免、培训、考核和奖惩行政工作人员。虽然政府职权的分列并不影响政府机构的整合，但是文化职能的整合并不是没有边界的。从地方政府文化管理职能的改革与整合过程来看，无论是党的宣传部门与政府的文化管理部门之间的职能关系，还是政府各个职能部门之间的关系，均未被这种改革和整合完全包含。[①]

[①] 钱宁峰：《大文化管理体制的组织法构建》，《求索》2018年第3期。

（四）文化领域违法现象普遍，存在诸多治理难度

1. 音乐市场的典型问题

第一，音像制品店普遍小、散、乱。调查发现，大部分音像制品店普遍规模小，常常只有一两个门面，其收入来源主要是靠出租出售音像制品（出售音像制品一般在10元一件左右，出租则一般只有1元一天）。所接待的顾客主要是一些学生和外来打工者。主要支出则是每年上涨的房租及人员费用，而这些音像制品店利润都很低。同时，面临高房租的音像制品店也常常会选择偏僻地段开店，甚至频繁变更地址，而所聘人员包括店主，大都为下岗人员。从业人员素质普遍不高，有的从业人员自己对正版、盗版都无从识别。第二，盗版音像制品对整个市场的冲击仍然很大。盗版和正版的成本可能相差好几倍，而且盗版经常会把大量内容压缩在一张光盘当中，往往能够博得消费者的喜欢。所以，一旦盗版有其流通的渠道，则对于正版制品的冲击非常巨大。第三，人民群众对知识产权的认识还不够深刻。一些门户网站调查显示，在购买过盗版的人当中，因为"便宜"和"方便"而购买盗版的占大多数，并且有持续增多的趋势。

2. 文艺演出市场的重点问题

当前文艺演出市场的监管主要存在以下问题。一是乡镇等基层地区存在市场监管的缺位现象，即由于执法人员素质跟不上现实的需要，乡镇文化市场管理存在着组织不全、职责不明、考核目标不清、人员缺编等问题。二是部门之间缺乏长效联络机制。文化、公安、工商、城管、消防等部门之间，在演出市场监管中各自为政。他们偶尔会做一些配合，但往往是一时的，有时甚至出现有利益介入、无利益扯皮的现象。一些非法演出的取缔工作主要由文化市场行政执法大队来做，该机构势单力薄，人身受到攻击的危险系数较高。执法人员遭到当事方以及一些不明真相的群众的谩骂、阻扰甚至殴打，是常有的事。三是行政执法力量薄弱，装备不足。目前，在县市级尚存在执法人员偏少、技术装备不够齐全的状况。许多地方经济发展落后，硬件设备跟

不上，没有专用的摄像机、数码相机、执法用车等。而这又与文化市场总量较大、布局分散的格局严重不符，造成了日常监管鞭长莫及的现象。同时单一监管方式没有改变，"事后查处为主"的监管方式还有所存在。

3. 文化执法制度的系统性问题

目前文化领域综合行政执法改革的理想模式是以上海为代表的"相对独立的综合行政执法模式"：首先，在文化领域内实行综合行政执法，即将目前分属于文化、新闻出版、广播电影电视等部门的行政强制权、行政处罚权以及与行政强制权、行政处罚权有关的监督检查权统一授权文化市场行政执法机构独立行使，在文化领域内实行综合行政执法；其次，单独设置文化市场行政执法机构，委托文化行政部门管理，即在省级以下地方人民政府单独设置文化市场行政执法机构，作为政府的二级直属部门独立行使文化领域行政执法权，配备必要的行政执法编制，全额核拨人员及执法经费，委托文化行政部门管理。

三 文化市场监管制度的完善

文化市场监管制度包括完善行政执法调查制度、管辖制度、移送制度、执法行为制度、归档管理制度、问责制度、信息制度、人员保障制度、检测制度、设备保障制度。

（一）完善行政执法调查制度

行政执法调查制度主要是对已经取得相关许可资格的相对人或没有取得相关资格但从事与文化产品有关行为的相对人的违法行为予以查明和确认的制度。可以从形式与程序两个方面来完善。就完善"形式"而言，包括"定期检查"，具体而言诸如"年检备案制""抽样检查制""检测、检验制""检查汇报相结合制"；还包括"定期报告""书面检查""现场检查""接受举报"，以及"向特定企业派驻监管员制"。就履行"程序"而言，需同时落实"一般程序"和"特别程序"。"一般程序"包括"报告批准制度""表明身份制度""两人以上执法制度""通知并说明理由制度""当事人权益保障制度""回避制度"以及"笔录制度"。而需对其适用"特别程序",即查封、扣押的,必须遵守以下规则:查封、扣押不得涉及案外人、受害人的合法财产;不得扣押违法嫌疑人的合法财产;应该确保违法嫌疑人能够进行基本的生产、生活。查封、扣押一般应在三十日内做出处理决定,属于违法所得或非法财物的予以没收或按国家相关规定处理,违法行为不成立的应及时归还。此外,行政机关对于查封、扣押的财产还应该妥善保存或看管,应该制作一式两份的清单,分别由执法机关和当事人保存。

(二) 完善管辖制度

管辖制度需要确立几个原则。一是结构平衡。文化市场监管机关内部对于案件的调查和处理首先要实现地域和级别各自的平衡。对于县级以上文化管理机构监督检查的权限划分要照顾到不同地方、不同层级的文化管理机关案件总量的平衡。总体而言,管辖规则应该有助于或实现调查、检查及处罚的及时。二是便于协调,即管辖规则的建立还要能够有一定的灵活性,能够预留出一定的制度空间,在管辖发生争议时予以解决或协调。此外在具体管辖规则的完善方面还需注意:在地域管辖上,确立属地化的基本调查规则,由违法行为发生地(违法企业注册地)的文化管理机关来调查。如果违法行为跨行政区域的,应该明确以违法行为实际影响地的文化管理机关来调查。尤其在文化传播过程当中,往往超越单一行政管辖区域,这个时候确立实际影响地原则有利于最快实施执法行为;在级别管辖上,由县级以上文化执法管理机关来具体实施调查;在职能管辖上,对于涉及文化产品生产、经营、销售、服务的调查由具有相应行政管理职能的行政机关依法进行。而当发生管辖权争议时,则应该报共同上一级行政管理机关指定管辖。

(三) 完善执法行为制度

这是行政法学界近年来重点关注的执法指南和裁量基准制度。结合文化市场监管执法的实际情况，初步提出了两套执法指南。

1. 文化市场管理部门自身执法的操作指南，基本涵涉问题如下：一是制作主体。鉴于文化市场管理的地方经验差异较大，可以由省级文化市场管理机关负责制作，在本省实行。二是制作程序。制作程序可以"由下而上"，即由市区县基层一线执法部门提出执法困惑与问题，汇总梳理基本执法流程与执法内容，尤其类型化常见的问题，然后由省级部门统一制作。三是制作依据。原则上应该以与文化市场管理行政执法相关的法律、法规、规章为制作依据，需要整理和梳理现有相关法律条款，管理部门内部的办案规则一般不宜直接作为指南的制作依据。四是法律效力。执法指南属于规章以下的规范性文件，主要用以约束管理机关自身并对外服务和管理，因此不属于一般意义上的有法律约束力的规范性文件，在复议和诉讼中供争议解决机关参考，可以作为被申请人或被告提出的证据加以使用。五是基本内容。如对典型文化市场管理中违法行为的类型化，即各地制作的指南均应该对典型违法行为加以类型化梳理；对行政立案、调查流程的详细规定和常见问题答疑。执法指南应该详细规定各种调查措施的具体流程，对管辖制度及移送制度的详细规定及常见问题答疑，对于如何确认和判断地域管辖、级别管辖、职能管辖要提出一些具体的标准与常见疑难争议，并争取在本省内得到统一规定和解释，对行政调查中使用行政强制措施的详细规定及常见问题答疑。根据现有法律、法规，文化市场监管部门有一定的行政强制权，但行政强制权的使用需慎重，并不是所有的案件都必须通过查封、扣押等手段来完成行政执法任务。因此可以对各种文化市场行政管理部门有权行使的强制措施从主体、条件到幅度等方面进行细化，对行政调查中常见的违法执法行为类型化，例如从主体、权限、程序、内容、形式等方面加以类型化整理；对文书制作、归档、保存、公开流程的详细规定。六是对行政执法中投诉、提出救济和问责的详细规定。应当在指南中明确引导、告知当事人投诉的主体、程序、需要注意的事项等，对于主要责任人或直接责任人的问责也应该将问责条件、问责程序、责任后果、追责裁量要件、对

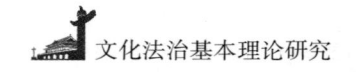

问责提出的申诉等基本要件予以明确。

2. 处罚裁量基准，这是第二个可以借鉴和引入到文化市场监管执行体系中的重要法律工具。其主要内容包括以下几个方面。一是"文化产品违规生产的裁量基准"，包括不予处罚的基准、适用警告并处没收的基准、适用并处罚款的基准、适用罚款第一层次幅度的基准、适用罚款第二层次幅度的基准、适用吊销的基准。二是"文化产品违规销售的裁量基准"，包括"适用警告并处第一层次幅度的罚款""适用警告并处第二层次幅度的罚款""适用吊销的基准""适用吊销销售许可的基准"。三是"文化产品违规侵权的裁量基准"。对未经许可擅自使用他人著作权或专利等的违法行为适用警告并处第一层次幅度的罚款、适用警告并处第二层次幅度的罚款、适用吊销的基准。而综合以上裁量基准，本书提出了一些具体的判断标准，如对于不予处罚一般的基准，可以考虑"情节轻微且没有造成实际危害后果""不具备可以处罚的责任年龄""不具备可以处罚的责任能力"等；适用警告并处没收的基准，可以是对一些轻微违法现象进行概括，如"受他人胁迫""主动消除或减轻违法后果""具有折抵责任的法定情节""满十四周岁未满十八周岁""初犯且没有造成严重危害后果""积极配合调查且有立功表现"等；对于情节严重的判断，可以从"违法后果较重""有胁迫、威逼、利诱他人的""在一定时间内被文化市场管理机关处罚过的""打击报复、抗击执法的"等；对于罚款额度如何具体确定的判断，则可以结合具体违法类型中严重违法——一般违法—轻微违法的各种常见因素，将两个区间（如1倍，3倍；1万，10万）予以具体化表达。如以第一个区间为例，可以更进一步分解为以形成3倍（顶格适用）—2倍至3倍—2倍至1倍—1倍等几个具体区间，然后结合实际情况提出具体判断因素。

（四）完善问责制度

首先要确定问责主体与对象，问责主体需要区分责任人员的不同身份属性，对于在文化市场管理部门担任有领导职务的公务员，由同级政府问责；受撤职、开除处分的，在处分做出之前应该由同级政府向同级人大常委会提出免职建议；未列入政府序列的领导人员，其处分按照中国共产党相关处分文件办理。对于担任文化市场管理部门非领导职务或内设机构领导职务的公务员，其处分由任免机关做出；未列入政府序列的领导人员，其处分按照中国共产党相关处分文件办理。与此相对应，问责对象主要是直接负责的主管人员和其他直接责任人员。其次有关"问责程序"则依次可以设计为：初步调查；立案；立案后调查；听取陈述、申辩；决定；书面通知；归档。关于信息制度的完善：一是"信息通报与共享规则"。其中"地域通报与共享"意为，对于本地发生的文化产品各个环节中产生的违法行为，如果影响到其他地方，应该在机关之间及时互相通报，以最快速度制止违法行为。对于本地出现的一些典型性、阶段性违法行为也应该预告给其他地方的文化市场管理机关；其中"机关通报与共享"意指应将企业违法违规行为及时通报其他执法主体。二是"信息判断规则"。其中"信息风险判断"指对于可能导致违法的信息，尤其是对于是否构成文化产品创作权侵权的信息要进行风险评估和判断，并及时移送有关机关综合相关信息做出判断。在执法过程中发现的，可能违法使用文化产品而造成国家安全和社会公共安全或他人合法权益受损的行为，要及时对其风险进行分析，并综合各种信息做出快速判断。还需"信息真伪判断"，即对于文化管理机关搜集或由群众举报的各种信息要进行真伪判断，或对是否构成某种违法行为的信息的真实度进行判断。三是"信息保管规则"。四是"信息公开规则"。本书认为，文化市场管理执法体系需要以建立高效网络技术平台为支撑。各级文化市场管理机关应该充分利用网络技术平台来接受举报、立案、进行信息通报共享、汇总相关信息、举行会议等。尤其是要注意按照《信息公开条例》的要求，重点通过网络发布执法过程与执法决定的相关信息，接受社会监督。五是"紧急状态下信息通畅保障"，即对于一些涉及危害重大国家安全、出现突发事件或跨行政区域、多环节违法的案件，应当保持行政机关之间信息渠道的畅通，防止"分工又分家""各自为政"，要

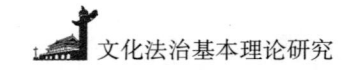

通过信息平台的连接来使权力行使无缝对接。

(五) 完善人员保障制度

该制度几乎是所有部门改革当中都要涉及的问题。对此,应该从"人员任职规则""人员培训规则""人员编制保障""执法人员着装"和"专家顾问制度"这五个方面来予以完善。从"人员任职规则"来讲,如最为重要的"行政执法人员任职规则",就需从以下几个方面来着手改善。一是资格取得。应当逐步建立全国统一的文化市场监管执法资格考试,以确保行政执法人员了解基本的法律知识和文化市场知识,持证上岗,规范基本素质。二是录用。取得执法资格的人员可以通过公务员考试或其他形式由文化管理部门予以录用;并确立试用一年制度,试用合格正式予以任用。三是交流,即行政执法类公务员也可以通过调任或转任的方式进行交流。既可以吸收社会组织尤其是拥有丰富文化管理经验和文化素养的人进入执法队伍,也可以在文化市场行政管理部门之间进行转任。同时,为了确保其他行政监管部门熟悉文化产品等专业知识,也可以从海关、工商、公安、质检等部门交流相关公务员来挂职锻炼。"人员编制保障"往往也是政府机构改革的重中之重。目前,文化基层执法力量的薄弱令人担忧。建议按照《地方各级人民政府行政机构设置与编制管理条例》的程序规定,依据实际情况增加基层执法编制。其扩充编制的具体方案又开出如下三种:第一,按照正常的编制增加程序增加执法人员的编制,但会涉及增加行政经费的问题;第二,借助公务协助的方法解决编制不够问题,但可能会增加其他协助部门的负担;第三,通过聘用协管人员,明确其相关待遇、身份、地位,实际分担行政执法任务。另外建议借鉴食品药品监督部门的做法,成立一个执法专家顾问库。聘请一定数量的专家作为文化市场监管工作的顾问。并对专家组成、聘请期限、顾问内容、顾问方式等做出具体规定,切实发挥专家顾问的作用。同时,专家库的建设应该注意合理的知识结构安排,包括文化行业专家、法律专家、行政管理专家。

四 文化执法的路径构建

本书结合中共中央办公厅、国务院办公厅印发《关于进一步深化文化市场综合执法改革的意见》的精神，将其中的重点任务概况为文化执法的路径指向。

（一）文化执法主体要权责一致，建立机动的公务互助体系

在国家机构改革的背景下，文化管理部门要提高行政效率，必须不断优化机构设置，转变职能，将文化管理的行政方式转化为文化服务的理念，一件事情由一个部门负责，一件违反文化法律法规的行为由相应的执法部门处理或司法部门介入。从职责履行上来说，独立或相对独立的文化市场综合执法机构，必须能够依法独立做出行政处罚，并能够对自身所做工作独立承担相应责任。之所以要确保文化市场综合执法机构的独立或相对独立，是因为一个行政执法机构如果连独立处理案件的条件都不具备，那么它处理案件的效率和公正度就会受到影响。在这个意义上，通过明确文化行政主体的职能范畴，进一步规范执法行为，如文化市场综合执法机构的主要职能包括对娱乐场所的依法查处，对艺术品经营、文物经营、其他文化产品经营进行监管，查处文化艺术经营、展览展播活动中的违法行为；查处除制作、播出、传输等机构外的企业、个人和社会组织从事广播、电影、电视活动中的违法行为，查处电影放映单位的违法行为等。

（二）健全综合执法制度机制

目前我国文化市场的执法机制尚不健全，本书也在前文分析了文化综合执法制度缺乏系统性、程序性，许多已设的制度与当下文化发展的现状、文化诉求的特征不相适应。如果没有严格统一的文化执法制度作为保障，执法的合法性依据、程序性逻辑、公民文化权利的最终保护将受到质疑。从文化立法的层面看，许多执法制度需要立法的基础前置，制度内涵于文化法治之中，即凸显文化执法的制度性特点。

在新时代依法治国新要求下，各级文化执法部门应当结合国家结构改革的背景和党的十九大报告、十八届四中全会精神完善自身执法制度，通过制度对执法人员的执法行为进行监管、对执法对象进行说明，做到文化执法于法有据。在文化执法制度中，上下级和同级文化部门的公务互助体系尤其重要，此外，跨行业、跨领域的执法互助体系也需进一步完善。建立文化市场跨部门、跨区域执法协作联动机制，完善上级与下级之间、部门之间、地区之间线索通报、案件协办、联合执法制度。有关行政部门在各自职责范围内指导、监督综合执法机构开展执法工作，综合执法机构认真落实各有关行政部门的工作部署和任务，及时反馈执法工作有关情况，形成分工负责、相互支持、密切配合的工作格局。建立文化市场行政执法和刑事司法衔接机制，坚决防止有案不移、有案难移、以罚代刑现象。推进政务信息公开，向社会公开执法案件主体信息、案由、处罚依据及处罚结果，提高执法透明度和公信力。

（三）完善文化市场信用体系

我国目前的文化市场信用机制不完善，文化信用体系对公民文化权利的享有在道德层面上支撑不足，从目前我国文化信用市场的发展态势来看，无论是国家制度的引导、社会层面的协同还是公民个人的主动参与，都未能形成新时代中国特色的文化信用体系。一是缺乏用于引导文化市场诚信体系建设的专项政策。国家有关文化市场诚信体系建设的政策主要是为了加强文化市场管理、规范文化市场秩序而提出的。相关政策并没有明确文化市场诚信体系建设的指导思想、目标和基本原则，更没有提出文化市场诚信体系的主要内容。这就使得我国在推进文化市场诚信体系建设的过程中缺乏纲领性文件的指导作用，不利于文化市场诚信体系的建立和完善。二是缺乏用于支持文化行业协会发展的相关政策。文化行业协会作为自律性的非政府文化组织，在文化市场诚信体系建设过程中发挥着不容忽视的作用。《国务院办公厅关于社会信用体系建设的若干意见》指出，要发挥商会协会的作用，促进行业信用建设和行业守信自律。然而，我国还没有出台专门用来指导文化行业协会发展的管理办法，使得文化行业协会在运作上缺乏监督和管理，致使文化市场上出现文化行业协会公信力不足，向市场提供虚假信息等问题。① 针对我国文化市场信用薄弱的现实，应结合国务院办公厅印发的《关于进一步深化文化市场综合执法改革的意见》精神，建设文化市场基础数据库，完善市场主体信用信息记录，探索实施文化市场信用分类监管，建立文化市场守信激励和失信惩戒机制。落实市场主体守法经营的主体责任，指导其加强事前防范、事中监管和事后处理工作。推动行业协会、商会等社会组织建立健全行业经营自律规范、自律公约和职业道德准则，引导行业健康发展。

（四）推进综合执法信息化建设

加快全国文化市场技术监管与服务平台建设应用，加强与各有关行政部门信息系统的衔接共享，推进行政许可与行政执法在线办理，实现互联互通。通过视频监控、在线监测等远程监管措施，加强非现场监管执法。采用移动执法、电子案卷等手段，提升综合执法效能。推动信息化建设与执法办案监督管理深度融合，运用信息技术对执法流程进行实时监控、在线监察，规范执法行为，强化内外监督，建立开放、透明、便民的执法机制。构建文化市场重点领域风险评估体系，形成来源可查、去向可追的信息链条，切实防范区域性、行业性和系统性风险。

（五）以综合执法为核心的执法监管

文化市场固然有着基础性的作用，但文化市场本身的精神性、人格性特征，以及文化产品生产、传播、消费等独有的规律，也要求我们必须重视文化市场主体的参与，必须重视文化行业的自律。通过建

---

① 《我国文化市场诚信体系建设的政策分析》，https：//www.xzbu.com/5/view-12774331.htm，2018年12月25日。

设一个强大的市民社会，实现社会的自我管理、自我服务、自我约束和自我监督。公民应该在文化事业建设、文化政策制定、文化纠纷解决等方面和环节有更多的途径和平台来表达利益诉求、表达具体看法。文化市场监管还应该通过创造更多的诸如公听会、座谈会、论证会、听证会等平台，通过建立诸如"通知—评议—回馈"程序为核心的意见传播和疏导机制来集思广益，实现更加广泛的公众参与。同时，更好地发挥市场的决定作用，就必须充分重视社会本身的作用。因此，文化执法也可以由一种传统的刚性政府行为通过社会自律和向社会购买公共服务的方式来完成，这有利于文化市场更加深远地健康成长。①

（六）加强综合执法队伍建设

严格实行文化执法人员持证上岗和资格管理制度，未经执法资格考试合格，不得授予执法资格，不得从事执法活动。探索建立执法人员资格等级考试制度。健全执法人员培训机制，实施业务技能训练考核和中西部地区执法能力提升计划，定期组织开展岗位练兵、技能比武活动。全面落实综合执法责任制，严格确定不同岗位执法人员执法责任，建立健全责任追究机制，通过落实党内监督、行政监督、社会监督、舆论监督等方式强化文化市场执法监督。落实综合执法标准规范，加强队容风纪管理，严格廉政纪律。使用统一执法标识、执法证件和执法文书，按规定配备综合执法车辆。开展专业培训，提升执法工作人员的个人素质。文化市场非常之活跃，且紧跟时代发展步伐，各类新技术、新手段都能在文化市场中发现。尤其是信息技术的普及，网络出版物以及网络文化的发展，全新的文化项目持续涌现，传播速度更是飞快。但文化市场的管理方法、管理人员的个人素质却没能与之相匹配。因此，需要开展全方位、多角度、针对性强的专业培训，使得各级文化市场执法人员能够不断得到成长，利用集中学习及个人

---

① 王旭：《文化市场综合行政执法机制研究》，《哈尔滨工业大学学报》（社会科学版）2014年第2期。

自学，提升专业水平。通过全方位的培训，多角度地学习，使得文化管理人员对相关的法规文件有一个较为全面的了解，不断提升依法管理意识，不断增强自身业务能力以及工作水平。

第三节 文化司法及其问题

司法是维护社会公平正义的最后一道防线，司法监督是整个法治监督体系中最为关键的环节。然而，当前我国司法机关在文化建设过程中的监督作用尚未发挥。因此，一方面，应当立足于现行行政诉讼法、国家赔偿法等法律，拓展司法机关对文化行政行为的监督范围，加强司法机关对文化行政行为的审查力度。另一方面，应当明确文化权利的可诉性，扩大文化权利的司法保护范围。同时，应当以促进知识产权法院建设为核心，推进以文化权利救济与文化权利监督为使命的专门的文化司法机制的形成。此外，应当通过完善行政执法和刑事司法衔接机制，在强化司法机关与文化行政机构互动的过程中，加强司法机关对行政执法的监督。

一 文化权利的可诉性是司法救济机制启动的首要前提

涉及文化领域的矛盾和纠纷是否具有可诉性或是否会被法院立案关系到当事人的权利保护渠道的选择，如果走其他调解、和解程序，不走司法程序，对于文化权利的保护无可厚非，如通过行政机关的调解、通过文化行业协会的章程规制、文化自治组织的协商处理甚至能提高文化权利争议解决的效率，一方面可以节省司法资源，另一方面发挥了社会文化服务机构、基层群众文化自治组织等的服务功能。但并非所有的文化权利争议都能在非司法渠道进行解决，哪些案件需要立案，是否有必要纳入司法救济路径，是否需要启动审判程序值得甄别。目前，我国文化权利诉求多，在新的文化业态下新型权利诉求也在逐渐增多，但有的文化权利是否具有可诉性一直存在争议。传统观点认为文化权利不具有可诉性，而现代越来越多的观点倾向于认可文化权利的可诉性。诚然，承认文化权利的可诉性具有一定的困难：文化权利的内涵与外延一直处于不确定之中，导致文化权利的司法救济根本无从谈起；文化权利具有双重权利属性即人权属性与权利属性，文化权利的人权属性赋予了文化权利的道德性质，无从依靠国家强制力予以保障；文化权利的实现受制于一个国家的文化资源。联合国《经济、社会及文化权利国际公约》委员会提出了"最低核心义务"的概念，并规定公约中的部分条款具有可诉性。文化权利的可诉性是文化权利不断发展的结果。随着社会的不断发展，文化权利的内涵及外延能够在一定范围内通过立法技术予以固定，如果持续地令这些文化权利处于不可诉的状态之中，那么宪法对于公民文化权利的规定毫无意义。此外，社会经济的不断发展促使文化权利的权利属性逐渐增强，文化权利的种类不断增加，文化权利不再仅仅是一种道德权利，更是一种法定权利。①

二 我国文化司法救济机制中存在的问题

（一）对涉及文化领域的权利保护问题专业性较强，司法界定难

文化的内涵和外延范围大，认定难，哪些领域需要法律保护和干预，哪些属于文化组织自治的范畴，哪些涉及侵权，哪些构成犯罪，这些问题在涉及社会组织、公民等主体的文化权利诉求时，司法部门必须从专业的角度首先界定是否属于文化范畴的诉讼。特别是在互联网技术越来越发达、新型文化权利逐渐增多的情况下，对文化的认定、文化侵权的界定要求越来越高。如涉及的合作作品、文化产品独创性的评价标准等都将带来新的技术课题。而对不同类型的文化界定、对

---

① 杨艳芳：《我国公民文化权利法律保障研究》，硕士学位论文，河北师范大学，2013年。

文化产品使用是否涉及侵权、是文化产业的问题还是文化事业中的法律问题，都需要明确，这要求司法部门也要结合文化法治的时代要求转变理念，提升审判能力。

（二）我国文化立法相对滞后与文化权利诉求增多的矛盾

我国关于文化的立法相对其他领域而言显得薄弱，无论是文化产业立法还是文化事业立法已经不能适应国家治理能力和治理体系的新时代法治要求。随着社会经济的迅速发展，科学技术的不断进步以及互联网技术的发达，许多文化权利的保护已经超出了传统文化所能涵盖的范畴，原有的适合传统文化权利保护的诸多文化法律规范已经不能契合新时代的文化权利新格局，司法部门在案件的审理上面临"旧法不能，新法无依"的尴尬状况。任何案件的裁判都必须有充分的法律依据，如果国家对文化权利的司法保护没有俱进的法律配套，过于依赖司法解释或其他"勉为其难"的法律法规，显然不利于保障社会主体享受公平的文化救济权利。从这个意义上，文化立法的资源不足势必导致司法审判不公带来的诸多责难。

（三）新时代文化诉求新类型案件增多，审理难度加大

随着文化产业的不断发展，各类新型文化类案件不断增多。以知识产权审判工作为例，对其提出了更高挑战。如中国科学院海洋研究所、郑守仪诉刘俊谦等侵犯著作权纠纷一案，是全国首例涉及将海洋生物模型制作成城市雕塑的著作权保护问题，属于著作权保护中的新类型案件。对于海洋生物是否属于著作权保护对象，被告将海洋生物模型制作成城市雕塑是否构成对原告模型的侵权等问题，均是该案的审理难点。再如，"青岛出版社诉武汉亚新地学有限公司请求确认不侵犯商标权纠纷"一案，也是近年来出现的新类型案件。因请求确认不侵犯商标权的受理条件、侵权认定标准等在相关法律中没有任何规定。该案的一审法院参照了最高人民法院关于确认不侵犯专利权纠纷案件的相关规定来进行审判。二审法院审理后亦认为参照确认不侵犯专利

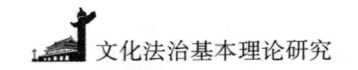

权案件的受理条件处理本案并无不当。然而对于新类型案件在相关法律规定空白的情况下，如何正确适用法律，仍是涉文化类知识产权案件审判中亟待解决的问题。

（四）文化公益诉讼在司法实践中推动乏力

公民的文化权利除了可以通过三大诉讼法的方式实现救济外，还有一种特殊的诉讼方式，即文化权利的公益诉讼。享受文化的成果是每一个公民的权利，但当某些权利被侵犯，即便非个人权利受到直接的侵犯，而是国家和社会的集体文化权利受到侵害，适格主体也可以向法院提起文化诉讼。我国的环境公益诉讼就是很好的例子。当然，我国现行民事诉讼法虽然规定了公益诉讼，但是完善的公益诉讼制度在我国还没有完全建立。公益诉讼的主要目的是维护国家利益和社会公共利益。公益诉讼制度要求每个公民为维护社会的法治而去关心公共利益，并且在公共利益被侵害时去寻求司法救济。当文化权利尤其是集体的文化利益受到侵犯时，经法律授权的自然人、法人或其他组织均可依法行使诉讼权利，向法院提起公益诉讼。至于究竟是民事公益诉讼还是行政公益诉讼，具体要根据案件适用的诉讼法的性质或者被起诉的客体来决定。①

（五）各地文化立法标准不统一，法律适用尺度不统一

文化权利的解读在不同的地区认定有差别，比如不同的民族在行使自身文化权利的同时，是否侵犯了其他民族的文化权利，因为不同民族的信仰、风俗习惯等有诸多差异，尊重其他民族的文化是否系必须遵守的义务值得商榷。不同地区都有与其他地区不同的立法实际，同样的行为是否在法律上作普遍性界定和公平性判决会存在差异。即便是同样一个非涉文化的案例，不同的法院在判决结果上可能会大同

---

① 王丽娜：《文化权利法律保障研究》，《中国政法大学学报》2018年第3期。

小异，何况是对文化权利的审判，如《乌苏里船歌》的著作权认定问题。① 因此，本书建议及时出台相关的文化立法，提前谋划和设计，尽早施行，特别是通过全国人大、国务院等权力机关、行政机关制定的法律和行政法规，使得文化立法在国家层面有较为统一的标准，各地根据实际制定相应的地方文化立法，保障文化法律体系的系统性与科学性。在法院审判文化权利诉求案件时，也能做到尺度相对统一，判决公正。

（六）法官对文化诉求类案件的审判能力有待加强

我国文化繁荣，无论是传统文化还是现代文化，都丰富了人们的审美情趣和文化生活，同时因为文化产品的市场化、文化价值观的多样化、文化消费观念的多元化，因文化而衍生的国家管理、社会协同、公众参与带来了诸多现实矛盾和问题。不同类型的文化诉求，对法官

---

① 《乌苏里船歌》案中，原审原告为黑龙江省饶河县四排赫哲族乡人民政府，原审被告是海南省歌舞团离休干部郭颂。被告在收集了原告民族歌曲《想情郎》和《狩猎的哥哥回来了》之后，在此基础上创作了《乌苏里船歌》。在1999年中央电视台举办的某开幕式晚会上，郭颂演唱了这首《乌苏里船歌》，并且由中央台节目主持人进一步介绍这是一首郭颂创作的歌曲，而非赫哲族民歌。为此，原审原告向北京市第二中级人民法院提起诉讼，要求被告停止侵权、赔礼道歉等。一审法院认为，赫哲族民歌属于民间文学艺术作品，其理应依法受到相应保护，在这一点上二审法院并未提出异议。但无论是一审法院还是二审法院均未对保护中应当参照的具体法律等予以明确说明。因此通过结合最终得到的判决书，可知其主要将《著作权法》作为其适用法律。而事实上，现阶段我国尚未出台任何一部法律法规，用以明确界定民间文学艺术作品及其著作权保护。参考《著作权法》可知，一般将作者，或是将在该部法律约束下依法享有著作权的公民与法人或者其他组织规定为作品权利人。在本案当中，整个赫哲族这一民族作为权利人，无法将其归属于享有著作权的任何一类权利人之中。即使允许乡政府作为整个民族的代表，在民族分布不那么集中的情况下，难以明确具体代表。而且，也很难采用统一的制度对分享既得利益予以相应明确。其次，虽然目前在著作权法、商标法当中均对固定保护期限进行了相应规定，使得保护知识产权可以同其他权利保护相互区别，但由于民间文学艺术本身存在明显的延续性特征，其与保护知识产权中的时间性要求不相适应，同时著作权法几乎无法对蕴含在民间文学艺术当中的公共利益进行集中体现，因此在保护期限方面也存在着相应问题亟待解决。参见淄博市中级人民法院《关于涉文化领域知识产权司法保护状况的调研报告》，《山东审判》2015年第4期。

的专业知识提出了更高的要求。我国不仅要求文化立法要与时俱进，同时也要求法官队伍文化的知识更新，提高审判的技术和专业知识的运用能力。事实上，文化产业与事业的发展与地区经济水平紧密相关，从本人调研的情况来看，经济发达地区的作品登记数量多、文化产业发达、文化市场活跃、参与文化主体多。相应地，经济发达地区的文化类知识产权纠纷呈现出新型案件多、复杂程度高、审理难度大的特点。相关的知识产权法官的裁判水平高、理论层次高，驾驭新类型案件和疑难案件的能力强。而经济欠发达地区的案件类型较单一，以关联案件为主，知识产权法官的裁判水平不够高，法律适用的理解能力和疑难复杂案件的审判能力都较弱，难以对当地文化建设起到促进和保障作用。

三 文化司法救济的路径

（一）提高对文化诉求能否立案的界定水平

在文化侵权的案件受理、审理过程中，审判人员在进入审判前的立案程序中应区分诉求属性，如果属于文化侵权类案件，应判断是否达到立案的标准。由于很多文化现象、使用文化产品的行为既有公共的也有私人的、既有公共事业的集体属性也有个体、组织商业化营利性的性质，这就要求立案或审判程序中司法部门能很好地界定文化产业与文化事业的诉求类型，特别是对传统文化与现代文化交织的某些行为，既要坚持文化传播的合法性、文化产品流通的正当性，同时也要保护文化成果的享有者、文化产品消费者的合法权利。如通过科学界定不同类型文化领域知识产权的保护范围和合理确定保护强度，既防止文化创造者滥用知识产权，又促进文化作品的传播和运用。同时，坚持全面赔偿原则，切实加大侵权惩罚力度，努力降低维权成本，尤其是对侵犯具有重大影响和有较高经济效益的文化权益的判赔力度，加重对盗版、仿制、重复侵权和恶意侵权等行为人的赔偿责任。

（二）完善对文化类案件的司法鉴定

与文化关联的很多现象、行为、产品贯穿在人们的日常生活中，广告、电视、商标、文物古迹、戏曲、图书、音像制品、通信媒介等为人们提供了诸多文化享受和工作便利，同时也因此产生不同类型的矛盾和纠纷，著作权、肖像权、创作权、使用权、享有权等权利受到不同程度的侵犯。有的文化产品非专业技术真假难辨，假冒产品、伪劣商品、以假乱真的违法行为扰乱了市场秩序，既侵犯了生产者、消费者的合法权利，也对产品创造者、创作者的版权构成侵害。因此，司法部门应做好相应的鉴定工作，行政机关如工商局、文化文物等管理部门也要加大市场监管的力度。在司法审判中，对文化所涉的行为或产品的识别和鉴定关系到案件的公平公正性，对涉及知识产权纠纷案件中一方面要创新审判制度，努力提高知识产权司法水平。针对文化类知识产权案件技术性、专业性强的特点，建立和完善司法鉴定、专家证人、技术调查等相关诉讼制度。另一方面注重发挥科技专家在提供宏观政策咨询、技术专业问题和协调解决纠纷时的作用。探索完善专家陪审技术事实查明机制。建立文化类知识产权审判的保密令制度，解决诉讼中商业秘密的保护问题，解除当事人维权的后顾之忧。

（三）完善诉前证据保全制度

民事诉前证据保全制度是证据保全制度体系的一个有机组成部分，指利害关系人及其委托的代理人在证据可能灭失或者以后难以取得的情况下，在诉讼之前，向人民法院申请保全证据，对证据加以固定和保护的制度。在文化侵权的案件中，我国的《商标法》《专利权法》《著作权法》以及其他相关司法解释中都规定了诉前证据保全制度。在司法实践中，原告在文化诉求中的举证特别是知识产权方面的取证、举证比较困难，为了保护当事人的合法权利，有必要加大证据保全和依职权调取证据的力度。对于当事人在诉前或诉中提出的证据保全、财产保全等申请，积极受理、迅速审查并及时执行。对于不及时制止侵权行为就可能造成无法挽回的损失的，只要权利人符合诉前禁令的程序和实质条件的，人民法院应及时采取诉前禁令措施，及时维护权利人的合法权益。同时，加强诉讼指引，引导文化类案件权利人探索通过刑事、民事和行政等手段获取侵权及获利证据。

（四）不断提升服务地方文化产业的司法能力

司法部门除了依法审理案件外，还应提高主动服务的意识。特别是在文化氛围浓厚的地区，为了提升文化事业服务公众的能力、促进文化产业市场化合法化的法治要求，相关部门可以为一些特色文化产业或新兴文化产业提供司法服务，制定为文化产业发展提供知识产权司法保障与服务的具体措施，探索结合地方文化产业发展特点的各类文化产权保护路径；针对在文化类知识产权司法保护中发现的突出问题、共性问题和高发问题，积极向相关部门发出司法建议。文化权利的保护应拓宽诉求渠道，除了司法保护外，法院可以向工商局、版权局、文化局等部门发出司法建议，引导知识产权使用者合法、规范经营，促进行业健康有序发展。如针对网络著作权纠纷案件中存在的电子信息公证证据不规范等问题，向相关部门发出司法建议，敦促规范公证行为等。形成文化领域行政保护和司法保护的合力，积极推进对公民文化权利保护的联动机制建设，建立信息共享平台；探索文化类案件行政调解的司法确认工作，拓展文化类案件调解的新途径等。

（五）拓宽监督指导途径

强化文化类知识产权审判业务指导，确保法律正确实施。通过司法文件、会议纪要和典型案例的裁判批复等形式，明确文化类知识产权保护的具体司法原则和标准，及时解决一些较为突出的审判实践问题，特别注重出台具有普遍指导意义的司法文件；进一步加强对司法经验的总结，针对解决审判实践中遇到的问题，提出较系统的指导性意见，进行推广适用；积极发挥知识产权典型案例的示范效应，创新审判指导方式。探索文化类知识产权案例指导制度，加强案例指导工作的规范化、制度化和长效化建设。注重对典型司法案例的收集整理、理论分析和编辑出版，指导审判实务。针对有较大社会影响的关联案件，应注意及时沟通协调，统一案件审判标准；加强文化类知识产权审判调研，提供理论基础支撑。如加强网络环境下著作权司法保护相关问题调研、新类型案件法律适用调研等。通过调研活动充分了解和掌握文化类知识产权领域的司法现状和动态，以及时有效地研究解决司法实践中出现的突出问题。

（六）加强审判队伍建设

在全社会开展法治教育的当下，公平的法律意识普遍提高，对文化的鉴赏、识别和文化权利的自我保护有所增强。在全民守法学法的同时，司法审判队伍也要着力提升文化类侵权案件的审理水平，将审判的经验技术和文化的专业知识进行有机的契合，从而保障文化诉求案件的公平公正审判。因此，在现代文化不断繁荣、网络技术日趋发达、科学技术不断进步的新时代环境中，很多文化产品的产权争议、文化事业的公共利益保护、文化产业的权利纠纷等需要高水平的司法队伍提供文化专业性与司法审判技术性的保障。因此，要加强对法官传统文化与现代文化、知识产权审判业务等方面的培训，着力夯实审判组织体系建设，选拔和培养知识产权专业法官，并保持审判队伍的稳定性。[①]

第四节　文化法治观念培育

文化法治观念的培育从文化法治的维度看，属于全民守法的内容。但本书认为将全民守法作为文化法治的一个基本要素进行表述，外延

[①] 淄博市中级人民法院：《关于涉文化领域知识产权司法保护状况的调研报告》，《山东审判》2015 年第 4 期。

范围较为狭隘，因为全民守法渲染的是公民层面，但公民只是社会主体中的一种，国家和其他社会组织也应在守法的主体范畴，不能只强调公民守法而消解国家和社会组织的守法内涵。基于此，公民、社会、国家层面的文化法治理念形塑才是文化法治的基本要素之一，也才能丰富这一要素的外延。

一　国家层面

（一）坚持党对文化法治建设的领导

加强文化法治理念的教育首要是在党的领导下推进，各级党委政府要加强对普法工作的领导，广泛动员全社会力量，宣传普法工作，健全普法责任机制，加强普法队伍建设，宣传法律知识，繁荣法治文化。党的十八届三中全会审议并通过了《中共中央关于全面深化改革若干重大问题的决定》，明确提出"建设社会主义文化强国，增强国家文化软实力"的要求，并对推进文化体制机制创新进行了四个方面部署，即完善文化管理体制，建立健全现代文化市场体系，构建现代公共文化服务体系，提高文化开放水平。党的十九大报告旗帜鲜明地提出"坚定文化自信，推动社会主义文化繁荣兴盛"、建设社会主义文化强国的目标。从中央的历次会议主题和工作部署可以清晰地看出，在马克思主义指导下，党领导并推动社会主义文化在内容、载体和体制机制方面不断创新发展，使社会主义文化永葆先进性并始终坚持正确的前进方向。在党的领导下，我国文化法治建设取得巨大进步，公民守法意识进一步增强。

（二）通过国家立法、行政、司法部门提升文化法治的治理理念

在立法方面，如果保守，即过于顾虑文化安全问题而排斥发达国家关于文化权利保护的立法经验，在文化立法结构不完整、立法体系不完善、立法技术仍需提高的情况下，仍不求突破、创新，不适应新时代经济发展和社会法治的新要求，公民的文化权利保障将面临严峻

的考验；在行政执法上，行政机关应转变工作方式，通过文化职能的有机运行实现文化行政机构的优化配置，避免一件事情多门管理、一个审批多部门负责的现象，要遵循权责法定原则，在国家机构改革的背景下，文化行政部门也要结合实际改进，提高文化行政的执法效能；文化司法方面，司法部门要积极洞察国际国内文化现象特别是文化产业和文化事业中的权利体系，提高文化诉求的专业审判思维；法律监督方面，要实现不同部门之间的监督，权力机构、行政机构、司法机关、国家监察机关要相互监督，切实保护公民的文化权利。国家文化行政部门特别是司法部门要树立"以人为本"的法治观念。我国文化法治的建设应当是以权利为本位的法，要改变人治社会中强调义务本位、轻视公民独立人格和权利的状况，使权利义务观从"义务本位"向"权利本位"实现转变。在文化执法上，执法人员特别是党员干部要带头守法，遵守宪法和法律，崇尚宪法至上的基本法治观，不能以言代法、以权压法，改变权大于法、权力凌驾于法律之上的状况，实现从人治社会的权力至上向当代社会的法律至上观念的转变。对于侵犯公民文化权利的违法犯罪现象要依法追究责任，这是执法人员应有的基本法律素质。

（三）行使公权力的党员和国家公职人员要带头守法

党员和国家公职人员对守法的态度和言行，直接影响群众对法治的信任度和尊崇度，是人民群众能否自觉守法的榜样。党员和国家公职人员带头学法、尊法、守法、用法，是在党的领导下全面推进依法治国的题中应有之义，能否在法治建设上做表率，直接关系法治权威的树立、法治秩序的形成、法治实践的成效。党员和国家公职人员要适应建设法治中国的新要求，在学法上更加全面深入，在尊法上更加坚定自觉，在用法上更加积极主动，在守法上更加严格自律。尤其是高级领导干部，更应该内化于心、外化于行，带头养成遇事用法、办事依法、解决问题靠法的行为习惯，努力做法治型领导干部，给民众不断增添守法信念。党员和国家公职人员的守法状况应该成为提拔任

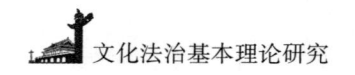

用的重要考察内容，逐渐构架起依法治国的法治通道。

二　社会层面

（一）公共文化服务机构

文化法治理念的提升除了国家层面外，还可以通过社会公共文化服务机构来凸显。作为社会服务主体，对文化法治的遵守主要通过与政府的合作来体现。公共文化服务作为我国最为主要的公共服务，近年来也呈现出了社会力量参与的多元化趋势，其中公共文化机构的社会化管理运营是目前公共文化服务社会化发展的重要形式，也是政府购买公共文化服务的重要内容。其基本做法是将政府投资兴建的各类公共文化服务机构设施委托于公共文化服务的托管机构，由其代为经营和管理，实现公共文化机构运营管理的专业化。① 开展公共文化机构的社会化管理运营经验在于明确政府责任，探索有效的方式，制定细致严密的外包合约，开展特色和标准化服务，强化过程管理，进行科学决策与民主监督，注重评估和满意度，最后加强对承接主体的培育和规范。② 公共文化机构的社会化管理运营，这种政府购买公共文化服务和市场化运作相结合的全新管理模式，通过公开、公平、公正的社会化运作，使政府在购买了优秀专业管理团队服务的同时，又很好地规避了在服务外包中寻租腐败的风险，确保了政府购买服务产品的优质低价，既充分满足了用户多元化的文化需求，又带动了基层文化消费的热情，实现了政府、公共文化机构、承接主体和社会民众的互利共赢，推动了公共文化事业的进一步发展。③

---

① 郑崇选：《公共文化服务社会化的探索与实践——以上海为例》，《上海公共文化服务发展报告（2016）》，上海社会科学院出版社 2016 年版，第 24 页。

② 易斌、郭华：《政府购买图书馆运营管理服务的比较研究——以北京市朝外地区和无锡市无锡新区为例》，《情报资料工作》2015 年第 2 期。

③ 李剑：《我国公共文化机构社会化管理运营的经验分析》，《图书与情报》2017 年第 2 期。

(二) 各级各类学校

文化法治教育要伴随国家教育和社会教育的始终，抓好各年龄段学生遵纪守法教育，把全民守法的内容编写进教学大纲，把全民守法教育列为国家教育体系，使不同学习阶段的学生都能够自觉尊崇法律、维护法律、学习法律。从接受知识的能力看，高等院校应加强文化与法治的教育，其中文化的含义不是纯粹的各学科的专业知识，而是对传统文化、现代文化等的系统性教育，在学校教学大纲中凸显文化法治的计划。属于专业教学的，应适当增设课程的比例，属于非专业的，可以通过公共必修课、选修课、网络学习等的方式进行教育。我国很多文化侵权案的发生正是由于公民对文化权利保护的意识不高，特别是对传统文化识别有限，对现代很多文化现象界定不足，因此成为文化侵权的侵权者和受害者。除了专业的文化教育，还有俱进的法治教育，文化法治可以在法学院或法律系进行开设，作为本专业的必修课和其他专业的选修课。在部分高校特别是侧重理工类的高校，对人文社会科学的学科教育不够重视，大部分高等院校仅设置了大学语文、大学英语、中国近现代史纲要、马克思主义原理、高等数学等公共课，忽略了基本的中国传统文化特别是文化法治的教育。无论什么专业的学生都要走向工作岗位、面向市场，也不可避免地要接触、利用、消费诸多文化产品，如果前期有较为系统的教育，文化领域的诉求想必就会少很多。高校也应当有这样的文化法治理念，在新时代的社会环境中，学生基本的文化法治教育有必要纳入教学大纲。

(三) 各类文化公司、企业单位

文化消费遍及全社会，主要是文化事业和文化产业两大领域。但任何文化诉求都有主张的权利内容，既有精神上的恢复名誉、赔礼道歉诉求，也有物质层面的赔偿诉求，但都有权利争议的焦点。对涉及文化事业服务、文化产品生产、经营、消费等流通的公私企业，要遵守国家法律法规。很多争议和权利诉求出现也是由于公司、企业等存在文化侵权行为,如侵权的广告设计制作、盗版的书刊和音像制品、虚假宣传、生产伪劣文化产品、侵犯商业秘密等。公司、企业等要形成自身的文化,树立公司品牌,作为文化传播的重要载体,公司在经营活动中不能扭曲、毁坏文化形象。在承办的各类文化活动或产出、销售、宣传业务中,不能违反国家法律和社会公共伦理道德。工商局等监管部门应建立公司、企业的诚信记录,同时可以通过行业组织,如商会协会等组织公司的文化法治培训,提高公司领导和员工的法律素质,遵守国家法律、行会章程和商业道德。

(四) 文化自治组织

文化自治组织在社会关于文化法治的宣传教育中也能起到重要的补充作用,社会志愿者组织、群众文化自治组织能在一定范围内发挥法治载体的功能。文化行业自治指文化行业的自我管理、自我约束,是文化生产者或服务者"自律"的主要方式。文化行业自治是社会自治的一种形式。社会自治是法治的社会基础,是法治所要追求的目标。社会自治与法治存在良性的互动关系,社会自治须以法治为前提,而它又具有推动法治发展的功能:一方面,社会自治,尤其是社会的核心组成部分——市场的自治有助于社会领域的相对独立,抑制国家权力的不当侵入;另一方面,社会自治有助于发现社会的法律需要、形成有关法律调整的共同意志,能够有效地影响立法过程、使立法真正体现最大多数人民群众的共同需要,能够监督行政执法和司法活动、遏制法律实施过程中的腐败。在文化市场管理中推进文化行业自治,既可以降低管理成本、提高管理效率,又可以促进文化市场管理"他律"和"自律"的协调,是对限制公权力、维护私权利、保障公平、促进自由、增进效率等法治理念的积极回应。①

三 公民层面

公民的文化法治素养培育是一项需要长期坚持的事业,一方面要

---

① 齐崇文:《公共文化管理的法治之维》,《东岳论丛》2017 年第 7 期。

善于培育对传统历史文化的尊重与传承，对文化遗产加以保护，将民族文化的教育与爱国教育紧密结合起来。在不同的学习教育阶段，公民都接受了不同程度的文化教育和法制教育。但需要说明的是，在不同阶段的文化教育与本书的文化教育性质不同，本书说的文化知识与课题研究的文化法治并非一个完全重合的概念。从本书研究的价值路向和逻辑进路来看，主要是对文化的法律保护，通过建构一套较为成熟的法律制度来规制文化事业、文化产业中的诸多违法行为，同时通过文化立法对我国的文化秩序进行防范，提高文化在国际上的交流学习，增强自身的文化安全意识。而对于文化的甄别、文化权利的保护、文化权利受到侵犯时如何取证或主张自我的权利救济，大部分民众欠缺专业知识。因此，国家层面、社会层面为公民的文化法治构筑了较为坚实的学习基础，设置了相关的制度体系、文化设施、文化产品、文化服务。公民基于这样的宣传和学习氛围，实现外部教育与自身教育的模式结合，可以通过法律的途径实现权利的保护。文化在我们周围无所不在，在新时代的法治环境下，人们对精神层面的追求、对文化层面的审美越来越多元，文化领域的各类纠纷也越来越多，只有具备相应的文化基础、法治素养，才能更进一步地理解为什么文化要通过宪法、法律和其他法规来保障，特别是在文化产品的开发研究和消费使用中，关于知识产权的纠纷为何呈上升态势。这样，公民的法治信仰就是发自内心地认同法律、信赖法律、遵守和捍卫法律。只有通过对公民文化法治关系的形塑和法治信仰的培育，才能运用法律手段妥善处理各种社会矛盾，切实维护好自身的合法权益，同时也不侵犯国家、社会、集体和他人的文化权利。如果存在文化纠纷，也要善于运用法治思维和法治方式解决问题。当然，培育公民的法治信仰是一项长期、复杂的系统工程。对法律的信仰归根结底是基于法律体现着主体的价值追求与价值理想，这也是法律之所以能够被人信仰的原动力。因为只有法律体现正义，保障正义，实现正义，从而使人们信仰法律、信仰正义获得了发自主体内心的一种心灵的契合，法律信仰也与此而确立。① 此外，在进行文化法治教育的同时，也要与社会主义核心价值观、党的十九大报告、十八届四中全会精神以及习近平新时代中国特色社会主义法治思想相契合，将公民的文化法治教育提高到一个新的理论高度。

---

① 刘建宁：《中国特色社会主义法治文化建设研究》，博士学位论文，兰州大学，2018年。

第七章　文化法治的基本制度构建（一）

我国《宪法》第 22 条规定，国家发展为人民服务、为社会主义服务的文学艺术事业、新闻广播电视事业、出版发行事业、图书馆博物馆文化馆和其他文化事业，开展群众性的文化活动。国家保护名胜古迹、珍贵文物和其他重要历史文化遗产。由此可见，我国宪法明确规定了国家发展的文化事业活动，同时也规定了国家对于非遗文化的保护义务。宪法的这一规定，为我国文化法治体系的建设指明了方向，并提供了文化法治体系建设的框架性制度，本章以我国宪法的规定为依据，结合上述文化领域中法制建设情况，予以论述。

第一节　电影产业法制建设

一　电影产业与电影产业立法

迅猛发展的影视产业已然成为我国文化产业领域的一支重要生力军。相关部门领导介绍，"我国电影总量从 2002 年的 169 部上升到 2013 年的 824 部，电影年票房总额从 2003 年的 10 亿元增长到 2013 年的 217.69 亿元，我国成为仅次于北美电影市场的全球第二大市场，步入了电影大国的行列。在取得重大成绩的同时,面对激烈的国际市场竞争,我国电影业尚存在产业化程度有待提高,电影公共服务水平急需改进等现实问题,以法律形式规范电影业的呼声日渐高涨"。而"《电影产业促进法》是全国人大教科文卫委的重要立法工作,也是贯彻落实党的十七届六中全会、十八届三中全会重要部署,推进《文化产业促进法》《文化公共服务保障法》立法工作的重要探索和尝试,要坚持科学立法、民主立法,力争成为文化产业立法的示范。"① 2015年新年伊始,在国家新闻出版广电总局于北京召开的党组理论学习中心组扩大会议上,国家新闻出版广电总局局长蔡赴朝再次表示,要加快《电影产业促进法》的立法进程。② 其实早在2011年,该法案的征求意见稿就已经由国务院法制办公室公布,并用来征求社会各界的意见。但是四年过去了,《电影产业促进法》却依然没有完成。

2011年12月15日,国务院法制办正式公布了《中华人民共和国电影产业促进法(征求意见稿)》(以下简称《征求意见稿》)。《征求意见稿》共分6章62条,按照电影创作、摄制、发行、放映等环节规定了相应的制度,并规定了具体的保障措施和法律责任。《征求意见稿》主体内容涉及多个方面:③ 一是通过降低从事电影摄制等业务的市场准入门槛、减少行政审批、加强信息公开等方式降低市场准入门槛,便利各类市场主体、社会资本进入电影产业。二是通过采取财政、税收、金融、用地等扶持措施,激励企业、个体工商户和个人从事电影活动。具体包括国家通过设立电影专项资金、基金等促进电影产业发展,引导相关文化产业专项资金、基金加大对电影产业的投入力度;从事国产电影的创作、摄制、发行、放映等活动,可以按照国家有关

---

① 章红雨、尹琨:《〈电影产业促进法〉立法调研座谈会在京召开》,《中国新闻出版报》2014年5月16日第1版。

② 蔡赴朝:《〈电影产业促进法〉出台需提速》,《北京商报》2015年3月2日第4版。

③ 王新荣:《〈电影产业促进法〉征求意见》,《中国艺术报》2011年12月16日第1版。

规定享受税收优惠；国家鼓励金融机构、保险机构、担保机构等依法为电影企业提供支持；国家制定优惠政策，推动和扶持电影院的建设和改造，并在用地等方面给予支持；国家鼓励社会力量以投资、捐赠等方式发展电影产业，并依法给予优惠。三是加强监督管理，规范市场秩序，促进电影市场健康发展。广播电影电视主管部门应当建立健全监督制度，履行监督责任，加强对电影活动的日常监督管理，维护电影市场秩序；电影院不得偷漏瞒报票房收入，加盟电影院线企业的电影院，应当安装符合国家标准的计算机售票系统；执法部门应当采取有力措施，依法惩治侵犯与电影有关的知识产权的行为。四是加强电影公益服务。通过扶持农村电影事业发展、将影视教育纳入义务教育学校教学计划、发放电影票、组织专场放映、给有关电影企业发放奖励性补贴等措施，满足农村地区居民、城镇低收入居民、进城务工人员、未成年人等观看电影的基本文化需求。而与 2002 年 2 月起施行的《电影管理条例》相比较，"《征求意见稿》新增加了一些电影被禁内容，其中包括煽动抗拒或者破坏宪法、法律、行政法规实施；宣扬宗教狂热，危害宗教和睦，伤害信教公民宗教情感，破坏信教公民和不信教公民团结；宣传吸毒，渲染恐怖；传授犯罪方法；侵害未成年人合法权益或者损害未成年人身心健康等。另外，《征求意见稿》并未涉及电影分级的内容"[1]。

二 电影产业促进法的主要制度

2018 年中国电影市场成绩傲人，《电影产业促进法》功不可没。作为我国文化立法里程碑的首部法律，《中华人民共和国电影产业促进法》（以下简称《电影法》）实施一年多来，对电影的创作、摄制、发行、放映等环节对国产电影给予了强劲有力的法治保障。主要表现在以下几个方面。

---

[1] 苏星：《电影大发展：〈产业促进法（征求意见稿）〉正式公布》，《大众电影》2012 年第 1 期。

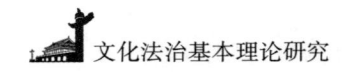

（一）在电影创作方面，《电影法》明确了支持国产电影的题材类型

《电影法》第 36 条列举了电影题材和类型，实际上是在对电影创作方向进行法律引导，明确了国家对于国产电影弘扬主旋律、促进社会进步、提升艺术水准的态度和要求。1. 提倡弘扬主旋律的影片。所谓主旋律电影一般是表达国家的主流意识，传承国家的优秀文化和民族精神，并能自觉地体现时代精神和人民呼声，是有利于人们振奋精神、陶冶情操的优秀之作，能够实现社会效益和经济效益的完美结合的作品。2. 支持有利于社会进步的影片。一是有利于未成年成长的影片。二是有利于国家科技进步的影片，即科教类影片。3. 支持提升艺术水准的影片，即艺术电影。

（二）在电影摄制方面，《电影法》为国产电影提供人才和资金保障

1. 《电影法》通过要求、鼓励和限制三种方式，对从业人员管理进行规定。

第一，提升行业协会法律地位，通过行业协会来管理从业人员。《电影法》第 9 条规定，"电影行业组织依法制定行业自律规范，开展业务交流，加强职业道德教育，维护其成员的合法权益"。第二，鼓励实施电影人才扶持计划。国家支持有条件的高等学校、中等职业学校和其他教育机构、培训机构等开设与电影相关的专业和课程，采取多种方式培养适应电影产业发展需要的人才。国家鼓励从事电影活动的法人和其他组织参与学校相关人才培养。第三，限制从业人员行为，明确从业人员遵守"德艺双馨"原则。《电影法》首次以法律条文的形式将"德艺双馨"确定为电影从业人员的义务，对引导社会风气健康发展、规范文化产业秩序以及促进电影从业人员素质进一步提升具有积极的推动作用，在明星影响电影制作的背景下具有现实的规范意义。

2. 《电影法》第 37 条关于资金的规定，着重强调了对国产电影的扶持。政府通过专项资金、基金等支持方式，由国家财政直接安排，支持优秀国产影片的创作生产和宣传发行放映。第 38 条关于税收优惠政策的规定，也是从侧面对电影产业的资金保障。

（三）在电影发行放映方面，《电影法》为国产电影保驾护航

《电影法》对国产电影放映场次、时段以及放映时长做出安排，对影院建设等硬件服务设施做出要求，对促进国产电影走出国门等方面提出鼓励措施，通过以上三方面的规定，为国产电影发行放映阶段保驾护航。

1. 在放映场次、时段以及放映时长方面，《电影法》规定"电影院应当合理安排由境内法人、其他组织所摄制电影的放映场次和时段，并且放映的时长不得低于年放映电影时长总和的三分之二"。本条款对国产电影放映时长做出明确要求，目的就是保护国产电影。对国产电影的适当保护，既能够保证本国文化安全，又是对国产电影提出的更高的要求。

2. 在影院建设方面，《电影法》为促进电影基础设施建设做出了详细的规定。放映服务主要从以下几个方面开展：一是关于电影院建设和改造。第 39 条规定县级以上地方人民政府应当按照国家有关规定，有效保障电影院用地需求，积极盘活现有电影院用地资源，支持电影院建设和改造。二是关于电影放映技术的规定。第 33 条规定，电影院的设施、设备以及用于流动放映的设备应当符合电影放映技术的国家标准。电影院应当按照国家有关规定安装计算机售票系统。三是加快点播院线建设，为观众提供更多元的观影环境。

3. 《电影法》鼓励开展平等、互利的电影国际合作与交流，支持参加境外电影节（展）。这一规定是为国产电影"走出去"提供了法律上的明确支持。当前国家大力推进"一带一路"倡议，国产电影理应作为融通中外文化的方式，扩大中国文化在国际上的影响力。《电影法》还规定国家鼓励公民、法人和其他组织从事电影的境外推广。国家对优秀的外语翻译制作予以支持，并综合利用外交、文化、教育等对外资源开展电影的境外推广活动。

（四）思考和建议

《电影法》规定了若干有关国产电影的支持保障条款，但是如何将《电影法》规定的原则性的条款转化成可以落实的措施，尚需在以下方面细化。

1. 进一步细化对国产电影概念的界定。《电影管理条例》在关于放映时长规定中直接指明是国产电影。《电影法》与《电影管理条例》不同，在第 29 条中规定保护的是"境内法人、其他组织所摄制的电影"。至于合拍片是否在放映扶持的保护范围内，《电影法》只在第 14 条规定，合作摄制电影符合创作、出资、收益分配等方面比例要求的，视同境内法人、其他组织摄制的电影，没有明确比例。对此，未来《电影法》的配套规定或者《电影管理条例》的修订，需要考虑到合拍片创作、出资、收益分配的比例条款。

2. 进一步扩大"中国电影学派"影响力。目前中国电影学界提出的"中国电影学派"，代表着创作一批代表中国电影流派、展现中国精神、传播中华优秀文化的具有较高精神高度和艺术感染力的国产电影，这将对国产电影表达中国文化提供一个整体的标识。为进一步扩大中国电影的世界影响力，"中国电影学派"需要国家的政策环境提供保障。《电影法》未来的细则应该为"中国电影学派"的构建提出更多的法律和政策支持，创造利于国产电影规范发展的法治环境。

3. 进一步加大对国产电影的资金支持。《电影法》第 37 条和第 38 条规定了国家对电影支持的资金和税收优惠政策。建议主管部门根据《电影法》规定，制定进一步的落实细则，完善投资模式、优化项目组合等，来引导资金的投入比例。此外，《电影法》只说明了要求财税主管部门依法制定相关政策，并未予以详细规定。但在比较法上来看，一些国家电影立法对税收优惠政策予以了明确规定。比如我们可以参考西班牙电影法中的规定，如果电影或者音像制品的创作是由一个经济利益集团完成的，那么可以获得税收减半的优惠。

4. 进一步推进国产电影"走出去"平台建设。促进中国电影"走出去",需要建立更完善的国际销售渠道。《电影法》已经有鼓励合拍电影方面的规定,接下来的配套措施中应该加大鼓励国内电影与海外合作的力度,应细化有关国际电影节的规定,促进国产电影"走出去"平台更加规范化。

三 影视产业中的法律问题

有关影视产业发展中存在的法律问题,其实并不缺乏相关认识。有学者集中探讨了电影行业中的竞争法律问题,认为"电影产业的发展离不开公平、自由的市场竞争秩序作为保障。如今我国的电影产业中,存在着诸多涉嫌违反《反垄断法》的反竞争行为,对电影产业的发展构成了严重的阻碍"[1]。该学者也认为,其一是"促进电影产业的发展,离不开产业政策和竞争政策的配合。但是,两者在实施过程中却又常出现相互冲突的情况。这种情况并非中国所特有,美国以及欧洲在电影产业的发展过程中也遇到过相同的问题,国外的成功经验表明:协调两种政策的主要方式应当是以竞争政策为一般原则,以产业政策为补充。产业政策在实践中主要依靠主管部门的行政手段予以落实的,因此,协调产业政策与竞争执法,在实践层面就是协调行业监管与竞争监管之间的关系。总结各国在处理竞争执法与行业监管制度的关系时的经验会发现,要想取得最佳的效果,在滥用支配地位、限制竞争协议的规制上,一般需要行业监管制度对竞争执法进行适度的补充,极个别情况下,由行业监管制度排他适用。经营者集中审查统一适用反垄断法"[2]。其二是有关"经营者集中"所带来的竞争与垄断相冲突的问题。不过该学者认为,电影行业的经营者集中,尤其是纵向的经营者集中,在可能造就某些企业的市场支配地位的同时,也会

---

[1] 刘学明:《电影产业竞争法法律问题研究》,博士学位论文,对外经贸大学,2014年。

[2] 刘学明:《电影产业竞争法法律问题研究》,博士学位论文,对外经贸大学,2014年。

更多地促进创新，使消费者受益。① 其三是电影行业中的垄断协议问题。垄断协议对竞争的妨害和限制作用最为明显，危害也最大。因此，各国竞争法律对于垄断协议的规制也最为严格，在电影行业也是如此。电影行业的横向垄断协议多表现为多家企业签订协议，针对上游或者下游企业的产品固定购买价格或者联合抵制交易的行为。电影行业的纵向垄断协议则多表现为上游企业通过协议固定商品的转售价格。其四是电影行业的滥用市场支配地位问题，即企业在取得一定的市场优势地位后很可能滥用这种优势地位，扼杀市场的创新和妨害市场的竞争，电影行业也是如此，制片企业一般情况下都很难取得市场支配地位。② 最后是解决问题的基本原则："首先，在电影产业中，以竞争政策优先的基础性适用为前提，以产业政策的优先适用为补充。其次，电影产业中的产品存在特殊性，在相关市场的界定中应当充分考虑影片之间的区别以及地理因素和时间因素对相关市场划分的影响。再次，电影产业的运行机制存在特殊性，分账发行方式决定了制片方参与电影票价决定过程的合理性，反垄断法不应当对其进行干预。最后，电影产业的纵向一体化能够带来更高的效率，竞争执法机构在执法过程中应当重视这一效率。"③

还有学人认为，较之好莱坞电影产业，中国电影产业起步较晚，发展历程十分曲折，有效竞争的市场未能建立，作为市场孪生兄弟的法律制度尚不健全。总的来说，"我国电影业的法制环境缺失。面对好莱坞电影的冲击，许多电影业发展落后的国家纷纷出台各种政策、法律保护本国电影产业。我们的近邻韩国于1995年制定了《影像振兴基本法》，为振兴电影产业提供了法律依据。而我国没有类似的保护性立

---

① 刘学明：《电影产业竞争法法律问题研究》，博士学位论文，对外经贸大学，2014年。

② 刘学明：《电影产业竞争法法律问题研究》，博士学位论文，对外经贸大学，2014年。

③ 刘学明：《电影产业竞争法法律问题研究》，博士学位论文，对外经贸大学，2014年。

法，电影业的法律制度主要集中于国家广电总局制定颁行的一些部门规章中，包括《电影管理条例》《电影制片、发行、放映经营资格准入暂行规定》《中外合作摄制电影片管理规定》《电影剧本立项、电影影片审查暂行规定》。比较而言，这些法立法层次和效力较低，且缺乏司法程序，导致这些法规实施的实际效果大打折扣。法律制度的不健全使得电影制作商无法可依，除了要承担必要的商业风险外还要承担额外的法律风险，大大降低了制片商的投资积极性，阻碍了电影产业的发展。不健全的法律制度同样也使得政府监管方陷入尴尬的境地，监管尺度的不确定为权力寻租提供了温床"①。具体而论，如立法方面的问题，包括效力层次较低；规范机制单一，即"现有的法律规范的立法理念仍停留在计划经济体制时期，强调对电影产业的监管和控制，缺乏必要的促进机制和手段。于是在法律条文上多表现为义务性规范及违反法律法规应承担的法律责任"；立法缺乏体系性。② 又如"法律制度落后"。就电影审查制度而言，"我国的电影审查制度仍带有浓厚的计划经济色彩，强调对电影内容的严格控制，大大降低了电影创作的积极性，不利于电影产业的进步"，"至于电影业准入制度和电影配额制度，同属于我国加入 WTO 后的过渡性制度安排，目的是防止国外电影的冲击，保护脆弱的民族电影产业。然而，随着我国对外贸易的扩大、国际交流的深入，这些违反 WTO 规则的制度将阻碍我国对外开放的扩大、国际交流的深入"。③ 还有就是所谓"自律机制缺失"，即认为"当前中国的电影产业自律管理机制缺失，行政主管部门和电影业自律组织间的关系不明确，管理权又大多掌握在行政主管部门手中，

---

① 石磊：《中国电影产业的法律规制及其完善》，硕士学位论文，西南政法大学，2008年。

② 石磊：《中国电影产业的法律规制及其完善》，硕士学位论文，西南政法大学，2008年。

③ 石磊：《中国电影产业的法律规制及其完善》，硕士学位论文，西南政法大学，2008年。

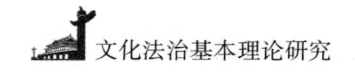

这就导致中国电影业自律机制的缺失"。①

另有学人则认为我国的电影产业主要存在以下问题，一是"电影作品的版权保护问题"。"从《著作权法》中电影作品的版权保护期限来看，我国所有电影作品以及用类似电影摄制方法制作的作品，保护期限均为五十年。"在其看来，"我国电影作品版权保护时间相对较短，且对版权保护的问题涉及不够全面，对电影作品的版权保护还存在较大漏洞，有待借鉴国外电影产业发达国家的经验，从而使我国电影产品版权保护能够更加合理、完善的发展"。② 二是"电影作品的审查问题"：③ 首先认为"我国目前仍然缺乏像美国宪法第一修正案和第十四修正案等旨在保护言论自由的专门法律。而目前文化产品的审查在国内只是作为一种行政管理手段，对于政府的行为在审查实践中缺乏必要的法律来约束。同时，由于历史的原因，我国文化产品的审查更强调文化产品的意识形态属性，在审查过程中行政管理的手段被强化，法治的手段被弱化了。因此，造成了审查实践中出现了很多随意性和不确性，极大地影响文化产品的创造性，束缚了文化产业的发展"。其次认为"审查中过于注重文化产品的政治性而忽略作品的商品属性和艺术性"。最后认为应该以分级制代替审查制。三是"电影行业的反垄断法规制问题"：④ 首先认为"《反垄断法》规定的电影版权例外适用不合理"；其次认为目前"缺乏对知识产权市场支配地位滥用的认定依据"。

---

① 石磊：《中国电影产业的法律规制及其完善》，硕士学位论文，西南政法大学，2008年。
② 杨越：《中国电影产业发展中的法律问题研究》，硕士学位论文，北方工业大学，2014年。
③ 杨越：《中国电影产业发展中的法律问题研究》，硕士学位论文，北方工业大学，2014年。
④ 杨越：《中国电影产业发展中的法律问题研究》，硕士学位论文，北方工业大学，2014年。

第二节　文化演艺市场法制建设

2004年3月29日，国家向各级统计机构下发了《文化及相关产业分类》，演艺业正式划入了文化产业行列。演艺业作为一种既传统又现代的艺术产业模式，形成了以艺术表演院团、剧场、演出公司协作发展的主导格局。演艺业即舞台表演艺术业。演艺业是最早、最传统并且最具专业性和市场化特点的艺术行业，也是最具有开发和产品衍生潜力的原始性文化产业。① 众多的以舞台或现场表演为主要方式的艺术门类，都属于这一行业。文化演艺市场可谓文化市场和文化产业的风向标，最直观地反映着文化市场的供需关系，最直接地反映着人民群众文化娱乐需求，也最能深刻地反映出中国社会的民风转向与精神好恶。

一　演艺市场法制理论关切

近些年来亦不乏关于文化演艺市场的研究成果。其特征之一便是文化演艺市场同市场经济下的其他市场形态一样，具有鲜明的地域性和行业性。前者如近年来学人或媒体多集中关注具体地域的文化演艺产业。如湖南大学2006年硕士学位论文《田汉大剧院经营管理模式研究》、复旦大学2011年硕士学位论文《上海世博会文化演艺活动的特点、经验与启示》、西藏大学2011年硕士学位论文《拉萨市文化演艺业管理体制改革研究》、湖北大学2011年硕士学位论文《武汉市旅游演艺产品开发研究》、辽宁师范大学2012年硕士学位论文《大连主题公园演艺文化产业发展研究》、西南交通大学2012年硕士学位论文

---

① 刘静静：《拉萨市文化演艺业管理体制改革研究》，硕士学位论文，西藏大学，2011年。

《重庆市演艺业发展中的政府职能研究》、华侨大学2013年硕士学位论文《泉州五大演艺剧团发展影响因素及路径研究》、湖南大学2013年硕士学位论文《湖南省演艺业发展现状与推进策略研究》、中国艺术研究院2014年硕士学位论文《珠三角演艺市场环境分析及思考》等。后者如近年来颇受关注的旅游演艺市场。如四川师范大学2007年硕士学位论文《国内旅游演艺研究》、广西师范大学2014年硕士学位论文《旅游集散城市旅游演艺市场研究——以南宁市为例》、刊载于《大理学院学报》2013年第5期的《云南旅游演艺市场研究》、刊发于《中国文化报》2006年2月20日第1版的《异军突起的新兴旅游演艺市场》、刊发于《辽宁日报》2007年1月31日第5版的《旅游演艺市场瓶颈在哪里》、刊发于《中国旅游报》2014年8月11日第14版的《新疆：旅游文化演艺方兴未艾》等。从作者所学专业和研究领域来看，囊括了人文地理学区域环境与文化经济方向、人文地理学旅游规划与开发专业、专门史旅游文化方向、传播学影视文化专业、行政管理文化产业方向、工商管理企业管理战略管理方向、新闻学专业、行政管理专业，以及艺术学文化发展战略研究方向等。但文化演艺市场必定首先遵循市场规律，同时服从市场规矩，而市场规律与市场规矩的结合之处自然应当是法治市场，或者说是市场法治制度。就此而言，我国的文化演艺产业制度尚缺乏现代演艺市场行为规范的深入研究和探讨。以下只是一些捎带提及的与法治有着间接关系的经验和问题。

如有学人在"政府管理体制的历史革新"中谈道，"拉萨的文化管理体制改革也是在经济发展中为了适应经济体制改革而进行的，是为了满足人们日益增长的消费需求而进行的，文化体制改革处于被动的发展态势，有关部门对文化改革的认识不足，认为只要有政策法规就行，导致很多政策没有得到具体的贯彻执行，阻碍了体制改革的进行"[1]。在谈到"政府管理体制的现状"时认为，"当前拉萨文化体制

---

[1] 刘静静：《拉萨市文化演艺业管理体制改革研究》，硕士学位论文，西藏大学，2011年。

改革最紧迫的就是重塑文化市场主体地位，难点是解决国有文化事业单位改制问题，真正做到以改革创新体制、转换经营机制、面向市场、面向消费者、增强企业活力为重点，抓好营利性文化产业的改革和发展"①。在具体谈到"西藏拉萨文化演艺业管理体制存在的问题"时认为，"对于文化主管部门来讲，仍然没有形成对演艺业进行规范的意识，只是任其随意发展"，"从管理层面上看，文化行政管理部门职能不清，依然是自己动手办文化，还没有从办文化转到管文化上来；管的过宽过细，没有一个统一规划的理念；政企不分现象依然存在。从演艺院团自身发展过程来看，院团自主经营、自负盈亏、自主发展的主体意识观念还很不强，还不能完全摆脱政府计划经济时期的影响，尤其是西藏经济还不是处于很开放的阶段，很大一部分都是靠政府的支持，导致院团管理产权不清晰、责任不明确、经济效益不佳、严重影响了院团经济发展"，"从政策管理层面来看，有关管理体制改革的相关政策法规还不完善，拉萨市各个机构对于演艺业管理改革成本的问题存在很大的争议，管理改革过程中或者是改革后会存在很大的变数问题，比如：人员的调整问题、人员的安置问题、改革配套措施的实施等"。"各有关政府部门，各自为政，政策不配套，有的甚至相互抵触，没有形成有利于社会资本参与文化演艺业发展的政策环境支撑体系；演艺业出现多头管理，部门分割、条块分割，不同所有制之间的演艺资源的发掘、共享、利用，受到不同程度的阻碍和影响，演艺市场资源能以整合"，"缺乏相关的主要针对演艺市场要素的政策法规的支持和制度安排"，"目前演艺市场的侵权盗版现象不容忽视，一方面销售侵权盗版非法演艺作品的现象仍然存在，游商、地摊销售盗版光碟、影片等非法演艺作品的行为仍然屡禁不止、屡查不绝"，"相对于传统形式的侵犯版权的犯罪行为，数字化侵权盗版行为隐蔽性强，

---

① 刘静静：《拉萨市文化演艺业管理体制改革研究》，硕士学位论文，西藏大学，2011年。

速度更快，行为人侵害的范围广泛，影响深远，造成的社会危害性巨大"①。

再比如有学人对重庆市演艺业发展中的政府职能进行了分析，其中谈到了"政府对相关法制建设不完善"，认为"在市场经济条件下，文化产业市场需要政府干预和调节，依法管理文化产业、调节文化市场是政府的重要职责。现实中由于文化产业的特殊性以及人们文化法律意识的局限性等，我国的文化法制建设在立法、实用以及执法、守法意识方面等还存在着问题。从地方政府法律制度建设情况看，在国家的根本法的背景下，重庆作为地方政府相应地根据地方实际按发展需要，制定了地方性有关文化事业、产业方面的法律法规。但从目前立法情况来看，涉及文化产品、文化服务，规范文化市场主体和保障文化消费者利益方面的法律法规较少，地方性法规更是少之又少。对于文化产业发展中存在的问题，也没有专门的机构按照统一的法规和政策来解决执行。这导致重庆演艺业发展过程中出现的问题不能得到很好以及快速的解决"②。在谈到"国外政府发展演艺业的启示与借鉴"时则认为可以借鉴美国的经验，即"通过法律法规杠杆来促进演艺业的发展"，如美国宪法对于版权的保护、《公平劳工标准法》对从事演艺业的人员的劳工权益保障、《国家艺术和人文基金法》中政府对文化艺术的支持等。另外在"提高政府服务水平"方面，首先需要"完善相关政策和法规体系"，"演艺业管理内容要结合重庆实际情况，有针对性地制定实施细则，确保管理行为有法可依。组织政府对演艺产业及演艺市场进行实地调研，在此基础上，加紧制定、补充或修正促进演艺产业及规范演出市场的法律法规，建立有利于重庆市演艺产业发展的政策法规体系和制定扶持演艺产业发展的经济政策"，"地方政府特别容易出现政府行为不规范的现象，规范政府行为更应该引起

---

① 刘静静：《拉萨市文化演艺业管理体制改革研究》，硕士学位论文，西藏大学，2011年。

② 纪然：《重庆市演艺业发展中的政府职能研究》，硕士学位论文，西南交通大学，2012年。

重视。因此，重庆市政府不但要注意避免自己的不当执法行为侵害演艺企业的合法权益，而且要依法去制止各种形式的侵犯演艺企业权益的行为，保护演艺企业人员的合法权益。如果出现政府损害演艺企业利益的情况，必须承担相应责任，尽一切可能的去挽救弥补对其造成的损失"[1]。

二　演艺市场制度改革目标

按照中央的定位，在文化体制改革中，第三个层次是图书发行系统、影视制作机构、艺术表演院团等。"这个层次要放开，民营也行，股份制也行，也允许按加入世界贸易组织时的承诺准入外资，主要是依法进行管理，以更好地满足人民群众多层次、多方面、多样化的精神文化需求。目前，完全依靠国有院团，成本太高，票价太贵，老百姓接受不了。国有院团的改革要抓，但是要他们开发农村市场，需要有个过程。……根本问题是把表演团体的积极性调动起来，主动开发城乡市场。因此，来的最快的，就是把民营的艺术院团放开。至于放开后会不会出现乱七八糟、搞脱衣舞的情况，我看关键在依法管理。"[2] 总之，"对民营艺术院团的地位作用要充分肯定，在政策上要制定扶持措施，在管理上要明确政府依法管理、行业自律、企业依法运营。在版权方面，要加大对农村文艺表演团体的支持……既要执行知识产权法律，又要支持面向农村和特殊团体表演的实际需要……比如，对有国家经费支持的作品，政府可拥有部分使用权用于公共服务等。同时对于民营文艺表演团体的经营范围、经营方针，还是要有一定的界定。对民营文艺表演团体，既要体现鼓励的原则，又要体现一手抓繁荣、一手抓管理，强调依法管理，纳入法制轨道，确保民营文

---

[1] 纪然：《重庆市演艺业发展中的政府职能研究》，硕士学位论文，西南交通大学，2012年。

[2] 李长春：《鼓励发展民营文艺表演团体》，《文化强国之路——文化体制改革的探索与实践》，人民出版社2013年版，第565—566页。

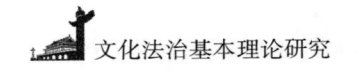

艺表演团体健康发展"①。

当前，我们正在推动国有院团转企改制，因为只有创办成企业，才是真正的市场主体，才能与市场对接。原来的那种事业单位体制，总体上适合公共社会事业，不适合产业性质的单位，再加上这种体制事实上或多或少地染上了一些"官化"和"行政化"的色彩，既不能与市场对接，同时也违背艺术规律。因为过去事业单位的管理办法，容易造成需要的人进不来、不需要的人出不去，"大锅饭""铁饭碗"的局面。这样一种体制只能使我们的剧团越来越萎缩，越来越脱离群众，越来越远离市场，最后有的甚至难免进地方志、进博物馆。只有始终贴近群众、贴近市场，根据群众需要不断推陈出新，创造出新的作品，催生出新的流派、新的风格、新的品种、新的业态，艺术剧团才能生存发展，焕发生机活力。转企改制就是克服"官化""行政化"，回归群众，回归市场。

第三节 新闻传播法制建设

一 新闻传播法制研究现状

国内专门从事新闻传播法律制度研究的学者不多，且多集中在新闻传播专业领域，以及少部分宪法和行政法学领域。根据相关学者推荐的著作，主要有魏永征的《新闻传播法教程》、崔明伍的《新闻传播法》、陈丽丹的《新闻传播法概论》、刘斌的《法治新闻传播学》、阚敬侠的《新闻传播中的法益冲突及其调整》、黄瑚的《新闻法规与职业道德》，以及陈绚的《新闻法规与职业道德》《新闻传播伦理与法规概论》等较具影响力。

---

① 李长春：《鼓励发展民营文艺表演团体》，《文化强国之路——文化体制改革的探索与实践》，人民出版社2013年版，第567—568页。

以《新闻传播法教程》为例,该教程未以"新闻传播"诸项制度为逻辑展开,也未以法律制度为本位展开,而是根据我国新闻传播制度所涉之相关法律事项为成书线索,体现出了作者把握现实问题的能力。概述导论以"法的概述"为题首,进而对"世界新闻传播法"以及"我国新闻传播法的渊源"做一前后概括,在此基础之上指出"我国新闻传播法治建设的难点",由此引出对"新闻传播活动的法律规范和其他行为规范"的介绍。第一章"宪法规范"乃以"中国共产党的领导和为人民服务、为社会主义服务的方向"、"言论、出版自由"和"批评建议权和舆论监督"为节目录,提纲挈领我国新闻传播法律制度的最高法律规范,以及其中的核心价值命题。第二章主论"维护国家安全"这一新闻传播工作中的政治原则,论述了我国刑法法治当中的"禁止煽动危害国家的言论"及"保守国家秘密"。第三章引入"保障社会正常秩序"这一新闻传播中的又一工作原则,分别详述了"禁止淫秽、色情的内容""禁止宣扬邪教和其他危害社会的内容"和"维护民族平等和团结"。第四章以"新闻与司法"为题,特别提出了"尊重司法独立,反对'新闻审判'"与"新闻和司法的平衡"。前者认为,"新闻审判"的负面影响很多,包括"新闻审判"不利于贯彻法治原则,会损害司法尊严,也可能影响司法公正,造成误判、错判,也不利于人民群众树立正确的法律意识和法治观念,而新闻媒介还有可能要为"新闻审判"付出代价,以及"新闻审判"蕴含着新闻媒介直接同审判机关发生冲突的危险。[①] 后者认为尽管新闻和司法平衡的界限并不确定,但可以把握以下一些原则,一是可以对案件所涉的审理程序和审判纪律问题做评论,避免对实体问题做评论;二是在一审判决后,如果确实在社会上争议很大,可以对判决做评论,避免在一审判决前做评论;三是在终审判决以后,由于判决已经生效,舆论的评论和批评已不会发生妨碍公正审判的问题,对于确实不当的判决则可

[①] 魏永征:《新闻传播法教程》(第二版),中国人民大学出版社2006年版,第134—138页。

以起到补救或者推动上级法院采取审判监督程序予以纠正的作用,还有利于对相关的法学问题做深入研讨,就不应当再有限制了。① 该书第五章分五节论述"新闻传播活动与公民、法人的人格权",分别为"新闻侵权行为和新闻侵权法""新闻传播与名誉权""新闻传播与隐私权""新闻传播与肖像权""新闻侵权的责任和救济"。应该说,在西方媒介,本章内容才是新闻传播法治领域中的核心与重点,该书将此放到第五章出场,确有过迟之嫌。第六章为"特殊新闻和信息的发布",包括"重要政务新闻""有关党和国家主要领导人的作品""突发事件报道""气象预报""证券信息和新闻"以及"地图"。② 第七章从报纸、期刊、广播、电视、互联网新闻传播和新闻记者的角度梳理有关新闻事业的行政管理制度。第八章以"新闻传播活动与著作权"为题,层层递进,分述了"著作权的基本内容""著作权和公共利益的平衡""传播者的权利""侵犯著作权的法律责任"。此章也应当作为新闻传播法律制度的一个基本版块,而不应该放到如此靠后的篇幅当中来。第九章为"新闻产业",兼涉我国的一部分有着产业性质的新闻传播活动。而根据国家统计局印发的《文化及相关产业分类》,文化产业分为"文化产业核心层""文化产业外围层"和"文化产业相关层",核心层包括新闻、书报刊、音像制品、电子出版物、广播、电视、电影、文艺表演、文化演出场馆、文物及文化保护、博物馆、图书馆、档案馆、群众文化服务、文化研究、文化社团、其他文化等;外围层包括互联网、旅行社服务、游览社区文化服务、室内娱乐、娱乐园、休闲健身、娱乐、网吧、文化中介代理、文化产品租赁和拍卖、广告、会展服务等;相关层包括文具、照相器材、乐器、玩具、游艺器材、纸张、胶片胶卷、磁带、光盘、印刷设备、广播电视设备、电

---

① 魏永征:《新闻传播法教程》(第二版),中国人民大学出版社2006年版,第140—141页。

② 在该书第四版,该章被修订为"第一节突发事件信息""第二节商品和服务信息""第三节证券信息""第四节气象预报""第五节地图"。

影设备、家用视听设备、工艺品的生产和销售等。① 但作者认为,"新闻单位既是思想宣传机构,也是可以通过自己的产品和服务,取得赢利,实现自我发展并为国家积累资金的经济组织"②。随后详细论证了我国新闻业的"事业单位、企业管理"形式。③ 正因为如此,笔者将新闻传播法律制度归为文化事业法律制度之一种,实为考虑我国实际制度状况后的选择。第十章概述我国新闻传播的"涉外活动管理"。

另外,根据相关学者所做的年度研究综述,也可对新闻传播法的研究热点,特别是其中所涉及的一些理论和现实问题有一个基本的认识。如有学者通过对 2010 年新闻传播法研究的梳理,"发现仍需要加强对新闻权利的保障,从国家到地方的立法中应加大对于新闻采访权的保护。对于知情权之类新闻权利的研究还有待深入,对如匿名权、拒证权等方面的探索将有助于新闻更好地履行其社会职能。同时,针对新闻传播实践中出现的法律问题的个案研究偏少,也一定程度上影响了新闻传播法理论的发展"④。根据"中国期刊网"等相关数据库的检索,2011 年有关新闻传播法的研究论文共有上百篇,此外还有相关专著的出版。这些研究,可以归纳为新闻传播法制史研究、新闻立法问题研究、新闻(言论)自由问题研究、传媒与司法问题研究、新闻传播权利研究、新兴问题研究六大方面。研究对象上,2011 年的研究基本延续了往年的重大主题,同时对微博表达权、新闻纠纷解决、媒体侵犯安宁权等新兴问题提出了思考。⑤ 特别是新闻立法问题、新闻自由问题、传媒与司法问题尤其引人关注。2012 年研究热点则可归纳为"新闻传播法制史研究、传媒与司法问题研究、新闻传播权利研究、新

---

① 魏永征:《新闻传播法教程》(第二版),中国人民大学出版社 2006 年版,第 378 页。
② 魏永征:《新闻传播法教程》(第二版),中国人民大学出版社 2006 年版,第 378 页。
③ 魏永征:《新闻传播法教程》(第二版),中国人民大学出版社 2006 年版,第 381—387 页。
④ 黄瑚、杨秀:《2010 年新闻传播法研究综述》,《新闻界》2011 年第 3 期。
⑤ 蔡斐:《2011 年新闻传播法研究综述》,《国际新闻界》2012 年第 1 期。

闻（言论）自由问题研究、新媒体传播法律规制研究、其他问题研究六大方面。与2011年中国新闻传播法研究相比，新媒体传播法律规制研究成为亮点，新闻立法问题的研究则成果不多。总体而言，2012年的研究对象延续了往年的重大主题，同时提出了一批学界从未关注的命题"①，比如"新媒体传播法律规制研究是2012年新闻传播法研究中的亮点，也是适应新媒体发展趋势专门开辟的一个新的研讨领域"②。有学者认为，"公共利益原则仍是西方发达国家电子信息传播政策和法律制度的基本原则。西方国家广播电视法的'公共利益'原则与中国传媒管控中的'两为'方针差异较大。由于中西传媒所处的政治制度、法律制度和社会文化环境存在根本差异，因此，中国和西方发达国家面对媒介融合挑战，在管制中要应对的问题也就不同"③。"此外，研究群体中，新闻界与法学界齐头并进的局面令人欣慰，摆脱了以往新闻传播法研究新闻界自说自话的单一局面。"④ 如郭道晖先生关注了新闻媒体的公权利与社会权力这一相对宏大的命题，认为"知情权、参与权、表达权、监督权这四权是新闻媒体权利的主要构成要件。其中知情权和表达权是新闻媒体赖以生存的基础；参与权和监督权则是新闻媒体安身立命的价值所在。新闻媒体拥有的公民权，也可转化为强大的社会公共权力。它是公民权利和社会权力的合金。新闻自由是公民和媒体的宪法权利，包括媒体搜集、制作、发布、传播新闻和言论的自由，及公民个人收受新闻、通过媒体发表意见和言论的自由，均应受法律保护，也要受一定限制，承担相应的社会责任、法律责任"⑤。2013年，"传媒与司法关系的研究同质化减少，理论研讨、实证分析、个案研究均有相应成果；新闻传播权的研究成果较为集中，

---

① 蔡斐：《2011年新闻传播法研究综述》，《国际新闻界》2012年第1期。
② 蔡斐：《2011年新闻传播法研究综述》，《国际新闻界》2012年第1期。
③ 李丹林：《媒介融合时代传媒管制的思考——基于公共利益原则的分析》，《现代传播（中国传媒大学学报）》2012年第5期。
④ 蔡斐：《2012年新闻传播法研究综述》，《国际新闻界》2013年第1期。
⑤ 郭道晖：《新闻媒体的公权利与社会权力》，《河北法学》2012年第1期。

主要关注宏观层面的新闻传播权和知识产权的研究；新媒体传播的法律规制亦再次成为新闻传播法研究的重点之一"①。

二 新闻传播法制突出问题

（一）新闻立法的缺失

我国改革开放以来的新闻立法历经40多年至今未果，其实，无论法治社会的内在要求还是传媒领域的现实发展，都表明了迫切的新闻立法诉求。有学者认为，各中原因颇为复杂："在主管部门看来，我国现有管理新闻业的若干行政法规和规章，已形成了以'公民有自由、媒介归国家'为主旨的相对稳定的媒介体制，无需再有'新闻法'；在司法部门看来，我国宪法以及民事的、刑事的、行政的等各种法律中，有很多条款都涉及到新闻传播工作，还有专门针对新闻领域的若干司法解释，'新闻法'可有可无；而学界长期以来新闻法学研究表面上的日渐繁荣遮盖了新闻立法研究的不足，使关于新闻立法的许多基本问题至今难以达成共识，也使上述相关部门无需'新闻法'或可有可无的认识被不断强化。"②

至于作为前提的预设，为什么需要"新闻法"，该学者从两个方面予以了回答。一方面是就学理而言，作为典型消极权利的言论自由除了排除国家干预之外，还要求国家积极履行立法上，乃至组织上、程序上的保障义务，以真正实现言论和新闻自由；另一方面，我国用以规范传媒行为的法律规范主要是行政法规，位阶较低，而且仅对行业内部有约束力，这与传媒触角遍及社会各个领域的特征和现实明显不适应，纵有相关司法解释应对层出不穷的新媒体问题，但解释终归是解释，解释替代不了法律，在对具体的传媒行为进行规范时，如与其他法律相冲突，解释往往是无力的，而为解决新情况、新问题仓促出

---

① 蔡斐：《2013年新闻传播法研究综述》，《国际新闻界》2014年第1期。
② 张晶晶：《为什么我们没有"新闻法"——反思我国新闻传播立法研究》，《政法论丛》2014年第1期。

台的司法解释更难免顾此失彼。随着信息传播技术的发展,新闻传播领域的新情况、新问题还会大量涌现,长此以往,如果始终没有一部经过审慎、理性论证和广泛征求意见的新闻传播法律的话,司法恐将难以应对,因此,从被动应对转向主动建构无疑是法治社会建设对新闻传播立法的内在要求。①

或许,事务部门的领导人员能够更好地回答需不需要"新闻法"这样一个问题。2014 年 12 月 1 日,各大网站都以短小的篇幅转载了这样一篇文章——《我国正研究新闻传播立法》。全文如下:原国家新闻出版总署署长、全国人大常委会教科文卫委员会主任委员柳斌杰结合他最近在人大的工作透露,国家正在研究传播立法。柳斌杰表示,新媒体发言随意,吸引眼球;传统媒体管制严格,面容呆板。一样的传播两个尺度,让传统媒体常常感叹"戴着镣铐跳舞"、环境不公。而传播立法的出台,将终结这一局面。柳斌杰认为,依法治国,新闻传播也要有法治思维,走向法治轨道。否则,底线不清、边界不明,媒体不好把握。法制、道德、社会秩序的底线要明确;新媒体发展越来越好,影响力越来越大,形成另外一个舆论圈,这种发展不平衡是不可取的。另一方面,传播立法能使媒体获得自主权,媒体依法行使法律赋予的职权,可以依法判断自己的行为。②

(二) 新闻自由的保障

将"新闻自由"一词代入中国知网,截至 2015 年 2 月,仅"基础研究（社科类）"一项,就检索出 2482 篇文章,其中包括 47 篇博士学位论文与 637 篇优秀硕士学位论文。由此可见"新闻自由"所受学术关注度之高。以博士学位论文为例,有对新闻自由基础理论的研究,如《论新闻自由》,有域外新闻自由理论的历史梳理,如《美国新闻自

---

① 张晶晶:《为什么我们没有"新闻法"——反思我国新闻传播立法研究》,《政法论丛》2014 年第 1 期。

② 《我国正研究新闻传播立法》,http://news.sina.com.cn/o/2014-12-01/013531225440.shtml,2014 年 12 月 1 日。

由的历史之维与宪政考察》《第二国际的新闻自由理念（1889—1914）》等，也有对国内新闻自由制度的历史考察，如《南京国民政府新闻出版立法研究》《国民党新闻传播制度研究》等。但也有直面我国新闻自由相关问题的论作，如《论新闻自由权的具体化——对〈中华人民共和国新闻法草案（送审稿）〉的研究和建议》。细致一点的研究还包括《行政法视野下的新闻审查》，其问题核心包括新闻审查权的合法性问题、新闻审查权的合理性问题、新闻审查权的边界问题。[1]还有学者指出，"在政治控制与经济自由化的夹缝中生存的新闻媒体，在信息的收集、传播过程中，在表达意见、观点的过程中，其权利不可避免地受到侵犯。然而，我国现行的新闻法制没有起到保护新闻媒体及其工作者的权利、特别是没有起到保护其权利免受权力侵害的作用"[2]。还有学者认为，新闻自由在我国可以归入宪法之出版自由当中，而宪法出版自由的落实存在不少问题："立法实施严重不足，过度依赖政策及规范性文件越权进行调控；国有媒体的自主经营权严重不够，公民开办媒介的空间依然较为狭小；政府信息公开范围被缩小，公民知情权范围限制较多；事前审查规制较多，事后惩治控制过严；公民出版自由被侵犯缺乏司法救济渠道。而其主要原因是过分强调媒体'党的喉舌'属性，忽视媒介与公民出版自由的重要关系；'正确舆论导向的'的路径偏好，稳定压倒公民权利；计划经济时代行政化管理媒介方式的路径依赖。"[3] 解决方案具体到制度的构建方面则"首先应当确认公民自由开办报社、出版社、杂志社的权利，并应当以登记备案的方式替代现在的批准许可制。对于广播电台的开办可以实行许可制，但应逐步对公民开放，并引入独立委员会制度对公私电视台进行平衡。同时，简化非营业性网站备案以及经营性网站许可的程序。

---

[1] 柏杨：《行政法视野下的新闻审查》，博士学位论文，中国政法大学，2008年。
[2] 牛静：《论新闻自由权的具体化——对〈中华人民共和国新闻法草案（送审稿）〉的研究和建议》，博士学位论文，华中科技大学，2008年。
[3] 曾凡证：《论我国宪法出版自由条款的实施》，博士学位论文，华东政法大学，2014年。

对于国有媒体而言,要进行转制,增加其独立性。公权力对于公民通过媒介获取信息的自由应当放松管制,主要表现在开源和放流两个方面,要进一步扩大政府信息的公开程度,并严格规范国家秘密的范围,限制秘密事项认定主体及定密主体的范围。放松对外来信息的管制,增加电视台落地范围及方式,逐步从防火墙向白名单再向黑名单替代防火墙来维护网络环境。在公民通过媒介传播信息时,要弱化对国有媒介的事前控制,增强其独立性和自主经营能力。立法确定公民设立媒体权利后,要禁止对报社、杂志社、期刊、网络等媒体的事前审查行为,对于电影和电视节目等尽量引入行业自律管理的方式替代事前许可证颁发的模式。最后公民在行使出版自由权的过程中,与其他法权产生了冲突,应当尽量避免使用惩治手段,特别是慎用治安管理处罚法和刑法对出版自由行为进行惩戒。此外,除了名誉权之外,还应当完善对于出版自由侵犯的救济渠道,非经正当程序不得剥夺公民的出版自由,对于主张出版自由受侵犯的应当允许最终通过司法的途径解决争议"①。

至于什么是新闻自由,有学者认为,"新闻自由是指依法给予公民新闻传播的自由"②。也有学者认为,"新闻自由是公民的基本自由之一,是通过传播媒介表现出来的言论、出版自由。它是指公民和新闻传播媒体在法律规定或认可的情况下,搜集、采访、写作、传递、发表、印刷、发行、获知新闻或其他作品的自主性状态"③。有的学者认为,"新闻自由就是采访的自由、传递的自由、刊载的自由、批评的自由、发行的自由"④。还有的学者说,新闻自由包括"采访自由、传播自由、出版自由、批评自由等诸多方面"⑤。有学者认为,"新闻自由

---

① 曾凡证:《论我国宪法出版自由条款的实施》,博士学位论文,华东政法大学,2014年。
② 胡兴荣:《新闻哲学》,新华出版社2004年版,第187页。
③ 甄树青:《论表达自由》,社会科学文献出版社2000年版,第56页。
④ 储玉坤:《现代新闻学概论》,世界书局1948年版,第367页。
⑤ 顾理平:《新闻法学》,中国广播出版社1999年版,第210页。

是自然人和法人在法律范围内所享有的自由从事新闻活动免于他人和政府干涉的权利。新闻自由的主体要素是自然人和法人。新闻自由的客体要素是新闻。新闻自由的内容要素包括创办新闻媒体的自由、接近新闻来源的自由、传送新闻的自由、刊播新闻的自由、评论新闻的自由、销售新闻产品的自由、获知新闻的自由、使用新闻媒体的自由"[1]。还有学者认为，新闻自由权可具体化为"创办媒体权、媒体采访权、报道权、批评建议权"[2]。有学者说，"新闻自由是出版自由在新闻领域内的实施和运用。从本质上说，新闻自由也就是出版自由"[3]。有学者认为："新闻出版自由是指通过报刊、广播电台电视台等方式表达言论、搜集和传播信息的自由。"[4] 张千帆教授的《宪法学导论》中将"freedom of press"翻译成"新闻自由"，也翻译成"出版自由"，还使用"新闻出版自由"的称谓。[5] 日本新闻协会定义为，"新闻自由就是符合事实的报道和评论自由，接近新闻出处采访新闻的自由"[6]。国际新闻学会在1951年发表的文件认为，新闻自由包含：free access of news、free expression of views、free transmission of news、free publication of newspaper四种自由，它们可以翻译为：新闻采访自由、新闻传播自由、新闻（报纸）出版自由、观点表达自由。美国国家新闻自由委员会表明："新闻自由是表达自由的一部分，是政治自由的基础，是国家不得侵犯的精神权利，是一个社会的内在功能，随着社会情境的变化而变化。"[7]

---

[1] 章敬平：《论新闻自由》，博士学位论文，苏州大学2007年。
[2] 牛静：《论新闻自由权的具体化——对〈中华人民共和国新闻法草案（送审稿）〉的研究和建议》，博士学位论文，华中科技大学，2008年。
[3] 孙旭培：《新闻学新论》，社会科学文献出版社1993年版，第25页。
[4] 侯健：《表达自由的法理》，上海三联书店2008年版，第12页。
[5] 张千帆：《宪法学导论原理与运用》，法律出版社2008年版，第551页。
[6] 李良荣：《西方新闻事业概论》，复旦大学出版社1997年版，第49页。
[7] Commission on Freedom of the Press, A Free and Responsible Press (Chicago: University of Chicago Press, 1947).

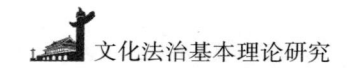

第四节　互联网络法制建设

在信息技术高度发达的今天，媒体格局正在发生重大变化，互联网已经成为发展势头强劲的大众媒体，对社会舆论和人们精神生活产生着不可估量的影响。据统计，目前我国网民达3.67亿人，手机用户达7.3亿人，手机上网用户超过1.9亿人。如果把手机、上网电脑两种终端加起来的话，数量远远超过了4亿台电视机的社会拥有量。特别是随着5G手机加快应用，实现由固定互联网向移动互联网的延伸，使人人、时时、处处上网成为可能。互联网对人们思想和行为的影响从来没有像今天这样广泛、深刻，对传统媒体带来了巨大的挑战。虽然整个受众群体中约有50%的人仍然主要通过电视获取信息，但是青少年的信息来源主渠道已经转向互联网，而青少年是国家的未来，是将来的主要受众群体。但互联网发展至今，其法律治理的问题也日益集中凸显，除了私法领域当中的商业竞争及知识产权保护之外，便是其与言论自由保护之间，及其与青少年身心健康之间的冲突问题。

一　网络发展与青少年保护

自2007年始，中国人民大学法学院每年都会通过各种途径评选出当年的中国十大宪法事例。至今，这项活动已经持续了八年，并以其高度的学术权威性获得中国社会的普遍关注与肯定。而从历年评选出来的十大事例来看，不乏互联网言论自由的保护问题。比如2009年"广电总局大规模关闭试听网站事件"。2007年12月20日，国家广播电视总局与原信息产业部联合发布了《互联网视听节目服务管理规定》（以下简称《规定》）。规定从事互联网视听节目服务，应当依照本规定取得广播电影电视主管部门颁发的"信息网络传播视听节目许可证"或履行备案手续。此后，各级广电部门曾多次以不同形式公开要求相关网站遵守该规定的要求，对各自存在的问题进行整改，但整个2008年，对于相关网站的整改行动并未有实质性的进展。2009年春季以来，广电总局遂一改此前的容忍姿态，开始实施一系列的强制整顿措施，包括要求加强网络视听内容的管理、严查21类网上视听内容、下发加强互联网视听内容管理的通知、严查网上无证影视剧、发布通知规范互联网电视、宣布无证播出3个月以上要坚决关闭、关闭111家无证视听网站、国内三大BT网站悉数落马、关闭530多家问题视听网站。而作为补充手段，2009年9月广电总局还下发了《广电总局关于互联网视听节目服务许可证管理有关问题的通知》。依此通知，广电总局受理补办许可证申请的截止日期为2009年12月20日。自2010年3月1日起，各级广电部门将按照《规定》的要求，对本辖区内互联网视听节目服务许可证制度的落实情况进行专项检查，对无证播出的依法予以处罚，包括对那些申办未批的。对于违规情节恶劣、无证播出达3个月以上的，将按照广电总局与工业和信息化部等12部委联合下发的《关于建立境内违法互联网站黑名单管理制度的通知》，重点查处，坚决关闭。

至于推行网络视听许可证制度的理由，《规定》给出的解释是："为了维护国家利益和公共利益，保护公众和互联网视听节目服务单位的合法权益，规范互联网视听节目服务秩序，促进健康有序发展。"但这个立法理由显然太过模糊，没有一个可用于实际操作的明确标准。而根据广电总局和信息产业部门负责人就《规定》答记者问的说明，出台此项《规定》是因为近年来"不少含有淫秽色情、暴力低俗内容的节目和侵权盗版节目在互联网上肆意传播，严重污染了网络环境，影响了未成年人的健康成长，损害了互联网视听节目服务业的长远发展"，"为了促进互联网视听节目服务业的健康繁荣发展，满足人民群众日益增长的精神文化需求，打击违法视听节目在网上的传播，维护公众特别是未成年人享有丰富多彩、健康有益网络文化的权利，保护著作权人和互联网视听节目服务单位的合法权益，根据广大人民群众的呼吁和要求，广电总局和信息产业部近日联合发布了《互联网视听节目服务管理规定》"。也就是说,《规定》出台的理由主要有两个,一是因为网络视听当中存在"不少含有淫秽色情、暴力低俗内容的节目";二是因为网络视听当中存在不少"侵权盗版节目"。但鉴于目前法律体制中,"侵权盗版节目"等问题的处理和解决并非广电总局的专职,而且这些问题一般需要由权利人依法提起诉讼,通过司法途径始能获得最终救济,因此《规定》出台的理由其实主要是两个理由中的第一个,即因为网络视听中含有"不少含有淫秽色情、暴力低俗内容的节目"①。

对此类互联网发展与青少年保护之间的关系问题,有学者认为,以"含有淫秽色情、暴力低俗内容的节目"为理由对网络视听进行管制,这其实是父爱家长主义的一种体现,其理论预设在于,我们在心理上是不成熟的,因此极容易看到淫秽色情节目时"变黄",在看到暴力电影时产生暴力倾向,于是对于网络视听所采取的一切管制手段就显得"冠冕堂皇":这是为保护人们的身心健康而设计的"完美制度"。② 笔者认为,青少年身心健康不可谓不重要,基于此目的对相关网络现象进行权力监管亦不可谓不必要。问题是这种监管应当有明确且稳定的法制化标准,在缺乏诸如电影电视产品分级标准的情况之下,仅仅以"淫秽色情""暴力低俗"这样的抽象概念为凭据,就对其动用公权监管,实则极易造成监管合法性的缺失,甚至还可能出现以抵制或清除淫秽色情、暴力低俗内容为借口,滥用网络监管公权力的现象。

二 网络发展与言论自由保护

对于大多数学者,尤其是公法学学者而言,这里面存在着一个政

---

① 陈运生:《事例7:广电总局大规模关闭视听网站事件——网络时代中宪法基本权利的保护》,胡锦光主编《2009年中国十大宪法事例评析》,法律出版社2010年版,第118页。

② 陈运生:《事例7:广电总局大规模关闭视听网站事件——网络时代中宪法基本权利的保护》,胡锦光主编《2009年中国十大宪法事例评析》,法律出版社2010年版,第118页。

府管制的合宪性考量问题。此问题又可细化为两个方面,即对公民基本权利的限制是否合宪,以及管制手段是否合宪的问题。前者以尊重和保障公民基本权利为最高前提,推导出任何限制公民基本权利的权力方式均在原则上不被肯定,而在现实权力运行中必须严格受到控制;后者由前者引申而来,意在以"比例原则"为权力操作的根本原则,任何私域之公权介入,均须对公私法益率先作一从目的到手段上的衡量:如结果表明,基本权利所保护的法益较之于干预措施所保护的法益更具重要性,则对基本权利的干预就不具正当性;反之则干预就可以进行。网络言论自由之争最能凸显其中的矛盾。

诚如穆勒(John Stuart Mill)在其《论自由》(On Liberty)一书中所认为的那样,无论意见真假,压制意见本身就是错的,因为如果意见是真的,压制意见则意味着社会在拒绝真理;如果意见是错的,压制则将令我们无法全面理解真理,因为真理来自与谬误的斗争;如果我们所得到的意见真假掺杂,唯有让意见自由竞争,才能掌握全部真理。① 作为一种典型的表达自由,其在美国和日本的宪法审查制度当中,受到"双重基准"的严格保障,即"关于规制精神自由的法律,主张合宪的一方,必须依据事实(此种支持法律合宪性的事实,称之为立法事实),表示该规制系为实现非常重要的政府目的,无论如何不得不采用必要规制"②。日本宪法学者芦部信喜更认为,除了双重基准之外,对于精神自由中表达自由的规制还应该受到"禁止事前抑制""明确性理论""明显且即刻的危险"基准,以及"限制性程度更小的其他可供选择之手段"等的限制。③ 而在欧陆国家宪法审查制度当中,也有着非常严格的审查基准。其中,德国联邦宪法法院在1958年的

---

① 柳建龙:《事例7:任建宇因网络发帖被劳教事件——言论自由与劳动教养》,胡锦光主编《2012年中国十大宪法事例评析》,法律出版社2013年版,第119页。

② [日]阿部照哉、池田政章、初宿正典、户松秀典:《宪法》(下册),周宗宪译,台湾元照出版公司2001年版,第67页。

③ [日]芦部信喜:《宪法》,林来梵、凌维慈、龙绚丽译,北京大学出版社2006年版,第165页。

"吕特案"中就明确指出，对于自由主义的民主国家而言，言论自由和意见自由等权利具有一种"绝对的""本质的"价值，它甚至是一般自由的基础，应该予以更为严格的审查。

互联网络的兴起，依赖信息及时交换功能的独特魅力。互联网络产业的发展更需以宽容意见自由为前提。为了防止网络视听观众，特别是青少年群体受到不良网络信息的污染，为了防止个别不良用心者利用网络散布危害国家安全的信息，政府部门出台相关法令予以管制，这并无不可。但需要在立法中明确以上诸种基准，并在执法过程当中贯彻落实，同时还要对个中法益进行审慎的衡量，尽量采取对表达自由侵害最小的手段，才能真正保护和促进整个互联网行业的发展。

第八章 文化法治的基本制度构建（二）

第一节 图书馆的法律制度建设

图书馆作为文化的重要载体，是公共文化服务保障体系的重要组成部分，具有保存图书资料、传播文化知识的重要职能。科学的图书馆建立、管理模式，完善的图书馆法律、法规体系，是一个国家图书馆事业高度发达的重要标志。对图书馆应如何进行分类，目前我国大陆地区并无文件对其进行明确的规定，台湾《图书馆设立及营运标准》将图书馆分为五大类，即国家图书馆、公共图书馆（包括公立公共图书馆与私立公共图书馆）、大专院校图书馆、中小学图书馆、专门图书馆。日本也无明确文件对图书馆的分类进行规定，但根据目前日本已有的图书馆方面的法律，不难得出日本至少将其本国图书馆分为国立国会图书馆、地方公共图书馆（包括公立图书馆与私立图书馆）、学校图书馆。与此相对应，完善的图书馆法律、法规体系应为，在有图书馆基本法的前提下，针对各个类型的图书馆都应当有与其相对应的法律、法规或者规章等规范性文件对其进行规范。我国对于图书馆法律层面的规定仅有2018年1月1日实施的《中华人民共和国公共图书馆法》，根据上面的分类分析可知，公共图书馆法并不能看作公共图书馆领域的基本法，因为公共图书馆只是图书馆分类中的一类，尽管这一类型的图书馆相较于其他类型的图书馆更为普遍和更受关注，但与其并存的还有国家图书馆、学校图书馆、专门图书馆。因此，我国图书馆领域立法相对落后，目前仍没有一部对图书馆领域进行综合规定的基本法律，除此以外对于其他类型的图书馆也缺少法律、法规层面的规范。《中华人民共和国公共图书馆法》的颁布确是我国图书馆领域乃至公共文化领域立法方面的一大进步，但我国在完善图书馆领域甚至是文化领域的立法方面都还有极长的路要走。虽然各国对图书馆的分类略有差异，但在现实的社会生活中公共图书馆、国家图书馆、学校图书馆与我们的文化生活联系最为紧密，因此本章将重点介绍与这几个类型的图书馆相关的立法情况。

一 公共图书馆法

2018年1月1日实施的《中华人民共和国公共图书馆法》第2条规定，公共图书馆，是指向社会公众免费开放，收集、整理、保存文献信息并提供查询、借阅及相关服务，开展社会教育的公共文化设施。该条明确了公共图书馆的社会定位，即向社会公众免费开放的公共文化设施；指出了公共图书馆的两大职能，即输入、保存资料与输出资料。我国《公共图书馆法》对公共图书馆的定位延续了社会大众对公共图书馆的一贯认知，在职能定位上与其他国家对于公共图书馆的定位基本无太大差异。朝鲜《图书馆法》规定，图书馆是提高人民的思想意识水平和技术水准的重要学习场所。韩国《图书馆法》规定，公共图书馆是指国家或地方政府为了公众的信息利用、文化活动、读书活动及终身教育而设立运营的图书馆（公立公共图书馆）或者是法人、团体及个人设立运营的图书馆（私立图书馆）。日本《图书馆法》规定，图书馆是指地方公共团体、日本红十字会以及一般社团法人或一般财团法人设立的收集、整理、保存图书、记录等必要资料并向一般公众提供使用，为其教育、调查研究、创作等提供帮助的设施。罗马尼亚《图书馆法》规定，公共图书馆是服务于地方和县级区域的百科类图书馆。资料的输入、保存与输出，免费提供服务是公共图书馆最基本的职能，为了保障图书馆这些基本职能的实现，《中华人民共和国公共图书馆法》不仅在总则中明确提出公共图书馆是社会主义公共文化服务体系的重要组成部分，应当将推动、引导、服务全民阅读作为重要任务，且用四章的篇幅对公共图书馆的设立、运行、服务及法律责任进行细致入微的规定。接下来本节将对关于公共图书馆的几个重要的制度规定进行介绍分析：

(一) 公共图书馆分馆发展模式

《中华人民共和国公共图书馆法》第 31 条规定，县级人民政府应当因地制宜建立符合当地特点的以县级公共图书馆为总馆，乡镇（街道）综合文化站、村（社区）图书室等为分馆或者基层服务点的总分馆制，完善数字化、网络化服务体系和配送体系，实现通借通还，促进公共图书馆服务向城乡基层延伸。总馆应当加强对分馆和基层服务点的业务指导。这从法律上明确了我国以县域为单位实行图书馆总分馆制的发展模式。图书馆的总分馆制是指在一个合适的地域单位内，由一个或者多个建设主体建成一个"公共图书馆群"，形成图书馆服务体系，提供普遍、均等服务。在该体系内，通常由总馆主导协调多个分馆共建共享，实行文献资料统一采购、统一编目、统一配送、统一服务政策、统一服务标准、通借通还。[①] 图书馆总分馆制可概括为统筹、整合、共享。我国以县域为单位实行公共图书馆的总分馆制的目的是推动图书馆城乡均衡发展，推动公共文化服务的均等化。我国图书馆在长期的发展中逐渐形成"一级政府建设并管理一个图书馆"的基本格局。不同行政层级体系中的公共图书馆往往各自为政、封闭管理、孤岛运行，且县级以下乡（镇）政府及村级组织在构建图书馆（室）的过程中往往缺乏必要的财政支持、专门的管理人员、固定的场所等，导致这些地方的图书馆（室）普遍存在管理不善、图书更新缓

[①] 金武刚：《论县域图书馆总分馆制的构建与实现》，《中国图书馆学报》2015 年第 3 期。

慢、稳定性差等问题，无法满足与保障乡村群众的阅读需求，同时造成了资源的浪费。针对此问题，县域图书馆总分馆制将基层图书馆的建设主体提升至区县级人民政府，确实是解决该问题的一种有效方案，且我国不少地区在《中华人民共和国公共图书馆法》实施以前就已经出台相关的文件，对图书馆总分馆制进行相关规定并进行了实践。

《广州市公共图书馆条例》第12条规定，市人民政府设立的广州图书馆为全市公共图书馆的中心馆，中心馆可以根据公共图书馆发展规划和实际需要，设立直属综合性分馆或者专业性分馆。区人民政府负责建设区和镇、街道公共图书馆，建立公共图书馆总分馆体系，区公共图书馆为区域总馆，镇、街道公共图书馆为分馆。省、市、区公共图书馆所在地的镇、街道可以不设立分馆。同时该条例还针对总分馆的占地面积、馆藏图书、市中心馆与区域总馆的关系、区域总馆馆长任职要求、总馆的业务职责及开放时长进行了规定。《四川省公共图书馆条例》规定，县（市、区）人民政府应当推进本级公共图书馆设立分馆或者服务站点，整合乡（镇、街道）综合文化站（中心）、村（社区）文化室（中心）、公共电子阅览室、文化信息资源共享工程基层服务点、农家书屋等公共文化资源，形成覆盖城乡的基层公共图书馆服务体系。县（市、区）公共图书馆集中管理和整合基层图书馆（室）或者服务站点的文献信息资源，统一服务标准，建立通借通还的便捷服务体系，实现文献信息资源利用和服务的最大化。山西省2008年就开始了覆盖全省的总分馆建设，到2012年底，包括省图书馆在内，山西省已有92家图书馆之间实现了一证通用、通借通还、资源共享。山西省公共图书馆总分管体系由省图书馆牵头，各市、县公共图书馆和其他系统图书馆参与。在图书馆管理系统统一平台上，实现文献书目数据及数字资源的共建共享，所有持证读者均可不受地域限制，上网登录使用省图书馆的数字资源。①

---

① 蔡晓川：《江苏图书馆总分馆建设模式的比较分析》，《新世纪图书馆》2013年第3期。

在《中华人民共和国公共图书馆法》实施之前，地方已经对公共图书馆的总分馆制进行了规定与实践。因此，各地方对公共图书馆总分馆制的规定与实践与《中华人民共和国公共图书馆法》的规定稍有出入，一个最显著的区别就是，不少地方将公共图书馆的总馆定位超出县一级，如《广州市公共图书馆条例》规定，市人民政府设立的广州图书馆为全市公共图书馆的中心馆，中心馆可以根据公共图书馆发展规划和实际需要，设立直属综合性分馆或者专业性分馆。《苏州市公共图书馆总分馆体系建设实施方案》规定，一是苏州市区公共图书馆总分馆体系的运行管理方式：以苏州图书馆为总馆，区级图书馆及区内街道（社区）图书馆（室）为分馆。各相关区级图书馆同时挂苏州图书馆分馆××区图书馆牌子，并将本区内的街道（社区）图书馆（室）纳入其中统一管理。二是县级市图书馆总分馆体系的运行管理方式：以各县级市图书馆为总馆，以镇（含撤并乡镇、管理区、办事处）图书馆为分馆、基层综合信息服务中心为服务点、流动图书车为补充，实行统一采编、统一服务、通借通还。山西省2008年就开始了覆盖全省的总分馆建设，该省公共图书馆总分管体系由省图书馆牵头，各市、县公共图书馆和其他系统图书馆参与。

在《中华人民共和国公共图书馆法》实施以前，不少地方就已经进行了总分馆的实践与探索，且在实践中的做法与现行的法律规定稍有出入。对此，已经实施此种做法的地区我们应如何看待？还未实施图书馆总分馆制的地方可否借鉴前者经验？本书认为，我国《公共图书馆法》第31条规定的县域图书馆总分馆制，其初衷是保障乡（镇）、村级群众的图书阅读权利，推进图书馆城乡均衡发展，推动公共文化服务的均等化。那么地方应遵循法律的规定，县级人民政府应当因地制宜建立符合当地特点的以县级公共图书馆为总馆，乡镇（街道）综合文化站、村（社区）图书室等为分馆或者基层服务点的总分馆制。市域或者省域以市图书馆或省图书馆为总馆建立图书馆总分馆制，不应因法律未进行规定而禁止，是否实行图书馆总分馆制应当以公共图书馆是否能够满足当地居民的需求来决定。图书馆总分馆制是一种科学的图书馆建构模式,世界上许多国家都实行图书馆的总分馆制以满足当地居民的需求,保障公民的阅读权利、文化权利。美国的公共图书馆是以地方辖区为单位建立的,一所公共图书馆如果能够满足当地居民的需求,一般仅保留主馆,不会再设置分馆。设置分馆的地方,通常是因为图书馆服务的区域过大,社区服务的人口较多。波士顿公共图书馆是美国最大的公共图书馆,这所图书馆创建后,随着馆藏文献、服务范围和服务人口的不断扩大,于1870年在波士顿东侧开放了第一座分馆,至21世纪初期,波士顿公共图书馆分馆发展到21座,最终达26座。①《中华人民共和国公共图书馆法》第31条明确规定了我国县域公共图书馆的总分馆制的建构模式,但公共图书馆作为公共文化服务的基础设施与载体,其建构模式应以满足和保障公民的文化权利为目标,因此市域、省域公共图书馆综合考量本地公共图书馆的馆藏图书、服务人口、居民需求等情况,在条件满足的时候采用总分馆的建构模式应得到鼓励。

(二) 社会力量参与公共图书馆建设

《中华人民共和国公共图书馆法》第4条第2款规定,国家鼓励公民、法人和其他组织自筹资金设立公共图书馆。县级以上人民政府应当积极调动社会力量参与公共图书馆建设,并按照国家有关规定给予政策扶持。虽在该法实施之前,国家就已经通过多种形式表明,国家鼓励社会力量参与公共图书馆的建设,但此次将其明确写进法律,是继《中华人民共和国公共文化服务保障法》规定国家推动公共图书馆、博物馆、文化馆等公共文化设施管理单位吸收有关方面代表、专业人士和公众参与管理之后,在专门法中就公共图书馆的建设鼓励社会力量参与进行的明确规定。

长期以来,我国公共图书馆的建设一直遵循着"一级政府建设一

---

① 王嘉陵:《美国公共图书馆总分馆制考察》,《图书馆理论与实践》2011年第4期。

个公共图书馆"的传统，这种单一的公共图书馆建设体制严重地制约着我国公共图书馆事业的发展。《公共图书馆建设标准》明确规定，服务人口150万人以上的要有一座大型的公共图书馆；服务人口20万—150万人的要有一座中型公共图书馆；服务人口20万人及以下的要有一座小型公共图书馆。大型公共图书馆服务人口150万—400万人的，人均藏书量为每人0.9—0.8册；服务人口400万—1000万人的，人均藏书量为每人0.8—0.6册；中型公共图书馆服务人口20万—50万人的，人均藏书量为每人1.2—0.9册；服务人口50万—100万人的，人均藏书量为每人0.9册；服务人口100万—150万人的，人均藏书量为每人0.9册；小型公共图书馆服务人口3万—10万人的，人均藏书量为每人1.5—1.2册；服务人口10万—20万人的，人均藏书量为每人1.2册。但实际在我国，人口几千万的省份只有一个省级公共图书馆，而人口接近一亿或超过一亿的省份也只有一个省级公共图书馆的情况并不少见。如合肥市的瑶海区与庐阳区，截至2017年底，瑶海区的常住人口为97.93万人，面积247平方千米，庐阳区的常住人口为67.05万人，面积139平方千米，尽管已拥有如此多的常住人口，两区至今没有一座图书馆。[①] 在经济状况相对较好的城市地区，在建设本地区公共图书馆方面，尚有相对稳定的财政支持，以维持本地区公共图书馆的建设、维修、管理、更新等各项费用，但即便如此，公共图书馆事业的发展仍难以达到令人满意的状况。由此可想而知，乡（镇）、村级的公共图书馆建设更是举步维艰，在我国的大部分乡（镇）及农村地区基本上没有符合标准的公共图书馆，甚至一些文化站和图书室也只是名义上的，一般站内或室内的图书寥寥无几并且常年不更新。当然这和当地群众的阅读习惯有一定的关系，但主要原因还在于政府及相关部门的不作为、财政资金的短缺及专业人才的缺失。目前，我国公共图书馆不仅在馆数总量上达不到标准，且城乡发展极不平衡，差距

[①] 李杨：《合肥市社会力量参与公共图书馆服务供给研究》，硕士学位论文，安徽大学，2018年。

巨大，要改善这一状况，鼓励社会力量参与公共图书馆事业，是已被世界上的许多国家证明了的一项良方。许多国家对鼓励社会力量参与公共图书馆建设进行了积极的实践，并将其写进法律。韩国《图书馆法》规定，为了支持图书馆的设立、设施、图书馆资料及运营，任何人都可以向图书馆捐款或捐赠其他资产。国家或地方政府设立的图书馆若有第一款规定的捐赠，不受《捐赠款物的募集及使用相关的法律》的限制，可接受捐献款物。对于私立公共图书馆，国家或地方政府认为需要时，可以无偿提供或出租国有、共有财产，此时不受《国有财产法》或《共有财产及物品管理法》等相关规定的限制。罗马尼亚《图书馆法》规定，图书馆可以由其他公共和私人法人出资，还可以由个人通过捐赠、赞助或其他合法的收入来源资助。私立图书馆如果开展公立图书馆活动，根据其活动项目，可以得到国家或地方的财政支持。墨西哥《图书馆总法》规定，属于社会和私人部门的图书馆，提供本法规定的公共图书馆相同的服务，表示愿意参加国家公共图书馆网的，可根据具体情况，与公共教育部或州政府签署加入国家公共图书馆网的协议。在实施不久的《中华人民共和国公共图书馆法》中明确规定，我国鼓励社会力量参与公共图书馆事业，并对与社会力量参与公共图书馆事业相关的方式、鼓励措施、志愿者等进行了规定，内容涉及该法的第 4 条、第 6 条、第 12 条、第 13 条、第 20 条、第 23 条、第 45 条、第 46 条、第 47 条。

虽然，对于社会力量参与公共图书馆事业，我国正式写进法律不久，但相关的政策、文件早已出台，许多地方也做了积极的探索与实践，总的来说，取得的效果是不错的。社会力量参与公共图书馆建设的形式，法律并未进行明确的规定，实践中的形式多种多样，主要有：由私人、企业或者社会组织独立举办图书馆；个人、企业或者社会组织向政府举办的公共图书馆捐资、捐书；政府购买图书馆服务；PPP（public-private-partnership）；参与合作举办公共图书馆，社会力量在一定程度上参与图书馆的运营；社会力量独立承接或参与公共图书馆的日常运营或管理；志愿者服务等。如志愿者服务，城市地区的公共图书馆在图书馆管理及推广阅读活动中大量招收志愿者服务,以弥补人员的不足;乡(镇)、村级图书馆在发展中往往面临着专业人员缺失的问题,因此具有相关专业知识、技能的志愿者的参与,对于乡(镇)、村级图书馆事业正规化发展具有极大的帮助。

二 国家图书馆法

在图书馆的分类上,习惯上将国家图书馆单作一类,与公共图书馆、学校图书馆、专门图书馆相区别。图书馆之间的界限并不是泾渭分明的,从国家图书馆的类型上看,世界上的国家图书馆大体上可以分为四种类型:公共图书馆兼作国家图书馆;议会图书馆兼作国家图书馆;大学图书馆兼作国家图书馆;科学院图书馆兼作国家图书馆。我国的《中华人民共和国公共图书馆法》第22条规定,国家图书馆同时具有本法规定的公共图书馆的职能,以此明确我国国家图书馆兼有公共图书馆的职能。

(一)国家图书馆定性简析

国家图书馆在图书馆中是相对特殊的一类,因其定位的不同而具有专属于自身的职能与属性。大多数国家都通过法律的形式对国家图书馆的职能进行明确的规定,但是对于国家图书馆的职能,一直是存有争议的。1970年联合国教科文组织通过的《关于图书馆统计国际标准化的建议》中,给国家图书馆下的定义是:"国家图书馆,不管其名称如何,它是按法律或其他安排,负责收集和保存本国出版的所有重要的出版物,并担负国家总书库职能的图书馆。正常情况下,国家图书馆还履行以下几项职能:出版国家书目;拥有一个丰富的外文馆藏(包括有关本国的外文图书);作为国家书目情报中心,编制联合目录,出版回溯性国家书目。"[①] 经过多年的理论研究和调查,笔者认为国家图书馆一般具有:收集本国出版物、采选外国出版物、为科学研究服

[①] 鲍振西、李哲民:《国外的国家图书馆》,《国家图书馆学刊》1979年第4期。

务、国家书目中心、图书馆发展国际交流几项基本职能。但由于国家图书馆在各国中的战略定位不尽相同，因此各国相关法律对其的职能表述也不尽相同。如我国的《中华人民共和国公共图书馆法》规定，国家设立国家图书馆，主要承担国家文献信息战略保存、国家书目和联合目录编制、为国家立法和决策服务、组织全国古籍保护、开展图书馆发展研究和国际交流、为其他图书馆提供业务指导和技术支持等职能。日本的《国立国会图书馆法》规定，国立国会图书馆以搜集图书和其他图书相关资料，协助国会议员履职，根据法律规定为行政和司法各部门及日本国民提供图书服务为己任。国立国会图书馆在不妨碍众参两院、委员会及议员、行政和司法各部门需求的前提下，直接或通过公立及其他图书馆，为日本国民提供最大限度的图书馆服务。英国《大英图书馆法》规定，大英图书馆的控制和管理从属于大英图书馆理事会，理事会的职责是将图书馆经营成全国参阅、学习、文献参考及其他信息服务的中心，范围涵盖科学技术和人文领域。理事会应使大英图书馆优先服务教育机构、学习机构、其他图书馆和行业。

（二）国家图书馆法制建设状况

在国家图书馆立法方面，我国起步较晚，《中华人民共和国公共图书馆法》于 2018 年 1 月 1 日实施，其中用两个条款对国家图书馆的职能和出版物交存制度进行规定，除此之外，我国大陆地区既无国家图书馆方面的专门法律，也无其他法律通过条款对国家图书馆进行相关规定的情况，对国家图书馆的相关规定主要存在于全国人大及其常委会形成的工作文件、行政法规及部门规章之中。到目前，由全国人大及其常委会形成的与国家图书馆相关的工作文件有 9 项，内容主要涉及：推进国家图书馆国家文献战略储备库建设；国家图书馆二期项目建设；国家图书馆中央决算决议；国家图书馆国际交流与帮扶；受委托进行立法后评估工作等。行政法规、部门规章中涉及国家图书馆的规定主要散见于各个条例、办法之中，内容主要集中于规定，出版单位应当按照国家有关规定向国家图书馆等单位免费送交样本等。在国家图书馆立法方面，我国与其他国家和地区相比差距十分巨大。世界上许多国家制定有专门的国家图书馆法，对国家图书馆法的有关内容与制度进行法律上的确定，如日本制定的《国立国会图书馆法》对国立国会图书馆的设立与目的，馆长、职员与雇员，委员会，图书馆的部署，国立国会图书馆对行政及司法各部门的服务，国立国会图书馆对普通公众及公立和其他图书馆的服务，资料收集，出版物收藏，资料记录及资金收入与支出预算等进行规定。有些国家虽没有专门的国家图书馆法，但一般会在图书馆总法或者公共图书馆法中用专章对国家图书馆的相关内容与制度进行规定，如韩国的《图书馆法》，该法共包括九个章节，除用第一、二章规定图书馆的总则与政策，第八章规定消除知识信息差距，第九章规定附则外，剩余的第三至第七章分别对国立中央图书馆、区域代表性图书馆、公共图书馆、大学图书馆、学校图书馆、专业图书馆进行规定。

三　学校图书馆法

（一）学校图书馆分类简析

本部分将中小学、大专及高等院校的图书馆统称为学校图书馆，但在实际中，许多国家和地区将中小学图书馆与大专院校图书馆分作两大类，与其他种类的图书馆并行，并不统称为学校图书馆。如我国台湾地区的《图书馆设立及营运标准》将图书馆分为五大类：国家图书馆、公共图书馆、大专院校图书馆、中小学图书馆及专门图书馆。大专院校图书馆和中小学图书馆虽都属于学校图书馆，但该《规定》并未将二者统归为学校图书馆一类，而是分作两类，并与其他类型的图书馆并行。韩国的《图书馆法》同样将学校图书馆分为"大学图书馆"与"学校图书馆两类"，其中"大学图书馆"是指根据该国《高等教育法》规定的大学及根据其他法律规定设立大学课程以上的教育机构向教授和学生、职员提供图书馆服务为主要目的的图书馆。"学校图书馆"是指根据《初、中等教育法》规定的高级中学以下各级学校为教师、学生和职员提供图书馆服务为主要目的的图书馆。在《图书馆法》中的第五章和第六章中对两类图书馆进行分别规定，且与其他类型的图书馆如国家图书馆、公共图书馆并行。日本、阿尔及利亚、罗马尼亚等国基本上都采用了类似的做法。虽然大多数国家和地区将中小学图书馆和大专院校图书馆分作两类，但中小学与大专院校都属于教学单位，其内部人员都以教师与学生为主，且其图书馆都是主要为本学校的教师与学生服务，而本部分主要分析该类图书馆在《中华人民共和国公共文化服务保障法》及《中华人民共和国公共图书馆法》颁布、实施后，在推动公共文化服务中的角色定位问题，因此将中小学图书馆和大专院校图书馆统称为学校图书馆，主要是为了行文的便利。

（二）学校图书馆对外开放分析

学校图书馆对外开放，已经不是一个新鲜的话题，早在 20 世纪 80 年代，就被图书馆界的专家、学者及社会公众广泛讨论过。《中华人民共和国公共文化服务保障法》和《中华人民共和国公共图书馆法》对学校图书馆向社会公众开放进行了相关规定，《公共文化服务保障法》第 32 条规定，国家鼓励和支持机关、学校、企业事业单位的文化体育设施向公众开放。《公共图书馆法》第 48 条规定，国家支持公共图书馆加强与学校图书馆、科研机构图书馆以及其他类型图书馆的交流与合作，开展联合服务。国家支持学校图书馆、科研机构图书馆以及其他类型图书馆向社会公众开放。随着两部法律的颁布、实施，学校图书馆向社会公众开放，再次引起大众的广泛关注。从 20 世纪 80 年代国家出台有关文件鼓励学校图书馆对外开放开始到现在，我国学校图书馆对外开放的程度比较低，进展也比较缓慢，同美国、日本、澳大利亚等国家相比，更是差距明显。虽然公众对学校图书馆向社会开放的呼声很高，我国学校图书馆向社会公众开放的程度与其他国家相比存在差距及大力发展公共文化服务事业的浪潮都推动、刺激着学校图书馆向社会公众开放，但不得不承认，我国现阶段学校图书馆向社会公众开放的条件还不完全具备。我国学校图书馆向社会开放的方向是确定的,但学校图书馆大幅度向社会开放是不现实的。学校图书馆尤其是高等学校图书馆与公共图书馆的性质及职责不同,高等学校的图书馆属于专业性的科学图书馆,是教学与科学研究的后勤部,为教学与科学研究收集、整理、保藏图书资料,并利用图书与资料为教学与科学研究服务,它是一种服务性的组织,同时也是一种学术性的机构。[1] 学校图书馆的工作应以教学及为科学研究服务为主,应首先满足学校师生的服务要求,但现实状况是,高等院校图书馆常常座无虚席、人满为患,远不能满足本校师生的服务需求,当然这和在校学生常常将阅览室当作自习室使用有一定的关系,但其深层次的原因还在于随着学校的扩招,许多院校的场地、硬件等相关设施未能及时跟进,导致校内相关设施资源的紧缺。再者,对于学校图书馆向社会开放,《公共文化服务保障法》和《公共图书馆法》虽作了相关规定,但规定明确表明国家的态度为鼓励,并未进行强制性的规定,且规定的内容相对来说比较概括,而我国目前并没有相关的法律文件对学校图书馆向社会公众开放进行细化性规定,因此,当前已在实施学校图书馆向社会开放的学校,相关的管理制度多为本校根据自身的情况制定,各校图书馆对社会开放程度不一,标准及管理措施也是各式各样。反观学校图书馆向社会开放程度较高的国家,如美国不仅本国的图书馆事业发展起步早,而且相关的法律法规及制度也已经相当的完善,美国大学图书馆将服务对象进行非常细化的分类,不同类别的受众,所享受到的资源服务是不同的,并对此进行明确的规定。我国在仅有方向性规定,相关细化规定缺乏且对于学校图书馆向社会开放可能引发的一些潜在隐患还未有有效的预防及解决措施的情况下,如何能对学校图书馆向社会开放提过多的要求呢?

---

[1] 黄宗中:《办好高等学校图书馆的浅见》,《武汉大学学报》(人文科学) 1963年第4期。

第二节　博物馆的法律制度建设

《博物馆条例》第 2 条明确规定，博物馆是指以教育、研究和欣赏为目的，收藏、保护并向公众展示人类活动和自然环境的见证物，经登记管理机关依法登记的非营利组织。博物馆包括国有博物馆和非国有博物馆。利用或者主要利用国有资产设立的博物馆为国有博物馆；利用或者主要利用非国有资产设立的博物馆为非国有博物馆。《博物馆条例》是我国对博物馆的设立、运行、管理、服务及法律责任进行专门规定的行政法规，是我国目前为止对博物馆相关事宜进行综合规定的位阶最高的法律文件。《博物馆条例》从性质上将我国的博物馆分为国有博物馆和非国有博物馆，并明确规定我国的博物馆为非营利组织。国际博协对博物馆的定义几经修改，但是对于博物馆为非营利性组织的属性从未改过，世界上的许多国家也从社会公益的角度来定义博物馆。[1] 韩国《博物馆和美术馆振兴法》规定，博物馆是指为致力于发展文化、艺术和学术，增进大众的文化享有，征集、管理、典藏、调查、研究、展示和教育有关历史、考古、人类、民俗、艺术、动物、植物、科学、技术、产业等资料的设施。阿尔巴尼亚《博物馆法》规定，博物馆是指保存人类记忆和社会发展所记载的有关事件、文献及物品的机构。它们负责研究、管理、保护以及展出藏品，以学习、教育和娱乐为目的，并对公众开放。罗马尼亚《博物馆及公共收藏机构法》规定，博物馆是公共文化机构，向社会提供服务，通过收藏、保存、研究、修复、交流和展览等行为，达到为公众增长知识、提供教育和休闲消遣的目的。

---

[1] 史吉祥：《论博物馆的公共性》，《中国博物馆协会博物馆学专业委员会论文集粹》2013 年第 6 期。

一　民办博物馆

博物馆具有公共性,而其公共性在本质上是政府公共管理的职能在博物馆上的具体体现。因此,我国的博物馆最初主要是国有博物馆,但从20世纪90年代,民办非国有博物馆异军突起,发展迅猛,成为我国博物馆体系中一支不可忽视的力量。博物馆是公共文化服务的重要载体,是公共文化服务的基本设施之一,博物馆数量和质量的提升对于我国发展公共文化服务事业,保障公民的文化权益具有重要意义。在公共文化服务保障事业的建设中,社会力量已经越来越发展成为一股不可忽视的力量,在公共文化服务建设的事业中坚持政府主导、社会力量参与,在图书馆、博物馆等公共文化设施的建设中鼓励、支持非国有组织、个人的参与、加入,已在我国相关的法律文件中进行了明确的规定并进行了大量的社会实践。《博物馆条例》第2条第3款规定,国家在博物馆的设立条件、提供社会服务、规范管理、专业技术职称评定、财税扶持政策等方面,公平对待国有和非国有博物馆。《国家文物局、民政部、财政部等关于促进民办博物馆发展的意见》对积极促进民办博物馆健康发展;动员全社会广泛参与,共同构建公共文化服务体系;加强扶持,为民办博物馆创造良好的发展环境进行规定。《国家文物局关于进一步推动非国有博物馆发展的意见》规定了对非国有博物馆的相关扶持政策,在完善差别化支持体系、完善培育机制、加强专业人才培养、完善政府购买服务机制、探索多元主体合作办馆、拓宽办馆筹资渠道、落实土地和财税等优惠政策方面对政府对非国有博物馆的扶持进行规定。事实表明,各项政策扶持及法律规定使民办非国有博物馆获得了长足的发展,国内民办博物馆的数量增长迅速。但无论国有博物馆还是非国有博物馆都属于非营利性组织,前文也提及博物馆具有公共性,而公共性的基本表现之一就是公益性,从经济学的角度来说,公益即不能排他地使用的利益。博物馆的公益性是指,国家、社会和个人对博物馆所提供的设施、条件、产品和服务具有公共性的主要特征,受益者是社会公众。公益性是博物馆存在的客观属性，其不以人的意志为转移，无论是政府主办还是由非政府组织和个人主办，博物馆都具有公益性。①《博物馆条例》第 33 条规定，国家鼓励博物馆向公众免费开放。县级以上人民政府应当对向公众免费开放的博物馆给予必要的经费支持。更早之前的《中共中央宣传部、财政部、文化部、国家文物局关于全国博物馆、纪念馆免费开放的通知》（以下简称《通知》）就博物馆、纪念馆的免费开放事宜进行了规定，《通知》表明博物馆、纪念馆免费开放的实施范围为全国各级文化文物部门归口管理的公共博物馆、纪念馆，全国爱国主义教育示范基地。其中，文物建筑及遗址类博物馆暂不实行全部免费开放，继续对未成年人、老年人、现役军人、残疾人和低收入人群等特殊群体实行减免门票等优惠政策。同时规定，到 2009 年，除文物建筑及遗址类博物馆外，全国各级文化文物部门归口管理的公共博物馆、纪念馆，全面爱国主义教育示范基地全部向社会免费开放。《中央补助地方博物馆、纪念馆免费开放专项资金管理暂行办法》对专项资金用于免费开放的博物馆、纪念馆的补助范围和支出内容进行了规定。《博物馆条例》强调，国家在财政扶持政策等方面公平对待国有和非国有博物馆。上述法律文件的规定使民办非国有博物馆在保持博物馆的公共性、公益性，落实国家免费开放政策方面具有了比较坚实的物质基础，对民办非国有博物馆的长足发展具有重要意义。民办博物馆是国家博物馆事业的重要组成，具有强劲的发展势头，世界各国对于民办博物馆的发展都极为重视，通过制定各项法律法规保障民办博物馆的发展。韩国《博物馆和美术馆振兴法》规定，法人和团体或者个人可以设立博物馆和美术馆。国家和地方政府应帮助设立私立博物馆和私立美术馆，并将其支援、培育成典藏、传承和畅达文化遗产、增进文化享有的文化基础设施。在经费补贴方面，对获得私立博物馆或私立美术馆设立计划批准的人员，运营所登记博物馆或美术馆所需经费，国家或地方政府

---

① 史吉祥：《论博物馆的公共性》，《中国博物馆协会博物馆学专业委员会论文集粹》2013 年第 6 期。

可以在预算范围内分别予以设立所需经费和运营所需经费的补助。日本《博物馆法》规定，都道府县的教育委员会可应私立博物馆的要求，提供博物馆设立和管理方面的专业技术指导或咨询服务。中央政府和地方公共团体可应私立博物馆的要求，为保护其必要物资提供资助。俄罗斯《博物馆馆藏与博物馆法》规定，保障非国有博物馆的博物馆物品和藏品由所有者根据俄罗斯联邦立法获得有效管理权。保障非国有博物馆对不动产的有效管理权，只有当这些不动产在使用过程中不是用于博物馆或者在撤销博物馆的情况下可以由所有者收回。

二　博物馆的藏品管理

博物馆藏品是博物馆的物质基础，博物馆功能的发挥不能脱离博物馆藏品而单独存在，社会要求博物馆运用博物馆的藏品去完成社会赋予博物馆的任务，博物馆必须加强、充实和完善博物馆收藏，深入研究和揭示藏品所携带的社会文化信息，根据社会发展状况拓展藏品的用途。博物馆藏品是博物馆功能得以实现的物质保证和"物"的载体。[1] 专业化的博物馆首先要求对"博物馆藏品"有清晰的界定，目前世界各国普遍通过立法的方式，在法律文件中对博物馆藏品的定义予以规定。韩国《博物馆和美术馆振兴法》规定，博物馆资料是指博物馆征集、管理、典藏、调查、研究和展示的，有关历史、考古、人类、民俗、艺术、动物、植物、矿物、科学、技术、产业等的人类和环境的物质和非物资证物。日本《博物馆法》规定，博物馆资料是指由博物馆收集、保管或展出的资料。阿尔巴尼亚《博物馆法》规定，博物馆藏品是指在博物馆内保存、管理、展出的经研究具有文化历史价值的物品。珍品是指具有文化历史价值的，可以被收入博物馆藏品的物品，但该物品并没有在任何博物馆展出。博物馆馆藏是指一组在历史文化价值方面具有共同特点的藏品。俄罗斯《博物馆馆藏与博物馆法》对博物馆物品、博物馆藏品及博物馆馆藏分别进行了规定。博

---

[1] 宋向光：《博物馆藏品与博物馆功能》，《文博》1996年第5期。

物馆物品是指质地或者特殊标志的，对社会而言必须进行保护、研究和公开展示的文化价值品；博物馆藏品是指具有博物馆物品特性的，根据来源、种类或者其他特征联合在一起的文化价值品的总和；博物馆馆藏是指永久位于俄罗斯联邦领土内的博物馆物品和博物馆藏品的总和。从上述各国法律对"博物馆藏品"的规定中可看出，各国对"博物馆藏品"的界定和范围存在差异，有的国家规定的较为笼统、概括，有的国家规定的较为具体、细致；在规定方式上也存在一定的差异，有的国家将"博物馆藏品"包含在"博物馆资料"中，不再单独进行规定，有的国家将博物馆资料进行细致的分类，并一一进行规定。目前我国涉及博物馆及博物馆藏品的专门法律文件有《博物馆条例》《博物馆管理办法》《文化部关于博物馆馆藏的管理办法》及《中华人民共和国文物保护法》，但这几部法律文件都没有对博物馆藏品进行明确的定义，其他非专门性的但在个别条款中涉及博物馆及博物馆藏品的法律文件，更是未提及博物馆藏品的相关定义。现代化、专业化的博物馆首先应明确博物馆藏品的界限，我国学界关于博物馆藏品定义及范围的相关讨论非常之多，其中也存在不小的争议。我国的法律应赶上时代的步伐及要求，在法律文件中明确博物馆藏品的定义与概念。

对博物馆藏品的管理是博物馆基本工作之一，时代的发展、博物馆类型的增多、博物馆社会功能的发展等都对博物馆藏品的管理模式提出了新的要求。对博物馆藏品的管理既要借助现代的科学技术，利用科技使博物馆藏品的管理更加专业化、现代化、系统化、高效化，又要考虑到博物馆服务社会的任务及其职能的发挥，在博物馆互助协作、资源共享、藏品互借等方面身体力行。世界上大多数国家通过立法的方式对博物馆藏品管理的相关内容予以规定。菲律宾《国家博物馆法》规定，所有标本、文物、艺术品在进入博物馆时都将立即登记，所有物品的记录都将被保存。要保存好藏品清单并及时更新以反映所有藏品动态，无论是馆内移动还是外借，目的是基于管理者的专业知识和经验来完善目录。最初是书面记录保存，但一旦时间和预算允许，就要将记录转移到专业的博物馆电子文档系统中。并对博物馆持有或借来的所有藏品的流动、不动产及标志性的考古建筑和考古遗址的保存、保存及储藏藏品的研究室及设备等进行了规定。韩国《博物馆和美术馆振兴法》对博物馆和美术馆之间的资料让与进行了规定，博物馆和美术馆可以互相交换、让与或出借博物馆资料或美术馆资料，或委托保管其资料。国家或者地方政府可以根据有关法律的规定向博物馆或美术馆无偿或有偿让与和出借博物馆或美术馆所需的资料。俄罗斯《博物馆馆藏与博物馆法》对俄罗斯联邦博物馆馆藏及管理做了具体的规定，法律明确规定俄罗斯联邦博物馆馆藏是俄罗斯联邦人民文化遗产的一部分，俄罗斯联邦博物馆馆藏的所有权形式可以是国家的、市政的、个人的或者其他形式，俄罗斯联邦博物馆馆藏由国有部分和非国有部分组成，并对俄罗斯联邦博物馆馆藏的国家目录、博物馆物品和藏品的出口、博物馆物品和藏品的民间周转等作了规定。法国的《法兰西博物馆法》规定，所有为了丰富"法兰西博物馆"收藏的收购行为，无论费用是高昂的还是免费的，都必须征求科学技术机构的意见；法兰西博物馆藏品无时效性限制；并对"法兰西博物馆"藏品的转让、流动、收藏、登记、修复、保护等进行了规定。

我国主要通过《博物馆条例》《博物馆管理办法》《博物馆藏品管理办法》对博物馆的藏品及藏品管理进行规定。《博物馆条例》在该条例的第三章"博物馆管理"中对博物馆藏品的管理作了大篇幅地规定。《博物馆管理办法》用专章对博物馆藏品管理的内容作了规定，主要涉及博物馆藏品的收藏、保护、研究、展示；保障藏品安全的设备和设施；藏品总账、分类账及藏品的档案；藏品的取得方式；国有博物馆藏品的调拨、交换、借用；藏品的退出及退出程序等。《博物馆藏品管理办法》是专门对博物馆藏品管理进行规定的部门规章，该规章在总则部分明确指出博物馆应根据本馆的性质和任务搜集藏品，藏品必须区分等级，一般分为一、二、三级。其中，一级藏品必须重点保管。由此明确了藏品的分级管理制度，并通过二、三、四、五、六章分别对藏品的接收、鉴定、登账、编目和建档；藏品库房管理；藏品的提用、注销和统计；藏品的保养、修复、复制及藏品保管工作的相应奖惩制度等内容进行了规定。虽然我国有《博物馆条例》《博物馆管理办法》《博物馆藏品管理办法》等法律文件对博物馆藏品的管理进行规定，但对博物馆藏品进行专门规定的只有《博物馆藏品管理办法》，且该法律文件是于1986年发布、实施的，距今已经30多年，在这30多年间随着博物馆数量的增多、类型的多样化及管理方式与管理理念等方面的发展变化，该《办法》在应对这些新情况时显现出明显的滞后性。如当今博物馆大都已经采取了电子化的方式进行管理，而由于时代的局限，该《办法》并未对此予以规定。因此，我国应立足时代发展特点与本国国情并借鉴其他国家相关立法经验，尽快制定博物馆藏品管理相关法律法规。

三 博物馆的社会服务

服务社会是设立博物馆的根本目的，前文也曾提及公益性是博物馆的客观属性，社会公众应该是博物馆设立、运行的主要受益者，且博物馆提供社会服务应尽可能以方便群众的方式进行。博物馆的这一职能从各国博物馆法的制定目的及博物馆定义的规定中可以窥见一二。我国《博物馆条例》在其制定目的中明确规定"满足公民精神文化需求，提高公民思想道德和科学文化素质"，在博物馆的定义中强调博物馆"以教育、研究和欣赏为目的""向公众展示人类活动和自然环境的见证物"。日本《博物馆法》在该法的制定目的中明确规定"博物馆的设立目的与运营管理之要项为推动国民教育、学术以及文化发展"，在对博物馆定义时强调"像一般公众开放""提高国民修养、调查研究、娱乐活动"。韩国《博物馆和美术馆振兴法》在该法的制定目的及博物馆定义中都强调了"为增进大众文化享有"。

博物馆社会化服务表现为博物馆的全面开放和社会的全面参与。也就是充分利用博物馆文化资源为社会提供优质服务，满足社会公众需求；积极争取社会支持，加强与社会的交流与合作，加强和完善社会化服务职能。博物馆不是简单的藏品仓库,而是公众了解本地域人文及自然特点的直接窗口,是公共文化服务场所,博物馆中的所有藏品乃是全社会甚至全人类的共有财富。在博物馆界,一句广为流传的名言是:"博物馆不在于它拥有什么,而在于它以其有用的资源做了什么。"博物馆要潜心研究老百姓的精神文化需求,让老百姓到博物馆来有所"得",要么思想教育有所得,要么知识文化有所得,要么精神享受有所得,要么身体健康有所得。①

　　法律是博物馆服务社会职能发挥的重要保障,大多数国家对此在法律中进行了规定。菲律宾《国家博物馆法》规定,国家博物馆是服务于公众的永久性机构,对公众开放,不以营利为目的,并且以学习、教育和娱乐大众为目的向公众普及人类活动的知识。且该法通过对博物馆职责与功能的具体规定来保障博物馆服务社会功能的发挥。如规定"博物馆对不同的菲律宾人群进行研究,确立不同人群的人种论,建立民族学,并为后人记录下来,向公众展示他们的传统和现有文化、习俗以及能体现他们文化的艺术形式"。韩国《博物馆和美术馆振兴法》在"博物馆管理运营"一章中对博物馆的开馆时间进行了规定,"根据本法规定登记的博物馆和美术馆,一年内向公众开放使用的天数不得少于按照文化体育观光部令规定的天数",通过对博物馆开放使用天数进行限制来保障博物馆服务公众职能的发挥。日本《博物馆法》通过对博物馆主要开展的事业进行规定来保障博物馆服务公众职能的发挥。如规定"发挥博物馆的社会教育功效,提供并鼓励人们充分利用学习机会并将学习成果灵活运用于教育活动以及其他活动"。阿尔巴尼亚《博物馆法》规定了博物馆向公众提供参观服务的票价制定标准"博物馆向公众提供参观服务,应在门票上表明参观票价。国家级博物馆门票的样式和价格应按文化青年和体育部部长令标准制定。地方博物馆的样式和价格由其所在地的地方政府领导确定……"来保障博物

---

① 郑嘉凤、杨鹤:《博物馆公益性与社会化服务探讨》,《安阳工学院学报》2014年第6期。

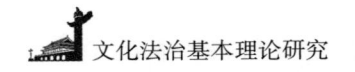

馆服务社会职能的发挥。

法律是保障博物馆服务社会职能发挥的重要路径，我国《博物馆条例》也规定了博物馆服务社会的相关内容。该条例除在总则部分表明博物馆服务社会的目的、要求之外，另用专章对博物馆服务社会的相关内容作了具体的规定，内容涉及博物馆的公共开放、开放时间、展览规定、免费或优惠措施、票价项目及定价标准、社会教育与服务活动的开展、产业结合、机构协作等。

博物馆的目标就是充分利用博物馆的各种资源，最大限度地为社会大众提供优质服务。公益性是博物馆的客观属性，博物馆是一个代表公众利益并致力于为公众服务的公共文化机构，公益性是博物馆的立足之本，为社会发展和人民大众提供公益性服务，是博物馆全部工作的主旨和目标。

四 博物馆法制建设

博物馆是社会主义文化事业的重要组成部分，是文化基础设施建设的重要方面，是公共文化服务体系建设的重要内容，是保障人民群众基本文化权益的重要阵地。加快博物馆事业发展，充分发挥博物馆的功能作用，有利于加强文物的保护、发掘、管理、研究和利用，大力弘扬优秀传统文化，积极传播社会主义先进文化，推动社会主义文化大发展大繁荣，提高我国文化软实力；有利于为人民群众提供更好的文化鉴赏、文化体验等服务，不断丰富人民群众精神文化生活，满足人民群众日益增长的精神文化需求；有利于充分宣传展示中华民族的辉煌历史和伟大创造，让人民群众更好地了解历史、增长知识、愉悦身心、陶冶情操、升华情怀，增强民族自豪感和爱国热情，提高全民族思想道德素质和科学文化素质。博物馆作为公共文化服务的基础设施之一，其完善对于我国公共文化服务建设的发展具有十分重要的意义。博物馆事业的良好发展离不开健全的法制建设。目前，我国博物馆事业主要受以下规范性法律文件或规范性文件调整：《中华人民共和国宪法》《中华人民共和国文物保护法》《中华人民共和国文物保护法实施条例》《博物馆条例》《公共文化体育设施条例》《博物馆管理办法》《博物馆藏品管理办法》《文物藏品定级标准》《文物出境展览管理规定》《国有公益性收藏单位进口藏品免税暂行规定》《中国文物博物馆工作人员职业道德准则》《全国博物馆评估办法（试行）》《博物馆评估暂行标准》《关于全国博物馆、纪念馆免费开放的通知》《关于促进民办博物馆发展的意见》《博物馆建筑设计规范》《博物馆照明设计规范》《文物运输包装规范》，国际公约如《关于博物馆向公众开放最有效方法的建议》《关于禁止和防止非法进出口财产和非法转让其所有权的方法的公约》《保护和促进文化表现形式多样性公约》《国际博物馆协会章程》《国际博物馆协会博物馆职业道德》等，还有个别地区制定了相关的地方性法规如《北京市博物馆条例》。但从客观上来讲，当前我国的博物馆还存在着以下几大问题：一是界定不清晰。"博物馆""藏品""博物馆资料"等概念至今仍然十分模糊，给实际管理带来诸多问题。二是管理体制不顺。根据《博物馆管理办法》规定，由文物主管部门对博物馆工作实施管理。但是随着形势的不断发展，如今有相当多的博物馆已不仅仅局限于收藏和展示文物，有大批自然类的博物馆尽管没有文物，但却有珍贵的标本，因此这些博物馆实际上并不属于文物部门主管。同时，近年来大量涌现的博物馆，其科普、娱乐、休闲、文化的功能远远超过了文物保护的功能，甚至完全不涉及文物保护工作，由文物主管部门来对全国博物馆进行管理的体制已不适应实际情况。事实上目前全国各地都有大批博物馆并非由文物主管部门批准建立，并且游离在文物主管部门的管理之外，这严重制约了我国博物馆事业的健康发展。对此情况建议"对博物馆的管理体制做重大的调整，由国家文化部设立博物馆管理机构，对全国各地博物馆实行分级管理，使博物馆事业朝着健康有序的方向发展"。三是我国现行的博物馆相关法规，对博物馆藏品权利的基本性质、内容等问题均缺少明确的描述，部分规定也明显滞后于时代发展，对于博物馆藏品权利产生的确认程序，权力让渡的具体要求，以及是否可以被抵抑、留滞等问题都没有明确规定，使得博物馆藏品管理在一定程度上依然存在法律上的风险。对此建议"下一阶段国家有关部门应当对博物馆藏品权利这一问题进行深入的研究，并通过立法加以规范"。四是针对具体法律规则的漏洞：《博物馆管理办法》实施以来，全国各地均审核批准设立了为数众多的博物馆，但却一直没有统一的标准和办法。对此，制定《博物馆审核设立与注册登记管理办法》已经成为当前博物馆管理工作的重点。博物馆审核设立与注册登记管理的焦点问题主要有界定审核对象、确定审批主体、甄别审批材料、制定审批程序四方面。加强对博物馆审核设立与注册登记管理，可以从明确行政审批的实施机关、规范审批申报的必备要件、细化审核设立的申报材料、规范行政审批的实施程序、推行分类（分级）审批的尝试五方面着手。对于违法违规行为，应该制定相应的罚则。五是与世界上其他博物馆事业发达的国家相比，我国博物馆方面的法制建设还非常不完善，在法制建设方面还存有较大的差距。在法律层面，我国至今还无一部专门对博物馆进行规定的法律，仅在《中华人民共和国宪法》《中华人民共和国文物保护法》等为数不多的几部法律中的个别条款中出现与博物馆相关的规定，这种立法现状非常不利于我国博物馆的发展。而韩国制定了《博物馆及美术馆振兴法》，日本、印度、阿尔及利亚、美国等国都制定了《博物馆法》对本国博物馆的相关事宜进行规定，我国也应加快博物馆方面的专门立法，为我国博物馆事业的发展提供法律上的依据。

文化方面的立法一直以来就是我国法制建设的短板，《中华人民共和国公共文化服务保障法》《中华人民共和国公共图书馆法》的颁布、实施，预示着我国一个文化立法高峰期的到来，博物馆人及法律人应顺应潮流、把握时机，适时开始探讨《博物馆法》的制定问题。

第三节 文化馆（站）的法律制度建设

文化馆是县、市一级的群众文化事业单位，有的地方也叫文化中心。文化活动中心，作用是开展群众文化活动，并给群众文娱活动提供场所。文化站是国家设立，政府举办的，乡、镇、城市社区、街道办事处、区公所一级的最基层公共文化事业机构，属于政府系列。其也是向广大人民群众进行宣传教育，研究文化活动规律，创作文艺作品，组织、辅导群众开展文体活动，普及科学文化知识，并提供活动场所，公益性的文化传播与管理的文化事业机构。文化站建设是公共文化服务体系重要工程之一，是精神文明建设的重要窗口。有鉴于此，本节侧重从基层的文化馆（站）展开研究。

一 文化馆（站）的发展阶段

中华人民共和国成立以来，我国乡镇综合文化馆（站）大致经历了四个发展阶段。一是人民文化站。其始建于1951年，这一时期的文化站主要职能是以识字教育、政治宣传、文艺活动和普及科学知识为主，集行政管理、开展文化活动于一身。二是人民公社时期的乡镇文化站。这一时期的乡镇文化站是文化产品和服务的生产者和提供者，同时还担负着政治与社会控制功能，其职能具有很强的计划性。这一时期的乡镇文化站在一定程度上满足了农村群众的文化需要，同时也间接有利于农村社会稳定。但随着经济社会的发展，过分强调计划性和政治性使得这一时期的乡镇文化站忽视了农村群众的真实文化需求，同时也暴露出其他方面的一些弊端。三是税费改革后的乡镇文化站。随着"分税制"财政体制改革的实施，乡镇政府的财权与事权之间不对称，财权的缩小使得这一时期乡镇文化站提供文化服务的能力不足，其功能也日益退化，人员流失严重，虚设现象较普遍。四是乡镇综合文化站。随着国家对农村公共文化建设的重视，这一时期文化站取得突破性发展。自 2005 年中共中央办公厅、国务院办公厅在《关于进一步加强农村文化建设的意见》中首次明确提出乡镇综合文化站概念以来，到提出力争在 2010 年基本实现全国乡镇均有综合文化站的目标，再到如今乡镇综合文化站建设的飞速发展，乡镇综合文化站已成为我国农村公共文化服务网络的重要组成部分，成为党和政府开展农村文化工作的基本阵地。[①]

二　文化馆（站）的制度研究

作为基层公共文化服务制度建设，文化馆（站）制度建设的重要性自不待言。按"主题"和"文化站"这两个关键词搜索中国知网上的相关文章，共计 6485 篇。但深入研究制度建设的文章并不多见，而从法律制度的角度进行规范分析的文章更是少之又少。这些文章多停留在文化站建设的目的与价值、文化站建设的意义与重要性、文化站建设的理念或观念等较为抽象而浅层次的主题研究。所载刊物的学术含金量也明显不足，与文化站在我国文化事业领域中的地位极不相称，且非常集中，比如大量有关各地文化站经验介绍的文章就几乎都发表在《大众文艺》（半月刊）上。而《大众文艺》（CN13-1129/I，ISSN1007-5828）则是经国家新闻出版总署批准的，由河北省文化厅主管，河北省群众艺术馆主办的文艺类学术期刊。虽然该期刊也为中国学术期刊网全文数据库（CNK 中国知网）、中国核心期刊（遴选）数据库、中国学术期刊（光盘版）全文收录，但总体而言，学术层次稍显不够。其主要栏目包括：1. 理论研究。艺术院校、文艺团体、电台、电视台以及企事业单位文宣人员的文艺理论、文学艺术评论、艺术史料史论、创作谈、随想、杂感、文艺宣教工作经验、论述，包括表导演（含播音、主持、剪辑、制作）、音乐、舞蹈、美术（含舞美、灯

[①] 方国苗：《新时期乡镇综合文化站发展困境与对策思考——以安徽省池州市贵池区为例》，硕士学位论文，安徽师范大学，2014 年。

光、道具、设计、雕塑、摄影、书法、模特、卡通、艺术工艺品）等；2. 文艺评论文学作品、艺术作品的鉴赏评论、电影、电视等文艺形式评论；3. 教育前沿艺术院校教学经验、教学艺术交流、艺术技巧和经验总结、学术论文等；4. 群文论坛。群众艺术、文化馆、工会、文化宫、博物馆等文宣工作者的管理理论、方法、经验交流、学术论文等；5. 民间艺术研究。民间艺术的发掘研究、管理经验、学术论文等；6. 图书馆论坛。图书馆理论研究、管理、实践经验等；7. 档案管理。档案管理的理论和实践等。由此可见，该期刊也并非专门针对基层公共文化事业制度建设和管理。当然从发表主体来看，多为基层文化工作者，其所提出的一些问题和建议也不乏切实中肯之处，但总的来说，理论提炼不够，深层次、全方位、精细化的制度思考不足。

好在近些年来，文化馆（站）制度建设越来越受到学人们的重视，已有多篇优秀硕士学位论文分别从不同角度对其予以探讨。如 2008 年华中师范大学政治社会学专业硕士研究生朱春雷就以政治整合、行政管治和文化服务为关键词，系统梳理了我国农村文化站职能的历史变迁。文章在梳理乡镇事业单位改革的相关研究成果的基础上，以湖北省咸安区农村文化站为分析个案，考察了中华人民共和国成立后不同历史时期农村文化站的职能及运作的特点，并提出建构农村公共文化服务体系的宏观框架。在集体时代，国家通过自上而下设置的"条块"组织结构实现了对乡村社会的超强控制。农村文化站作为国家整合乡村社会的"条条"组织结构中的一部分，县级文化部门对其实行垂直管理。农村文化站往往围绕党和国家的政治中心任务开展工作，承担"政治整合"职能。农村公共文化服务职能被国家的政治职能所湮没，农村公共文化管办不分、政事不分，呈现出高度的政治性、计划性。在税费时代，文化站人、财、物划归乡镇政府管理。在县乡"压力型"体制下，乡镇政府往往围绕计划生育、税费征收、招商引资等开展工作。乡镇文化站工作人员也往往被乡镇政府抽调从事这些中心工作。乡镇文化站扮演着分担乡镇政府行政职能的"行政管治"角色。乡镇文化站职能被虚化，农村公共文化发展式微。取消农业税以后，在乡镇政府职能转型的压力下，迫切需要建立服务型的乡镇事业单位。为此，咸安进行了乡镇事业单位"以钱养事"改革，建立了政府、市场与社会的互补与合作的新的公共服务模式。而完善"以钱养事"新机制、建构新的农村公共文化服务体系是政府放权于社会、文化服务市场主体发育、文化组织发展以及农村居民民主意识增强的复合过程。就政府而言：在当前农村文化市场发育不良，农民的文化消费观念尚未形成的情况下，虽然基层公共文化服务仍是政府处于主导地位，公益性文化服务必须由政府来提供，文化建设的经费必须得到各级财政的有效保障，但仍需要把不属于政府等公共组织的权力放归社会和市场，强化政府自身及文化管理部门的政策规制能力和监管能力。坚决实行政企分开、政事分开和政社分开，把政府不该管的事交给企业、市场和中介组织，把职能转到落实政策，强化政府的社会管理和公共服务职能上来。这是避免公益性服务组织的政治化和行政化，构建农村公共服务体系的前提和基础。同时，要合理划分不同层级政府之间、县文化主管部门与乡镇政府之间，以及乡镇政府与乡镇文化站之间的权利和义务。逐步形成"引导重心在中央、规划重心在省、管理重心在县、服务重心在乡"的农村公共文化服务体制架构。①

当然，根据这些学位论文的观察，目前我国文化馆（站）制度所存在的问题还包括诸如"部分乡镇政府领导不重视，体制机制不顺；经费投入不足，管理不善；用人机制不适应，人才匮乏且流失严重；'空壳'现象严重，设备设施破旧，活动内容单调；政策落实不力，地方相关配套政策缺失；区域发展不平衡"②，又或"政府领导及其工作人员对文化站的重要性认识不够；乡镇综合文化站的管理体制陈旧、管理机制不顺；基层政府对于文化站的资金投入严重不足；文化站人员流失严重、人才队伍建设跟不上发展要求；文化站基础设施建设滞

---

① 朱春雷：《从政治整合、行政管治到文化服务：农村文化站职能变迁研究》，硕士学位论文，华中师范大学，2008年。
② 谭敏芬：《乡镇综合文化站发展困境与路径选择研究——以湖北省乡镇综合文化站为视点》，硕士学位论文，华中师范大学，2009年。

后，设施设备陈旧；国家政策保障缺失以及区域发展严重不平衡等"。另外还有"基层地方政府的重视程度不够；文化经费投入不足；人才队伍建设滞后，人才流失严重；管理体制陈旧，活动形式单一；政府政策执行不力，落后文化影响加剧"。[1] 还有从基层政府的角度来审视，包括重视程度不足、政府职能错位、财政体制障碍；从文化站自身的角度来看，则存在文化基础设施建设滞后、人才选用机制落后、文化资源开发利用不足；从农村群众的角度来说，还存在科学文化素质不高、参与积极性低，以及文化自治能力不足等问题。[2] 而其完善途径不外乎"构筑乡镇综合文化站建设的保障体系，特别是完善乡镇综合文化站建设的相关法律法规；加大政府财政投入；改革管理体制，创新运行机制；抓好文化站人才建设，培育农村文化市场"[3]。又或"理顺体制，创新机制，激发乡镇文化站的生机和活力；增加投入，加强管理，完善乡镇文化站的经费投入机制；深化改革，优化队伍，造就乡镇文化站发展所需的优秀人才；落实政策，健全法规，构筑乡镇文化站发展的保障体系；夯实基础，创新内容，健全和完善乡镇文化站的服务功能"[4] 等。

在我国，乡镇综合文化站是文化信息资源共享工程的基础环节，承担着直接为农村群众提供文化信息服务的重要功能。事实上，全国各地乡镇综合文化站的情况比较复杂，有的在机构改革中被撤销，有的被出租或挪作他用。按照中央的指示，当前的首要任务是对乡镇综合文化站的现状有一个基本的了解，区分不同类型，采取相应措施，切实发挥乡镇综合文化站的作用。具体地说，要从四个方面入手加强

---

[1] 张贵志：《我国乡镇综合文化站建设中的问题与对策研究》，硕士学位论文，湖南师范大学，2011年。

[2] 方国苗：《新时期乡镇综合文化站发展困境与对策思考——以安徽省池州市贵池区为例》，硕士学位论文，安徽师范大学，2014年。

[3] 张贵志：《我国乡镇综合文化站建设中的问题与对策研究》，硕士学位论文，湖南师范大学 2011年。

[4] 谭敏芬：《乡镇综合文化站发展困境与路径选择研究——以湖北省乡镇综合文化站为视点》，硕士学位论文，华中师范大学，2009年。

乡镇综合文化站建设。第一，进行调研，摸清全国乡镇综合文化站的底数，掌握基本情况；第二，在认真调查研究的基础上，制定有关乡镇综合文化站的职能定位、管理办法的规范性文件；第三，选择一批乡镇进行新型综合文化站建设试点；第四，根据试点工作情况，提出乡镇综合文化站的发展规划，推动乡镇综合文化站建设健康有序进行。[①] 当然，制度实践离不开理论指导。实事求是地说，已有的理论研究尚不足以匹配文化馆（站）在我国文化事业建设中的根本地位。更重要的是，已有的制度研究几乎没有多少涉及法律制度方面的思考，这就更难以获得文化馆（站）的制度预期性和稳定性。因此笔者认为，文化馆（站）法律制度研究亟待引起各方法律学者重视。目前需要关注的一些基本法律制度问题包括对文化馆（站）法律地位的论证和认定，包括对文化馆（站）法律职责的厘定，包括对文化馆（站）规范性文件的梳理和清理，也包括文化馆（站）管理体系法制化，等等。

第四节 公共文化服务保障的法律制度建设

目前《中华人民共和国公共文化服务保障法》确认了我国国家主导、公民参与的公共文化服务保障格局，其制定、实施是我国保障公共文化服务的关键一步。

一 公共文化服务保障立法概述

（一）公共文化服务保障的中央立法

2006年，中国《国家"十一五"时期文化发展规划纲要》，首次

[①] 李长春：《努力推进文化信息资源共享工程建设》，《文化强国之路——文化体制改革的探索与实践》，人民出版社2013年版，第508页。

将"公共文化服务"纳入其中,指出要完善公共文化服务网络"从现阶段经济社会发展水平出发,以实现和保障公民基本文化权益、满足广大人民群众基本文化需求为目标,坚持公共服务普遍均等原则,兼顾城乡之间、地区之间的协调发展,统筹规划,合理安排,形成实用、便捷、高效的公共文化服务网络"。2007年,中共中央办公室、国务院办公厅《关于加强公共文化服务体系建设的若干意见》对加快建立覆盖全社会的公共文化服务体系提出意见,指出要建立与中国特色社会主义事业和全面建设小康社会的历史进程相适应,按照结构合理、发展平衡、网络健全、运行有效、惠及全民的原则,以政府为主导,以公益性文化单位为骨干、鼓励全社会积极参与,努力建设以公共文化产品生产供给、设施网络、资金人才技术保障、组织支撑和运行评估为基本框架的覆盖全社会的公共文化服务体系,切实保障人民群众看电视、听广播、读书看报、进行公共文化鉴赏、参加大众文化活动等基本文化权益。《"十三五"时期贫困地区公共文化服务体系建设规划纲要》明确提出了到2020年我国贫困地区公共文化服务体系建设的总体目标:公共文化服务能力和水平明显改善,基本公共文化服务主要指标接近全国平均水平,群众基本文化权益得到更好保障,公共文化在提高群众科学文化素质、促进当地经济社会全面发展方面发挥更大的作用。对于如何保障这一目标的实现,《"十三五"时期贫困地区公共文化服务体系建设规划纲要》从完善设施建设、促进均衡发展、增强发展动力、提高服务效能、推进数字服务、加强队伍建设、开展文化帮扶、助力脱贫致富八大方面做出了全面部署。对于推动贫困地区公共文化服务体系建设,保障公民的文化权利,真正实现公共文化服务的均等化具有重要意义。2015年初,中共中央办公厅、国务院办公厅发布《关于加快构建公共文化服务体系的意见》指出到2020年,基本建成覆盖城乡、便捷高效、保基本、促公平的现代公共文化服务体系。公共文化设施网络全面覆盖、互联互通,公共文化服务的内容和手段更加丰富,服务质量显著提升,公共文化管理、运行和保障机制进一步完善,政府、市场、社会共同参与公共文化服务体系建设的格局逐步形成，人民群众基本文化权益得到更好保障，基本公共文化服务均等化水平稳步提高。2017年3月1日起实施的《中华人民共和国公共文化服务保障法》明文规定为了加强公共文化服务体系建设，丰富人民群众精神文化生活，制定本法。

国家的政策、决定、法律是关于公共文化服务保障的顶层设计，中央在公共文化服务保障中的投入与立法不断扩大与增加，是坚持全面依法治国的必然要求。纵观我国已经颁布实施的240多部法律中，文化类立法少之又少，可谓是我国法治建设中的一块短板。我国文化类法律中，仅有对公共文化服务保障进行规范的《中华人民共和国公共文化服务保障法》，对文化传承与保护进行规范的《文物保护法》和《非物质文化遗产保护法》。国家在保护公民文化权利、发展公共文化、保障公共文化服务方面的主要立法举措是出台相应的政策、条例和决定。法律的缺失必然会导致公共文化建设、公共文化服务体系完善、公共文化服务保障方面的暂时性与不稳定性。反观世界上的其他国家，大都十分重视文化方面的立法，不仅建立了完善的文化立法体系，如韩国在文化立法上就有文化产业类振兴法12部，日本制定了《海外美术品国内公开促进法》《原创内容创造、保护及利用促进法》《传统工艺品产业振兴法》《博物馆法》《图书馆法》等13部法律，而且大多数国家，如蒙古国、日本、哈萨克斯坦、泰国、俄罗斯、乌克兰等都制定了文化基本法，对本国的文化活动提供法律依据。韩国的《文化艺术振兴法》明确指出该法的立法目的是支持振兴文化艺术的事业和活动，促进传统文化艺术的传承与文化创新，致力于推广民族文化。俄罗斯的《文化基本法》开篇则指出，该法本着记录文化价值的建立与保护，本着让全体公民通过文化发展掌握社会经济的进步和民主的发展，本着强化俄罗斯联邦主权与完善之间不可分割的关系，本着促进各民族文化合作以及俄罗斯文化与世界文化的一体化进程，制定文化基本法，作为保护与发展俄罗斯文化的法律基础。对于维护公民的文化权利；保障公民自由地参加文化活动；确定文化活动主体关系的原则和法律准则；确定国家文化制度、国家支持文化的法律准则和保证国家不对创作过程进行干预的原则予以确立。日本颁布的《文化艺术振兴基本法》针对在 21 世纪的今天，物质文明日渐丰富而文化艺术发展的基础环境并不十分完善，在继承和发展传统文化艺术的同时又急需促进具有独创性新型文化艺术的发展的现状下制定。全法共 3 章 36 条，其中用 29 个条款对文化艺术振兴的基本措施进行规定，其基本措施涉及文化艺术的方方面面，对该国的文化艺术振兴指明了方向。哈萨克斯坦为调节境内有关创造、复兴、保护、发展、传播和利用文化的社会关系，确立国家文化政策的司法、经济、社会和组织基础，制定《文化法》。该法包含了法律中所应用到的 19 个基本概念；该国关于文化的法律；国家文化政策原则；国家在文化领域的基本任务；规定了国家在文化领域的管理；公民在文化领域的权利和义务；创作工作者、文化工作者、创作联盟和非职业（业余）创作联合体的法律地位；文化领域中的各项活动；文化财产和民族文化财产及文化领域的国际合作等内容。我国还没有文化方面的基本法律，各国已经制定的文化基本法不仅反映出我国在立法体系上存在的欠缺而且为我国相关法律的制定提供了良好的思路和极大的借鉴价值。联合国《社会经济文化权利国际公约》规定：所有人都有权利自由谋求他们的经济、社会和文化发展。文化权利是公民的一项基本权利，其实现有赖于国家的保障与支持，尤其是法律上的保障与支持。

（二）公共文化服务保障的地方立法

地方性立法对于规范地方公共文化的建设和运行管理，促进地方公共文化活动的组织开展，推动地方公共文化服务工作的进行，进一步提高地方公共文化服务水平，保障和完善公民的文化权利具有重要的意义。目前，我国国家层面的文化类立法虽数量极为有限，但是地方人大和政府为具体落实国家政策、法规，发展本地区的公共文化事业，不断出台相关的地方性法规、部门规章，极大地推动了本地区公共文化事业的发展。

2012 年 11 月 21 日，上海市出台的《上海市社区公共文化服务规定》以落脚基层，服务社区；规范管理，提高实效；政府保障，社会参与为发展上海市社区公共文化服务的指导思想。《规定》对上海市社区公共文化服务的经费保障、社区公共文化设施的设置要求、社区公共文化设施的管理和运行主体、社区公共文化设施的服务内容和开放使用、鼓励社会力量参与社区公共文化服务及文化行政部门的监督和保障做了具体规定。但是该规定并未对"社区公共文化服务"的内涵做具体的界定，只是在《规定》的第2条指出"本市行政区域内各级人民政府及其文化行政等部门或者社会力量向社区居民提供的公共文化设施（以下统称社区公共文化设施）和公益性文化服务活动，适用本规定"，国家及上海市的其他有关文件中也未有相应的表述。"社区公共文化服务"的概念界定应是本规定的重要内容，其概念的界定是确定本规定实施范围的重要标准，"社区公共文化服务"概念界定的缺失将不可避免地造成《规定》在实施过程中的错位、缺位。《上海市基本公共文化服务实施标准（2015—2020年）》对上海市基本公共文化服务的基本服务项目、硬件设施、人员配备做出了详细、具体的规定，对于上海市基本公共文化服务建设应达到什么样的高度做出了明确的规范，该《实施标准》对落实上海市的公共文化服务保障工作、明确政府责任、检验工作成果具有重要意义。《2016年上海公共文化服务发展报告》全面反映了2016年上海现代公共文化服务体系建设的整体状况。2016年上海公共文化服务统筹推进公共文化服务均衡发展，大力推动基本公共文化服务城乡均衡发展，开展公共文化服务标准化试点工作，优化重大文化设施空间布局，保障特殊人群的基本文化权益，将文化服务向远郊区和农村倾斜；通过积极培育和促进文化消费、完善政府购买服务机制、培育和规范文化类社会组织、健全文化志愿服务体制机制及加强公共文化人才队伍建设增强公共文化服务发展动力；进一步完善公共文化产品和服务供给；推进公共文化服务与科技融合发展。上海持续推进基本公共文化服务制度化、标准化、均等化建设，不断提升服务效能，满足人民群众日益增长的文化需求。

2015年12月4日江苏省通过《江苏省公共文化服务促进条例》，确认公共文化服务应当坚持统筹协调、方便群众的要求，遵循公益性、基本性、均等性、便利性、可持续性原则，对政府责任、服务提供、设施建设、社会参与、保障措施及法律责任做出了具体的规定。该条例对促进江苏省公共文化服务发展，构建现代公共文化服务体系，保障公民的文化权益起到了重要作用。

2018年3月1日浙江省施行《浙江省公共文化服务保障条例》，该条例是《中华人民共和国公共文化服务保障法》颁布实施后出台的第一个地方性条例，对大力推进公共文化服务均等化建设、科学布局公共文化设施、提升公共文化服务效能、引导社会力量广泛参与及政府责任等做了重点规定，是对《中华人民共和国公共文化服务保障法》的贯彻落实，针对浙江省公共文化服务保障的具体情况和发展规划进行了规定。但是，《浙江省公共文化服务保障条例》作为《中华人民共和国公共文化服务保障法》的下位法在内容规范上存在一些过于精简之处，如对于政府责任，公共文化服务应当坚持统筹协调、方便群众的要求，遵循公益性、基本性、均等性、便利性、可持续性原则等规定。其中的相关规定具有一定的抽象性，除第62条既明确了公共文化设施管理单位的违法行为，又规定了具体的处罚措施外，本章的其他条款或者对管理单位的违法行为或者对处罚措施的规定都具有一定的模糊性，而《浙江省公共文化服务保障条例》对政府责任的规定中并未对其进行细化。对此仍需制定具体的规定，对在实践中管理单位的违法、失职行为的责任确定问题能够真正得以解决。

除以上列举的三个省市之外，我国大部分省市在《中华人民共和国公共文化服务保障法》出台之前就制定实施了指导地方公共文化服务的条例、规定等，推动了地方公共文化服务保障事业的发展，对于地方公共文化服务保障的建设与完善、保障公民的文化权利具有重要意义。但由于各地情况不同、发展程度不一，因此各地方性条例、规定存在标准不一、责任不明的问题。

二　公共文化服务的公众参与

文化权利是公民的基本权利,《经济、社会和文化权利国际公约》第1条第1项规定,所有人民都有自决权。他们凭这种权利自由决定他们的政治地位,并自由谋求他们的经济、社会和文化的发展。公共文化即一国内所有公民的文化,其以社会全体公众为服务对象,是一种人人参与、人人享受、人人创造的文化。公共文化一旦脱离社会全体公众便会成为无根之水、无本之木,难以焕发生机和活力。公共文化服务保障是公共文化的重要内容,只有全体社会公众参与到公共文化的创造与享受中,参与到公共文化服务保障中,并在其中发挥重要作用,才能真正做好我国的公共文化事业,保障公民的文化权利。公共文化服务均等化、公共文化服务的社会力量参与、公共文化设施的社会管理都体现了公共文化服务的公众参与,本节将对此进行逐一分析介绍。

(一) 公共文化服务均等化

公共文化服务均等化到底为何,一般认为,基本公共文化服务均等化是指政府要为社会公众提供基本的、在不同阶段有不同标准的公共服务与公共物品。其内涵可以从三个方面来理解：全体公民享有基本公共服务的机会应该均等,全体公民享有基本公共服务的结果应该大体相等,在提供大体均等的基本公共服务的过程中,尊重社会成员的自由选择权。[①] 全国首个推出《基本公共服务均等化行动计划(2008—2012)》的浙江省把我国现阶段的公共服务均等化概括为"基本公共服务均等化,是政府为保障公民基本生存权和发展权,按照'基本、平等、普遍、均衡'的要求,与经济社会发展水平相适应,为全体公民提供基本公共物品和社会服务"。[②] 均等化内涵的界定是公共

---

① 张桂琳：《论我国公共文化服务均等化的基本原则》,《中国政法大学学报》2009年第5期。

② 浙江省《基本公共服务均等化行动计划(2008—2012)》。

服务均等化制度的核心内容，公共文化服务的均等化涉及公平、正义的社会价值，是公正、平等价值理念在公共领域的延伸和体现。公共文化服务均等化应达到何种程度，学界有两种观点，一是底线标准，即最低标准；二是基本标准，即全国平均水平的折扣数。结合公共文化服务作为一个分阶段、分层次的动态过程特点以及我国的现状，公共文化服务的均等化选择基本标准更为适宜。① 且《中华人民共和国公共文化服务保障法》第 5 条规定，国务院根据公民基本文化需求和经济社会发展水平，制定并调整国家基本公共文化服务指导标准。这也为我国公共文化服务均等化采用基本标准提供了法律上的依据。

公共文化均等化是保障公民文化权利的重要举措，各国在立法中都有相关的规定。哈萨克斯坦《文化法》第 3 条规定"公民在创造、复兴、保护、发展、传播和利用文化价值方面拥有平等的权利和机会"；第 4 条规定，国家在文化领域的任务之一为确定针对居民的文化服务的最低标准。韩国《文化振兴法》第 5 条规定，国家和地方政府应设立文化设施，并制定能够充分利用该设施的方案，扩大国民享用文化的机会；第 15 条之二规定，对残疾人的文化艺术活动进行支援。欧盟《理事会关于让全民接触文化的决议》指出，在成员国内部促进更多的人接触文化是成员国的主要责任；增进公民接触文化的条件，解决障碍，促进所有公民对文化的参与；牢记在采取行动时应确保所有公民能更容易地接触到文化。我国的《中华人民共和国公共文化服务保障法》也对公共文化服务的均等化做了重点规定，第四条提出公共文化服务均等化的要求；第 8、9 条规定公共文化服务均衡协调发展，国家扶助老、少、边、穷地区的公共文化服务，关注未成年人、老年人、残疾人和流动人口等人群的特点和需求；第 15 条规定公共文化设施的种类、数量、规模以及布局的确定要结合当地经济社会发展水平、人口状况、环境条件、文化特色以保障实现公共文化服务的均

---

① 张启春、山雪艳：《基本公共服务标准化、均等化的内在逻辑及其实现——以基本公共文化服务为例》，《求索》2018 年第 1 期。

等化；第31条规定公共文化设施应当向公众免费或者优惠开放；第35条规定国家重点增加农村地区的公共文化产品供给，促进城乡公共文化服务均等化。《国家人权行动计划（2016—2020年）》中的（七）文化权利中规定，推进基本公共文化服务标准化、均等化。完善公共文化设施网络，加强基层文化服务能力建设。加大对老、少、边、穷地区文化建设帮扶力度。加快公共数字文化建设。加强文化产品、惠民服务与群众文化需求对接。继续推进公共文化设施免费开放。对公共文化服务实施均等化已成为国内外保障公民文化权利的普遍措施，因公共文化服务本就是一个分层次、分阶段的动态发展过程，所以各国对此的名称不同、标准不一也在所难免，但其根本目的都是让公民在最大程度上接触公共文化，享受公共文化发展成果。

　　国家如何保障实现公共文化服务的均等化，党的十八届三中全会明确提出了以公共文化服务的标准化促进均等化的实现路径，2015年初中共中央办公厅、国务院办公厅发布《关于加快构建现代公共文化服务体系的意见》，提出了建立基本公共文化服务标准体系的构想。基本公共文化服务标准化是指政府为满足公民的基本公共文化需求、取得最佳秩序与社会效益，在公共文化服务实践中对于重复性的行为、技术和产品通过制定、颁布、实施标准，达到统一的活动过程。① 基本公共文化服务标准化既是一个体系构成，也是一个动态机制，其标准并非一成不变而是有一定弹性的，该标准应追求与经济社会发展相适应，达到公共文化资源充分利用的一个最佳程度。从内在逻辑上讲，标准化与均等化是手段与目标、过程与结果的关系。以"标准化"促进"均等化"，一是基本公共文化服务具有公共性、公益性的基本特征，涉及公平、正义的社会价值，标准化作为前提性的技术价值，必须围绕着均等化的社会价值来实现；二是基本公共文化服务所面临的对象是公共群体，其需求具有共同性、普遍性和广泛性，服务、产品

---

① 张启春、山雪艳：《基本公共服务标准化、均等化的内在逻辑及其实现——以基本公共文化服务为例》，《求索》2018年第1期。

的供给具有重复性,满足标准化的本质要求;三是基本公共文化服务体系建设的最佳秩序要求以标准化的形式实现均等化目标,通过制定、实施相对统一的标准体系确保公共服务提供的全面性与可及性。[1]《中华人民共和国公共文化服务保障法》规定,将公共文化服务纳入经济发展规划,将公共文化设施建设纳入城乡规划,将公共文化服务经费纳入财政预算及国家对公共文化服务进行转移支付、援助、财政补贴、税收优惠等措施对于实现公共文化服务的均等化具有很大的保障、促进作用。另外他国对于公共文化建设的保障措施对于我国也有值得借鉴、学习之处,蒙古国《文化法》规定,国家预算里单独制定文化经费,为发展文化事业建立专项基金,文化活动的预算资金不得挪用及对文化工作人员进行专门的社会保障。韩国《文化艺术振兴法》规定,设立文化艺术振兴基金及文化艺术委员会以支援旨在文化艺术振兴的事业和活动。泰国《国家文化法》规定,设立文化工作促进基金,为促进和支持文化工作提供资金扶持。经费保障无疑是保障公共文化服务均等化的重要手段,要使老、少、边、穷地区的人口及特殊人口能切实享受到国家的公共文化服务,必然要将相关的财政支出向其倾斜。我国也可采取设立专门基金会或委员会的形式,专门对特殊地区、特殊人口的文化权利进行维护与保障,以促进公共文化服务均等化的发展。

(二) 公共文化服务的社会力量参与

公共文化服务具有公共性、公益性的基本特征,这一基本特征就决定了在公共文化服务的保障中必然要有社会力量的参与,政府力量与社会力量发生交集的部分越大,优势互补就会越强,公共文化服务事业的社会效益就会越大,公共性、公益性也会越来越强。参与权是公民的一项重要权利,参与公共事务更是实现人权的重要因素,《公民

---

[1] 张启春、山雪艳:《基本公共服务标准化、均等化的内在逻辑及其实现——以基本公共文化服务为例》,《求索》2018年第1期。

权利和政治权利国际公约》第25条甲款规定，每个公民有权"直接或通过自由选择的代表参与公共事务"，联合国通过的《发展权利宣言》第1条第1款即规定："每个人和所有各国人民均有权参与、促进并享受经济、社会、文化和政治发展，在这种发展中，所有人权和基本自由都能获得充分实现"，第8条第2款规定："各国应鼓励民众在各个领域的参与，这是发展和充分实现所有人权的重要因素"。[①] 文化权利是公民的基本权利，文化是一定范围内的民众所共同享有的一种生活方式。发展好、建设好公共文化服务是政府不可推卸的职责，而参与公共文化服务是公民一项神圣不可剥夺的权利。公共文化正是一种人人参与、人人享受、人人创造的文化，文化的创造欲内在与公民的天性，社会主体内蕴藏着极大的文化创造热情。构建公共文化服务体系重在最大限度地实现公民参与，单一地依靠政府供给不仅难以满足群众日益增长的文化诉求，而且容易产生供需不平衡的实际问题，即文化产品的供给与群众的实际需要不符，造成资源的浪费。公民的直接参与，更能够以切身体验向社会反映群众需要什么，因此更能够因地制宜、按需供应地为群众提供文化产品，满足群众的实际需求。[②] 公共文化服务保障建设只有政府放开手，大胆地让社会力量参与进来，才能在最大程度上为公共文化建设保驾护航。公共文化服务保障的社会参与也是实现民主政治、保障公民文化权利的重要体现。公民的文化权利主要包括：享受文化成果的权利、参与文化活动的权利、开展文化创造的权利，对个人进行文化艺术创造所产生的精神上和物质上的利益保护的权利。

以上从公共文化服务的基本特征、公民参与权、文化权及民主政治四个方面对社会力量参与公共文化服务保障的必然性进行了阐述。国家政策和法律中有关社会力量参与公共文化服务的规定，进一步明

[①] 国际人权法教程项目组：《国际人权法教程第二卷》（文件集），中国政法大学出版社2002年版，第71—73页。

[②] 吴可嘉：《公共文化服务体系建设背景下文化志愿者工作建设研究》，《河南图书馆学刊》2017年第2期。

确了政府鼓励社会力量参与公共文化服务的方针。这些规定确定了社会力量参与公共文化服务的必要性与合法性,并在参与模式上给出了导向性的意见。2007年颁布的《关于加强公共文化服务体系建设的若干意见》要求公共文化服务体系建设"坚持以政府为主导、鼓励社会力量积极参与""完善相关管理制度,简化审批登记手续,积极引导社会力量以兴办实体、赞助活动、免费提供设施等多种形式参与公共文化服务。支持境内各类文化基金会和文化投资公司参与公共文化服务。支持民间公益性文化机构的发展,鼓励民间开办博物馆、图书馆等,促进公共文化服务方式的多元化、社会化""形成以政府投入为主的、社会力量积极参与的稳定的公共文化服务投入机制"。2011年十七届六中全会提出"引导和鼓励社会力量通过兴办实体、资助项目、赞助活动、提供设施等形式参与公共文化服务"的准则。2015年《关于加快构建现代公共文化服务体系的意见》鼓励和引导社会力量参与公共文化服务体系建设。《国家人权行动计划(2016—2020年)》(七)文化权利指出"鼓励社会力量参与公共文化服务"。《中华人民共和国公共文化服务保障法》第2条明确指出,公共文化服务,是指由政府主导、社会力量参与,以满足公民基本文化需求为主要目的而提供的公共文化设施、文化产品、文化活动以及其他相关服务。该条款的规定确立了社会力量参与公共文化服务的合法性。第13条,国家鼓励和支持公民、法人和其他组织参与公共文化服务。第15条第2款,公共文化设施的选址,应当征求公众意见。第23条,公共文化设施使用效能考核评价制度应当有公众的参与。第24条,国家推动公共图书馆、博物馆、文化馆等公共文化设施管理单位吸收有关方面代表、专业人士和公众参与管理。第25条,国家鼓励和支持公民、法人和其他组织兴建、捐建或者与政府部门合作建设公共文化设施,鼓励公民、法人和其他组织依法参与公共文化设施的运营和管理。第29条第2款,国家鼓励经营性文化单位提供免费或者优惠的公共文化产品和文化活动。第37条第1款,国家鼓励公民主动参与公共文化服务,自主开展健康文明的群众性文化体育活动;地方各级人民政府应当给予必要的指导、支持和帮助。第42条，国家鼓励和支持公民、法人和其他组织通过兴办实体、资助项目、赞助活动、提供设施、捐赠产品等方式，参与提供公共文化服务。第43条，国家倡导和鼓励公民、法人和其他组织参与文化志愿服务。其中，公共文化设施选址征求公众意见条款的规定，针对的是近年来新建公共文化设施选址不合理、公共文化设施浪费的问题。此款旨在通过征求公众意见，赋予老百姓在公共文化设施选址上的发言权，以程序和制度制约某些地方政府在公共文化设施选址上的随意性和功利性，以解决公共文化设施利用率不高及在同一服务半径内重复建设性质相同的公共文化设施的问题。志愿者条款的规定是国家鼓励社会力量参与公共文化服务保障的重要体现，志愿者是公共文化服务体系建设中的社会参与力量中的重要人力资源，志愿者自发、主动地参与公共文化服务体系不仅成为社会动员最直接的体现，而且可以有效缓解政府力量的不足，为公共文化服务保障工作提供有效的人力资源补充，同时可以有效降低在有政府主导下建设公共文化服务的过程中所产生的供给与需求不平衡的问题。

另外，国外的法律也十分注重对公民参与文化的权利的规定与保护。韩国《文化艺术振兴法》规定，国家和地方政府在制定文化艺术振兴政策时，应先听取文化艺术机关及团体的意见；文化体育观光部长官或地方政府负责人就文化艺术振兴的有关政策和计划的实施提出要求时，相关团体应积极配合；为促进文化设施的有效管理和利用，国家和地方政府必要时可以将文化设施委托给非营利法人、团体和个人管理；国家和地方政府可以在符合条件的非营利法人和团体中选择专业艺术法人和团体进行培养，促进文化艺术的振兴；通过规定文化日、文化月，提高国民对文化艺术的理解并引导国民积极参与文化活动；通过对在文化艺术振兴方面做出特殊贡献者和总统令规定的国际大赛获奖者颁发奖金及开设文化讲座的方式鼓励国民积极参与文化活动。泰国《国家文化法》通过对国家艺术家、文化资深人士、文化杰出人士等进行荣誉表彰的形式，鼓励国民在研究、发展、恢复、保护、传授、促进和宣传文化上积极活动。俄罗斯《文化基本法》在总则中便明确指出，该法保障和维护宪法赋予的俄罗斯联邦公民在文化活动中的权利，为俄罗斯联邦公民、各族人民和其他族群团体的自由文化活动提供法律保障；个人的文化权利和自由、各民族与族群在文化领域的权利和自由在该法中被予以确认，对于维护公民的文化权利，保障公民自由参与文化活动提供了法律保障。乌克兰《文化基本法》用专章规定公民参与发展文化领域，其中在政府与文化社区的合作中规定，在社区中选出代表，参与起草代表乌克兰各个国际领域文化生活的法律草案工作，对于切实反映国民在文化领域的利益，保障国民的文化权利具有重要意义。对于社会力量参与公共文化服务建设各国都以法律的形式进行确认并对相关的鼓励措施进行规定。在当今社会政府力量与社会力量的结合是发展好与建设好公共文化服务保障的必然之选。

国家如何对社会力量参与公共文化服务进行扶持和鼓励，《中华人民共和国公共文化服务保障法》对此进行了规定，国家以表彰与奖励的方式，对在公共文化服务中做出突出贡献的公民、法人和其他组织给予鼓励，激发社会力量参与公共文化建设；各级人民政府应当建立有公众参与的公共文化设施使用效能考核评价制度，以保障公民在公共文化服务中的程序参与权与知情权；以鼓励社会资本依法投入公共文化服务的方式，推进政府资本与社会资本的合作；以政府购买服务等措施，支持公民、法人和其他组织参与提供公共文化服务；以享受税收优惠的方式鼓励社会力量进行捐赠，促进社会捐赠在公共服务中的发展；以给予必要的指导、支持与补助的形式推进政府资本与社会资本的合作；以各级人民政府及有关部门及时公开公共文化服务信息，主动接受社会监督的形式保障公民在公共文化服务中的监督权。

（三）公共文化设施的社会管理

《中华人民共和国公共文化服务保障法》第 2 条明确规定，公共文化设施是指用于提供公共文化服务的建筑物、场地和设备。公共文化设施的管理是公共文化服务保障的重要内容，其管理状态及模式的好坏直接关系到公共文化服务的质量。传统的公共文化设施的管理模式采取的是政府管理的单一模式,当今社会是一个多元化的社会,存在着多个社会主体。在多元主体的社会中公共事务就应该由多个主体共同管理,公共文化设施的管理亦是如此,该种多元主体的管理模式强调政府之外的其他社会组织与公民参加公共文化设施的管理。公民参与公共文化设施的管理有助于公民通过最直接、最直观的公众参与来提高公民整体的文化修养和道德水准。完善公民对公共文化设施的相关管理,不仅可以大力推动我国文化服务体系的基础建设,充分发挥文化设施对公众的实际效用,更有利于公民整体文化素养的良性提升,培养公众对文化设施的自我参与和管理能力,提升公众的文化需求质量。①

在新公共管理理论的发展下,我国政府积极转变公共文化设施管理模式,鼓励公共文化设施管理的多方主体参与。《公共文化体育设施条例》规定,国家鼓励企业、事业单位、社会团体和个人等社会力量举办公共文化体育设施。《中华人民共和国公共文化服务保障法》第23条到第26条对政府鼓励、支持社会公众参与公共文化设施的管理进行了规定。各地方在公共文化设施管理上也积极寻求当地政府与群众的合作。《黑龙江省公共文化设施管理规定》规定"公民、法人和其他组织均有保护公共文化设施、支持公共文化设施建设的义务""鼓励公民、法人和其他组织投资、捐资建设和经营管理公益性文化设施或者营利性文化设施"。《南京市江宁区公共文化设施运行管理规范》规定"各文化服务机构应积极发掘和培育文化志愿者,引导文化志愿者参与文化服务"。鄂尔多斯市为进一步健全社区与机关单位公共文化服务设施共建共用管理机制,于2017年10月通过《鄂尔多斯市社区与机关单位公共文化服务设施共建共用暂行办法》,该《暂行办法》规定,社区与机关单位公共文化服务设施共建共用管理,坚持政策引导、社会

---

① 盛鑫:《我国政府对公共文化设施管理的问题及对策研究》,硕士学位论文,长春工业大学,2012年。

参与，鼓励企业或个人通过自愿捐赠等方式建立社区公共文化设施建设基金或依法向社区公共文化设施管理单位捐赠财产等内容，对社区与机关单位共建共用文化服务设施的规划建设、使用管理、经费来源与管理及责任奖惩进行了明确的规定。《北京市基层公共文化设施服务规范》在公共文化设施的运行保障中明确指出要鼓励文化设施管理的社会化和专业化。《济南市社区公共文化服务设施建设管理办法》指出社区公共文化设施要配备专兼职管理人员，在落实公共文化设施管理队伍建设，加强工作人员基本业务知识、专业知识的同时招募社区志愿者、社区文化体育骨干。

在公共文化设施的管理中其他国家亦是十分强调社会力量与政府力量的结合，注重发挥社会力量在公共文化设施管理中的作用。波兰的《文化财产保护法》规定，为了正确地维护和保存历史文物古迹，并普及它们的教育和教学价值，应展开对文物古迹的民间保护；对自己选择的文物古迹或者由县政府委托其照顾的文物古迹有兴趣和意愿进行监管保护的自然人和法人，或者是团队、组织机构、组织、协会和学校，都可以成为文物古迹的监管者。澳大利亚悉尼市政府十分重视公众参与公共文化设施的积极性，为了鼓励公众参与公共文化设施，该国政府专门建立了一个全国范围内用于文化活动志愿者资料登记与整理的数据库，使有意愿的民众能够通过非常简便的方式获得文化设施管理活动的志愿者职位。韩国《文化艺术振兴法》在文化艺术空间的设置中对于公众参与公共文化设施的管理规定，为了促进文化设施的有效管理和利用，国家和地方政府必要时可以将文化设施委托给非营利法人、团体或者个人管理；国家和地方政府应致力于培养专门经营文化设施所需的规划、管理型人才。对于促进社会公众参与公共文化设施的管理，各国在法律中规定了不同的方式和措施，有的以志愿者的形式加强公众对公共文化设施的管理，有的以委托的形式建立公众对公共文化设施的联系，有的以专门人才培养的方式提高公众参与公共文化设施管理的水平，但无论以何种方式，社会公众要真正参与到公共文化设施的管理中并且不断提高公众参与公共文化设施管理的水平，除了公众的主动、自觉之外，还需要国家为公众的参与提供有效途径与保障。

国家应如何完善和发展公众参与公共文化设施的管理机制，虽然我国中央和地方都出台不少的法律、法规、规定等对公众参与公共文化设施管理的机制予以鼓励和推动，但我国仍然缺少推动公众参与公共文化设施管理的实际有效的运行机制。澳大利亚政府建立全国范围内的志愿者资料数据库，为民众获得公共文化设施管理的志愿者职位、参与公共文化设施的管理创造了极为方便的途径，这一操作对于我国推动公众参与公共文化设施管理具有极大的借鉴意义。另外，要推动公众参与公共文化设施管理还需要政府健全公民文化需求表达平台，公民对公共文化设施管理的合作精神在很大程度上出于对政府的信赖，公共文化政策的出台，鼓励公民积极参与公共文化设施的管理，公民在多大程度上配合政府，依赖于公民对于当前公共文化事业的认同感的多少。因此，政府和公众积极沟通，保持良好的对话沟通机制，对于保障相关文化政策的落实具有十分重要的意义。此外，政府仍然要加强公众参与公共文化设施管理的教育宣传，尤其在传播公共文化设施建设的公益性方面更要鼓励全民参与。公共文化设施的管理与群众的生活息息相关，通过宣传教育调动公民参与公共文化设施管理的积极性，以取得良好的社会效果。

三　公共文化服务的政府建设与保障

文化权利关切公民的生存权和发展权，政府在实现公民的文化权利方面承担着不可推卸的责任。公共文化服务作为实现公民文化权利的有效方式，已成为公共服务型政府建设的主要目标。公共文化服务是建设公共服务型政府的有机组成部分，政府在深化文化体制改革，推进文化创新，建立覆盖全社会的公共文化服务体系方面富有极大的责任与义务。政府在公共文化服务保障方面最基本的职责体现在公共文化服务的建设与保障两个方面。

（一）公共文化服务的政府建设

公共文化产品属于公共产品中的一类，当然具有公共产品的基本属性，即非竞争性与非排他性。公共文化产品的非竞争性是指，任何人对公共文化产品的消费都不会减少其他人对该公共文化产品的消费；其非排他性是指，公共文化产品要排除社会公众中的某人对其的消费，是需要付出极大的代价的，几乎是不可能实现的。公共文化产品的非竞争性与非排他性决定公共文化产品不可能像其他产品那样由私人提供进入市场，并接受市场的调节。因此，需要政府对其进行干预，由政府主要承担公共文化产品的建设与提供。

文化权利是公民的基本权利，是特定领域内人们生活方式的体现，对人们的生存和发展具有重大的影响意义。《经济、社会和文化权利国际公约》第13条规定，人人有受教育的权利，所有人能有效地参加自由社会，为了充分实现这一权利，初等教育应属于义务性质并一律免费。第15条规定，人人有权参加文化生活；享受科学进步及其应用所产生的利益；对其本人的任何科学、文学或艺术作品所产生的精神上和物质上的利益，享受被保护的权利。缔约各国为充分实现这一权利应采取为保存、发展和传播科学和文化所必需的步骤。公民的文化权利主要包括：享受文化成果的权利、参与文化活动的权利、开展文化创造的权利、对个人进行文化艺术创造所产生的精神上和物质上的利益享受保护的权利。公共文化强调人人参与、人人享受、人人创造，当代政府对于保护公民的基本文化权利，建立公共文化服务保障体系，负有不可推卸的责任。

保障公民的基本文化权利是政府的基本职责，完善的公共文化服务体系是构建服务型政府的应有之义。当前人们对精神文化生活的需求不断增长，而公共文化服务不能满足人们的需求，这一现实的矛盾突显建设公共文化服务的紧迫性，而这一矛盾的解决需要负有文化及社会公共服务的基本职能的政府，在公民文化权益的保障中发挥主导作用。

文化软实力的提升要求政府必须大力发展公共文化建设。在全球化不断深入发展的大环境下，各国之间的文化差异，推动了各国之间的文化交流。在推动世界文化大繁荣、大发展的同时，各国之间的文化竞争也日趋激烈。文化软实力的提升，社会核心价值的巩固，是当今世界各国政府的当务之急。公共文化建设是政府履行文化职能的重要内容，政府大力发展公共文化建设，完善公共文化服务体系是巩固社会文化基石的首要之举。

我国历来强调政府在公共文化建设中的作用，《陕西省公共文化服务保障条例》（草案征求意见稿）指出，公共文化服务应当遵循政府主导、社会参与的方针。县级以上地方人民政府领导本行政区域内公共文化服务工作，将公共文化服务纳入本级国民经济和社会发展规划，纳入城乡规划。《天津市公共文化服务保障条例》（征求意见稿）指出，公共文化服务坚持政府主导、社会参与的要求，市人民政府应当根据国民经济和社会发展水平、人口分布和结构、环境条件以及公共文化事业发展的需要，合理编制公共文化设施建设规划，创新公共文化服务方式，增加公共文化服务总量，提高公共文化服务质量。《浙江省公共文化服务保障条例》指出，各级人民政府是本行政区域公共文化服务的责任主体，应当加强基层综合性文化服务中心建设，建立健全基层公共文化服务标准体系和管理制度，为公众提供便捷高效的公共文化服务。《江苏省公共文化服务促进条例》指出，地方各级人民政府应当根据当地经济社会发展水平、地域文化特色、人口状况和公众文化需求，丰富公共文化服务内容，增加公共文化服务总量，提高公共文化服务质量。地方各级人民政府应当结合本地实际情况和公众文化需求，制定并定期公布基本公共文化服务计划和服务目录，免费提供基本公共文化服务项目。《中华人民共和国公共文化服务保障法》在第一章总则中明确指出，县级以上人民政府应当将公共文化服务纳入本级国民经济和社会发展规划，加强公共文化设施建设，完善公共文化服务体系，提高公共文化服务效能。在第二章中对公共文化设施的建设用地；设施用途；建设标准；设施选址、利用、拆除；服务内容和设备；管理制度和规范；安全管理制度等作出规定。此章强调了政府在公共文化服务设施建设中应履行的职责，指明政府在公共文化服务建设中的重要作用。第三章主要对在公共文化提供中政府的职责进行规定，主要包括公共文化服务供给内容、公共文化服务实施标准、公共文化服务计划和服务目录、公共文化设施免费开放、公共文化设施公共服务和公益服务的推进、为特殊群体提供针对性服务、公共文化向基层延伸、数字文化建设和服务、政府购买公共文化服务、公共文化服务供给绩效考评等。

虽然在多元主体的社会中，公共文化服务的建设要求政府与社会的共同参与，但从公共文化服务的基本特征出发，其建设与发展仍需政府在其中起到基石的作用。各国法律也对政府在公共文化服务中的角色与责任进行了规定。韩国《文化艺术振兴法》对韩国政府在文化艺术建设中的定位做了明确规定，国家和地方政府负责研究制定文化艺术振兴政策，鼓励、保护和培养国民文化艺术活动，并积极提供必要的财政支持；为振兴文化艺术活动，扩大国民享受艺术的机会，国家和政府应设立文化设施；对依照总统令建设的大型建筑物，国家和地方政府应当鼓励在其内部设立文化设施。俄罗斯《文化基本法》对政府在公共文化建设中应承担的职责从文化制度的建立、文化支出的预算、文化信息保护系统的建立、文化遗产的保护、文化设施的建立及文化服务的提供等方面进行具体的规定。乌克兰《文化基本法》对于政府在公共文化服务的提供中明确规定，乌克兰政府有义务建立一个统一的乌克兰文化空间，保护文化的完整性；地方当局和行政机关有义务创造条件构建基本的文化网络，满足公民在业余文化生活中的艺术追求。在公共文化设施建设中，为满足文化机构的需要，国家提供文化机构场所、文化领域教育场地、建筑物、固定场所或专门的场地；国家建立生产设施，用于生产专业的设备、文化机构、文化用品等。

政府是影响公共文化服务提供数量和质量的重要因素，公共文化服务体系建设是一项复杂而系统的工程，需要国家和社会各界力量的共同参与。国家以法律的形式将政府在公共文化设施建设及公共文化服务提供中的职责加以规定，对于明确政府在公共文化建设中的角色与作用具有重要意义。

（二）公共文化服务的政府保障

政府作为公共文化服务的承担者，其任务不仅仅是提供直接的文化服务，更重要的是保证公共文化服务得到提供以及保证公民的文化权利得以实现。因此，政府在公共文化服务方面的职能可以概括为三个方面，即公共文化服务的建设；公共文化服务的支持、保障；公共文化服务的监管。

政府职责属政府的本质属性。从广义上来说，政府职责是指政府能够积极地对社会民众的需求做出回应，并采取积极的措施，公正、有效率地实现公众的需求和利益。[①] 满足公众的文化需求是政府履行文化职能的重要目标，也是建设服务型政府的应有之义。当前我国社会的主要矛盾是，人民日益增长的美好生活需要和不平衡不充分的发展之间的矛盾，其中文化供需上的不平衡是矛盾的主要方面。而构建完善的公共文化服务体系是有效解决这一矛盾的重要举措。政府构建完善的公共文化服务体系，不仅要为公民的文化需求提供相应的文化服务设施和文化服务项目，更要为公共文化建设提供强有力的保障，使公共文化事业获得良性发展，在最大程度上满足公民的文化需求。

《陕西省公共文化服务保障条例》（草案征求意见稿）指出，将公共文化服务纳入本级国民经济和社会发展规划，纳入城乡规划，纳入本级财政预算，纳入目标责任考核。《天津市公共文化服务保障条例》（征求意见稿）对天津市行政区域内公共文化服务的政府保障责任、经费的保障机制、人员的保障、社会力量参与的保障措施等进行规定。《浙江省公共文化服务保障条例》对发展本行政区域内的公共文化服务

---

① 范琳琳：《我国公民文化权益保障的政府责任研究》，硕士学位论文，长春工业大学，2012年。

的资金保障做了如下规定，各级人民政府将公共文化服务经费纳入财政预算，县级以上人民政府应当安排一定资金，通过财政转移支付、扶持公共文化设施建设项目等方式，支持公共文化服务相对薄弱地区的公共文化设施建设、公共文化产品和服务供给以及公共文化人才队伍建设。《江苏省公共文化服务促进条例》规定，各级人民政府对本行政区域内的公共文化服务工作，建立财政投入与保障机制，推动公共文化服务与科技、互联网融合发展，并在第五章对公共文化服务的保障措施进行专章规定，内容涉及指导标准的制定、财政资金的保障、鼓励措施的落实、人员的配备及公共服务的监管等。《中华人民共和国公共文化服务保障法》除规定县级以上人民政府应将公共文化服务纳入本级国民经济和社会发展规划，将公共文化设施建设纳入本级城乡规划，将公共文化服务经费纳入本级预算外，并在第四章用专章对公共文化服务的保障措施进行了规定。

政府的有力保障是公共文化事业获得良好发展的重要基础，缺少政府有力保障的公共文化服务则犹如空中楼阁，无法真正满足公民的文化需求。对于公民权利的保障和实现，国家负有义不容辞的职责，为公共文化服务建设提供坚实有力的保障是政府维护与实现公民文化权利的应有之为。各国在文化类法律中也无一例外地对政府的保障职责进行了规定。韩国《文化振兴法》对于保障文化艺术事业的振兴、发展所做的规定值得我国借鉴，该法规定建立韩国文化艺术委员会以支援致力于文化艺术振兴的事业和活动，对文化艺术委员会享有的职权进行详细规定，以确保其职务的履行，并对委员职务的独立性进行规定，指出委员在任职中，执行职务时不受外部的任何指示和干涉。建立文化艺术振兴基金用于文化艺术的创作和普及；民族传统文化的保存、继承和发展；文化艺术的交流及文化福利事业等，为文化艺术事业的振兴提供资金保障。俄罗斯《文化基本法》规定，国家保障公民参与文化活动，获得文化价值和财富；国家保障所有文化活动主体的自由和独立性；国家遏制文化垄断；国家为优秀人才的自我实现创造条件等，对俄罗斯联邦政府在文化发展中的保障职责进行规定。

在有关公共文化服务保障的法律文件中，几乎都强调了这么一句话"公共文化服务，是指由政府主导、社会力量参与，以满足公民基本文化需求为主要目的而提供的公共文化设施、文化产品、文化活动以及其他相关服务"。在多元主体的社会中，公共文化服务的建设与提供已转变为社会各方主体的共同参与，但由于公共文化服务建设的复杂性与系统性、公共文化产品的非竞争性与非排他性及当代服务型政府的构建，决定了政府在公共文化服务建设与保障中的主导性作用。

第五节 非物质文化遗产保护的法律制度建设

我国《宪法》第22条第2款规定："国家保护名胜古迹、珍贵文物和其他重要历史文化遗产。"非物质文化遗产无疑是重要历史文化遗产的题中之义，对于非物质文化遗产的保护属于文化法治建设的重要内容。政府作为宪法的实施者，其在保护非物质文化遗产方面应主要发挥三个作用：一是普查建档作用，即根据非物质文化遗产保护之需要，政府要利用行政资源和手段，通过对传承人的普查、记录和整理，建立档案和名录，最大限度地避免重要和优秀的非物质文化遗产及其传承人的消失。二是资助保障作用，政府不是传承的主体，并不直接干预传承，而是采取各种措施帮助支持传承人的传承活动，例如提供经费支持，提供相应生活待遇和社会待遇，开发利用传承人的民间文化资源，保护传承人赖以生存的村寨、社区的传统文化生态环境，提供公共教育的传承途径等。三是宣传、引导作用，即通过大众传媒、舆论工具大力宣传非物质文化遗产保护，积极维护并创造有利于非物质文化遗产传承活动的文化环境、社区环境和公众环境；同时，对社会力量参与的各种保护行为，政府要发挥积极引导作用。

一 非物质文化遗产的传承情况

《中国民族民间文艺集成志书》编纂工作1979年启动，于2004年

12月完成了全部卷册的编纂工作。这一洋洋5亿多字、298部450册的宏大工程,"第一次将中华民族几千年来散落在民间的无形遗产转变为有形的文化财富",它是改革开放以来我国在民族民间文化抢救与保护方面最大也最有代表性的文化工程。25年来,全国十几万文化工作者,对中国浩如烟海的民族民间文艺进行了全方位地深入普查、挖掘和抢救,系统地收集了我国各地民族民间优秀文学艺术的基础资料和产生、发展、衍变的轨迹,整理、记述了各地民族民间文艺的面貌、特色和现状,以期全面反映中华民族源远流长的民族民间优秀文化遗产。《中国民族民间文艺集成志书》按照统一规划、统一体例编纂,分别为"中国民间歌曲"、"中国戏曲音乐"、"中国民族民间器乐曲"、"中国曲艺音乐"、"中国民族民间舞蹈"、"中国戏曲"、"中国民间故事"、"中国歌谣"、"中国谚语"和"中国曲艺"10大门类,每一门类按省分卷。这一工程被确定为国家重点科研项目,并陆续纳入中国哲学社会科学发展总体规划中。经过25年艰苦卓绝的努力,截至目前,全国共搜集民间歌谣302万首,谚语748万条,民间故事184万篇,编辑成集约7000部,民间戏曲剧种350个,剧本1万多个,民间曲艺音乐13万首,民间器乐曲15万首,民间舞蹈1.71万个,文学资料共约50亿字。这次普查工作的最大意义在于,它用了25年的时间,将许多处于濒危状态的非物质文化遗产以文字记录的方式成功地抢救了下来。但是,由于时代的局限和我们认识水平的局限,当时,我们还只能将对这些濒危遗产的抢救与保护限定在文字记录和录音存档这种程度,还没有意识到活态保护的重要性。随着老一代民间艺人的离世,我们并没有做到让他们所秉持的艺术以活态的方式在民间继续传承。在我们记录下这些珍贵遗产之后,有相当部分的剧种、剧目以及各种各样的表演艺术和口头传统已经在这个地球上消失了,这不能不说是一个历史的遗憾。

自1992年以来,由文化部发起,中宣部、中央外宣办、国家计委、教育部、国家民委、公安部、财政部、交通部、农业部、总政、海关总署、广电总局、体育总局、国家林业局、国家海洋局、国家文物局、全国总工会、团中央、全国妇联20个部委和人民团体共同建设的"全国万里边疆文化长廊"，经过20多年建设，已经在我国18个沿边、沿海边疆地区形成了一张有较大密度的文化设施网络，并各具民族文化特色，基本满足人民群众文化生活需求，适应改革开放和经济发展需要的"廊"形文化地带，这条环形的文化长廊总长度达到了3.9万公里，堪称世界上最长的"长廊"。它的建成，大大丰富了边疆人民的文化生活，对边疆地区的经济发展、社会稳定发挥着越来越重要的作用。国务院1996年《关于进一步完善文化经济政策的若干规定》中提出了关于在边境建设费和民族地区发展经费中应有一定比例用于文化事业建设的政策；增加万里边疆文化长廊建设补助经费的政策等。文化部在《关于实施西部大开发战略　加强西部文化建设的意见》和文化部、国家民委联合下发的《关于进一步加强少数民族文化工作的意见》中要求加强西部民族地区文化建设，扶持优秀的少数民族文艺。采取切实有效措施，加强西部民族地区的文化工作，推动西部民族地区的文化事业发展。类似"万里边疆文化长廊建设"这样的工程应进一步增加，同时设立专项的传统文化发展基金，专门用于其发展，这既是政府增加对社会公益事业的投入，也是保障少数民族群众参加文化生活权利的必要的物质保障。

2003年2月25日，"中国民族民间文化保护工程国家中心"在中国艺术研究院正式挂牌成立。该中心是文化部授权中国艺术研究院成立的专门规划统筹和组织实施"中国民族民间文化保护工程"的工作机构，成立运行之后，全国各地的地方中心也陆续建立。该工程计划历时18年，分3期实施，主要内容包括三部分：建立中国非物质文化遗产代表作名录、建立民族文化生态保护区和中国民族民间传统技艺保护。该工程采取的主要措施包括：加大宣传，使全社会形成自觉保护非物质文化遗产的意识；国家要有长远规划，分步实施，首先应该保护那些濒危的并具有历史、文化和科学价值的非物质文化，逐步建立起比较完备的保护制度和保护体系；立法保护，并建立一系列相关的保护措施；建立专门的保护机构，加快建设地方文化博物馆；政府主导、社会参与，开展传统文化竞技比赛项目，进行评选，设立激励机制，在纪念、节庆活动中增加传统文化的内容；科学保护，一是要研究如何进行保护，研究科学、有效的保护技术和方法，二是要研究如何恢复已经失传或保存不全的非物质文化，以恢复传统文化的原有风貌；开发保护，一是多办专门从事传统婚丧嫁娶仪式的文化产业，二是多办文化旅游产业；在学校教学实践中设立传统文化课程。近年来，采取措施积极扶持传统工艺美术行业生产，命名了200余名"工艺美术大师"，成立了"振兴京剧指导委员会"、"振兴昆曲指导委员会"，使这些剧种从资料保存、剧目保留、人才培养等方面得到了加强。"保护工程"采取试点先行、以点带面的工作方式，在全国范围内逐步推开，并取得了积极进展。

2005年12月22日，国务院下发的《关于加强文化遗产保护工作的通知》决定，自2006年起，每年6月的第二个星期六为中国的"文化遗产日"。"文化遗产日"的设立借鉴了国外的成功经验，至此，我国已经有了"文化遗产日"、"文化遗产标志"和"文化遗产保护公益歌曲"，对于增强全体民众的文化遗产保护意识将会起到十分积极的促进作用，凸显了文化遗产保护事业在国民经济与社会发展中的重要地位和作用，政府对文化遗产保护的投入在逐步增加，各级政府和人民群众文化遗产保护意识也将有很大提高。此外，2005年，在北京召开的中国高等院校首届非物质文化遗产教育教学研讨会，在中国文化发展史上，有重要的历史意义。会议根据联合国教科文组织人类文化遗产相关主题背景和遗产文本，根据国家文化遗产发展趋势和启动实施的文化遗产工程以及中国教育和非物质文化遗产传承现状、存在的问题和发展需要，经过讨论，正式通过并推出《非物质文化遗产教育宣言》。其中特别强调，国家应当以立法的形式，确立国家与公民面对本土非物质文化遗产的文化使命和应尽的教育传承与认知义务；少数民族地区政府应根据宪法的依据，制定本民族的非物质文化遗产教育传承法，传承保护本民族代表性的文化资源和社区文化象征；倡导面向中国非物质文化遗产的全方位教育传承的实现；等等。

2006年9月13日，国家制定了《十一五文化发展纲要》，也强调促进少数民族文化的发展。从传统的产业扶持角度看，对于经营少数民族传统文化的文化产业在税收和信贷方面也要给予政策扶持，文化服务业的营业税税率为3%，对于民族蜡染、民族工艺美术、民族服饰等行业应制定相应的减免措施；在信贷方面，也要对这些行业的未来发展进行信贷扶持。2012年2月15日，中国发布了《国家"十二五"时期文化改革发展规划纲要》，在第八部分"加强文化遗产保护传承与利用"中特别强调要对濒危项目和年老体弱的代表性传承人实施抢救性保护，对具有一定市场前景的非物质文化遗产项目实施生产性保护，对非物质文化遗产集聚区实施整体性保护。正确处理保护与利用、传承与发展的关系，促进文化遗产资源在与产业和市场的结合中实现传承和可持续发展。非物质文化遗产的教育传承，不仅是一种被长期忽视的民族民间文化资源进入主流教育的过程，一种民族古老生命记忆的延续，同时，也是一个对民族生存精神和生存智慧及活态文化存在的认知过程，是一个更具人性发现和理性精神的民族文化整合过程。因而，国家加强对文化遗产的保护与传承的目的也正是希望我们能够传承创造一个具有民族文化基因特色的持续发展的美好未来。

二 非物质文化遗产代表性传承人的认定

（一）非遗传承人的界定

有学者认为，到目前为止，非遗传承人还只是一个通用的提法，并没有一个明确的定义。非遗传承人的概念之所以难以统一，是因为人们对于传承活动的范围这个问题的理解还有很多争议。从字面上说，"传"是传授，"承"是继承，"传承"就是传授和继承活动的统一。具体到非物质文化遗产领域，非物质文化遗产的传承是其世代相传和继承发展的实践活动。对于个人来说，传承的第一要义是习得，即通过传习而获得；第二要义是创新或发明，即在前人所传授的知识或技能的基础上，加入自己的聪明才智，有所发明有所创新，使传承的知识或技艺因创新和发明而有所增益。① 此种对传承人概念的界定尤其是对传承人"创新或发明"的要求存在争议，因为有些非物质文化遗产注重"原汁原味"地传承，对"变化"存有一定的戒备。如韩国《文化财保护法实施令》第 12 条关于保有者的认定标准中提到，保有者就是可以将无形文化财的技艺原样保存和实现的人。这里面强调的是"原样保存"。

也有学者认为，传承人是在有重要价值的非物质文化遗产传承过程中，代表某项遗产深厚的民族民间文化传统，掌握杰出的技术、技艺、技能，为社区、群体、族群所公认的有影响力的人物。也就是说，具有民俗传统、掌握某项遗产的技术技艺、具有公认性是非遗传承人必须具备的三个要素。② 该学者所指的传承人仅仅是一般传承人中的极少数人，是传承人中的杰出代表，他们在非物质文化遗产传承中起着示范性作用，往往又被称为"代表性传承人"。

还有学者认为，非物质文化遗产来源群体的所有成员都是非物质文化遗产的传承人，这些传承人约定俗成地、无意识地传承着非物质文化遗产，因此也被称为普通传承人。③ 该学者的观点也存有争议，虽然其认为这是对普通传承人的界定，但其忽视了"来源群体"与"普通传承人"二者之间的区别，如在黔东南的苗族地区，家家户户都搞刺绣，但传统上刺绣仅限于妇女参与，那么我们可以说这些妇女都是苗族刺绣的"普通传承人"，而该地区的男性只能是"来源群体"，因为他们基本都不会刺绣，把这些男性都定义为"普通传承人"是不恰当的。

联合国教科文组织将传承人定义为：在社区中复制、传承、改造、创造和创制某种文化的社区成员，这些成员的上述传承活动得到整个

---

① 刘锡诚:《传承与传承人论》,《河南教育学院学报》(哲学社会科学版) 2006 年第 5 期。

② 祁庆富:《论非物质文化遗产保护中的传承及传承人》,《西北民族研究》2006 年第 3 期。

③ 李墨丝:《非物质文化遗产保护国际法制研究》,法律出版社 2010 年版,第 180 页。

社区的认可。传承人扮演多重角色，他们可以是非物质文化遗产的创造者、实践者，也可以是非物质文化遗产的管理者。① 该定义比较准确地界定了传承人的内涵和特征，既包括普通传承人，也包括代表性传承人。

非遗代表性传承人是指那些全面、充分地掌握某项非物质文化遗产的技术、技艺和技能，被社会公认至少是非物质文化遗产来源群体公认的该项非物质文化遗产的杰出代表。大体上包括两个层面的含义：一是完整掌握非物质文化遗产项目或者具有某项特殊技能的人员，二是积极开展传承活动，培养后继人才者。也就是，他担负着"传"与"承"的双重任务，很多非物质文化遗产都是存活在那些一代代的优秀传承人的脑海和行动中。联合国教科文组织认为，人类活珍宝是指那些保有使人民的文化生活和使其物质文化遗产延续下去的特定方面生产所必需的技艺并且具有最高水准的人们。② 显然，这里的"人类活珍宝"就是指我们所说的代表性传承人。

与我国的非遗代表性传承人制度类似，日本的"人间国宝"是指那些在艺术表演领域具有突出的表演才能、精湛的表演技艺并愿意将自己的这些技艺传诸后人的杰出的表演艺术家，而在工艺制作领域则特指那些身怀绝技并愿意通过带徒方式将自己的技艺传诸后人的著名艺人、匠人。如同世界上许多国家的民间艺术传承深陷困境一样，为了使这些"国宝"不至失传，从1955年起，日本政府开始在全国不定期的选拔认定"人间国宝"，将那些大师级的艺人、工匠，经严格遴选确认后由国家保护起来，每年发给他们200万日元的特别扶助金，用以磨炼技艺，培养传人。③ 韩国也有类似的制度，日本和韩国的"人间国宝"基本相当于我们所指的"代表性传承人"，从一定意义上可以

---

① See Glossary – Intangible Cultural Heritage, Results of the International Meeting of Experts on Intangible Cultural Heritage – Establishment of a Glossary, UNESCO Headquarters, Paris, 10—12 June 2002.

② 联合国教科文组织《关于建立"人类活珍宝"制度的指导性意见》第3条。

③ 晓光：《从日本"人间国宝"说起》，《人民日报》2007年5月30日。

说,由于日本在非物质文化遗产及传承人保护方面走在世界前列,其他国家的相关制度都在很大程度上借鉴了日本的成功经验。

在实践中我们尤其要注意处理好传承人与来源群体的关系,各级政府认定代表性传承人的行为,所确认的只是他们在某项非物质文化遗产项目上公认的"代表性",而不应将各级政府的认定行为视为对该项目的"独占性"。毕竟从理论上讲,来源群体(传统社区)① 才是非物质文化遗产的所有人,② 而代表性传承人只是非物质文化遗产的承载者和传递者,非物质文化遗产的延续最终还要靠其赖以产生和生长的文化土壤。还有学者将来源群体称为原生境人,③ 这些原生境人享有非物质文化遗产权,④ 他们享有相关活动开展权、展示权、取得报酬权、传播权利、相关知识产权、获得国家物质帮助权、获得国家奖励权等财产权利,以及署名权、传承权、尊严权、发展权等精神权利。代表性传承人作为来源群体的一分子,同样享有这些权利,但在涉及来源

---

① 《保护非物质文化遗产公约》中所指的社区,是指在植根于实践、参与和传承非物质文化遗产的共同的历史联系中形成认同感和连通感的人们结成的网络,参见 Report of the Expert Meeting on Community Involvement in Safeguarding Intangible Cultural Heritage:Towards the Implementation of the 2003 Convention,UNESCO,Tokyo,2006,pp. 8—9。

② 如吴汉东教授认为,传统文化表现形式的知识产权一般归属于特定的民族、部族和社区,奉行的是以群体为特征的权利主体制度。当然在某些特殊情况下,传统文化表现形式的权利归属并不排除个人享有的形式,但总的来看,群体所有权是其基本原则,并处于核心地位。参见吴汉东《论传统文化的法律保护》,《中国法学》2010 年第 1 期。

③ 原生境人就是指与非物质文化遗产的产生、成长环境密切相关,融为一体的民族、自然社区,以及其中的每一个成员。原生境人是一个包含极其广泛的概念,它除了指与非物质文化遗产相关的民族、自然社区、传承人、传播人、持有人外,还包括与非物质文化遗产相关的传统区域的一切人们,不论其是否掌握非物质文化遗产的知识、思想、技艺等。参见高轩《我国非物质文化遗产行政法保护研究》,法律出版社 2012 年版,第 245 页。

④ 非物质文化遗产权是指为保障原生境人及其后代的尊严、生命、健康和财产,基于其长期以来所珍视的代代相传的特性,对其视为保持健康富足的生活方式必不可少的、具有审美或精神价值及经济价值的、有形的和无形的非物质文化遗产资源所享有的一种集体权利的统称。参见赵纲《论我国非物质文化遗产原生境人的法律地位》,《法制与社会》2008 年第 2 期。

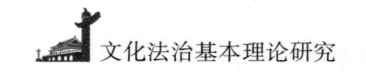

群体专属的如授权、转让、处分非物质文化遗产的部分相关权利时,需要征得来源群体的同意或者经来源群体授权。

我们认为,非遗传承人既包括普通传承人,也包括代表性传承人。作为非物质文化遗产的承载者和传递者,不论是普通传承人还是代表性传承人,都是非物质文化遗产中不可或缺的因素,普通传承人是非物质文化遗产保护的群众基础,代表性传承人是传承人中的杰出代表,他们对非物质文化遗产的继承与发展都有着重要作用。相对于普通传承人来说,代表性传承人在非物质文化遗产的传承和发展中发挥的作用更加引人注目,但其作用的发挥又离不开来源群体。

(二)非遗代表性传承人认定制度的实施

非遗代表性传承人的认定,一般是指有关机构根据申请者所掌握的非物质文化遗产的实际情况,依照法定权限和程序,在咨询有关专家委员会的基础上,将非物质文化遗产的普通传承人确认为代表性传承人的过程。我国当前的非遗代表性传承人认定制度如下:

我国政府借鉴日本、韩国等的经验,在2008年的第三个"文化遗产日"期间,出台了《国家级非物质文化遗产项目代表性传承人认定与管理暂行办法》,该《办法》规定,符合下列条件的公民可以申请或者被推荐为国家级非物质文化遗产项目代表性传承人:一是掌握并承续某项国家级非物质文化遗产;二是在一定区域或领域内被公认为具有代表性和影响力;三是积极开展传承活动并培养后继人才。从事非物质文化遗产资料收集、整理和研究的人员不得认定为国家级非物质文化遗产项目代表性传承人。2007年至2013年,文化部先后命名了四批国家级非物质文化遗产项目代表性传承人,共计1986名,并专门举行了颁证仪式。为了加强对传承人的保护,很多地方政府也都认定了本地方的代表性传承人,四级保护体制已基本形成,如云南省1999年、2002年、2007年、2010年分四批命名了803名省级非遗代表性传承人,各州(市)、县也认定命名了一批市级和县级代表性传承人。

此外,早在1979年我国就开始了代表性传承人的命名和表彰活动,只不过当时的称谓是"工艺美术大师",而且只限于工艺美术领域,这项工作由原轻工业部和原轻工总会主持,后来由国家发改委主持,截至2012年底,共授予443名"中国工艺美术大师"荣誉。[①] 我国已经出台了相关的行政法规《传统工艺美术保护条例》来加强对传统工艺美术的保护,其中包括认定与命名的相关规定,"中国工艺美术大师"申请者应是直接从事传统工艺美术设计与制作的人员,并同时具备下列条件:爱国敬业,遵纪守法,德艺双馨,无不良信誉记录;连续20年(含20年)以上从事传统工艺美术设计并制作的专业人员;有丰富的创作经验和深厚的传统文化艺术修养,技艺全面而精湛,创作出色且自成风格,艺术成就为业内所公认,在国内外享有声誉;在传统工艺美术的传承、发掘、保护、发展、人才培养等方面有突出贡献;省级人民政府或省级行业主管部门认定的工艺美术大师称号;未开展评定省级工艺美术大师的地方,应具有省级人力资源社会保障部门按照国家统一规定评定的高级工艺美术师职称。不符合上述第2项、第5项条件,但掌握独特技艺或绝技,或少数民族地区掌握濒临失传技艺的申报者,允许破格申报,但应从严掌握。同样地,很多地方目前也都在进行本行政区域的"工艺美术大师"命名和表彰活动,实际上也是多级并存的状况。

从1996年起,中国民间文艺家协会与联合国教科文组织下属的国际民间艺术组织合作,进行"民间工艺美术大师"等称号的评定,涉

[①] 2013年5月15日,中国政府网发布了《国务院关于取消和下放一批行政审批项目等事项的决定》(以下简称《决定》)。《决定》指出,经研究论证,国务院决定,取消和下放一批行政审批项目等事项,共计117项。其中包括取消行政审批项目71项,下放管理层级行政审批项目20项,取消评比达标表彰项目10项等内容。在被取消的评比达标表彰的10个项目中,取消了7个项目,转、并了3个项目。"中国工艺美术大师"评选项目没有取消,但属于主办单位转接项目。根据《决定》,延续了34年之久的"中国工艺美术大师"评选活动,将不再由工业和信息化部等国务院部门主办,而交由民间组织性质的"中国轻工业联合会"评选,意味着由"官办"到"民办"。自此,我国的非物质文化遗产代表性传承人认定制度是"一个官方部门与三个民间部门"的四个部门四个序列的认定同时并存。

及陶瓷、刺绣、染织、泥塑、面塑、木雕、内画等几十个民间艺术门类。截至2012年底，共认定"民间工艺美术大师"37名，"一级民间工艺美术家"96名，"民间工艺美术家"1213名。中国文联、中国民协也于2007年6月6日"文化遗产日"举行首次"中国民间文化杰出传承人命名大会"，166名民间艺术家获得"中国民间文化杰出传承人"称号，涵盖了156个非物质文化遗产项目。该项目启动于2005年3月，通过各地的民协对当地民间艺人进行调查、搜集资料后逐级上报，再由中国文联和中国民协组织专家研讨、认定，确定最后的名单。关于评选的标准，一是杰出，就是有杰出的技艺，在行内有数一数二的专业地位，同时这项技艺在当地也有相当的影响，或者曾经很有影响，现已濒临绝迹。二是传承，也就是从事实际的传承活动，杰出传承人的技艺是祖辈或者师父传下来的，同时他又传给后代或徒弟，具有这种传承性。民间很多技艺只能靠人传承，书本、音像只是辅助手段。很多省级单位目前也都在进行本省的"民间文化杰出传承人"命名和表彰活动。其所涵盖的领域主要包括民间文学、民间表演艺术、手工技艺和民俗技能四大类。中国民间文艺家协会、中国文联与中国民协都属于民间性的社团组织，同时也具有一定的行业代表性，民间的社团组织是否具有认定国家级非遗代表性传承人的资格是值得探讨的。

我国目前存在的四个部门四个序列的非遗代表性传承人认定制度，不仅意味着四个部门各自在摸底调查、资料收集与整理、专家委员会设置、登记与建档等工作中的重复投入，也表现出政府与民间组织在非遗保护领域各有势力范围，这种状况显然是由我国行政机关设置不科学、职责不清、权属不明、条块分割所导致的，也与我国非物质文化遗产保护工作所确立的"政府主导、社会参与、明确职责、形成合力"的原则相背离，不同部门对此类问题或分类存在着认识上的不同，所以，我国也就自然地形成了四个认定体系并存与交叉的现象。经过我们对国家级非物质文化遗产项目代表性传承人、中国民间文化杰出传承人以及中国工艺美术大师名单的比对分析，从中发现：166名中国民间文化杰出传承人中,与国家级非物质文化遗产项目代表性传承人重复的有64名,重复率达到38.6%;443名中国工艺美术大师中,与国家级非物质文化遗产项目代表性传承人重复的有113名,重复率达到25.5%;37名"民间工艺美术大师"中,与国家级非物质文化遗产项目代表性传承人重复的有5名,重复率达到13.5%。由于在官方和民间四个部门四个序列的非遗代表性传承人名单之间存在着很高的重复率,这可能刺激获得认定者想要得到双重认定或更多称号。①

关于代表性传承人的认定原则,在前述的《国家级非物质文化遗产项目代表性传承人认定与管理暂行办法》《传统工艺美术保护条例》等相关法规、规章或规范性文件中都有所涉及,地方立法中也有具体的体现,例如,《云南省民族民间传统文化保护条例》第15条、《福建省民族民间文化保护条例》第11条、《贵州省非物质文化遗产保护条例》第25条等都规定了代表性传承人的条件,《福建省民族民间文化保护条例》第12条还规定了民族民间文化传承单位的条件。一般认为,代表性传承人认定的原则主要有如下几项:

第一,代表性传承人的认定应当以非物质文化遗产项目名录为基础。因为列入各级非遗保护名录的项目,都具有特别重要的价值和突出的代表性,同时也征询了各方意见,具有相当的权威性。

第二,代表性传承人一定要在该非遗项目上有影响,宁缺毋滥,否则就失去了代表性传承人的"代表性",使认定活动违背初衷。如苗族银饰锻造技艺国家级代表性传承人吴水根认为,各传承人之间的图案基本差不多,顾客更愿意购买技术好的、质量好的、创意好的银饰品,他的银饰锻造过程保留了传统的吹焊技艺,质量和创意都得到周围群众的认可。

第三,代表性传承人一定要带有徒弟,尽到"传承"的义务。例如,在黔东南州州级代表性传承人认定过程中,凯里市舟溪镇新光村

---

① 周超:《中日非物质文化遗产传承人认定制度比较研究》,《民族艺术》2009年第2期。

芦笙制作技艺上报了 7 个人，州里考虑了 3 个人，其中一个是国家级工艺美术大师，另一个潘炳文是其中辈分最高的，再一个是一个家庭三兄弟都申报了，技艺也都不错，但是事实上是大哥带了两个弟弟，在名额有限的情况下政府评选了大哥作为该项目的代表性传承人。①

第四，代表性传承人的认定必须以专家委员会的意见为前提，各级文化行政主管部门必须依法组建非遗专家委员会，并对委员会的工作程序做出详细规定，以增强认定工作的权威性和社会性。例如，黔东南州州级非物质文化遗产代表性传承人评选的专家委员会第一批 17 人，第二批 19 人，都是州里面的，有官员 2 人，做文化研究的专家 4 人，其余的都是专业人士。

第五，政府的认定必须征求群众意见。特别要促进非物质文化遗产来源群体对传承人认定的有效参与，征求他们对传承人认定的意见。例如，同一项目、同一地区上报的代表性传承人人数较多时，考虑代表性传承人的谱系（也就是辈分）问题，辈分高的考虑的多一些。很多少数民族有很多支系，选择辈分高的，本民族的人和当地群众都比较信服。

有一些非遗项目可能不适宜评选代表性传承人，因为这些非遗项目具有广泛的群众基础，群众在该非遗项目上的水平相差无几，评选代表性传承人是对普通传承人权利的不尊重，也不利于该非遗项目的传承与长远发展。如苗族刺绣，据多年从事苗学研究的雷秀武先生估计，黔东南州 180 多万苗族人中至少有 70 万人会刺绣，至少 60—70 万人会唱飞歌，侗族大歌的情况也类似，如果我们评选了代表性传承人，大家都不服气，是对群众整体积极性的损害，应该评一个村或一个社区可能会好一些。② 很多外地人到了黎平，问你们村里面谁会唱侗族大歌，老百姓会回答，你们到岩洞去找某某吧（该人是代表性传承人），其实每个村子都可以组织起一个大歌队，侗族聚居区的人基本都会唱

---

① 该材料来源于笔者对黔东南州民族研究所前所长雷秀武先生所做的访谈。
② 该数据来源于笔者对黔东南州民族研究所前所长雷秀武先生所做的访谈。

侗族大歌。

很多时候，我们在进行各级代表性传承人认定过程中，都没有征求传承人本人的意见或者以居高临下的姿态"通知"传承人，因为我们认为这是对传承人有好处的事情，因而很多情况下政府在推选与申报过程中起了主导作用，与传承人的沟通不足。

杨某，苗族剪纸的黔东南州州级代表性传承人，杨某本人带着30多个弟子，经常来的有20多个，从2005年到现在她带的弟子有300多个，2006年以后的三年专门给外国人表演。奶奶和母亲都是有名的刺绣高手，杨某既是剪纸高手，又是刺绣能手，实际上她自认为她的刺绣比剪纸好，在苗族中，会剪纸的一定会刺绣，但会刺绣的不一定会剪纸，T县刺绣能手很多，虽然杨的刺绣更好一些，但是T县政府为了多获得一些州级代表性传承人的名额，在申报州级代表性传承人时就做动员，让杨某参加剪纸的代表性传承人评选，杨某多次参加"多彩贵州""文化大舞台""玉鼠迎春"等省市电视台组织的活动和节目，搞过很多次剪纸展演，结果如T县领导所愿。但是，杨某本人更希望被政府认定为苗族刺绣的州级代表性传承人。自2002年以来的大部分时间杨某没有在T县老家，而是在北京的潘家园，试图与外面的大公司合作，来拓展期所从事的苗族刺绣的发展路径。她认为每个苗族刺绣后面都有故事，别人仿制但不懂刺绣背后的故事，永远也仿制不出苗族刺绣的神韵。真正懂得苗族刺绣的人并不多，因而杨某总想往外面跑，想带着自己的刺绣到处走走逛逛，了解一下外面的世界对苗族刺绣有些什么需求。此时，如果自己被认定为苗族刺绣的州级代表性传承人，可能会对自己在外面宣传和学习更有帮助，当前的状况使她觉得有些无奈。

学界主流观点认为，代表性传承人的认定应当从实际情况出发，根据不同的非遗项目认定相应的代表性传承人。我国根据民俗类非遗的实际情况，认定在该民俗的组织与传承方面起主导作用的灵魂人物作为代表性传承人。但是，很多民俗类项目认定的国家级代表性传承人数量太少，如景颇族目瑙纵歌只认定了岳麻通，瑶族盘王节也只认定了盘良安、赵有福。事实上，很多大型民俗活动各地都在举办，如很多地方的瑶族都过盘王节，各地的组织者并不相同，即使在同一个地方，其组织者往往不止一人，他们所发挥的作用也是基本相同的，这些人都应该被认定为代表性传承人，否则有失公平，也不利于民俗活动的传承。此外，更为重要的是，该民俗活动是群体共同参与的，整个来源群体都是该民俗不可或缺的一部分，仅靠代表性传承人是无法完成该民俗活动的，因而，完整保存该民俗的代表性群体都应该被认定为代表性传承人。

非物质文化遗产法对代表性传承人的审定、保护及应当履行的义务作了明确规定。同时《非物质文化遗产法》第31条第2款规定，非遗代表性传承人无正当理由不履行传承、配合调查、宣传等规定义务的，文化主管部门可以取消其代表性传承人资格，重新认定该项目的代表性传承人；丧失传承能力的，文化主管部门可以重新认定该项目的代表性传承人。这就意味着我们还应该关注代表性传承人是否保持了非物质文化遗产的传统，这是其认真履行传承义务的具体体现。非物质文化遗产在传承中出现变异是无法避免的，但是变异不是否定传统，更不等于滥用和盲目改造。尤其面对商业社会的猛烈冲击，代表性传承人更应当克制自己的行为，继承并保持传统，将非物质文化遗产在原生状态下传承下去。[①] 在频繁的商业表演和展示中，代表性传承人会有意识或无意识地、主动地或被动地迎合受众，改变非物质文化遗产的内容和形式。有的代表性传承人则加入旅游公司或表演团体，远离故土从事表演或展示活动，他们的传承功能几乎丧失殆尽。[②] 当上述情况发生时，文化主管部门有权取消其代表性传承人称号。

此外，实践中代表性传承人因为死亡、疾病及其他意外情况的发生导致其事实上无法继续从事传承活动也应该"退出"代表性传承人队伍，重新认定该项目的代表性传承人。但这种情况的"退出"与前

[①] 李墨丝：《非物质文化遗产保护国际法制研究》，法律出版社2010年版，第184—185页。

[②] 苑利：《〈名录〉时代的非物质文化遗产保护问题》，《江西社会科学》2006年第3期。

一种"退出"是不同的,这种"退出"还应该将代表性传承人的名字保留在"代表性传承人名单"中,只是减少或取消对该代表性传承人的资助或奖励,严格说来这并不是一种"退出"。联合国教科文组织《关于建立"人类活珍宝"制度的指导性意见》也指出,某些时候,列入"人类活珍宝"名单的人由于年纪或脑力衰退,已经不能履行上述义务。无论如何,那时就撤销他们的"人类活珍宝"称号是不公平的。因为资助或奖励的一部分是荣誉性的,最好允许他们保留在名单之中而减少部分奖励,如减少每年的资助额。而另一方面,如果他身体健康并能够承担规定的传承义务而拒绝承担,在事先警告无效的情况下,撤销其奖励就是恰当的。① 韩国法中也有类似的规定。② 前述情况发生时,都可以重新将其他的传承人认定为代表性传承人。

三 非物质文化遗产代表性传承人的义务与监管

(一) 非物质文化遗产代表性传承人的义务

从一定意义上讲,传承不仅是一种权利,也是代表性传承人的义务。在传承人的身上承载的不仅是一门技艺或知识,也是这个民族或社区的历史发展的精华和文明。因此,任何一个艺人或巧匠都有义务将其传承的非物质文化遗产继续传承和发展下去,不让其所拥有的技艺失传、消亡。传承人不能以一种不作为的方式或消极的方式不从事传承活动,或以积极的方式破坏传承活动,或破坏与传承有关的工具或条件。若传承人不履行传承的义务,可由非物质文化遗产的所有权

---

① 联合国教科文组织《关于建立"人类活珍宝"制度的指导性意见》第 37 条。
② 根据《韩国文化财保护法》(法律第 11228 号,2012.1.26 日部分修改)第 24 条规定,被认定为重要无形文化财(国家级)的保有者根据第 41 条第 2 款不能正常进行技能、艺能传授教育时,经过文化财委员会审议,文化财厅厅长可以认定其为名誉保有者。在以上情形下被认定为名誉保有者时起重要文化财保有者的认定视为取消。根据《韩国文化财保护法实施令》第 25 条规定,《韩国文化财保护法》第 41 条第 2 款规定的不进行传授教育的事由如下:1. 因为疾病或者事故不能进行传授教育;2. 在外国大学或者研究机构进行一年以上的研究、进修。

群体向政府相关部门申请强制履行传承，或由政府主动采取相应措施进行强制传承。

同时，每个传承人都应该完整保存其所掌握的知识、技艺及有关的原始资料、实物、建筑物、场所等，依法开展展示等传播非物质文化遗产的活动。有条件的传承人还应该讲述自己的口述史或留下书面著作。此外，《国家级非物质文化遗产代表性传承人认定与管理暂行办法》第13条规定，国家级非物质文化遗产项目代表性传承人应承担以下义务：1. 在不违反国家有关法律法规的前提下，根据文化行政部门的要求，提供完整的项目操作程序、技术规范、原材料要求、技艺要领等；2. 制定项目传承计划和具体目标任务，报文化行政部门备案；3. 采取收徒、办学等方式，开展传承工作，无保留地传授技艺，培养后继人才；4. 积极参与展览、演示、研讨、交流等活动；5. 定期向所在地文化行政部门提交项目传承情况报告。

《非物质文化遗产法》第31条规定了代表性传承人的四项义务：继续开展传承活动，培养后继人才；妥善保存相关的实物、资料；配合文化主管部门实施非物质文化遗产调查；参与非物质文化遗产公益性宣传活动。这与《国家级非物质文化遗产代表性传承人认定与管理暂行办法》第13条规定是基本一致的，只是后者对国家级非物质文化遗产代表性传承人规定了比一般的代表性传承人更为明确具体的传承方面的义务，这是因为国家给予他们更高的荣誉和更多的资助，这符合权利与义务相一致的基本法律原则。例如，《江苏省非物质文化遗产条例》第21条规定，代表性传承人和代表性传承单位履行下列义务：按照师承形式或者其他方式选择、培养新传承人；完整保存所掌握的知识、技艺及有关的原始资料、实物、建筑物、场所等；依法开展展示、传播非物质文化遗产等活动。

（二）对非遗代表性传承人传承活动的监管

所谓对"传承活动的监管"，首先是指代表性传承人是否依法传承非物质文化遗产。保护非物质文化遗产的目的不仅在于保存，而且在于利用这一资源服务于社会大众，提升民众的生活品质和生活水平。因此，除涉及国家秘密以外，代表性传承人有义务公开自己的技术、技艺和技能，并通过各种形式积极传播其所掌握的技术、技艺和技能，让社会大众都能享受非物质文化遗产的成果。例如，日本《文化财保护法》就要求"重要无形文化财"的传承人在"重要无形文化财"宣布之后3个月内必须加以公开。按照韩国《文化财保护法》的规定，传承人是否愿意将自己的技术、技艺和技能传授给他人，是能否被授予"重要文化财持有者"荣誉称号的基本条件之一。即使拥有很高的技术、技艺和技能，如果拒绝外传也不可能获得"重要文化财持有者"荣誉。韩国《文化财保护法实施细则》还规定，必须为国家级非物质文化遗产传承人配备专门的助教；而且，助教人选也必须经过文化财委员会中该领域委员、专员及相关专家的严格审查。一旦被认定为"重要文化财持有者"，其传承活动也必须符合韩国政府的要求。如果代表性传承人未按照规定从事传承活动，其代表性传承人资格就会被取消。在传承活动中，代表性传承人应当特别重视培养该项非物质文化遗产的接班人。艺因人传，人亡艺绝，培养非物质文化遗产的接班人是传承人的重要工作。这对于一些濒危非物质文化遗产项目尤为重要。日、韩两国还规定，如果传承人不能完成所承担的义务，政府有权利解除其所授予的名誉称号，收回其所资助的经费。日韩两国以制度化的监管强化了传承人的责任心，从而较好地减少了非物质文化遗产遭人毁坏的可能。

其次，对传承活动的监管，还包括代表性传承人是否保持了非物质文化遗产的传统。非物质文化遗产在传承中出现变异是无法避免的，但是变异不是否定传统，更不等于滥用和盲目改造。尤其面对商业社会的猛烈冲击，代表性传承人更应当克制自己的行为，继承并保持传统，将非物质文化遗产在原生状态下传承下去。[①] 在频繁的商业表演和

[①] 李墨丝：《非物质文化遗产保护国际法制研究》，法律出版社2010年版，第184—185页。

展示中，传承人会有意识或无意识地、主动地或被动地迎合受众，改变非物质文化遗产的内容和形式。有的传承人则加入旅游公司或表演团体，远离故土从事表演或展示活动。这些漂泊在外、背井离乡的传承人所能展示给游客的只有他们的才艺，而原本附着在他们身上的其他功能，都会因他们的出走而不再发生作用。他们的功能发生折损，乡间的传统文化也会就此终结。①

此外，非物质文化遗产的传承与现代法制之间存在着紧张关系。以贵州省黎平县的侗医为例，经调查，有19.2%集中在县城行医，26.9%在各乡镇行医，而46.1%的侗医散处于各村寨中，不设诊所或药铺。只有19.1%的侗医持有卫生局颁发的执业资格证书，可以合法行医。这些侗医或在县城或在乡镇街道上经营个体诊所或药铺。他们中有的侗医兼擅中医、西医，在获得执照前都经过卫生局组织的培训和考核，能够治疗多种疾病，会根据病人病情选择治疗手段，可以将他们称为合法执业的全科医生。26.9%的侗医虽然也是全科医生，也擅长治疗多种疾病，在当地社区有很高的名望，但没有取得执业医师资格证，从而处于非法行医的尴尬境地。这类侗医没有取得执业资格证的原因主要有：一方面，他们没有获得执照的主观愿望。他们认为自己本身是农民，仍以农业为主业，治病救人只是副业。且治病是天经地义的事，不能以此向病人索取费用，全赖病人自愿表达谢意。他们认为获取执照意味着要开专门的诊所，自觉年事已高，没有这个必要。另一方面，则主要由于卫生主管部门不重视民族医药。卫生局并未充分重视组织传统医生培训和考核，未充分认识到民族医药或传统医药知识在初级卫生保健中的积极作用，因而不重视民族医药及其持有人。54%的侗医是兼职全科医生，他们也没有取得合法的行医资格。这些传统医生有的是退休干部，凭借祖传秘方或技能为群众治病；有的是农民，患者求医时，及时应诊，从不主动索取报酬。侗医水师群

---

① 苑利：《〈名录〉时代的非物质文化遗产保护问题》，《江西社会科学》2006年第3期。

体基本属于这类传统医生。水师一般只会治疗骨伤，只有少数会医治一些外伤。水师接骨只要按照前人传授的秘法划水、念咒、接骨施治即可，屡治屡验。水师深得当地群众信任，疗效是原因之一，另外还有水师从不主动索取费用。①

由于代表性传承人的称号给授予者带来了很高的荣誉，且政府也提供了相应的资助，传承人就应该承担相应的义务，即将非物质文化遗产进行积极地传播推广，不得秘而不宣。当然，传播推广的具体形式应当听取传承人的意见，采取师徒传承的，在收徒弟时主要看代表性传承人的意见，有关行政主管部门可以提出建议。按照韩国《文化财保护法》规定，作为无形文化财的传承者，除可获得必要的生活补贴和崇高的荣誉外，也有义务将他们的技艺或艺能传授他人，这也是获得"重要无形文化财持有者"荣誉称号的重要条件。即便具有很高的技能或技艺，如果拒绝技艺外传也不可能获得"重要无形文化财持有者"的光荣称号。② 韩国政府还定期对各类非物质文化遗产的传承状态进行审查。比如，他们要求国家级的表演类遗产每年必须有两场以上的演出，此举一来是对国民进行遗产知识普及，二来则是对遗产传承现状进行质量检验，如果认定该项遗产已不符合国家级的要求，政府就会取消它的称号。如果传承人未按照规定从事传承活动，政府也会取消其传承人资格。

我国一些地方性立法实践中已经对（代表性）传承人的义务做出一些规定，如《福建省民族民间文化保护条例》第 14 条和第 15 条规定，（代表性）传承人和传承单位享有以下权利：开展传艺、讲学以及艺术创作、学术研究等活动并取得报酬；可以向他人有偿提供其掌握的知识和技艺以及有关的原始资料、实物、建筑物、场所；经济困难的传承人和传承单位，可以获得县级以上地方人民政府的资助。（代表

---

① 薛达元：《民族地区医药传统知识传承与惠益分享》，中国环境科学出版社 2009 年版，第 15—16 页。

② 顾军、苑利：《文化遗产报告——世界文化遗产保护运动的理论与实践》，社会科学文献出版社 2005 年版，第 125—126 页。

性）代表性传承人和传承单位应当履行以下义务：完整地保存所掌握的知识和技艺以及有关的原始资料、实物、建筑物、场所；按照师承形式或者其他方式选择、培养新的传人；依照法律法规规定开展传播、展示等经常性活动。应对利用传承人称号所从事的商业活动进行有效的规范。在市场经济环境中，任何具有商业价值的东西都可能成为商品。非物质文化遗产及其代表性传承人一旦进入国家级《名录》，自然会身价陡增，而成为商业集团竞相争夺的对象。从好的方面说，这些被旅游公司或表演团体收编的艺人有了更多的展示自己才艺的机会，使传统文化在这样一个特殊的背景下得以延续；从坏的方面说，如前所述，这些漂泊在外、背井离乡的传承人所能展示给游客的只有他们的"才艺"，而原本附着在他们身上的其他功能，都会因他们的出走而不再发生作用。他们的功能发生折损，乡间的传统文化也会就此终结。为了防止代表性传承人与其所代表的非物质文化遗产社群发生割裂，可通过政策引导的方式，将艺人保护与乡土建设结合起来。一方面可以通过限制外出艺人申报《名录》，尽量将代表性传承人的认定与其文化血脉相连的社群联系起来。另一方面对于已经被认定了的代表性传承人，可将其义务细化，规定其在社群中传授非物质文化遗产的方式和时间要求。如代表性传承人不能依法履行其义务，将对其代表性传承人称号产生不利影响，情节严重者称号可依法取消。用政策将人留住，让代表性传承人在保护、传承非物质文化遗产方面，做出更大贡献。总而言之，以代表性传承人称号进行的商业活动应以不对非物质文化遗产产生不利影响为原则。

  政府监管的另外一项重要内容就是对非物质文化遗产传承的情况进行监督管理。对此我们可以借鉴日本和韩国在这方面较为成熟的做法。例如，两国均有认定和解除传承人称号的制度。日本的遗产传承人在拥有经费使用权的同时，还需要在获得"重要无形文化财"称号的三个月内公开该项遗产的技艺记录。当传承人出现住所变更、死亡或其他变化时，其子孙或弟子要在20天内向文化厅长官提交正式文书。传承人去世后，其称号也不能由其徒弟承袭。韩国则在为遗产履修者（学习者）发放"生活补助金"的同时，要求他们必须跟从传承人学习6个月以上，并在相关领域工作1年以上。政府还定期对各类非物质文化遗产的传承状态进行审查。比如，他们要求国家级的表演类遗产每年必须有两场以上的演出，此举一来是对国民进行遗产知识普及，二来则是为了对遗产传承现状进行质量检验，如果认定该项遗产已不符合国家级的要求，政府就会解除它的称号。① 从某种意义上讲，日韩两国以制度化的监管强化了传承人的责任心，从而较好地减少了非物质文化遗产遭人为毁坏的可能。

在对全国各地的国家级非物质文化遗产代表性项目的保护状况进行摸底后，2012年10月文化部发布决定，对105个国家级非物质文化遗产代表性项目保护单位进行调整、撤销，其中，撤销了6家履职不力的保护单位的资格。这6家保护单位究竟如何履职不力，决定中并没有详细披露，只是公布了名单，包括：津门法鼓的保护单位天津市河西区挂甲寺街道办事处；蒙古族服饰的保护单位内蒙古自治区群众艺术馆；萍乡烟花制作技艺的保护单位江西省萍乡市上栗县黄鹤出口花炮厂；长沙弹词的保护单位湖南省长沙市文学艺术界联合会；康巴拉伊的保护单位青海治多县文化馆。②

（三）对非遗传承经费的监管

包括非物质文化遗产在内的传统文化的顺利传承是一个国家保持民族性格的必要条件，各国政府都应将其视为自己的一项职责。政府可以通过行政立法对传承活动给予大力扶助。其一是保护代表性传承人本人，从生活上给予照顾。可以政府津贴的形式给予代表性传承人资助，确保其生活无忧，方能安心从事传承活动。按照目前的规定，政府资助是根据国家、省、地、县四级政府所评出的各级非物质文化

---

① 顾军、苑利：《文化遗产报告——世界文化遗产保护运动的理论与实践》，社会科学文献出版社2005年版，第126—127页。

② 赵晨熙：《中国非遗保护路漫漫》，http://www.legalweekly.cn/index.php/Index/article/id/1851。

遗产名录进行相应的代表性传承人认定，津贴的发放也是从相应的政府财政中列支。以中央财政为例：自 2002—2009 年，中央财政累计投入非物质文化遗产保护经费达 3.86 亿元，约有 1/4 用于民族地区。但完全依靠政府财政是不可行的，其财力毕竟有限，我们可以借鉴日本、韩国的成功经验，鼓励社会力量的参与。可以通过设立保护非物质文化遗产公益基金，或者对资助非物质文化遗产的企业提供减免税优惠等措施来扩大资金来源。另外，出于有效传承的需要，代表性传承人将原先秘不外宣的独创性技艺由家传变为大众共享资源，也应从政府那里获得一定经济补偿。

资金补助目前已成为保护代表性传承人的"常列项"，体现了国家对代表性传承人的重视，调动了代表性传承人保护非物质文化遗产的积极性，在传承与保护非物质文化遗产上有了一定的经济保障。但这种形式也存在一定的担忧，被认定的代表性传承人所得资助较多，而相当一部分未被命名为代表性传承人的文化拥有者，却不能得到任何资助。许多非物质文化遗产是群体拥有的，并非掌握在某一个人的手里，一旦分配不合理，必然会破坏社区之间的关系，势必会影响到传承群体的原有的公平，挫伤一大批普通传承人的积极性从而使非物质文化遗产传承变得更加困难。作为政府来讲，应该对民族文化传承中扮演重要角色的文化拥有者给予适当的经济补贴，或以群体资助的方式去支持非物质文化遗产的传承工作，确保正常开展传承工作以及为保护该项遗产所举办的其他必要活动，调动其传承文化的积极性，形成更好的群体保护传承氛围。

目前我国的非物质文化遗产保护工作是在政府主导下进行的，因此在代表性传承人的认定和保护过程中，完善政府监管职能是必要和必需的。监管的内容主要包括对传承经费的使用进行指导、管理，以及对非物质文化遗产的传承情况进行监督。监管首先体现在经费的使用方面，除了明确是用于代表性传承人个人生活资助的经费可由代表性传承人自由支配外，其他用于传承的经费应严格按照规定用途使用。在经费使用时要注意处理好代表性传承人与其所代表的来源群体的关系，毕竟代表性传承人只是非物质文化遗产的杰出代表而非所有人，非物质文化遗产的延续最终还要靠其赖以产生和成长的文化土壤。因此用于传承的经费不能仅仅只让少数代表性传承人受益，还要考虑到其来源群体的集体利益。处理好传承经费的使用，避免代表性传承人与来源群体产生矛盾，构建和谐的社区内部环境有利于非物质文化遗产的保护。

当前，浙江、上海、宁夏、云南、贵州等全国大部分省市对国家级和省级项目代表性传承人给予了资助或津贴，但值得注意的是目前这种资助或津贴大多为一次性或阶段性质资助，是一种带有鼓励或奖励性的资助，对传承人实行聘任和建立长效管理机制，是当前非物质文化遗产保护中又一亟待解决的问题。

（四）对非遗代表性传承人的行政奖励

行政奖励，是指行政主体为了表彰先进、激励后进，充分调动和激发人们的积极性和创造性，依照法定条件和程序，对为国家、人民和社会做出突出贡献或者模范地遵纪守法的行政相对人，给予物质的或精神的奖励的具体行政行为。根据不同的法律、法规和规章的规定，行政奖励的内容和形式体现为如下三个方面：精神方面的权益，即给予受奖人某种荣誉，如授予"劳动模范"等荣誉称号、通报表扬、通令嘉奖、记功，发给奖状、荣誉证书、奖章等；物质方面的权益，即发给奖金或者各种奖品；职务方面的权益，即予以晋级或者晋职。当然，这种奖励的对象具有更进一步的限定性，由于牵涉到职务、职级，往往要求有组织法上的根据。这三种奖励形式，既可单独进行，又可合并实施。由于这三种奖励在激励、调动积极性方面各有特色，因而，实践中往往三者并行：既有精神奖励，又有物质奖励，亦重视职务方面的权益赋予。

2012年，在第七个"文化遗产日"来临之际，我国首设"中华非物质文化遗产传承人薪传奖"，以促进中华非物质文化遗产保护工作的发展。近年来，我国非物质文化遗产保护工作呈现了一个快速发展的新局面。"中华非物质文化遗产传承人薪传奖"是首次对中华非物质文化遗产杰出传承人进行的评选和颁奖，进一步开拓了非物质文化遗产保护工作的思路，丰富了此项工作的内容和形式。文化部自2007年起至2013年底，先后命名了4批国家级非物质文化遗产代表性传承人，共计1986名；各省（自治区、直辖市）也陆续认定与命名了省级代表性传承人共6332名。"薪传奖"是我国非物质文化遗产保护工作机构面向中国内地和港、澳、台地区，为表彰中华非物质文化遗产传承做出杰出贡献的各级非物质文化遗产代表性传承人，以推动非物质文化遗产的保护以及中华优秀传统文化的继承和弘扬而设立的专业奖项。"薪传奖"获奖人选由各省（自治区、直辖市）非物质文化遗产保护中心推荐或专家提名，并经主办单位组织非物质文化遗产领域的著名专家评审确定。"薪传奖"每年评选一次，获奖者可获得由主办方颁发的证书、奖杯及奖金人民币2万元。同时，"薪传奖"在表彰中华非物质文化遗产杰出传承人的基础上，将逐步建立非物质文化遗产传承保护的社会激励机制，为探索符合非物质文化遗产自身规律的保护方式、激发非物质文化遗产薪火相传的内在动力做出贡献。此外，2013年6月，由中国非物质文化遗产保护中心主办的"第二届中华非物质文化遗产传承人薪传奖"颁奖仪式在京举行，60位兢兢业业履行自己义务、潜心践行"薪传精神"的代表性传承人得到了表彰与肯定。

不仅如此，让人稍感欣慰的是，已有个别省市着手解决代表性传承人命名"含金量太低"的尴尬。在全国首创代表性传承人命名制度并被文化部推广的江苏省，给第一批31名省级代表性传承人不仅发了证书和奖牌，还对每位带徒传承人发给1万到3万元的项目资助。仅这31名代表性传承人近两年就带徒传艺103人，并通过集中教学等培训社会学艺人员895人。据悉，下一步，江苏省文化厅、江苏省财政厅还要专设"传承成果奖"，以重金评选表彰有突出贡献的代表性传承人和学徒。

第九章　文化法治体系的建构

第一节　文化法治体系建构意义

党的十七届六中全会通过的《中共中央关于深化文化体制改革推动社会主义文化大发展大繁荣若干重大问题的决定》明确提出，加强文化法治建设，提高文化建设法制化水平。党的十八届四中全会更将"文化昌盛"与"经济发展""政治清明""社会公正""生态良好"并列为"我国和平发展的战略目标"之一。同时规定，要"加强重点领域立法，加快完善体现权利公平、机会公平、规则公平的法律制度，保障公民经济、文化、社会等各方面权利得到落实，实现公民权利保障法制化"。这是推进我国文化改革发展的新要求新任务，对于实现文化改革发展新目标、建设社会主义文化强国具有重要意义。毋庸置疑，加快文化立法、提高文化建设法治化水平研究将成为该宏伟目标得以切实实施的核心环节。

第一，加强文化法治体系研究，有助于完善中国特色社会主义法律体系。随着文化发展在国家战略发展中占有越来越重要的位置，文化事业、文化产业也得到了前所未有的发展与壮大。丰富的社会实践与现实需要也彰显了文化法治体系建设的重要性与紧迫性。因此，对文化法治体系的发展进行战略研究，能够促使我国文化事务的依法管理，从而推动文化事业又快又好地发展。科学、完善的文化法治体系是社会主义法制体系的重要组成部分，而完善的法制体系又与人权保障、大国崛起、国际形象和国际义务具有深刻的内在关联。2011年，我国正式宣布社会主义法制体系初步形成。这意味着建设了数十年的社会主义法治体系已经初具规模，并至少具有层级完整、门类健全、范围周延的基本特点。而文化法治体系恰恰是社会主义法制体系的重要组成部分。倘若忽略这方面的研究，势必成为统一的社会主义法治进程的"短板"。

第二，加强文化法治体系研究，有助于促进中国特色社会主义文化建设、构建社会主义文化强国。文化建设同经济建设、政治建设、社会建设一样，要顺利推进，实现大发展大繁荣，必须有完备的法制保障。在深化改革开放、发展社会主义市场经济和实施依法治国基本方略的形势下，在文化主体日趋多元化、文化活动和文化产品日益多样化的条件下，法制对于文化建设的必要性和重要性更为凸显。推动文化繁荣发展的一系列重要问题，包括发展方向、根本原则、制度规范和行为准则等，都需要通过法律法规加以明确并付诸实施。加强文化法治建设，就是要从法律上确立国家文化建设的根本方向、指导思想和核心价值，确定各类文化主体的性质、地位和功能，确定各类文化活动的原则、制度和规则，确定各类文化产品创作、生产、流通、消费和服务的体制机制，确定国家对文化活动的管理、规范和引导，调整文化权利义务关系；就是要在法制轨道上推进文化改革发展，切实做到有法可依、有法必依、执法必严、违法必究。

第三，加强文化法治体系研究，有助于保护国民的基本文化权利。我国宪法对文化建设、文化权利等做出一系列重要规定，且首先应当保证我国公民基本文化权利的实现，而强调国家负有一系列保护和实现国民基本文化权利的义务，要求国家在发展生产的基础上，逐步改善人民的物质生活和文化生活；国家发展为人民服务、为社会主义服务的文学艺术事业、新闻广播电视事业、出版发行事业、图书馆博物馆文化馆和其他文化事业，开展群众性文化活动等。在迈向现代化的进程中，人民的文化需要不仅在程度上表现为日益增长的趋势，而且在性质上日益明显地转化为人民的文化权益。文化建设的过程和成果，只有通过一定的法律制度，才能够转化为社会成员的具体权益；只有在法律的框架内，才能够切实保障社会成员的合法权益。这也是践行依法治国、依宪制国的精神所在。因此，满足人民文化需要，保障人民文化权益，必须大力加强文化法治建设，大力营造良好的法治环境。

第四，文化法治的研究和建设正处在承前启后、继往开来、与时俱进的重要时期，面临着难得的机遇。但目前文化立法和文化法治研究和建设局限于各个零散领域和静态层面，目前的文化法治研究缺乏宏观的体系框架，因此导致相关研究成果的分散、空洞，彼此间难以形成有机的互动，缺乏整体性和综合性的把握。总结现有的文化法治研究成果，为将来文化立法与文化法治研究确定发展方向。这需要从一个更为宏观、更为动态、更为准确的角度对文化法治体系进行总结，对文化法治体系研究的发展做长期的谋划，为正确的决策提出可供选择的方案。遵循十八届四中全会的精神，需将文化法治体制建设的基本目标锁定在"建立健全社会主义先进文化前进方向、遵循文化发展规律、有利于激发文化创造活力、保障人民基本文化权益的文化法律制度"。其研究不但可以还原一个应然文化法治体系的本来面貌，而且能够以此为基础，对既有文化法治研究的成果进行重新梳理，以将其对于文化法治实践的应有规模效应发挥到极致。

第五，通过总结文化法治领域基本问题、基本范畴、基本结构，形成系统化、体系化的文化法学，为我国文化法治体系的建构和完善提供科学、系统的理论指导。文化法学是基于现代国家以法律手段促进文化发展、保护文化权利的迫切需要应运而生的一门法学分支学科，其特点是将传统的部门法学研究方法和研究成果应用到文化领域，对文化领域的法律问题展开分析，形成有关文化法治的特有法理。因此，通过文化法学的研究，探索文化法治体系的应然状态，并以此为科学指导在法律的制定和实施过程中加以贯彻，是从基础的层面促进我国文化法学研究进一步发展和深化的重要路径。

关于文化法学学科的建构，可以概括为四个要点：其一，文化法学并不是独立的法律部门，但文化法学却是一门独立的法学学科。因为法律部门以明确的法律关系为特征，而法学学科则以内在自洽的逻辑体系为要素。其二，文化法学的调整对象可抽象概括为文化法律关系。这是一种在文化活动中形成的，由相关法律规范进行调整的社会关系。其三，文化法学的载体，主要分为纯粹的文化法律规范，如《文物保护法》《非物质文化遗产法》《电影产业促进法》等，以及散见于其他规范性法律文件当中的文化法条款，主要是调整文化关系的宪法、行政法、民法、刑法等。其四，文化法学的基本内容主要在于，但不限于文化法治。除此之外，其内在理论价值、与其他法学学科之间的关系，以及人才培养规律等都应成为文化法学基本内容的题中之义。并将文化法学作为独立法学学科的地位示图如下：

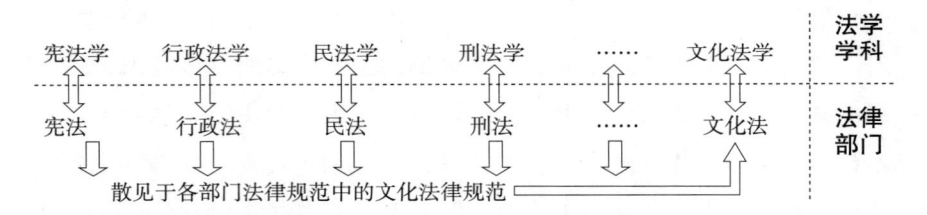

	宪法学	行政法学	民法学	刑法学	……	文化法学	法学学科
	⇕	⇕	⇕	⇕		⇕	
	宪法	行政法	民法	刑法	……	文化法	法律部门
	⇓	⇓	⇓	⇓	⇓	⇑	
	散见于各部门法律规范中的文化法律规范						

第二节　文化法治体系重点难点

一　文化法治体系建构重点

第一，对一系列中央文件和政策精神的深入理解。文化体制问题是我国新时期社会主义体制改革的重要组成部分，不仅要以其独特的内涵和需求为抓手，更要重视其在整个体制改革中的地位、价值以及与其他相关改革的配合与互动。因此，对近年来中央相关文件精神的深入学习和领会就成为本研究开展的逻辑前提，亦是首先需要关注的重点问题。其核心解读样本，包括2011年十七届六中全会的《中共中央关于深化文化体制改革推动社会主义文化大发展大繁荣若干重大问题的决定》、2013年十八届三中全会的《中央关于全面深化改革若干重大问题的决定》以及2014年十八届四中全会的《中共中央关于全面推进依法治国若干重大问题的决定》等。

第二，重大文化法治理论问题的探索。作为文化法治的基础，对相关重大理论问题的探索和厘清无疑是开展法学制度建构的重要前提。如文化法制、文化法治、文化法治文化、文化权利、文化产权等基本概念内涵的明确，如和谐文化与先进文化、制度文化与文化制度、文化政策与文化法治、文化权利与文化权利实现、文化自由与文化监管等重要文化理论要素间关系的论证，又如对文化事业和文化产业两大分类各自的范畴及界分等。文化法治理论是本课题的核心基础，其论证效果直接关系到后续制度探讨的科学性与深入性，因此，重大的文化法治理论问题探索必将成为文化法治体系建构的重点之一。

第三，对既有文化立法、司法、执法和守法的制度、实践、理念等现状进行全面而准确的把握。"放矢"以"有的"为前提，而研究的样本和基础就在于对相关问题现状的把握。只有经过全面而深入的了解、分析，才能从中总结规律、提纯经验、发现教训，从而成为建构性对策的分析对象和逻辑起点。这既包括制定法律的问题也包括实施法律的问题，既涵盖制度层面的问题也涵盖思想意识层面的问题，既涉及经验书里的问题也涉及归纳不足的问题。

第四，有关文化法治体系的具体构建及完善。文化立法本身就是整个文化法治体系的核心，这需要突出并强调文化立法在当前文化法治体系研究中的核心地位。由此，在初步划分为文化事业立法和文化产业立法两大类之后，其各自的范畴为何、法律规范体系如何构建、各文化领域的法律规制如何实现等均是文化立法问题的应有之义。在进行相关研究时，更应该强调从应然的角度加以探讨，而非简单的既有制度描述，这也体现出面向未来对策预设的价值导向。

第五，文化法的实施与文化法治观念的建立。法的生命在于实施，尤其是对于文化法这种在我国尚处于初级发展阶段的领域而言，跨越式发展的实现更不能仅限于法律规范的制定，而同样需要对拟出台的法律规范的实施效果进行准确预判，并通过科学的规则设计确保其"从纸上走到地上"的能力。此外，与法的实施和法治的实现息息相关的主观方面在于相关主体的法治理念。真正的法并非存在于法典，而是在人们心里。因此，对于文化法治观念的内涵、确立、养成和推广，同样是文化法治体系建构所应重点关注的问题，这更与文化法的实施效果和实现程度息息相关。

二 文化法治体系建构难点

第一，对中央顶层设计精神内核的全面、准确、深入的解读。一方面，文化问题和法治问题都具有较为宽泛的内涵和外延，而且与国家建设、社会发展、体制改革等诸多重大问题具有紧密的关联，对解读者的眼光格局和知识储备均提出了较高的要求；另一方面，对相关政策文件的适宜解读也是文化法治展开具体研究的前提。因此，这不仅是研究的重点问题，同时也是一个难点问题。

第二，重大关系的处理。从另一个侧面而言，文化法治体系化研究的过程实际上就是一系列关系的提出、分析和解决过程。因此对于这些重大关系的具体处理也就必然成为体系建构的难点之一。除了在作为重点的重大的文化法治理论问题探索中提出的一系列关系亟待解决之外，在研究层面本身也存在这样一些不易理顺的关系。如利导性和管制性的关系、大传统与小传统的关系、前沿性研究与平面性研究的关系、热点性与沉淀性的关系、学术性与描述性的关系等。

第三，对宏观理论体系的驾驭。由于试图提出文化法治的整体框架和逻辑结构，因此对于文化法治宏观理论体系的驾驭就至关重要，然而这也是文化法治体系化研究的难点所在。一方面是由于该问题较新，前期成果积淀十分有限，很多领域需要进行开创性研究；另一方面是由于法学和文化学本身存在较大的学科差异，如何消弭学科界限、使得不同领域的学者能够将各自知识谱系进行深入的融合以满足本书研究的需要，亦属不易。

第四，应然问题研究的定向和把握。首先对我国文化法治建设的应然状况进行全面的描述，但以实然为基础而指向应然问题的研究则相对困难，而这恰恰又是文化法治体系建构的核心价值所在。长期以来，文化法治的建设一直采用的是回应型模式，即在现实需求产生之后通过法律规范的制定和实施予以规制或调整，滞后性明显。而真正需要解决的问题却在于根据对我国文化法治未来趋势的预判而构建出应然的体系架构，强调变被动为主动，因此理论基础和实践基础均较为有限。而确保应然问题研究水平关键在于对我国文化法治发展规律的准确捕捉。

第五，由于背景差异导致域外资料的借鉴不易。文化法治体系的理论研究主要面向文化和法治的交叉领域，然而我国的文化和法治问题又恰恰是处处体现浓郁的中国特色的领域。这就导致我国文化法治所运行的文化场域不同于世界上其他任何一个文化体系所呈现出的背景环境，进而导致在研究的过程中，不仅国内前期成果积淀较少，而且也很难从域外的研究资料中汲取充分的有利元素并形成直接的借鉴。此外，这也对本研究借鉴域外成果的视角、分寸尤其是"本土资源化"处理提出了新的要求。

第三节　文化法治体系建构纲要

一　文化法治的基本范畴

当前文化法制领域法律法规不健全，立法盲点较多，给文化法治的发展带来很大的阻碍。而文化法治的研究首先需要关注和明晰的就是其基本理论范畴的探讨，只有将现有零散、浅层的点评观点进行认真细致的梳理与体系化构建，才能真正实现文化法制理论体系的完善与发展。该部分的研究目标就是要在整理国内现有研究成果的基础上，查找域外的研究理论，以对文化法治的理论进行全面的总结和搭建，实现文化法治基本理论体系的重构，为文化法治建设提供充足、完善与坚实的研究基础。就此而言，文化法治的基本范畴可以包括：第一，文化法治的基本范畴，即制度文化与文化制度、文化政策与文化法制、文化权利与文化权利保障、文化自由与文化监管，以及文化法制研究与文化法学学科建设。第二，文化法治的基本概念与特征。第三，文化法治的历史沿革与域外考察。第四，文化法治的基本原则，即文化自由原则（创作自由、表达自由、信息自由、知识自由）；文化主权原则（确保文化安全，国家民族文化的安全性，就是保护、传承、增进中华民族文化资源的完整性、独特性和鲜活性）；文化多样性原则（文化类型的多样化，民族文化的多元化，百花齐放）。第五，文化法治的指导思想与核心价值。第六，文化法治的基本现状与问题。第七，基本文化权利及其保障。第八，文化法的表现形式及范畴体系，表现为纵向立法形式与横向范畴体系。第九，文化法治的运行（立法、守法、执法、司法、法制监督）。第十，文化法治的战略重点和方向，即探讨以后五年我国建设社会主义文化法治建设的战略重点和方向，包括立法体系的完备，制定一系列法律，包括公共图书馆法、出版法、新闻法、电影法等；执法体制的完备，即以大部门的视角合并执法机构、规范执法人员、完善执法程序、提高执法监督的水平。第十一，文化法学学科建设。第十二，国际视野下的文化法治，即一方面，对于我国批准的《经济、社会及文化权利国际公约》《保护世界文化和自然遗产公约》等一批与文化有关的国际条约进行深入探索；另一方面对于西方发达国家文化法治的理论和建设经验进行比较、借鉴。

二 文化法治现状与问题

文化法治建设是我国社会主义法制建设的重要组成部分，是包括文化立法、文化管理体制、文化执法、文化法治宣传等多方面内容的系统工程。就立法现状而言，中华人民共和国成立以来特别是改革开放30多年来，我国立法工作取得了巨大成就，中国特色社会主义法律体系于2010年底正式形成。但是，当前在文化法治建设方面，最突出的问题仍然是文化立法相对薄弱。目前国家在文化领域只有《文物保护法》《著作权法》《非物质文化遗产法》3 部法律，新闻出版、知识产权、广播影视等领域的 38 件行政法规，以及大量的部门规章、地方立法，远没有形成完善的法律法规体系。就立法问题而论，存在着文化立法不健全、文化立法难度大、文化立法效力层次低、文化立法相对滞后、文化立法重管理轻服务等问题。另外，文化执法也存在着文化综合执法机构的法律主体地位不明确、文化执法主体缺乏协调配合、文化执法程序不规范、执法监督力度不够、行政执法人员素质不高等问题。

另外，公民的权利尤其是言论自由、创作自由只停留于政治宣言，而没有在法律机制上得到落实。国家对文化事业的管理，主要依靠政策号召和行政命令，而不是用法制手段来引导文化单位和个人的文化活动。总的来说，我国文化法治建设的基础工作显得薄弱，加之过去制定的文化法律法规比较零散，未能形成配套系统，而大多数是以文件形式发布的，缺乏法律的权威和统一。实践证明，用法律手段管理文化，比起行政的手段更具有稳定性、权威性、主动性和客观性。加强文化法治建设是实行政府文化主管部门职能转变的一个重要手段，是实行宏观指导，推进文化改革的一项重要措施，是治理文化环境、建立文化新秩序的需要，是使文化事业沿着正确方向前进的重要保证。因此，该部分拟解决的主要问题是梳理我国文化法治中存在的问题，探究其根源，找出科学合理的解决途径。

具体而言包括三个部分的内容。第一部分是介绍文化法治的现状，分析文化法治存在的问题，探究其根源所在。第二部分是梳理我国文化立法的现状，对不同位阶的法律文件进行分析，同时，对数量更多、效力等级最低的其他行政规范性文件中好的经验予以总结，必要时要提升其法律效力，以便更好地发挥作用。在文化法治建设上，我们还要认真探讨研究的一个问题，就是如何把立法与执法相结合，做到有法必依。中华人民共和国成立以来，我们在文化方面已经立了一些法规，随着今后立法工作的加强，会有更多的文化法律法规建立。文化立法只是繁荣文化事业的手段，而只有执法才能实现立法的目的。有人说，有法不依比无法可依更为可悲。这说明，人们不但关心立法，而且更加关注执法。如何做到有法必依，如何加强文化执法工作，是一个宏大系统的研究对象，比如，要广泛进行法律知识的宣传，增强法制观念，提高执法意识，要制定执法的细则和具体规范等。

三 文化事业法治领域建设

主要内容则包括文化事业法治的国际经验及其借鉴与文化事业法治的具体内容。前者又包括：（一）国际法上的文化法治，特别是《保护世界文化和自然遗产公约》《保护非物质文化遗产公约》和《保护和促进文化表现形式多样性公约》对于全球文化事业发展的指导意义。（二）其他国家的文化法治情况，主要包括日本、韩国的《文化财保护法》，非洲各国的民间文学艺术保护法、俄罗斯的《民族文化自治法》、加拿大的《多元文化主义法》对于各国家文化多样性的保护、公民文化权利的促进、文化事业的繁荣与发展所起到的积极作用，重点关注其中值得我们学习和借鉴的具体制度与措施。（三）文化法治国际经验对中国的启示：1. 多民族国家应将对文化多样性价值的尊重作为国家战略来考虑；2. 借鉴俄罗斯民族文化自治制度的合理内核；3. 对少数民族文化优惠政策的高度重视；4. 在传统社区进一步推进村民自治，促进其对文化事业的参与；5. 以文化为基础促进发展，以文化多样性来推动经济增长方式多样性；6. 以实现基本公共服务均等化为主题，以财政体制改革为切入点，深化政府层面的改革；7. 以实现文化资源的综合利用和共享机制为主题，以落实主体功能区规划为切入点，深化市场层面的改革。后者则主要是当前文化事业立法的重点。

（一）中央立法层面主要立法

1. 《文物保护法》的修订，我国的《文物保护法》修订已经十年了，正在准备进行新一轮的修订工作，主要包括文物普查、文物估价与拍卖、文物鉴定、馆藏文物的有偿转让、民间文物的流通、少数民族文物的鉴定与鉴别、加大文物的事业财政投入、对文物事业有贡献人员的奖励等。借鉴国外文化法的经验，本书建议在条件成熟的时候将《文物保护法》与《非物质文化遗产法》综合在一起，统一制定《文化遗产法》，这在日本、韩国以及云南的地方立法中有成功的经验。

2. 《非物质文化遗产法》的配套立法，主要包括《少数民族文化遗产保护条例》《少数人语言权利保护条例》的制定等。《非物质文化遗产法》是非物质文化遗产保护方面的基本法，只解决了非遗保护方面的基本问题，并没有解决非遗保护领域的所有问题，还需要行政法规、部门规章、地方立法来配合它的实施，具体内容包括：从宏观上讲，非遗传承与传承人的法律内涵，非遗传承人的法律地位研究，非遗传承人权利与义务的具体内涵与实现途径，少数民族非遗传承人在文化遗产保护与开发中的作用。从微观上讲，对非物质文化遗产的法律主体的研究，非遗所有主体与传承主体之间的关系，加强对传承人的监督与管理，建立非遗代表性传承人的退出机制，促进社区群众对非遗传承人认定与命名的有效参与；代表性传承人与普通传承人之间的权利义务关系，少数民族非遗传承人的特殊法律保护等。而《少数人语言权利保护条例》则主要包括少数民族语言权利的保护、方言的保护、政府在少数人语言权利保护方面的责任、少数人语言在公共领域的使用与推广等内容，尚需加强立法调研，做好立法的前期准备工作。

3. 推动《博物馆条例》《图书馆法》《文化馆法》尽快出台，在条件成熟的时候，最好能将公共文化作为一个有机整体来考虑，把现有法律法规和政策中共性的规定进行归纳整合，来制定《公益文化事业促进法》，以改变当前公益文化事业立法单一、重管理轻促进、财政投入不足的问题，切实保护公民的基本文化权利。

4. 文化遗产权立法。一般地讲，文化产权指权利人对其所创作的文化劳动成果所享有的专有权利，它是民事意义上的文化人身权（包括署名权、尊严权、发展权等精神性权能）与文化财产权（包括使用权、收益权、获得帮助权等物质性权能）的概念的总和，是一种类似知识产权的私权，属于无形财产权的范畴。文化产权可以分为现代文化产权与传统文化产权（文化遗产权），前者由知识产权法中的著作权法来调整，后者缺少相关立法，目前处于"公有领域"。这也正是本书所要探讨的主要问题之一，这是一项新型的无形财产权，简单地讲，就是解决民事意义上的传统文化或文化遗产的归属权及收益权问题。

（二）地方立法层面

地方立法层面主要是各地的《文物保护条例》《（非物质）文化遗产保护条例》以及地方特色文化的保护与开发，特别是西部文化地区根据本地实际情况而对本地的少数民族文化或特色文化而进行的相关地方性法规与单行条例立法。例如，《云南省纳西族东巴文化保护条例》《湘西土家族苗族自治州土家医药苗医药保护条例》《黔东南苗族侗族自治州民族文化村寨保护条例》等。且主要应从以下几个方面着手：第一，加大自治地方相关单行条例的制定力度。有关地区的领导应该高度重视相关立法，结合《非物质文化遗产法》的贯彻实施，制定符合本地区实际的单行条例，为保护本地区各个民族的文化遗产，推动民族民间文化的繁荣与社会可持续发展提供有力支撑。第二，进一步完善已有的地方立法。现行的相关单行条例除少数几个外，都已经颁布了几年，一些表述与中央立法不符，因此应该及时予以修订，与《文物保护法》《非物质文化遗产法》进行对接，同时结合我国文化遗产保护、公益文化事业发展的实践，进一步予以修订完善。第三，探索保护文化多样性与少数民族文化权益的有效途径。目前，地方立法与自治地方的单行条例主要涉及行政保护制度，民事的内容较少。但是，非物质文化遗产保护过程中除了要解决传承乏人、濒临消亡、重要资料外流等问题外，与知识产权相关的精神权益和物质权益等问题亦应提起注意，特别是促进少数民族对文化遗产保护与文化产业开发的有效参与。

（三）地方性法规、规章与规范性文件的清理与备案

改革开放以来，我国陆续出台了一些文化方面或与文化产业有密

切关系的法律法规，在文化行政管理方面，国务院发布了若干行政法规，出台部门规章及规章性文件 100 余件，地方性文化行政管理方面的法规、规章与规范性文件、"红头文件"等种类、数量就更为众多，因而，在总结和分析我国文化立法现状的基础上，从地方性法规的清理、规范性文件的清理和规章的清理与备案进行展开，以期建立起一套科学的、完备的清理备案制度，从而促进我国文化法治时刻保持与时俱进的鲜明时代特征。

四 文化产业法治领域建设

在坚持以中国的具体国情为认识问题的基础的前提下，通过在文化产业立法领域涉及的人性问题、基本权利问题、国家与社会关系等政治哲学问题以及法律的本质、功能及法律价值等法律哲学问题的分析，解析文化产业立法的内在冲突及存在的实现立法目标所包含的内在紧张关系，进而深入剖析现存文化产业立法存在的问题，在此基础上提出相关的意见和对策。在本书要达到的目标之下，本章力图对于文化产业立法的一个重大理论与学术问题予以探究，对于文化产业立法重要实践领域进行着重分析，从而，为完善文化法治建设、促进文化产业的发展，进而带动整个中国的法治建设、提升我国的综合国力、增强我们的文化软实力提供一些有益的意见和对策。

具体而言包括，第一，文化产业的业态及立法对象，包括文化产业业态构成、文化产业立法对象、文化产业立法体系的构成、文化产业立法构成的特殊性、复杂性等；第二，文化产业立法需要解决的重要价值关系，包括立法的指导思想问题、立法的目标价值取向、文化产业立法涉及的价值范畴及其在制度安排中的几对关系（效益与公平、自由与管制、产业利益与公共利益、国家扶持与市场竞争、意识形态与多样性）；第三，现行文化产业立法存在的问题，包括价值目标定位问题、立法体系的完整性问题、立法技术的质量问题等；第四，对于几个重要的文化产业立法领域的研究，包括传媒产业立法、文化产业促进立法、文化贸易立法、文化市场体系立法等；第五，结论与对策，包括文化产业立法思路的确定、文化产业立法的价值目标的定位、文化产业立法要解决的关键问题、对于现行相关立法的修订意见、对于要制定的新的文化产业领域的立法意见等。

目前，除了文化产业促进法，还应加紧启动或完善公共文化服务保障法、演出法、出版法、电影法、新闻法、图书馆法、博物馆法、文化市场管理法等文化立法工作，做到立法先行。目前我国的文化产业立法中已制定了知识产权法，电影法、出版法、演出法还停留在行政立法阶段，只有相关的条例。以立法难度、敏感度为标准，可以分两个阶段制定剩余的法律：第一阶段的立法包括文化产业促进法、文化社团组织法和文化企业法。目前这部分法律的立法条件已基本具备，应加强研究进行上述立法还存在的难点和问题，在适当的时候立法，如将《营业性演出管理条例》《音像制品管理条例》《出版管理条例》上升为法律，创制《文化产业促进法》，通过财政、税收、金融、土地等手段积极推动文化产业的发展；第二阶段的立法包括广播电视法和出版法。由于这两部法律与意识形态的关系较为密切，在加强理论研究的同时，应积极探索符合我国实际情况，并满足公民权利和政治权利国际公约要求的立法途径。以上立法中有条件的可以直接创制为文化基本法律，条件尚不成熟，实践中又急需的，可以先由国务院制定行政法规或者由国务院相关部门制定规章。借鉴日本产业法的成功经验，促进我国文化产业的繁荣与发展，将具体的政策措施法治化，当前急需制定《文化产业促进法》。在地方立法层面，主要是各地的《文化产业促进条例》以及地方特色文化的保护与开发，特别是西部文化地区根据本地实际情况而对本地的少数民族文化或特色文化而进行的相关立法。

五　文化法律实施制度研究

主要内容应当包括：（一）文化法治实施机制，即文化法治实施的现状、文化法治实施的主体、文化法治实施的过程；（二）文化管理体制改革，即文化执法机构的现状、文化执法机构的职权交叉与界限问题、大部门视野下文化综合执法机构、文化工作领导体制与工作机制、重大文化事务的决策制度、文化行政事务的信息公开制度、文化执法的程序制度；（三）重点文化法律法规实施制度的完善，即文化市场监管制度、文化市场从业人员的资格管理制度、重大工程项目文化影响评估机制、文化资源开发法制、文物保护法制、非物质文化遗产保护制度、少数民族文化遗产保护制度、涉及文化方面的群体性事件应急机制；（四）文化法治实施的监督制度，即文化法治实施的权力机关监督、文化法治实施的行政监督、文化法治实施的社会监督；（五）文化领域的司法问题，即知识产权的司法保护、文化执法的司法监督、典型案例的分析（如韩寒诉方舟子侵权案）等。

与此同时，主要从横向和纵向两个进路开展文化法治的实施研究。从横向上来说，着重探讨文化法治实施所涉及的重要领域中面临的重点问题，例如文物执法的实效性问题、文化市场执法的多头执法问题、非物质文化遗产保护的传承人制度问题等，在扎实的案例分析、实地调查的基础上，分专题深入剖析其问题类型及其原因，提出其法律、政策上的应对措施。从纵向上来说，应当立足于文化行政法制实施的过程，重点从行政执法机构、行政执法行为、行政执法程序到行政执法监督，梳理文化行政执法的整个流程，对文化执法重点环节所存在的问题展开实证研究，通过对执法部门的访谈、座谈等调研，获得文化法治实施的一手资料，对重点执法环节中的问题展开法律分析，最终建构规范化的文化行政执法流程。研究方法则主要以实证研究和规范研究为主，以比较研究为辅。主要立足调查获得的第一手资料，对文化法治实施的法规范依据和文化法治实施实践展开研究；辅以针对性的比较研究，通过借鉴西方某些发达国家的成熟执法经验，实现对我国文化法治实施流程的规范建构。

应该说，对文化法律实施制度的研究，无论从研究内容还是研究思路和方法上，都具有重要的理论价值和实践价值：首先，能够应对我国负责文化法治实施的部门所面临的难点、热点问题，为我国的文化法治实施的实践提供具有可操作性的指导意见和建议。如对文化执法机构的研究，将对现在多头执法的问题进行分析，梳理其职权交叉的情况，最后在大部门体制建构的角度探讨文化综合执法机构的利与弊，以及如何完善职权配置、机构设置和人员配备的问题。其次，立足于行政过程论理论视角，将文化法治实施作为一个系统过程来研究，能够对文化法治实施的每个有机环节进行梳理，探索其运行机制的内在规律，通过建立高效的文化法治实施的领导体制和工作机制、科学民主的重大文化事务决策制度、完备的文化法治实施程序制度、有效的实施监督制度等，实现规范的实施流程的建构。

第十章　新时代文化法治的发展趋势

2018年《宪法》的修改，在将习近平新时代中国特色社会主义思想作为国家发展指导总方针的基础上，又明确将"中华民族的伟大复兴"设定为当前历史阶段国家发展的终极目标。就文化法治建设与发展的具体语境而言，也同样迎来了千载难逢的绝妙契机。因此，如何在新时代加速建设中国特色社会主义文化，并使之真正成为中国特色社会主义制度的有机组成部分，并在建设中国特色社会主义法治的进程中充分扮演积极角色，就成为本书最后需要回应的问题。笔者认为，新时代中国特色社会主义文化法治的发展趋势集中体现为如下三个方面。

第一节　文化法治发展理念的科学化

从文化到文化法制再到文化法治是一个层层递进、逐步提升的过程，因此只有分步实施、循序渐进，才能确保最终发展目标的实现。其主要体现为如下过程："法制文化→文化法制→文化法制文化→文化法治观念→文化法治"。兹详述之。

一 法制文化、文化法制与文化法制文化

当前学界对法制文化的探究方兴未艾，一个理解法制与文化耦合关系的新视角即应运而生。2011年10月《决定》的发布即为文化和法制的全新耦合模式——文化法制面纱的揭开吹响了号角。需要做前提性说明的是，文化法制与法制文化之间绝非简单的演进替代关系，而是一种更高层面的拓展（或曰"渗透"）。文化法制的提出并不以法制文化的终结为前提——恰恰相反——文化法制的出现正是法制文化不断深化与发展的必然产物。那么，应当如何解析从法制文化到文化法制的嬗变过程呢？

首先，从法制文化拓展到文化法制是时代的呼唤。第一，法制与文化宽泛的内涵和极强的包容性决定了两者的耦合方式必然呈现多元化特征。"法制"不仅蕴含着法律体系的建立和运行，更要求将法的手段作为调整现代国家各类社会关系的核心路径；而与法制相关联的文化，则不仅体现出对法产生以来持续的制度作用过程中析出的文化现象进行关注与思考，还蕴含着将前述的法制作为一种文化方式融入中国特色社会主义建设事业的各个环节之中，即将相应的法制文化作为伴随并引导我国法制建设的重要资源。[①] 因此，法制与文化在内涵上的宽泛性和包容性就决定了它们在特定的历史转型期必将以全方位、多元化的灵活模式实现不同层次、不同角度、不同侧重的耦合。第二，随着时代的发展，文化对于法制的观照迫切需要从哲学层面进入具体的制度层面。长期以来，文化对于法制的观照一直停留在宏观的哲学层面，这反映到学术研究中，即体现为法理学和法史学对于"法制文化"命题的格外垂青，[②] 而相关应用性的部门法学科却回应不足。随着法制进程的不断深化，文化对于法制事业的关注势必要经历由抽象理论向具体制度的维度转换过程。政治法制、经济法制、文化法制、社会法

[①] 缪蒂生：《论中国特色社会主义法治文化》，《中共中央党校学报》2009年第4期。

[②] 当然，根据前文的理解，法史学可能更关注"法律文化"。

制等一系列重要领域的法制文化都亟待发展和深化。其中，无疑以文化法制的建设问题最为突出。因为文化生产作为一种特别形式的社会生产，其发展离不开法制保障，而法制本身在促进文化发展的同时也会得到文化的滋养，并构成文化体系的重要内容。第三，就当前而言，我国的文化法制建设已存在一定的基础，需要向文化法治的终极目标继续迈进。遵循社会主义法治建设的一般规律，文化领域的法制建设始终以文化法治的实现为目标，且已经取得了一定的成就。虽然目前适用于文化领域的法律以法规、条例为主，设定管理处罚权限的较多，明确管理者与管理相对人权利义务的较少；由国务院主管部门或地方人大制定的法规较多，由人大常委会制定的法律较少；针对秩序进行管理的治标性内容较多，面向国际化潮流进行准入资格审验的办法较少。但毕竟已经初步具备了进一步推动文化事业向法治现代化迈进的法制基础。而在迈进的过程中，来自法制文化的积极作用亦是不容低估的。

其次，法制文化与文化法制的内在关联。

第一，从静态的角度来说，两者都注重深入挖掘法制与文化各自的深邃内涵。就法制而言，是指法律制度及其实施，属于制度的范畴，是一种实际存在的东西，注重法的工具性功能，将法视为治国的一种工具和手段，其所奉行的原则是有法可依、有法必依、执法必严、违法必究。[1] 就文化而言，它首先是一种领域，即丹尼尔·贝尔所谓的"通过艺术与仪式，以想象的表现方法诠释世界意义，尤其是展示那些从生存困境中产生的，人人都无法回避的所谓'不可理喻性问题'"。[2] 宏观层面的文化囊括了人类所创造的物质的和精神的所有成果，[3] 是一种以群

---

[1] 刘斌：《法治文化三题》，《中国政法大学学报》2011年第3期。

[2] [美] 丹尼尔·贝尔：《资本主义的文化矛盾》，赵一凡等译，生活·读书·新知三联书店1989年版，第30页。

[3] 文化学者许嘉璐曾把文化分为三个层级：一是表层文化（又称为物质文化）；二是中层文化（又称为制度文化），包括风俗、礼仪、制度、法律、宗教、艺术等；三是底层文化（又称为哲学文化），就是人们个体和群体的伦理观、人生观、世界观、审美观。参见陈国裕《清醒地认识文化建设问题——十届全国人大常委会副委员长许嘉璐答本报记者问》，《学习时报》2008年11月17日第1版。

体信仰方式客观存在的精神特质与传统，而微观层面的文化则倾向于有形文化和无形文化的界分。而无论是法制文化还是文化法制，都是建立在对文化和法制两大基础概念的深入发掘的基础上。

第二，从动态的角度来说，两者都注重在法制与文化之间搭建逻辑上的互动桥梁。《决定》明确将文化作为我国各方面发展"软实力"的集中体现，而作为"民主社会优良治理模式"① 的法制亦同样是当今人类社会不断进步的核心软实力之一。正是基于这种契合，法制文化与文化法制概念的产生都蕴含着在这两种重要"软实力"之间构建理论桥梁并力图将这种理论建构付诸实践的制度愿景。

第三，文化法制是法制文化建设的重要面向，法制文化理念则是文化法制实现的重要思想资源。文化法制作为法制建设的具体类型之一，在上层建筑维度深受法制文化的熏陶及引导，这种熏陶和引导就直接体现为法制文化成为文化法制实现的思想渊源。

最后，法制文化与文化法制的界分。第一，对法制的理解相同而对文化的理解不同。在民主共和的历史地位被正式确立以来，法制几乎是裹挟着其"放诸四海而皆准"的核心认知一路发展至今，在法制文化与文化法制的分野中，对于"法制"本身的理解依然具有相当的一致性。两者的差异主要体现在对文化内涵的理解上：法制文化注重宏观层面的内涵，将文化贴上了"信仰"、"特质"与"传统"的标签；而文化法制则注重微观层面的内涵，通过"物质"和"非物质"两大核心概念的支撑使文化转变为一种社会领域的划分方式，从而更接近于所谓的"文化系统"的表述。② 第二，在关注的对象上具有不同的侧重。法制文化的作用域基于我国当代意义上"法制"的全部范畴，即在制度创建和路径选择的层面对我国法制现象进行文化视角的解读与剖析。而文化法制的作用范畴则仅仅集中在普遍法制项下的"文化"这一隅，在具体制度的建构与运行的层面对文化领域的"法律

---

① 刘斌：《中国当代法治文化的研究范畴》，《中国政法大学学报》2009 年第 6 期。
② 王锡锌：《文化的法治与法治的文化》，《光明日报》2011 年 11 月 3 日第 15 版。

之治"给予理论关怀。可见,法制文化和文化法制关注的对象存在意识与实践、理念与制度的明晰分野。第三,两者不是同一个层面的概念。由于关注的对象不同,法制文化和文化法制也就分处于不同的层面。申言之,法制文化基于其普遍性与宏观性而立足于更高的层面,对包括文化法制在内的诸法制领域给予一体的制度提纯和理论抽象——具体到文化法制领域中,法制文化被进一步具象为"文化法制的文化"或"文化的文化"。

至此,我们涉及了一个新概念,即"文化法制文化"。根据前文的论述,一个显而易见的判断是,文化法制文化其实就是法制文化在文化领域的具体化表达。因此,剖析文化法制文化的概念应当关注如下两点。

第一,"文化法治文化"中的两个"文化"具有不同的含义和适用语境。就前一个"文化"而言,指的是前文所探讨的最宽泛意义上的现代国家的文化概念,即现行宪法第 22 条和第 47 条共同所指向的作为一种领域的"文化存在",与我们通常意义上所谓的政治、经济、社会等处于同一层面的概念;[①] 就后一个"文化"而言,它更倾向于一种在特定群体内部形成并被普遍接受的"共同心理状态",即相关主体对文化领域的法制的认知与思考——如何定义、如何定位、如何评价、如何同自身的行为相结合,以及在此基础上形成的对文化法治的信仰。可见,两个"文化"并非简单的表述意义上的重复,而是具有截然不同的属性。

第二,文化法治建设在文化法治文化建设过程中占据核心地位。文化法治建设促进文化体制改革的深入进行,而文化体制改革正是新时期文化法治文化进一步深化与发展的必由之路。有学者指出:"深化文化体制改革是我党站在历史高度上,深刻分析我国当今的基本国情和未来国家发展战略的基础上做出的关系我国未来发展全局的重大战

[①] 党的十六大报告将其简化为文化事业与文化产业的集合。

略决策。"① 而对于文化体制改革全局来说不可或缺的重要元素有二。其一，兼具载体和目标双重功能的文化法治：一方面，既有的、初步形成的文化法治结构是当前文化体制改革的主要对象，即文化体制的改革主要聚焦于文化法治的改革；另一方面，一套先进的、科学的、紧扣时代脉搏的文化法治同样也是文化体制改革的重要阶段性目标。② 其二，在形而上层面作为指导思想存在的改革方针——文化法治文化。一套优良的文化法治文化既包括国家主体在文化领域依法行政的理念，也包括其他社会组织与个人主体在文化领域依法行为的意识，甚至还包括对整个文化领域中存在的"权利—义务""权利—权力""权力—权力"都以法律的方式加以认知乃至调节的信仰。③ 显然，这种"文化"既能够因发现当前文化法治的不足而成为推动文化体制改革的动力，又能够因其自身具备的先进性而成为文化体制改革循序推进的指引。

二 从文化法治文化到文化法治观念

"观念"是人们在实践当中形成的各种认识的集合体。人们会根据自身形成的观念进行各种活动。利用观念系统对事物进行决策、计划、实践、总结等活动，从而不断丰富生活和提高生产实践水平。而法制观念，简言之即对法制的意识层面表达——作为客观存在的法制体系和结构为相关主体所了解、认知、评价乃至接受，并促使相关主体按照文化法治的规定和要求为或不为一定行为的思想的总和。卢梭曾言："一切法律之中最重要的法律既不是铭刻在大理石上，也不是铭刻在铜表上，而是铭刻在公民们的心里。"④ 萨维尼也指出："法律深深地根

---

① 刘军舰：《当代中国文化建设及文化法建设》，《艺海》2009 年第 7 期。
② 所谓"目标"，是指由当前的文化法制向更完善的文化法制发展的过程；所谓"阶段性"，是指即使是完善的文化法制，其本身也只是作为终极目标的"文化法治"的基础。
③ 按照更为精确的划分，"信仰"部分其实应当归入"文化法制观念"更为合适，对此下文将进行论证。
④ ［法］卢梭：《社会契约论》，何兆武译，商务印书馆 2002 年版，第 73 页。

植于一个民族的历史之中,而且其真正的源泉乃是民族的普遍的信念、习惯和共同意识。"① 可见,仅有优良的法制而缺乏公民的接受与认同,最终依然难以达至法治的目标,而法制观念对于法治的实现无疑发挥了举足轻重的作用。

可见,所谓文化法治观念,实际上就是法制观念在文化领域的特殊表达,是法制观念的类型之一,包括但不限于本位观、法权观和权利义务观。② 这里可以引入"结构"的范畴加以论述。所谓结构,是表征事物内部各要素的组合方式、结合方式的范畴。皮亚杰即指出结构有三个特征,即整体性、转换性和自身调整性,③ "而结构理论的着思方向是对象内部诸因素的内在关联性,即内在深层结构"。④ 一般而言,法制观念从结构上可分为两个层面进行解读:一是特定主体对所处的国家法制体系的总体性认知和评价,是指引、规范相关主体日常行为的核心意识,更接近于抽象的哲学层面;二是特定主体对于特定领域的法制所形成的具体化的认知和评价,是其在该领域为或不为一定行为的直接意识表达,而这些领域习惯上遵照政治、经济、文化、社会、民族等类型加以划分。⑤ 基于此,一个传统上的认识误区应当引起警惕,即"法制观念=政治法制观念+经济法制观念+文化法制观念+……+其他领域法制观念"。而法制观念的真实结构(或曰"文化法治观念在法制观念谱系中的理论定位")应如下图所示:

那么,文化法治观念又具有哪些特质呢?我们认为包括但可能不

---

① [美] E. 博登海默:《法理学:法律哲学与法律方法》,邓正来译,中国政法大学出版社1999年版,第88页。

② 刘斌:《中国当代法治文化的研究范畴》,《中国政法大学学报》2009年第6期。

③ 参见[瑞士]让·皮亚杰《结构主义》,倪连生、王琳译,商务印书馆1986年版,第3—11页。

④ 刘进田、李少伟:《法律文化与法制现代化》,陕西人民出版社1998年版,第26页。

⑤ 这种分类法更多地出于一种习惯性思维,鲜有学者追溯其真正规范依据。笔者认为,现行《宪法》第70条关于全国人大下属各专门委员会的划分可以为参照性的规范依据。

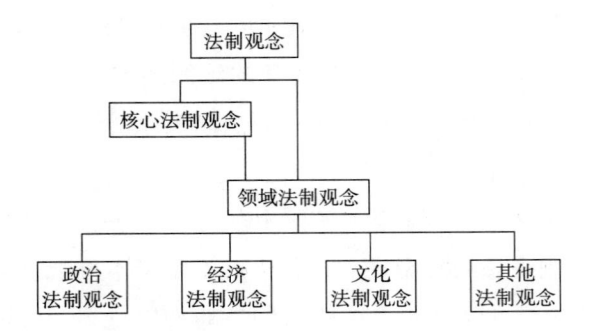

```
                    ┌─────────┐
                    │ 法制观念 │
                    └─────────┘
                         │
                ┌───────────────┐
                │  核心法制观念  │
                └───────────────┘
                         │
                ┌───────────────┐
                │  领域法制观念  │
                └───────────────┘
          ┌────────┬────┴────┬────────┐
      ┌──────┐ ┌──────┐ ┌──────┐ ┌──────┐
      │政治  │ │经济  │ │文化  │ │其他  │
      │法制  │ │法制  │ │法制  │ │法制  │
      │观念  │ │观念  │ │观念  │ │观念  │
      └──────┘ └──────┘ └──────┘ └──────┘
```

限于如下三点。

首先，消极性与积极性兼备。积极和消极是哲学上的一般性表述，具体到文化法治观念的特定论域中来，主要在如下两个方面进行诠释。第一，"文化法治观念"本身属中性的表述，无涉价值判断。也就是说，文化法治观念仅仅是对特定文化法治现象的主观反映，至于这种反映是否客观、是否准确、是否符合文化法治的精神和一般发展趋势，都并非文化法治观念这一概念本身所能够或应当进行评价的。因此，也就有了区分积极观念和消极观念的可能。积极的文化法治观念是指那些客观、准确地反映了文化法治现象，并能够促使相关主体依照文化法治发展的一般趋势和要求为或不为特定行为的良性的文化法治观念。反之，即属消极的文化法治观念。这种区分的价值在于避免基于对文化法治观念单一化甚至想当然的认识而对其给予贸然的正向评价。第二，就文化法治观念与文化法治的关系而言，前者兼具被动和能动的双重属性。所谓被动属性，是指文化法治观念的产生、发展、变化的基础在于其所根植的文化法治本身，它是文化法治产生、发展、变化的主观反映。从这个意义上说，文化法治观念具有消极的属性。而所谓能动属性，是指文化法治观念不仅源自于客观存在的文化法治现象，而且经过相关主体的思维运行过程能够对文化法治产生积极的反作用，这种反作用一般体现为反馈、引导以及塑造。因此，积极性与消极性兼备是文化法治观念的重要特征之一。

其次，发展性与保守性共享。所谓发展性，是指文化法治观念作为对文化法治现实的主观反映，必然随着文化法治的发展而产生相应的变化。这种发展是时代特征、地域特征和社会特征的集合体。我国文化法治的发展大致分为四个时期。一是中华人民共和国成立到 50 年代末期，文化法治工作主要是围绕如何为建设新中国的人民文艺而进行，总计制定有法规性文件 150 多件，不仅涉及面广，而且很讲究原则性和灵活性的统一。二是从 60 年代初到"文革"前，文化法治工作较前有很大进展，开始深入到文化管理工作的内部，制定的法规趋于完整。三是从"文革"开始到粉碎"四人帮"的十年。该阶段"文化"的概念被完全曲解，酿成了重大的社会动荡。四是从粉碎"四人帮"至今，即文化法治工作的重要历史转折和发展时期。通过总结经验教训反思社会文化生活及其管理，在立法工作上表现为开始纠正和克服简单化和片面性，制定了一批新的文化法规、规章和法规性文件。文化法治建设开始进入全面发展时期。可见，从现代文化法治观念的初步建立，到紧随文化法治建设走上快速发展之路，到由于文化法治观念的歪曲导致文化法治乃至整个社会主义法制的极大破坏，再到总结历史教训重新构建适于时代及发展趋势的文化法治观念，最后到今天的社会主义文化大发展、大繁荣全新观念的提出，文化法治观念的发展性淋漓尽致地呈现了出来。但是，现代化进程并不必然意味着传统的遗弃。一般认为，文化现代化是指文化诸因素、门类的国际现代发展水平或最新、最高发展水平，是在继承、弘扬民族的、全人类的优秀传统文化的基础上创造、发展，不断向现代文化转型的特殊变迁过程。其主要内容应包括文化设施现代化、文化信息化、文化产业化、文化消费经常化、文化交流国际化、文化科技化、文化人口高比例化、文化人才高档化、文化管理法制化等。在文化法治观念中，有一些根深蒂固、根植骨髓的元素相对于时代的变化却呈现出相当的"惰性"，它们沉积在国家、民族和传统文化的最深处，极难发生变异。正如我国台湾学者指出的："文化是各民族国家发展的凭借，借由对历史文化的诚恳与尊重，凸显一个国家或民族的特色，进而了解该民族或国家赖以生存发展的根本。"[1]——既然是"根本"，当然不会轻易

---

[1] 尹章义、尹章中、叶家宏：《文化法制概论》，文笙书局 2010 年版，第 1 页。

发生改变。因此，从一层面上来说，文化法治观念也会反映出一定的保守性特征，这同"文化法律文化"概念在某种程度上具有一定的共通性。①

最后，实然性与应然性并存。如前文所述，文化法治观念是对于特定国家、特定社会、特定历史时期的文化法治现象的主观反映，因此，它在很大程度上必定具有实然性特征，即在一定程度上通过文化法治观念反观现实中的现象逻辑路径或可能性。它与实在的文化法治紧密相关。但是，正如文化法治观念具有反馈、引导及塑成作用一样，经过人类能动的思维思考和创造，文化法治观念并不仅仅满足于对客观文化法治的呈现，而且还追求更深层次的主观评价：目前文化法治的现状怎样、成就几何、问题何在、发展的目标何在、完善的进路又何在？这一系列的思维意识所形成的观念，其实是对应然的文化法治的设计与预期，并对如何接近或实现这一目标蓝图而设计实现的路径。可见，从这个"认知"的角度来说，文化法治观念可大致分为三个部分：实然的认知、应然的认知以及对从实然向应然转化的策略的认知。其中，前者对应文化法治观念的实然性，而后两者则对应文化法治观念的应然性。

总的来说，文化法治文化和文化法治观念存在于两个不同的维度：前者强调的是一种客观状态，即特定国家或特定社会中法制文化氛围的基本形成，且这种氛围的相当一部分存在于文化的领域之中；后者则更倾向于强调一种主观的态度，即该特定国家或特定社会中的相关主体对于这样一种文化法治文化普遍予以接受，并在一定程度上上升至了信仰的层面。可见，虽然两者存在本质不同，但也具有紧密的内在关联。文化法治文化是文化法治观念的客观前提——文化法治的文化化、氛围化是形成文化法治观念的必经步骤；而文化法治观念则是文化法治文化深入人心之后的主观呈现——是文化法治文化最高的发展目标。

---

① 所谓"法律文化"，是指法律在起源、制定、实施、演变、沿革过程中所具有的文化内涵和所体现的精神风貌，法治文化是法治社会呈现出来的一种文化状态和精神风貌。刘斌：《法治文化三题》，《中国政法大学学报》2011年第3期。

综上，文化法制、法制文化、文化法治文化以及文化法治观念之间的逻辑关系如下图所示：

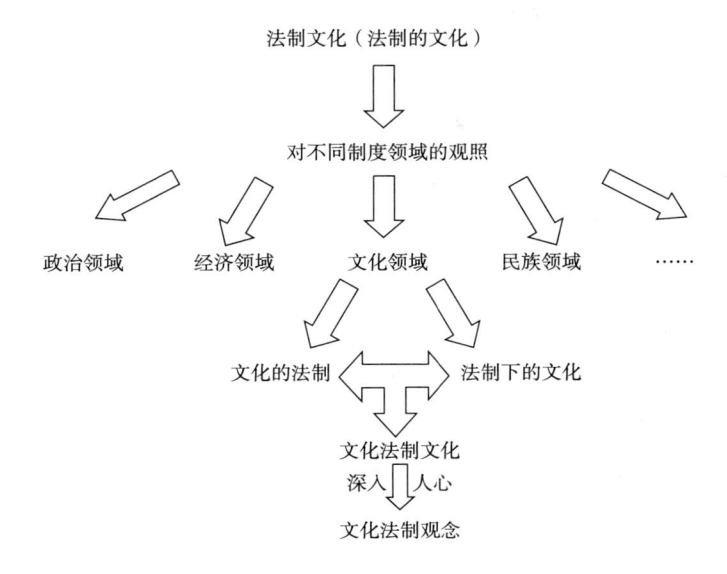

```
              法制文化（法制的文化）
                     ⇓
              对不同制度领域的观照
         ↙      ↙        ↓       ↘       ↘
      政治领域  经济领域  文化领域  民族领域  ……
                     ↙        ↘
                文化的法制 ⇔ 法制下的文化
                         ⇓
                    文化法制文化
                     深入 ⇓ 人心
                    文化法制观念
```

三　从文化法制观念到文化法治

法治即"法的治理"（rule of law），是现代社会发展必备的要素。[①] 至于文化法治，简言之即"文化的法治"，"对文化事业的法律调整，是文化事业在其自身的建设发展过程中所作出的选择，随着文化事业的进一步发展，客观上需求更多的法律调整。在法治状态下，对文化事业的调整将主要依靠法律进行，并构成文化事业对法治的依赖。"[②]

[①] 有学者认为，法治的实质要件可以用制度构建的四个原则予以说明。第一原则是一切公共权力都来源于法律，并且最终都受制于法律，没有法律授权的公共权力不得行使。第二原则是国家责任的不可逃避。第三原则是国家尊重和保障人权。第四原则是公民义务的法定化。这也被称作"公民法外无义务"。就是说，公民只履行法律以内的义务，任何对公民施加的法律以外的义务，公民都有权拒绝。上述四个基本制度原则，前两个是约束公权，后两个就是保障私权，这就是法治国家的实体制度要件。参见黄基泉《试论法治之法的实质要件与形式要件》，《四川师范大学学报》（社会科学版）2000年第4期。囿于篇幅和旨趣，对于"法治"的概念这里不再展开。

[②] 眭鸿明：《论法治文化》，南京师范大学法制现代化研究中心编《法制现代化研究》（第6卷），南京师范大学出版社2000年版，第87页。

根据学者的理解，这种文化的法治包括如下内容：社会主体文化权利与自由的法律保障；文化事业行政管理体制的法律规制；文化领域的思想道德建设的法律保障；文化建设的多元发展趋势的法律平衡。[1] 从远期来看，文化法治是文化法制建设的目标，是文化法制发展的高级阶段；就当下而言，文化法治强调一种"将文化建设纳入法治建设轨道"的先进理念。一方面，"我国现代化过程，一切文化建设本质上都要有利于现代法律文化，从而有利于法治建设"；另一方面，纳入法治建设的文化建设在有序性、规范性、可预见性乃至制度理性等方面都具有巨大的优越性。[2]

文化法治具有坚实的法律和政策基础。一方面，文化法治具有来自宪法文本的坚实支撑。作为一国的根本法，宪法对于文化法治问题的支撑与回应同样至关重要。它直接关系到文化法治的实施与实现。现行宪法的文本对于文化法治的支撑主要集中在两个条款上。一是第14条第3款规定："国家合理安排积累和消费，兼顾国家、集体和个人的利益，在发展生产的基础上，逐步改善人民的物质生活和文化生活。"二是第22条规定第1款："国家发展为人民服务、为社会主义服务的文学艺术事业、新闻广播电视事业、出版发行事业、图书馆博物馆文化馆和其他文化事业，开展群众性的文化活动。"对于这两个条款，长期以来主流宪法学界的关注并不充分。如宪法注释经典著作《宪法精解》中，对于第14条第3款直接忽略，对于第22条第1款则以"国家对发展文化事业的主导作用，强调文化事业的社会主义性质和为人民服务的方向"一带而过。然而这一现象在近年来有所改观，即"文化宪法"概念的提出。继苏永钦教授在2006年在《部门宪法》一书中，提出将教育宪法、科技宪法、宗教宪法与文化宪法相并列的

---

[1] 眭鸿明：《论法治文化》，南京师范大学法制现代化研究中心编《法制现代化研究》（第6卷），南京师范大学出版社2000年版，第87—93页。

[2] 蒋德海：《论法律文化对其他文化的主导作用》，《政治与法律》2006年第5期。

观点后,① 学界开始对于文化宪法有所关注。然而在对作为部门宪法的"文化宪法"的理解上,则存在争论。有学者主张采取形式宪法规范说,认为只有在宪法典中的规范才能归类为部门宪法的规范。如苏永钦先生就认为,"实质宪法的承认则势将破坏特别修宪机关与程序所要严格区分的法律位阶,这正是实质宪法说的致命缺陷。……未来探讨部门宪法,应该就以形式意义的宪法规范为其法源,避免实质意义的提法"。② 有学者则主张采取实质宪法说,认为只要在文化领域发挥宪法效力的规范都可以纳入文化宪法中,"部门宪法规范并不局限于'形式宪法'之范围……需扩展至本部门领域内已经'生活化'、'具体化'的一切实质性宪法规范。"③ 我们认为,形式宪法说仅限于宪法文本的理解未免过于狭隘——我国现行宪法区区两个条款如何能构成一门独立的文化宪法? 而实质宪法的理解未免又失于泛泛,"一切实质性宪法规范"确有破坏严格意义上的法律位阶之嫌,不利于维护宪法的权威性。但不论是何种认知,至少都体现出了宪法对于文化法治问题的制度关怀。

另一方面,文化法治是我国面向未来的顶层政策设计。虽然整体文化领域的法治建设进入顶层政策设计发生在近代晚期,但就文化方面的法治建设来说,进入顶层政策设计的时间则可追溯到 2001 年,其实国家早在"十五"规划中就第一次正式提出了文化产业的概念,并将发展文化事业与文化产业放到非常重要的位置。2003 年,党的十六大又把发展文化产业作为战略目标,文化产业的发展成为社会主义文化建设的一项重要任务。④ 2011 年 10 月中国共产党第十七届中央委员会第六次全体会议通过的《中共中央关于深化文化体制改革推动社

---

① 苏永钦:《部门宪法》,台湾元照出版有限公司 2006 年版,第 1 页。
② 苏永钦:《部门宪法——宪法释义学的新路径》,翁岳生教授祝寿论文编辑委员会编《当代公法新论——翁岳生七秩诞辰祝寿文集》,台湾元照出版社 2002 年版,第 757—759 页。
③ 周刚志:《部门宪法释义学刍议》,《法学评论》2010 年第 3 期。
④ 刘军舰:《当代中国文化建设及文化法建设》,《艺海》2009 年第 7 期。

主义文化大发展大繁荣若干重大问题的决定》是国家在顶层政策设计中首次就国家文化体制改革和发展繁荣问题进行全面的指导，其重要历史意义在于在普遍意义上将文化与法进行了初步的结合，但主要局限在"法制"的层面上，对"文化法治"的涉及不多，这与我国现阶段文化发展的现状有关。2012年2月中共中央办公厅、国务院办公厅印发《国家"十二五"时期文化改革发展规划纲要》。从渊源关系上来看，《纲要》主要是对《决定》的承继与发展。所谓承继，是指《纲要》中对于"加强文化法治建设""加强法制宣传教育""营造公平参与市场竞争、同等受到法律保护的体制和法制环境"等问题的强调在角度和深度上与《决定》几无二致。所谓发展，主要是指《纲要》在决定的基础上，集中笔墨对于文化建设的法制保障问题进行了集中阐述。2013年11月党的十八届三中全会通过的《中共中央关于全面深化改革若干重大问题的决定》除了将"紧紧围绕建设社会主义核心价值体系、社会主义文化强国深化文化体制改革，加快完善文化管理体制和文化生产经营机制，建立健全现代公共文化服务体系、现代文化市场体系，推动社会主义文化大发展大繁荣"作为全面深化改革指导思想中的重要一环，而且用了较长的篇幅从完善文化管理体制、建立健全现代文化市场体系、构建现代公共文化服务体系、提高文化开放水平等方面详细论述了推进文化体制机制创新问题，从而确立了文化法治作为未来一段时期我国体制改革的重要着力点和创新点的地位与价值。当然，《决定》在这段并未涉及"文化"的全部内涵，诸如教育等其他"大文化"项下的重要内容则散布于其他位置，笔者以为这更多是出于《决定》整体框架布局便宜性的考量，并不必然意味着《决定》对前文"法制文化"内涵探讨基本立场的否定。2017年2月正式发布的《文化部"十三五"时期文化发展改革规划》则在《国家"十三五"时期文化发展改革规划纲要》的指引下充分兼顾十三五时期文化事业和文化产业发展的新机遇、新挑战、新环境和新追求，从更为体系化的视角将前述文化法治基本范畴更加清晰、全面地呈现与落实。高屋建瓴的党的十九大报告虽然没有直接针对文化法治问题进行阐释,但却多角度、全方位地对思想文化建设、优秀传统文化、公共文化服务、文化事业和文化产业、文化软实力和影响力等构成要素进行了详细说明,最终提出中国特色社会主义文化及文化自信的核心愿景,为新时代文化法治的发展提供了宝贵的顶层设计指引。

可见,从文化法制到文化法治转变的实现,实际上是一个观念层面的"第二次飞跃"。其关键性因素就在于一套良好的文化法制观念的形成以及这套观念对文化法制的能动性塑造。文化法制观念中涵括的文化领域的法治的基本理念、基本关系和基本理论、法律制度文化、法律组织文化、法治设施文化、法治行为文化、法律语言与文本文化等都同文化法治具有不可分割的关联。① 可以说,一方面,文化法制观念是文化法制向文化法治蜕变的逻辑节点;另一方面,文化法治本身也就是文化法制观念的重要组成部分以及预设的发展目标所在。因此,从某种程度上说,文化法制观念对于文化法治的认知、结构、诠释乃至最终实现发挥了决定性的作用。

第二节 文化法治发展重点的明晰化

2017年10月党的十九大报告明确指出:"思想文化建设取得重大进展。加强党对意识形态工作的领导,党的理论创新全面推进,马克思主义在意识形态领域的指导地位更加鲜明,中国特色社会主义和中国梦深入人心,社会主义核心价值观和中华优秀传统文化广泛弘扬,群众性精神文明创建活动扎实开展。公共文化服务水平不断提高,文艺创作持续繁荣,文化事业和文化产业蓬勃发展,互联网建设管理运用不断完善,全民健身和竞技体育全面发展。主旋律更加响亮,正能量更加强劲,文化自信得到彰显,国家文化软实力和中华文化影响力

---

① 刘斌:《法治文化三题》,《中国政法大学学报》2011年第3期。

大幅提升，全党全社会思想上的团结统一更加巩固。"剖析其内容会发现，其中对新时期我国文化发展的重点领域进行了列举，包括但不限于：中华优秀传统文化、公共文化服务、文艺创作、文化事业和文化产业、互联网建设管理运用及体育事业全面发展。中华优秀传统文化法治建设。现行法律中并无对"中华优秀传统文化"本身的界定，若扩大至"优秀传统文化"而言，《民族区域自治法》第38条第2款倒是规定："民族自治地方的自治机关组织、支持有关单位和部门收集、整理、翻译和出版民族历史文化书籍，保护民族的名胜古迹、珍贵文物和其他重要的历史文化遗产，继承和发展优秀的民族传统文化。"从语义上来说，"继承和发展优秀的民族传统文化"乃是对前述组织、支持、收集、整理、翻译、出版、保护等职责目标的总结概括性阐释，因此，历史文化书籍、名胜古迹、珍贵文物和其他重要的历史文化遗产都属于优秀传统文化的范畴。《教育部关于开展中华优秀传统文化传承基地建设的通知》（教体艺函〔2018〕5号）指出："为深入贯彻落实党的十九大精神，深入推进中华优秀传统文化全方位融入高校教育，不断创新新时代高校传承中华优秀传统文化的理念、形式与方法，充分发挥高校文化传承创新的优势与作用，着力提高中华优秀传统文化传承发展的质量和水平，经研究，决定在全国普通高校开展中华优秀传统文化传承基地建设，支持高校围绕民族民间音乐、民族民间美术、民族民间舞蹈、戏剧、戏曲、曲艺、传统手工技艺和民族传统体育等传统文化项目建设传承基地。"结合《民族区域自治法》和教育部5号文的内容可知，所谓的"优秀传统文化"，其实就是规范层面物质文化遗产和非物质文化遗产的统称。目前，两个领域的龙头法均已出台，其未来展望可从如下两个方面展开。一方面，《文物保护法》自实施至今已经历数次修改，基本上能够顺应我国文物保护的新发展、新趋势和新需要。但同时也面临法律责任设置的合理性、修改过于频繁等困扰。

值得一提的是，近年来在中央顶层设计层面对文物督察、文物执法约谈等新制度多有提及，如，2017年9月国务院办公厅《关于进一步加强文物安全工作的实施意见》(国办发〔2017〕81号)在继续强调健全落实文物安全责任制、加强日常检查巡查严厉打击违法犯罪、健全监管执法体系畅通社会监督渠道以及强化科技支撑提高防护能力等传统文物安全措施的基础上明确提出"加大督察力度,严肃责任追究":"国务院文物行政部门组织全国文物安全工作部际联席会议成员单位每年对各地文物安全工作落实情况开展一次督察,对安全和执法工作履职尽责情况进行评估和通报,确定重大文物案件和安全事故并挂牌督办。省级政府要加大对市县级政府文物安全工作落实情况的督察力度,将重大文物安全隐患、事故和违法案件列为政府督察重要事项,坚持原因不查清不放过、责任者得不到处理不放过、整改措施不落实不放过、教训不吸取不放过,切实提高督察实效,可对文物安全工作成绩显著的地区和单位给予表彰,对表现突出的个人予以奖励,对工作不力的地区和单位进行通报批评。"2018年7月中共中央办公厅、国务院办公厅印发的《关于实施革命文物保护利用工程(2018—2022年)的意见》虽然聚焦革命文物这一特殊类型,但同时也进一步强调了监督检查制度的重要价值,要求:"建立革命文物保护利用工程实施情况的督查评估机制和'双随机'抽查机制,加强对各地区革命文物工作的督促检查,实行革命文物保护利用情况通报制度。各省(自治区、直辖市)要按照本意见要求,结合本地区实际制定具体落实办法。中央和国家机关有关部门要对各地区贯彻落实情况进行督促检查,并将有关情况报党中央、国务院。"同年10月,中共中央办公厅、国务院办公厅印发的《关于加强文物保护利用改革的若干意见》则明确提出开展文物督察工作试点的要求:"加强国家文物督察力量,试行向文物安全形势严峻、文物违法犯罪案件和文物安全事故多发地区派驻文物督察专员,监督检查地方政府履行文物保护责任情况,督察督办重大文物违法犯罪案件办理和重大文物安全事故处理工作。强化省级文物部门督察职责。落实市、县文化市场综合执法队伍文物行政执法责任。"2017年初,国家文物局刘玉珠局长就曾指出:"完善国家文物督察制度,构建'国省督察、市县执法、社会监督、科技支撑'的文物执法督察体系，依法督察地方政府履行文物保护职责情况，依法督办重大文物违法案件和文物安全事故。"在2017年7月召开的全国文物局长座谈会上，刘玉珠局长再次强调："推动落实文物保护政府责任，建立文物保护督察制度，实行绩效考核和责任追究制度。"近年来，刘玉珠局长亦身体力行，亲自带队赴各地开展文物督察工作，不仅有效维护了文物安全，更彰显了国家文物局以切实构建科学有效的文物督察制度实现新时代文物保护工作新发展、新作为的决心与信心。

第一，诸如此类制度及时充实进文物保护基本法律，也是时代发展的必然需求。另一方面，《非物质文化遗产法》自2011年实施至今，基本达到了预期的立法目标，但随着非物质文化遗产生产性保护等同文化产业路径关系密切的新需求不断涌现，同样也面临着进一步均衡国家、社会与市场在非物质文化遗产保护过程中的角色分配问题。此外，地方非物质文化遗产立法在框架初具的情况下，未来更多面临着同《非物质文化遗产法》的新发展相协调、对本地非物质文化遗产保护实际情况全面集中的呈现、在修改后的《立法法》赋予所有设区的市立法权的背景下地方非物质文化遗产立法进一步下沉等问题的解决。

第二，公共文化服务法治建设。在党的十九大报告提出的六大建设重点中，公共文化服务是法治化程度和时代性均较为均衡的议题。2016年12月25日，第十二届全国人大常委会第二十五次会议高票通过《中华人民共和国公共文化服务保障法》，并于2017年3月1日正式实施。其第2条规定："公共文化服务，是指由政府主导、社会力量参与，以满足公民基本文化需求为主要目的而提供的公共文化设施、文化产品、文化活动以及其他相关服务。"该法的亮点包括但不限于如下四点：一是超越传统的文化事业和文化产业二分的逻辑，明确公共文化服务的提供"由政府主导、社会力量参与"；二是明确提出公共文化服务的目的乃是满足"公民基本文化需求"，这在规范层面上直接回应了实践中长期以来存在"人民日益增长的公共文化需求和公共文化基础建设薄弱"之间这一主要矛盾；三是明确界定"公共文化服务的内容是向全体公民提供公共文化设施、文化产品、文化活动及其他相关服务",兼顾静态与动态、硬件与软件多重方面;四是在前述思想公共文化服务内容中,突出以公共文化基础设施建设为重点。总之,该法在提高我国公共文化法治化建设水平、为推进文化治理能力提供法律依据、为维护群众基本文化权益提供法律保障等方面具有重要的规范意义和时代价值。但是,《公共文化服务保障法》的出台仅是公共文化服务法治建设的"万里长征第一步",其面临的后续问题至少还包括:较之于整个公共文化服务法治实施主体结构,该法法律责任在结构完整性上稍显不周;如何让法律真正从纸上走到地上,尚需在实施层面集中、全面发力;地方各级立法对本地实施《公共文化服务保障法》落地规则的配套制定尚待展开;《公共文化服务保障法》在整个社会主义法律体系中同其他法律部门的有机互动尚需磨合;凡此种种,不一而足。然而毋庸置疑,《公共文化服务保障法》的出台为新时代公共文化服务法治建设提供了可贵的体系框架,这种自上而下的法治实现方式必将成为我国文化法治大业实现的重要基础和助力。

第三,文艺创作法律保障制度。"文艺创作"严格说来并非规范的法律术语,《宪法》的表述为"文学艺术创作"——第 47 条规定:"中华人民共和国公民有进行科学研究、文学艺术创作和其他文化活动的自由。国家对于从事教育、科学、技术、文学、艺术和其他文化事业的公民的有益于人民的创造性工作,给以鼓励和帮助。"关于文艺创作法律制度建设的总指导,2015 年 9 月 11 日中共中央政治局审议通过的《关于繁荣发展社会主义文艺的意见》中有明确表述,即:"坚持社会主义先进文化前进方向,全面贯彻'二为'方向和'双百'方针,紧紧依靠广大文艺工作者,坚持以人民为中心,以社会主义核心价值观为引领,深入实践、深入生活、深入群众,推出更多无愧于民族、无愧于时代的文艺精品。"在此基础上,文艺创作的重点内容,仍应回到《国家"十三五"时期文化发展改革规划纲要》中"按图索骥",其中在三个层面上对此有相关阐述:一是"抓好中国梦和爱国主义主题文艺创作",二是"培养优秀的网络文艺创作人才",三是"中央和地方设立文艺创作专项资金或基金"。这说明如下四个方面将是新时代文艺创作法律制度发展的重点方向。其一，虽然坚持"百花齐放、百家争鸣"的方针，但是"中国梦"和"爱国主义"乃是优先发展的文艺创作主题领域，这也就意味着针对不同类型或领域的文艺创作，国家的支持是有所侧重的。其二，网络是新时代文艺创作构思、成行、传播和发扬的重点载体，这就与传统上以纸媒或不以信息交换为基础的数字存储介质为主的文艺创作产生了本质区别。易言之，网络传播的即时性和规模性将在对文艺创作进行鼓励、引导和规制过程中扮演核心角色。其三，以强化人才培养作为文艺创作事业繁荣的内在软件要素。宪法上的文艺创作是作为基本权利出场的，这就决定了社会主义法律体系中的文艺创作活动保障的关键在于"人"。其四，以物质支持实现促进文艺创作发展的外部支持。国家履行《宪法》上"保障"文艺创作的职责，主要体现为具体的鼓励和促进制度。在多种支持路径中，从当前阶段的主要矛盾而言，仍应以外部的硬件（主要是经济）支持为主。此外值得关注的是，在事权配置的角度，保障文艺创作显然应认定为中央与地方共同事权，因此地方的本地化财政支持、中央的财政转移支付等均在文艺创作专项资金或基金的运行过程中具有重要作用。

第四，文化事业和文化产业发展法律制度。文化事业和文化产业在我国顶层设计层面的明确区分，大致源于2003年中共中央发布的《关于完善社会主义市场经济体制若干问题的决定》中对"公益性文化事业单位"和"经营性文化产业单位"的明确区分。事实上，在国家和社会存在、运行、发展的过程中，政府与市场永远是两条彼此区隔却又关系密切的基础手段。这种经典的互动关系投射在文化发展的场域，也就自然具象为文化事业和文化产业的二元界分。但是，与纯粹的经济事业不同，文化事业首先关乎民族兴衰与国家命脉，不可能实现完全意义上的市场化（即产业化），甚至在未来相当长的一段时期内，政府对文化领域的主导仍将为文化事业相对于文化产业的比较优势地位输送源源不断的合理性要素。但另一方面，过分偏重文化事业又会导致整个文化建设进程的失衡，政府的过多介入无疑也会在相当程度上抽干文化发展的灵活性与动力源。因此，文化事业与文化产业在法制建设的层面如何配比，就成为相关领域文化法治建设的重点与难点。就目前而言，裹挟着文化事业的传统优势和政策东风，近年来文化事业立法取得长足进步，以《图书馆法》《博物馆条例》为代表的文化事业立法继续把持着国家文化法治建设的主旋律，甚至《公共文化服务保障法》在某种程度上亦可被归入文化事业立法的选项。相形之下，近年来文化产业的规范建设则以《电影产业促进法》为代表，虽稍显滞后，但亦成果斐然。可见，未来对于文化事业和文化产业建设的重点，将大量集中在均衡两者的配比关系上，易言之，在保证文化事业法制建设稳步推进的同时，加大文化产业法律规范建设的力度和幅度，在动态过程中逐渐扭转文化事业畸重而文化产业过轻的失衡现状。对此，《国家"十三五"时期文化发展改革规划纲要》在具体实施层面上提出了两个要点：其一，深化文化事业单位改革。分类推进文化事业单位改革，进一步明确不同单位的功能定位。深化人事、收入分配、社会保障、经费保障等制度改革，加强绩效评估考核。推动公共文化馆、图书馆、博物馆、美术馆等建立事业单位法人治理结构。加大对党报党刊、通讯社、电台电视台、时政类报刊社、公益性出版社等主流媒体扶持力度，加强内部管理，严格实行采编与经营分开，规范经营活动。在坚持出版权、播出权特许经营前提下，允许制作和出版、制作和播出分开。其二，落实经营性文化事业单位转制为企业以及支持文化创意和设计服务、电影、动漫、出版发行等文化企业发展的相关政策，落实支持社会组织、机构、个人捐赠和兴办公益性文化事业的相关政策。相对于宏观制度层面的配比调整，前述两个要求无疑更具迫切性、现实性和操作性。

第五，互联网建设管理运用法律制度。互联网是现代传播技术的代表，对于文化领域而言，其在传播效率、影响范围、舆论营造和引导等方面具有突出的优势。因此在《国家"十三五"时期文化发展改革规划纲要》中，互联网问题成为少数几个被反复提及的重要议题，围绕其展开的制度规划也就相对具体，主要有如下三个方面。其一，互联网规制。遵循网络传播规律，强化互联网思维，加快网络媒体发展；加强重点新闻网站和政府网站建设；加强移动互联网建设和生态治理；强化网站主体责任，健全网站分级分层管理体制；将新闻网站采编人员纳入新闻记者证制度统一管理，纳入新闻采编人员职业资格制度，健全职称评价体系；尤其是强调对互联网的分类管理及其规范化建设。其二，互联网引导。既包括对网民个人素质的引导，也包括对积极社会舆论的引导。此外，也要借助互联网这一重要载体，促进中华民族优秀传统文化的传播与发扬。其三，互联网市场。这与前述文化产业的发展在逻辑上暗合。主要是试图通过发展电子票务、电影院线、演出院线、网络书店等基于互联网的新型文化市场业态，以及规范引导面向文化领域的互联网金融业务发展，以期同时实现整个文化产业的迅速壮大和时代转型。对于前述目标的实现，则无一例外地强调"健全互联网管理领导体制，加强互联网文化管理法规制度建设"。可见，以互联网建设管理运用促进文化发展，相关法律制度更多地扮演保驾护航的工具性角色，并在此基础上在一定限度内发挥积极的引领作用。由此，探索既有互联网文化业态的规范化实现、规制互联网文化行为、探索互联网治理新方法新路径等，均是新时代在文化视角下促进互联网建设管理运用法治发展的重点领域。

第六，体育事业发展法律制度。在规范层面，根据《宪法》第21条第2款、第89条（七）、第107条第1款以及第109条的规定，体育首先是被作为一种事业类型加以推动和发展的，且其与通常意义上的"文化"一般为并列关系。但或许是由于传统上文化与体育密切的内在逻辑关联，因此《国家"十三五"时期文化发展改革规划纲要》将体育事业视作文化事业的关联性问题而给予了必要的关注。但是，这种涉及仅仅局限在体育设施这一硬件建设的层面，充其量也仅是对体育事业发展法律制度明确了保障硬件建设这一具体的内容，并不具有过大的指导意义和建构性价值。其实就体育设施建设的规范化而言，我国已经取得了初步的阶段性成果——2003年8月1日实施的《公共文化体育设施条例》对该问题进行了框架式的回应，迄今并未发现原则性的重大疏漏或困境。因此，新时代体育事业发展法律制度可考虑因循两种不同的逻辑"双管齐下"：其一，继续聚焦传统的体育法律规范建设，对于体育活动、体育设施、体育事业管理、体育市场规制等问题施以科学、规范的治理；其二，深入发掘体育与文化之间的内在关联性，使得体育事业法治建设能够与文化法治建设深度融合，借助优秀传统文化、文化传播与引导、文化产业发展等方式实现体育事业进步的制度转型与优化，最终营造体育事业与文化事业互相促进、共同发展的良性格局。对此，相应的体育事业发展法治建设就应当适当发挥导引功能，在制度层面加速前述局面的尽早形成。

第三节　文化法治发展路径的规范化

对于文化领域的引领和发展，传统上主要存在政策和法律两种不同的路径。同这两类调整社会关系的基本框架在其他领域中的辩证关系近似，文化政策和文化法律就静态特征而言同样是各有优劣。文化政策在我国当前这一特定历史阶段具有较高的效率，作为国家文化顶层设计和具体实施规则的双重载体，文化政策在整个文化领域中的地位毋庸置疑，但同时也面临缺乏稳定性、权威性等政策手段传统痼疾的困扰。尤其是在党的十八届四中全会提出"全面推进依法治国"、党的十九大明确"建设中国特色社会主义法治体系、建设社会主义法治国家"等全新的历史背景下，文化政策正面临深层调整。相较而言，文化法治不仅具有文化政策所不具备的稳定性和权威性，同时更契合新时代国家法治建设的新思想、新定位、新目标和新趋势，理应作为未来文化领域治理的核心手段；但与此同时，文化法治的发展目前尚处于初级阶段，框架有待完善，内容尚待丰富。而且，对于正处于文化体制改革深水期的中国而言，或许政策手段本身的灵活性也更能够契合改革阶段尝试、实验、减少风险的基本特征和客观诉求。因此可以预计，在未来相当长的一段时期内，文化政策作为国家文化治理意志最高表达的路径身份基本不会发生根本变化，因此文化法治的发展并非单纯地一味扩大在治理过程中的角色比重，而应思考如何在制度角色不断深化的同时切实优化同文化政策的有机互动。总之，传统上、目前、以及未来一段时期，文化政策主导的局面仍将延续，其主要功能有二：一是承载国家最高文化治理意志，二是指导基层第一线的文化治理行为。文化法治作为远期发展的目标和方向，其主要功能有三：一是通过宪法这一国家根本大法的形式为文化顶层设计厘定基本的边界；二是通过较高位阶的规范将重要的文化政策进行制度背书，将其纳入法治保障的框架；三是在规范层面为国家文化治理意志的具体贯彻落实提供基本原则，为基层文化实践框定法律红线。从近年来的中央精神来看，前述内容如下图所示：

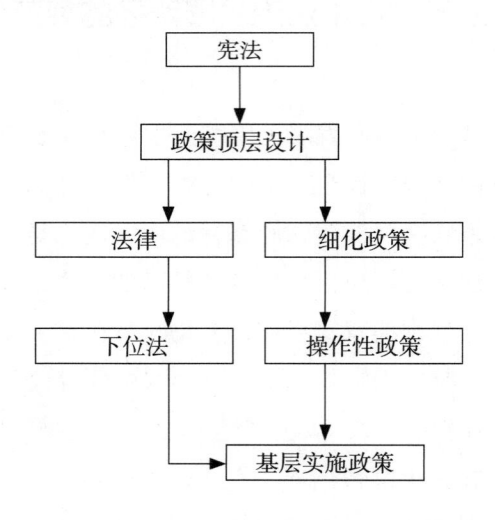

```
           宪法
            │
            ▼
       政策顶层设计
        │      │
        ▼      ▼
       法律   细化政策
        │      │
        ▼      ▼
       下位法  操作性政策
               │
               ▼
          基层实施政策
```

当然，上图既然是对特定阶段文化法治客观定位的描述，那么自然也就是文化制度改革的样本和起点。近年来的几个重要中央文件对改革蓝本进行了初步描摹。

第一，2011年10月18日中国共产党第十七届中央委员会第六次全体会议通过的《中共中央关于深化文化体制改革推动社会主义文化大发展大繁荣若干重大问题的决定》把"加强文化法治建设，一手抓繁荣、一手抓管理，推动文化事业和文化产业全面协调可持续发展"

作为五项基本方针之一提出,表达了对文化法合资建设的高度重视。进而又把"加快文化立法,制定和完善公共文化服务保障、文化产业振兴、文化市场管理等方面法律法规,提高文化建设法制化水平"作为"构建有利于文化繁荣发展的体制机制"的重要手段提出,甚至对于"加强网络法制建设,加快形成法律规范、行政监管、行业自律、技术保障、公众监督、社会教育相结合的互联网管理体系"这种较为细化的文化法治建设领域亦做出原则性规定,这都为近年来文化法治发展奠定了重要的思想基础。

第二,2013年11月12日中国共产党第十八届中央委员会第三次全体会议通过的《中共中央关于全面深化改革若干重大问题的决定》对未来一段时期国家重点深化改革的十六个领域进行逐一详述,其中第十一个领域即为"推进文化体制机制创新"。虽然其中并未明确提出法制化路径的方向,但就现代国家而言,诸如"完善文化管理体制""建立健全现代文化市场体系""构建现代公共文化服务体系""提高文化开放水平"等具体目标的实现却无一不蕴含法治作为核心实现手段的深刻背景。事实上,"法治"一直是《决定》贯穿始终的主旋律之一,之所以未在"推进文化体制机制创新"部分直接论及,主要是出于结构安排的需要,放在第九项"推进法治中国建设"的部分予以集中阐述:"建设法治中国,必须坚持依法治国、依法执政、依法行政共同推进,坚持法治国家、法治政府、法治社会一体建设。"从这个意义上讲,《决定》除第九项外其他十五项具体的深化改革领域其实都具有"依法实施"的当然内涵。

第三,为了更加明确依法实施党的十八届三中全会《决定》第九项和第十一项的内容,2014年10月23日中国共产党第十八届中央委员会第四次全体会议通过的《中共中央关于全面推进依法治国若干重大问题的决定》则更加鲜明地对文化法治建设问题进行了集中阐述:"建立健全坚持社会主义先进文化前进方向、遵循文化发展规律、有利于激发文化创造活力、保障人民基本文化权益的文化法律制度。制定公共文化服务保障法,促进基本公共文化服务标准化、均等化。制定文化产业促进法，把行之有效的文化经济政策法定化，健全促进社会效益和经济效益有机统一的制度规范。"此外，党的十八届四中全会还初步区分了"法律文化"和"法治文化"这两个相似却又含义不同的表述：① 一方面，法律文化的表述面向历史传统，而法治文化则更多地立足当下；另一方面，法律文化的语境较为单纯，其价值主要在于对西方法律文化的冲突和不当影响的消解，而法治文化则既存在于"庙堂之高"的顶层设计层面，亦委身于"江湖之远"的基层实施层面，具有极强的制度适应性。总之，在党的十八届三中全会"立足文化谈法治"的基础上，党的十八届四中全会"立足法治谈文化"，两者彼此支撑、有机互动、相辅相成。

第四，2017 年党的十九大则从更高的视角——文化自信对前述顶层设计精神进行内在梳理、统一并以集中呈现的方式再次予以强调。其一，对文化自信进行整体的内涵白描："文化自信是一个国家、一个民族发展中更基本、更深沉、更持久的力量。必须坚持马克思主义，牢固树立共产主义远大理想和中国特色社会主义共同理想，培育和践行社会主义核心价值观，不断增强意识形态领域主导权和话语权，推动中华优秀传统文化创造性转化、创新性发展，继承革命文化，发展社会主义先进文化，不忘本来、吸收外来、面向未来，更好构筑中国精神、中国价值、中国力量，为人民提供精神指引。"其二，明确将"文化建设"融入"五位一体"的总体布局，将"全面依法治国"融入"四个全面"的战略布局，在简单的排列组合逻辑下，以"全面依法治国"的理念推动"文化建设"的深刻含义呼之欲出。其三，延续文化事业和文化产业的传统二分法，并结合新时代的新需求对其重新阐释："推动文化事业和文化产业发展。满足人民过上美好生活的新期待，必须提供丰富的精神食粮。要深化文化体制改革，完善文化管理体制，加快构建把社会效益放在首位、社会效益和经济效益相统一的

---

① "法律文化"的表述见于"汲取中华法律文化精华，借鉴国外法治有益经验，但决不照搬外国法治理念和模式"；"法治文化"的表述见于"社会主义法治文化"和"群众性法治文化活动"。

体制机制。完善公共文化服务体系,深入实施文化惠民工程,丰富群众性文化活动。加强文物保护利用和文化遗产保护传承。健全现代文化产业体系和市场体系,创新生产经营机制,完善文化经济政策,培育新型文化业态。广泛开展全民健身活动,加快推进体育强国建设,筹办好北京冬奥会、冬残奥会。加强中外人文交流,以我为主、兼收并蓄。推进国际传播能力建设,讲好中国故事,展现真实、立体、全面的中国,提高国家文化软实力。"

通过前述梳理,很容易发现一个有趣的现象:一方面,文化法治建设不仅是新时代文化发展的核心路径,更是新时代中国特色社会主义法治事业的核心内涵;另一方面,前述文化法治的历史定位和时代价值的呈现却仍是依靠传统的政策手段。综上所述,这并非逻辑上的悖论,而是由中国共产党对中国特色社会主义建设事业全面领导的地位所决定的。2018年修宪在第1条第2款加入"中国共产党领导是中国特色社会主义最本质的特征"的表述恰恰为此提供了及时而有力的根本法背书。既然党章明确提出:"党政军民学,东西南北中,党是领导一切的",那么中国共产党以传统的政策手段引领中国特色社会主义文化法治建设大业也就具备了充沛的正当性、合宪性和必要性。易言之,中国共产党对文化领域的全面领导虽然存在政策和法治两种手段,但法治手段的充分实施在客观上却是以政策手段的有效利用为重要前提。显然,前述三个趋势彼此关联、相辅相成:理念的科学化为重点的明晰化指明方向,重点的明晰化反过来为理念的科学化提供抓手;路径的规范化为理念的科学化提供实现方式,理念的科学化则为路径的规范化提供思想基础;重点的明晰化为路径的规范化充实内容,路径的规范化则为重点的明晰化创建机制。中国特色社会主义文化法治建设既是中国特色社会主义文化建设的题中之义,又是全面依法治国的必然要求。作为"五位一体"和"四个全面"重大战略的关键契合点之一,文化法治的深入完善和长足进步将为身处改革深水区的我国继续实现跨越式的发展提供源源不断的制度支撑和动力。

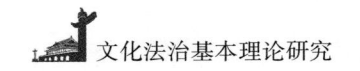

第四节　文化法治发展视野的国际化

随着全球化趋势不断深化，世界各国之间的法制交流也不断加强。作为在我国处于刚刚起步阶段的文化法治建设议题，这种国际化的交流对于跨越式发展目标的实现具有尤为重要的意义。另外，同前述发展理念的科学化、发展重点的明晰化和发展路径的规范化不同，国际化并非从某一个视角对文化法治的深入推进实施具象解构，而是侧重于从一个更为宏观和宽泛的意义上对前述发展环节给予一揽子的视野拓展。从这个意义上说，理念、重点制度和发展路径均存在国际化的问题，因此作为最后一个兜底性价值予以阐释。主要通过如下四个方面展开。

第一，域外经验的中国借鉴。当今世界，文化被视作国家和民族凝聚力的重要元素，世界各国在法治建设的过程中也对文化领域格外关注，其中涌现出诸多宝贵的经验，值得新时代中国特色社会主义文化法治建设的充分关注。如，在物质文化遗产保护领域，法国形成了以2004年《遗产法典》为核心，以《预防性考古法》《有关法国博物馆的法律》为具体规范的法律体系，探索了历史建筑的保护义务、圆周保护区、历史街区的整体保护、文物出口限制与国家优先购买权等成功经验；意大利以集大成立法《文化与景观遗产法典》为依托，尝试了产权人强制登记、政府优先购买权等制度模式；美国以《国家历史保护法》为基础，总结出历史遗迹的国家保护、替代方案强制使用、保护主体多元化等实施进路；英国围绕《城乡规划法》《珍宝法》等重要规范，在登录建筑许可证、公众参与、"文化分为统一"的法律保护、文化遗产保护资金的多样来源和文化遗产保护官制度等方面的探索成果斐然；作为近邻的日本和韩国则以《文化财保护法》为根本制度，充分尝试了明确职责的财政补贴制度、保护和利用相结合、文化遗产分类保护体系科学化等规制思路。又如，在非物质文化遗产保护领域，法国的设立特别保护机构、设立文化遗产日等做法在某种程度上已然为我国所吸纳；日本的政府牵头、权责法定、多管齐下、多方参与，韩国的分级制度、"人间国宝"的认定与补助、无形文化财的退出机制、非遗专门保护机构建设等制度亦可在我国或多或少地寻得踪迹。此外，在国际法层面上，诸如《保护非物质文化遗产公约》《世界文化多样性宣言》《伊斯坦布尔宣言》《保护和促进文化表现形式多样性公约》等国际法律文件不仅具备一般的借鉴价值，更由于中国的签署和加入在我国获得了直接的法律效力，促成国际经验向国内文化法治的直接转化；至于基于 WIPO 框架的《郑州成果——国际范围内对传统知识、传统文化表达和遗传资源的保护展望》等则更由于中国基于自身文化法治特色而在形成过程中发挥的塑成性作用而产生了更为深远和深刻的影响。

第二，中国文化法治先进经验的制度输出。虽然中国的文化法治建设起步较晚，但却在近年初步呈现出跨越式发展的趋势。其原因主要包括但不限于如下三点。其一，作为传统文化大国，中国对通过现代法律治理的文化事业发展需求迫切。一方面，随着城市化进程的不断加速，国家发展和传统文化保护之间的关系日益紧张，亟须通过文化法治基于科学的调节；另一方面，随着国家各方面事业发展的不断深入，国家在新时代的核心议题逐渐凸显为文化资源供给的滞后性与人民群众日益增长的对公共文化服务的需求之间的矛盾，这同样需要文化法治施以积极、全面、有效的回应。其二，全面依法治国作为新时代中国特色社会主义发展的核心战略的地位被正式确立。从党的十八届四中全会到党的十九大，虽然中央顶层设计逐步呈现五位一体、四个全面等科学体系，但依法治国在其中的核心地位却始终不曾动摇。所谓"全面"，当然包括文化领域的依法治国，从中国特色社会主义法律体系的横向内容结构而言，文化法治的重要地位则更为突出。其三，以"一带一路"（The Belt and Road）为代表的国家倡仪的确立为中国文化法治先进经验的输出提供了坚实的路径基础。从 2015 年 3 月由国家发展和改革委员会、外交部、商务部 28 日联合发布的《推动共建丝绸之路经济带和 21 世纪海上丝绸之路的愿景与行动》来看，首先，千百年来形成的"和平合作、开放包容、互学互鉴、互利共赢"的丝绸之路精神薪火相传，推进了人类文明进步，是促进沿线各国繁荣发展的重要纽带，是东西方交流合作的象征，其本身是世界各国共有的历史文化遗产；其次，共建"一带一路"顺应世界多极化、经济全球化、文化多样化、社会信息化的潮流，秉持开放的区域合作精神，致力于维护全球自由贸易体系和开放型世界经济；最后，"一带一路"倡仪秉持和平合作、开放包容、互学互鉴、互利共赢的理念，全方位推进务实合作，打造政治互信、经济融合、文化包容的利益共同体、命运共同体和责任共同体。近年来，中国文化法治的建设勇于跳出传统的文化法制建设思路、摆脱既有文化法制发展格局和经验的束缚、探求法治思维与中国特色社会主义文化产生、发展、传承和保护的科学路径等，经过一定程度的提升和总结，对其他国家文化法治建设应对新局面、新问题的能力提升，具有重要的借鉴意义。

第三，为国家文化安全提供"法治防火墙"。一方面，为避免我国宝贵的文化遗产流失境外而提供法治保障。例如，川剧变脸是代代相传的古老艺术，20世纪60年代周恩来曾指出："变脸是国家机密，不要轻易泄露表演技巧。"中国政府在1987年把变脸表演技巧指定为国家二级机密。但随着时间流逝，变脸表演也成为艺术家赚钱的手段。变脸表演大师王道正在2002年访问日本时，曾目睹日本艺术家学习变脸演出。如果缺乏法治的科学建构和有力保障，这类事件仍将层出不穷。又如，距今约9000年的河南省舞阳县贾湖遗址，是淮河流域最早的新石器文化遗存。1984年至2001年，中国科技大学张居中教授在遗址中发掘出9000年前的陶器皿碎片，上面留有一些被怀疑为酒的沉淀物。1999年，中方将部分陶片样本提供给美国宾夕法尼亚大学教授帕特里克·麦克戈文帮忙化验。化验结论是：这些陶器曾经盛放过以稻米、蜂蜜和水果为原料混合发酵而成的酒饮料。2004年12月，张居中和麦克戈文将这项研究成果发表在美国《国家科学院学报》上，从而将人类酿酒史提前到了距今9000年前，也使贾湖遗址成为目前世界上发现最早酿造酒类的古人类遗址。2005年，美国学者麦克戈文在没有告知中方的情况下，将研究成果转让给美国酒厂,联手美国特拉华州的"角鲨头"酿酒厂,仿制出一种被命名为"贾湖城"的新款啤酒,而中国科学家的质疑却并未在当时得到有力的法律支持。法治屏障的缺失在传统文化流失过程中发挥的消极作用可见一斑。另一方面,有力阻止域外恶性文化传入国内,保证中国文化的纯粹性和良性发展。随着中外文化交流日益频繁和深入,许多域外文化元素不分良莠地纷纷涌入国门,对我国文化事业发展乃至国家文化安全构成了严峻挑战。其次最为根本有效的应对策略,显然聚焦于文化法治的科学建构与良性运行。随着我国文化法治建设事业的不断发展,法治手段在保障国家文化安全、维系中国特色文化发展独立性、防止域外文化侵蚀等方面的效能将进一步凸显,真正成为国家文化事业稳步前进的"制度防火墙"。

第四,国际发展经验的国际化。随着后经济全球化格局时代的来临,作为上层建筑的法治建设的国际化趋势亦愈发凸显。乘着这股跨国界制度交流繁荣发展的"东风",中国特色文化法治在发展的初级阶段,在国际化视野的层面本身即面临着丰富的国际经验借鉴。还是以文化遗产保护法治为例:其一,现代意义上的文化遗产法治一般认为起源于欧洲大陆,法国、意大利、英国等均存在悠久的制度建构史和实施史,这也在相当程度上奠定了当前各国文化遗产法治的基本理念和框架;其二,以美国为代表的西方新兴经济强国虽然历史不长,但由于存在相对先进的理念和丰厚的公共财政资源,在文化遗产法治创新方面可圈可点,如美国基于印第安原住民文化的法治保护、以国家公园体系为基础的法治保护模式等,同样在全球范围内影响巨大;其三,日、韩等东方发达国家结合本国悠久的中华文化史,在充分吸收其他国家文化法治经验的基础上,创造出以"文化财"为核心的物质文化与非物质文化统一保护的制度模式,在西方文化法治的传统与现代之间走出了一条全新的文化法制建构之路。综合前述文化法治经验的域外传播实例,相关特点有三:一是以文化法治输出国坚实的经济基础和强大的国际影响力(话语权)为保障,为制度经验的输出扫清障碍,典型代表为美国;二是以不同国家间文化传统的关联性乃至同源性为基础,在特定文化圈内部实现文化法治体系的输出和吸收，如韩国对日本以《文化财保护法》为代表的规范甚至以"人间国宝"为代表的核心制度的充分借鉴吸收，均以同源的中华文化传统为核心基础；三是通过文化法制建构领域的国际法文件向国内法转化的过程实现文化法治理念和制度的外溢，即遵循"文化法治强势话语→对相关国际法规范建构过程的主导→相关国家接受前述国际文化法秩序→国际法效力的国内法确认→文化法治输出的实现"的逻辑。由此，一方面，中国文化法治建设起步较晚在客观上为吸取他国文化法治建设经验以实现跨越式进步提供了契机与可能；另一方面，随着中国经济实力、在国际事务中的影响力（话语权）的提升，中华文化在世界范围内的广泛传播以及以"一带一路"倡议为代表的外向型顶层设计的确立与实施，中国特色文化法治的输出同样获得了前述基础要素的支撑，进而为实现中国文化法治国际发展经验本身的国际化营造出巨大的可能性。

　　显然，前述四个趋势彼此关联、相辅相成：理念的科学化为重点的明晰化指明方向，重点的明晰化反过来为理念的科学化提供抓手；路径的规范化为理念的科学化提供实现方式，理念的科学化则为路径的规范化提供思想基础；重点的明晰化为路径的规范化充实内容，路径的规范化则为重点的明晰化创建机制；在此基础上，发展视野的国际化成为真正促成前述成果与世界接轨的关键环节。中国特色社会主义文化法治建设既是中国特色社会主义文化建设的题中之义，又是全面依法治国的必然要求。作为"五位一体"和"四个全面"重大战略的关键契合点之一，文化法治的深入完善和长足进步将为身处改革深水区的我国继续实现跨越式的发展提供源源不断的制度支撑和动力。

参考文献

（一）国内学者著作

1. 许崇德：《宪法学》，当代世界出版社2000年版。

2. 林来梵：《从宪法规范到规范宪法：规范宪法学的一种前言》，法律出版社2001年版。

3. 张千帆：《宪法学》，法律出版社2004年版。

4. 胡锦光、韩大元《中国宪法》，法律出版社2004年版。

5. 周叶中：《宪法》（第二版），高等教育出版社、北京大学出版社2005年版。

6. 蔡定剑：《宪法精解》（第二版），法律出版社2006年版。

7. 周伟：《宪法基本权利：原理·规范·应用》，法律出版社2006年版。

8. 张千帆：《宪法学导论》，法律出版社2008年版。

9. 韩大元：《1954年宪法与中国宪政》（第二版），武汉大学出版社2008年1版。

10. 韩大元：《宪法学基础理论》，中国政法大学出版社2008年版。

11. 许崇德：《宪法》，中国人民大学出版社2009年版。

12. 《法理学》教材编写课题组：《法理学》，高等教育出版社、人民出版社2010年版。

13. 郑贤君：《基本权利原理》，法律出版社 2010 年版。

14. 许崇德：《中国宪法》（第四版），中国人民大学出版社 2010 年版。

15. 林来梵：《宪法学讲义》，法律出版社 2011 年版。

16. 《宪法学》编写组：《宪法学》，高等教育出版社、人民出版社 2011 年版。

17. 李长春：《文化强国之路——文化体制改革的探索与实践》，人民出版社 2013 年版。

18. 李泽厚：《启蒙与救亡的双重变奏：中国现代思想史论》，三联书店 2008 年版。

19. 彭真：《彭真文选（一九四一——一九九零）》，人民出版社 1991 年版。

20. 陈绶祥：《遮蔽的文明》，北京工艺美术出版社 1992 年版。

21. 苏力：《道路通向城市—转型中国的法治》，法律出版社 2004 年版。

22. 王沪宁：《政治的逻辑—马克思主义政治学原理》，世纪出版集团、上海人民出版社 2004 年版。

23. 萧公权：《宪政与民主》，清华大学出版社 2006 年版。

24. 陈端洪：《宪治与主权》，2007 年版。

25. 苏力：《制度是如何形成的》（增订版），北京大学出版社 2007 年版。

26. 李强：《自由主义》，吉林出版集团有限责任公司 2007 年版。

27. 张翔：《基本权利的规范建构》，高等教育出版社 2008 年版。

28. 高全喜：《从非常政治到日常政治：论现时代的政法及其他》，中国法制出版社 2009 年版。

29. 郑永年：《中国模式—经验与困局》，浙江出版联合集团、浙江人民出版社 2010 年版。

30. 陈新民：《德国公法学基础理论（增订新版）》，法律出版社 2010 年版。

31. 许育典：《文化宪法与文化国》，元照出版公司 2006 年版。

32. 唐君毅：《文化意识宇宙的探索》，中国广播电视出版社 1992 年版。

33. 熊十力：《现代新儒学的根基》，中国广播电视出版社 1996 年版。

34. 梁漱溟：《中国文化要义》，上海世纪出版集团、上海人民出版社 2003 年版。

35. 熊文钊：《民族法学》，北京大学出版社 2012 年 9 月版。

36. 魏永征：《新闻传播法教程》（第二版），中国人民大学出版社 2006 年版。

37. 魏永征：《新闻传播法教程》（第四版），中国人民大学出版社 2013 年版。

（二）国内学者翻译著述

1. ［荷］亨克·范·马尔塞文、格尔·范·德·唐：《成文宪法——通过计算机进行的比较研究》，陈云生译，北京大学出版社 2007 年版。

2. ［日］芦部信喜：《宪法》（第三版），林来梵、凌维慈、龙绚丽译，北京大学出版社 2006 年版。

3. ［日］阿部照哉等：《宪法（下）——基本人权篇》，周宗宪译，中国政法大学出版社 2006 年版。

4. ［美］列奥·施特劳斯：《自然权利与历史》，彭刚译，生活·读书·新知三联书店 2006 年版。

5. ［英］洛克：《政府论》（下篇），叶启芳、瞿菊农译，商务印书馆 1964 年版。

6. ［英］J. S. 密尔：《代议制政府》，汪瑄译，商务印书馆 1982 年版。

7. ［英］约翰·密尔：《论自由》，许宝骙译，商务印书馆 1959 年版。

8. ［奥］凯尔森：《法与国家的一般理论》，沈宗灵译，中国大百科全书出版社 1996 年版。

9. [奥] 凯尔森：《纯粹法理论》，张书友译，中国法制出版社 2008 年版。

10. [奥] 凯尔森：《共产主义的法律理论》，王名扬译，中国法制出版社 2004 年版。

11. [德] 马克斯·韦伯：《新教伦理与资本主义精神》，康乐，简惠美译，广西师范大学出版社 2007 年版。

12. [德] 康拉德·黑塞：《联邦德国宪法纲要》，李辉译，商务印书馆 2007 年版。

13. [德] 施密特：《宪法学说》，刘锋译，世纪出版集团、上海人民出版社 2005 年版。

14. [法] 孟德斯鸠：《论法的精神》，张雁深译，商务印书馆 1963 年版。

（三）学术论文

1. 韩大元：《基本权利概念在中国的起源与演变》，《宪法研究》（第十一卷），黑龙江大学出版社，2010 年 8 月第 1 版。

2. 翟国强：《新中国宪法权利理论发展评述——以方法论为视角》，《宪法研究》（第十一卷），黑龙江大学出版社，2010 年 8 月第 1 版。

3. 周刚志：《论基本权利之均等保护》，《宪法研究》（第十一卷），黑龙江大学出版社，2010 年 8 月第 1 版。

4. 刘志刚：《特殊权力关系下的宪法权利》，《宪法研究》（第十一卷），黑龙江大学出版社，2010 年 8 月第 1 版。

5. 肖金明：《中国特色的人权框架与权利保障体系——阅读〈国家人权行动计划（2009—2010 年）〉》，《宪法研究》（第十一卷），黑龙江大学出版社，2010 年 8 月第 1 版。

6. 李琦《〈国家人权行动计划〉：法律的，或政治的》，《宪法研究》（第十一卷），黑龙江大学出版社，2010 年 8 月第 1 版。

7. 王卫:《我国宪法变迁中的公民权利》,《宪法研究》(第十一卷),黑龙江大学出版社,2010年8月第1版。

8. 马岭:《〈共同纲领〉的纲领性和宪法性》,《宪法研究》(第十一卷),黑龙江大学出版社,2010年8月第1版。

9. 程乃胜:《论影响1954年宪法公民基本权利规定的因素》,《宪法研究》(第十一卷),黑龙江大学出版社,2010年8月第1版。

10. 李岩松:《公民参与与政治权利:公民参与的法序化与政治权利共和本质的偕同、分离》,《宪法研究》(第十一卷),黑龙江大学出版社,2010年8月第1版。

11. 龚向和:《国家义务是公民权利的根本保障——国家与公民关系新视角》,《宪法研究》(第十一卷),黑龙江大学出版社,2010年8月第1版。

12. 蒋银华:《论国家义务的理论渊源:现代公共性理论》,《宪法研究》(第十一卷),黑龙江大学出版社,2010年8月第1版。

13. 梁洪霞:《关于学生言论自由权的限制——以美国联邦最高法院Frederick案为视角》,《宪法研究》(第十一卷),黑龙江大学出版社,2010年8月第1版。

14. 杨昌宇:《俄罗斯公民宪法权利的文本演变——对1906年根本法、1918年苏俄宪法和1993年联邦宪法的考察》,《宪法研究》(第十一卷),黑龙江大学出版社,2010年8月第1版。

15. 上官丕亮、孟凡壮:《文化权的宪法解读》,《学习与探索》2012年第1期。

16. 邓成明、蒋银华:《论国家保障民生之义务的宪法哲学基础——以客观价值秩序理论为导向》,《法学杂志》2009年第2期。

17. 莫纪宏:《论文化权利的宪法保护》,《法学论坛》2012年第1期。

18. 肖金明:《文化法的定位、原则与体系》,《法学论坛》,2012年第1期。

19. 汪进元:《宪法认同的文化分析》,《中国法学》,2005年第

1 期。

20. 蔡建芳:《论参加文化生活权利的权利内容与国家义务》,《法制与社会发展(双月刊)》,2011 年第 2 期。

21. 张翔:《基本权利的双重属性》,《法学研究》,2005 年第 3 期。

22. 张翼:《论我国宪法的实效性和规范正确性》,《北大法律评论》(2010)第 11 卷,第 2 辑。

23. 张中秋:《传统中国的法秩序及其构成原理与意义》,2012 年第 3 期。

24. 顾培东:《当代中国法治话语体系的构建》,《法学研究》,2012 年第 3 期。

25. 胡水君《中国法治的人文道路》,《法学研究》,2012 年第 3 期。

26. 鞠成伟:《儒家思想对世界新人权理论的贡献——从张彭春对〈世界人权宣言〉订立的贡献出发》,《环球法律评论》,2011 年第 1 期。

27. 郑贤君:《论宪法社会基本权的分类与构成》,《法律科学(西北政法学院学报)》,2004 年第 2 期。

28. 陈征:《基本权利的国家保护义务功能》,《法学研究》,2008 年第 1 期。

29. 陈征:《我国宪法中的平等权》,《中共中央党校学报》,2010 年 10 月第 14 卷第 5 期。

30. 程乃胜:《论五四宪法的国际化和本土化——对五四宪法与苏联三六宪法的比较研究》,《当代法学》,2005 年 3 月第 19 卷第 2 期。

31. 龚向和:《城市交通发展与市民文化权利保护——南京"法桐让路"事件的思考》,《东南大学学报(哲学社会科学版)》,2012 年 5 月第 14 卷第 3 期。

32. 王晨光、鞠成伟:《经济、社会和文化权利国际救济机制的新突破——〈经济、社会和文化权利国际公约任择议定书〉评述》,《时代法学》,2010 年 8 月第 8 卷第 4 期。

33. 涂四益：《五四宪法之公民权利义务规范的特点——兼论与苏联 1936 年相关宪法规范的区别》，《法学评论（双月刊）》，2011 年第 4 期。

34. 高全喜：《略论当代中国法理学的几个基本问题》，《环球法律评论》，2010 年第 6 期。

35. 吴汉东：《文化多样性的主权、人权与私权分析》，《法学研究》，2007 年第 6 期。

36. 李步云：《论个人人权与集体人权》，《中国社会科学院研究生院学报》1994 年第 6 期。

37. 张翔：《宪法文本下的价值冲突与技术调和》，《中国宪法学研究会 2012 年年会论文集》（A 卷）。

38. 石东坡：《试析文化权利宪法规范的实施保障问题——以比较法学视域中的"文化宪法"研究为参照》，《中国宪法学研究会 2012 年年会论文集》（B 卷）。

39. 喻少如：《文化权利保障的国家义务》，《中国宪法学研究会 2012 年年会论文集》（B 卷）。

40. 沈跃东：《文化权在我国宪法中的保障》，《中国宪法学研究会 2012 年年会论文集》（C 卷）。

41. 赵宏：《社会国与公民的社会基本权：基本权利在社会国下的拓展与限定》，《比较法研究》2010 年第 5 期。

42. 谢立斌：《论法院对基本权利的保护》，《法学家》，2010 年第 1 期。

43. 张翔：《两种宪法案件：从合宪性解释看宪法对司法的可能影响》，《中国法学》2008 年第 4 期。

44. 童之伟：《关于社会主义法治理念之内容构成》，《法学》2011 年第 1 期。

45. 廖敏文：《〈欧洲保护少数民族框架公约〉评述》，《民族研究》2004 年第 5 期。

46. 徐挥彦：《从欧盟文化政策之发展与实践论文化权之保障：以

文化多样性为中心》,《欧美研究》第三十八卷第四期。

47. 王德志:《论我国学术自由的宪法基础》,《中国法学》,2012年第 5 期。

48. 王锴:《论文化宪法》,载《首都师范大学学报（社会科学版）》2013 年第 2 期,第 40 页。

49. 李林:《"法治文化"与"文化法制"》,载《贵阳日报》2012 年 7 月 30 日第 006 版。

50. 周刚志:《部门宪法释义学刍议》,载《法学评论》2010 年第 3 期。

51. 周刚志:《论财政宪法学之体系构造》,载《财税法论丛（第 13 卷）》。

52. 周刚志:《再论财政宪法学：学科、范式和体系》,载《江苏行政学院学报》2007 年第 6 期。

53. 肖永平:《体育法学：一个正在形成中的法学部门》,载《武汉大学学报（哲学社会科学版）》2008 年第 4 期。

54. 谢晖:《部门法法哲学的长成逻辑——兼论"部门法学"的学理化问题》,载《文史哲》2002 年第 1 期。

55. 黄哲京:《我国博物馆章程建设现状分析》,载《故宫博物院院刊》2014 年第 3 期。

56. 胡乔木:《博物馆事业需要逐步有一个大的发展》,载《博物馆》,1984 年第 1 期。

57. 邓小红:《博物馆定名与部门建设规范化问题探讨》,载《神州民俗》2012 年第 196 期。

58. 陈博君、岳峰、杜凤娇:《博物馆大发展中的欣喜与忧虑》,载《人民论坛》2013 年第 3 期。

59. 李晨:《博物馆对其藏品所拥有权利的性质、内容与限制》,载《中国博物馆》2012 年第 1 期。

60. 邢致远:《博物馆审核设立与注册登记管理的实践探索和政策性建议》,载《中国博物馆》2012 年第 4 期。

61. 黄瑚、杨秀：《2010 年新闻传播法研究综述》，载《新闻界》2011 年第 3 期。

62. 蔡斐：《2011 年新闻传播法研究综述》，载《国际新闻界》2012 年第 1 期。

63. 蔡斐：《2012 年新闻传播法研究综述》，载《国际新闻界》2013 年第 1 期。

64. 蔡斐：《2013 年新闻传播法研究综述》，载《国际新闻界》2014 年第 1 期。

65. 张晶晶：《为什么我们没有"新闻法"——反思我国新闻传播立法研究》，载《政法论丛》2014 年第 1 期。

66. 蔡武进：《我国文化产业法体系建设的进路》，载《福建论坛·人文社会科学版》2014 年第 10 期。

67. 杨紫烜：《对产业政策和产业法的若干理论问题的认识》，载《法学》2010 年第 9 期。

68. 冯辉：《产业法和竞争法的冲突与协调》，载《社会科学家》2010 年第 12 期。

（四）学位论文

1. 方国苗：《新时期乡镇综合文化站发展困境与对策思考——以安徽省池州市贵池区为例》，安徽师范大学硕士学位论文，2014 年 4 月。

2. 朱春雷：《从政治整合、行政管治到文化服务：农村文裕站职能变迁研究》，华中师范大学硕士学位论文，2008 年 5 月。

3. 谭敏芬：《乡镇徐合文忆站发展困境与路径选择研究——以湖北省乡镇综合文化站为视点》，华中师范大学硕士学位论文，2009 年 6 月。

4. 张贵志：《我国乡镇综合文化站建设中的问题与对策研究》，湖南师范大学硕士学位论文，2011 年 5 月。

5. 石磊：《中国电影产业的法律规制及其完善》，西南政法大学硕士学位论文，2008 年 4 月。

6. 杨越：《中国电影产业发展中的法律问题研究》，北方工业大学硕士学位论文，2014 年 5 月。

7. 刘静静：《拉萨市文化演艺业管理体制改革研究》，西藏大学 2011 年 5 月硕士研究生学位论文。

8. 纪然：《重庆市演艺业发展中的政府职能研究》，西南交通大学 2012 年 11 月硕士学位论文。

9. 田艳：《中国少数民族文化权利保障研究》，中央民族大学博士学位论文，2007 年 4 月。

10. 黄尧：《文化产业促进法论纲》，中国人民大学博士学位论文，2013 年 5 月。

11. 刘学明：《电影产业竞争法法律问题研究》，对外经贸大学博士学位论文，2014 年 5 月。

12. 柏杨：《行政法视野下的新闻审查》，中国政法大学宪法学与行政法学专业博士学位论文，2008 年 5 月。

13. 牛静：《论新闻自由权的具体化——对〈中华人民共和国新闻法草案（送审稿）〉的研究和建议》，华中科技大学新闻学专业博士学位论文，2008 年 5 月。

14. 曾凡证：《论我国宪法出版自由条款的实施》，华东政法大学宪法学与行政法学专业博士学位论文，2014 年 5 月。

后　记

　　2011年10月18日中国共产党第十七届中央委员会第六次全体会议通过了《关于深化文化体制改革，推动社会主义文化大发展大繁荣若干重大问题的决定》，进一步兴起社会主义文化建设新高潮，对夺取全面建设小康社会新胜利，开创中国特色社会主义事业新局面，实现中华民族伟大复兴具有重大而深远的的意义。为研究阐释党的十七届六中全会精神，当年国家社会科学基金第一次将文化立法和提升文化建设法制化水平列入重大项目选题。2012年度熊文钊教授作为首席专家领衔申报国家社会科学基金重大项目《加快文化立法，提高文化建设法制化水平研究》，获得通讯评审高分，通知首席专家和课题申报组成员代表参加答辩，获批2012年度国家社科基金重点项目（项目批准号：12AZD022），由于是重大项目转重点项目，国家社科基金办公室通知可在原申报重大项目基础上限缩题目，因此，课题组决定先行以《文化法治基本理论》为主题展开研究。2013年党的十八届三中全会《决定》提出："紧紧围绕建设社会主义核心价值体系、社会主义文化强国深化文化体制改革，加快完善文化管理体制和文化生产经营机制，建立健全现代公共文化服务体系、现代文化市场体系，推动社会主义文化大发展大繁荣。"2014年度申报国家社科基金重大项目《文化法治体系建设研究》获的批准（项目号：14ZDC024），对文化法治体系建设从原有的基本理论跃升到体系化的系统性研究。该重大项目研究成果《文化法治体系的建构》（上下卷）作为本书的姊妹篇已经由中国社会科学出版社于 2021 年先行面世。

本书定名为《文化法治基本理论研究》，是国家社会科学基金重点项目"文化法治基本理论研究"的研究成果。本书以习近平新时代中国特色社会主义思想为指导，对中国特色的文化法治基本理论展开研究，从文化法治的基本内涵、基本概念、基本范畴、基本制度等方面展开分析，阐发了文化法治的基本原则、基本理念、基本要素、基本体系和发展趋势。本课题系统探讨了文化法治的基础理论，对于相关的概念与范畴进行一个清晰、规范的界定。本课题研究着重关注如下方面。首先是文化法治理念更新，进一步强调文化法治在本质上是维护、保障、促进和实现我国公民和中华民族的文化权利；其次是进一步澄清文化传承、创新和发展与传播是国家义务和政府部门职责；再次是辨证地认识文化发展的群众性、自发性与文化促进的引导性、自觉性，既要积极又要审慎地发挥文化行政的应有功能；最后要充分认识立法保护文化产业发展的应有功能。总之，必须为文化法治体系的建构与完备提供坚实的理论基础，建立一个公法与私法相衔接、立法与执法相配合的完备的文化法治理论体系。

2013 年 7 月，中国人民大学胡锦光教授推荐其弟子杨凡博士来中央民族大学进行博士后研究，他的博士论文以"公民文化权利"作为研究主题，非常契合正在开展的文化法治课题研究方向。熊文钊教授作为博士后合作导师，结合国家社科基金重点研究项目主题将杨凡的博士后研究专题规划为"文化法治基础理论研究"。2015 年 5 月，杨凡博士顺利完成了博士后出站报告《文化法治基础理论研究》，对文化法治的基本范畴和主要的理论问题进行了基础性研究，熊文钊教授作为首席专家后续主持的国家社科基金重大项目《文化法治体系建设研究》（2015 年 2 月 16 日立项）又进一步对文化法治理论基础问题展开研究，更加深化了文化法治基本理论的研究。党的十八大以来，习近平总书记围绕社会主义文化建设，提出了一些列新思想、新观念、新论断、

后　记

新要求，形成了习近平新时代中国特色社会主义文化的新理论。这一理论立意高远，内涵丰富，对于指导我国社会主义文化法治建设和理论发展具有重大而深远的意义。在此基础之上，2018年12月完成了国家社科基金重点项目《文化法治基本理论研究》的结项研究报告。本课题研究报告的形成凝聚了课题组的集体心血，也得到许多资深专家的指导和帮助，他们在课题策划、论证、资料搜集和部分章节撰写等方面做出了特别的贡献。先后参加课题研究的成员主要有田艳、张步峰、郑毅、刘志峰、刘俊、赵莹莹、陈成、多杰昂秀、王梅等。本书呈现了这一课题研究成果，书稿最终由熊文钊教授和杨凡博士后在汇总提炼的基础上编撰完成。

本书的出版要特别感谢作为国内社会科学界首屈一指的学术出版机构——中国社会科学出版社为弘扬文化法治，隆重推出了"文化法治系列丛书"。本书得以面世，不仅要感谢本课题的全体同仁的不懈努力，更要感谢中国社会科学出版社有关领导和责任编辑许琳女士在疫情防控的特殊时期克服各种困难所给予的特别支持和辛勤付出。

文化法治体系的建构是一项宏大的系统工程，本书对文化法治基本理论进行了初步研究，疏漏遗憾之处在所难免，敬请各位方家批评指正，共同为繁荣文化法治理论研究做出新的贡献。

熊文钊

2022年2月18日天津大学敬业湖畔